9급 공무원 국어 시험대비

박문각 공무원

예상문제

박혜선 국어

박혜선 편저

2025 **출제 기조 변화**를 완벽 반영한

문법+독해 결합형 문제 다수 수록!

국가직, 지방직 최빈출 문법 적중 예상 문제 수록!

콤팩트한 **단**원별 **문**제풀이

동영상 강의 www.pmg.co.kr

PREFACE

이 책에 들어가기 전에

수석합격 3연속 배출의 신화!
최단기 합격의 절대 공식!
합격자들의 최고 추천 커리!
2025 출제기조 변화까지 반영한
적중용 콤단문 문법!!

안녕하세요~^^ 혜선 쌤의 All In One 수업을 완강하셨거나
아니면! 문풀부터 오게 되신 우리 赤功이들 환영합니다~^^

2025년은 인사혁신처가 이례적으로 출제 기조를 전환하는 시험이 될 것이어서
赤功이들의 걱정이 클 거 같은데요!

인사 혁신처가 단순 암기를 줄이겠다는 입장을 밝히기도 했고,
실제로 출제된 문법 문제들의 경우에 '문법+독해' 결합형으로 나와
문법 공부를 해야 하는지 말아야 하는지에 대한 고민이 클 거라고 생각합니다.

이에 대한 인사혁신처가 제시한 2025 샘플을 보여 드리면 다음과 같습니다.

일반 사례 추론형

2. 다음 글에서 추론한 내용으로 적절하지 않은 것은?

> '밤하늘'은 '밤'과 '하늘'이 결합하여 한 단어를 이루고 있는데, 이처럼 어휘 의미를 띤 요소끼리 결합한 단어를 합성어라고 한다. 합성어는 분류 기준에 따라 여러 방식으로 나눌 수 있다. 합성어의 품사에 따라 합성명사, 합성형용사, 합성부사 등으로 나누기도 하고, 합성의 절차가 국어의 정상적인 단어 배열법을 따르는지의 여부에 따라 통사적 합성어와 비통사적 합성어로 나누기도 하고, 구성 요소 간의 의미 관계에 따라 대등합성어와 종속합성어로 나누기도 한다.
>
> 합성명사의 예를 보자. '강산'은 명사(강) + 명사(산)로, '젊은이'는 용언의 관형사형(젊은) + 명사(이)로, '덮밥'은 용언 어간(덮) + 명사(밥)로 구성되어 있다. 명사끼리의 결합, 용언의 관형사형과 명사의 결합은 국어 문장 구성에서 흔히 나타나는 단어 배열법으로, 이들을 통사적 합성어라고 한다. 반면 용언 어간과 명사의 결합은 국어 문장 구성에 없는 단어 배열법인데 이런 유형은 비통사적 합성어에 속한다. '강산'은 두 성분 관계가 대등한 관계를 이루는 대등합성어인데, '젊은이'나 '덮밥'은 앞 성분이 뒤 성분을 수식하는 종속합성어이다.

① 아버지의 형을 이르는 '큰아버지'는 종속합성어이다.
② '흰머리'는 용언 어간과 명사가 결합한 합성명사이다.
③ '늙은이'는 어휘 의미를 지닌 두 요소가 결합해 이루어진 단어이다.
④ 동사 '먹다'의 어간인 '먹'과 명사 '거리'가 결합한 '먹거리'는 비통사적 합성어이다.

밑줄 사례 추론형

2. 다음 글에서 추론한 내용으로 적절하지 않은 것은?

> 존경 표현에는 주어 명사구를 직접 존경하는 '직접존경'이 있고, 존경의 대상과 긴밀한 관련을 가지는 인물이나 사물 등을 높이는 ㉠ <u>간접존경</u>도 있다. 전자의 예로 "할머니는 직접 용돈을 마련하신다."를 들 수 있고, 후자의 예로는 "할머니는 용돈이 없으시다."를 들 수 있다. 전자에서 용돈을 마련하는 행위를 하는 주어는 할머니이므로 '마련한다'가 아닌 '마련하신다'로 존경 표현을 한 것이다. 후자에서는 용돈이 주어이지만 할머니와 긴밀한 관련을 가진 사물이라서 '없다'가 아니라 '없으시다'로 존경 표현을 한 것이다.

① 고모는 자식이 다섯이나 있으시다.
② 할머니는 다리가 아프셔서 병원에 다니신다.
③ 언니는 아버지가 너무 건강을 염려하신다고 말했다.
④ 할아버지는 젊었을 때부터 수염이 많으셨다고 들었다.

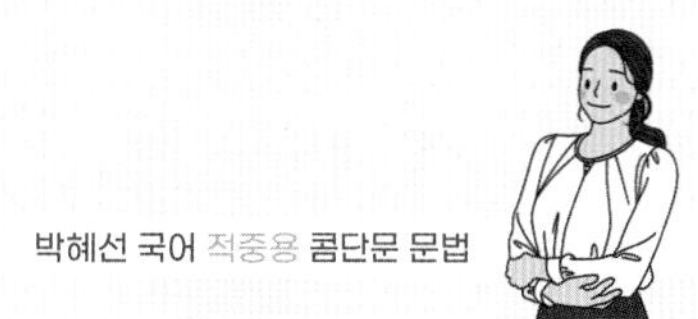

이 샘플을 보시면 아시겠지만,
특히 일반 사례 추론형의 문법 문제의 경우에는
선지들에 대한 문법 지식이 어느 정도 있어야 문제가 정확하게 풀린다는 것을 눈치 채셨을 것입니다.
만약 저는 독해로도 가능한데요!? 하시더라도
문법을 아는 경쟁자들보다 독해에 더 많은 시간을 투자해야 한다는 것은
제가 말씀 드리지 않아도 아시리라고 생각합니다.

또한 밑줄 사례 추론형의 문법 문제의 경우에도
문법을 아는 경쟁자들이 선지만 보고도 정답을 판단하게 된다면
독해로만 풀려는 학생들의 경우에는 시간이 너무 많이 걸릴 수 있음을 알 수 있습니다.

우리는 문법을 아는 경쟁자들보다
더 빠르고 정확하게 문법+독해 결합형 문제를 풀어 추론 독해에 나머지 시간을 할애하는 전략을 사용할 겁니다.
그렇게 될 수 있도록 이 교재를 치밀하게 집필했답니다!!

저도 매우 조심스럽지만,
우리는 과도기 시점에 있는 운명이기 때문에
과감하게 문법을 공부에서 생략하기에는 큰 부담이 있습니다.

1차, 2차 샘플 중 2차 샘플에는 문법+독해 결합형이 나오지는 않았습니다.
하지만 인혁처에서 이 두 샘플 모두가 시험 범위라고 보면 된다고 언급을 하였으므로
우리는 과도기인 만큼 안전한 선택을 하는 편이 좋다는 판단하에
적중용 콤단문 문법을 기존보다 훨씬 양을 줄이는 대신
훈련용 콤단문 문법 문제를 풍부하게 싣게 되었습니다.

또한 콤단문에서는 혜선 쌤이 정성스럽게 **중요도 평정을 나누어**
'훈련용 – 최빈출 – 중간 빈출'의 섹션을 따로 두고
직렬에 따라 어느 섹션을 공부해야 하는지까지 혜선 쌤이 모두 정해 드리기 때문에
콤단문은 가장 최고로 효율적인 수험서가 될 수밖에 없을 것입니다.

최대한 적중에서 벗어나지 않으려 정말 철저하고 정성스럽게 집필한 교재인 만큼,
깊고 큰 지혜를 가진 우리 赤功이들이 세상의 중심이 되어 새로운 인재가 되는 발판이 되길 간절하게 기원합니다.

이 책에 들어가기 전에

범접할 수 없는 수석 합격 신화, 최고 적중률로 만점 릴레이

합격자들이 극찬하는 적중용 콤단문 문법을 필수 수강해야 하는 첫 번째 이유

방대한 기출의 양을 확 줄이되, 기출에서 빠지는 것은 없도록 만들어진 마지막 회독 교재

수석 합격자들, 여러 2관왕 합격자, 초시 합격자들은 마지막 문법 정리는 콤단문으로 효율적으로 끝냈다는 것으로 입을 모읍니다.
특히, 2025 출제 기조가 변화되면서 오히려 선지에 나오는 문법 예시들이 최빈출 예시들로 나오므로 우리는 더더욱 콤단문 교재로 콤팩트하게 가야 합니다.
'개념도 새기는 기출 문법'이라는 기존의 기출서를 진행하지 않은 이유도 이 극도의 효율성을 위한 것이었습니다.
다만, 혹시 문법이 너무 어려운 역공이들을 위해서 수업에서 과제 계획표를 통해 선택권을 드릴 예정입니다.
(계획표는 1강에 업로드할 예정입니다. 역공이들이 자신의 공부 성향에 맞게 공부할 수 있도록 버전을 나누어 제공 드릴 예정입니다.)

합격자들이 극찬하는 적중용 콤단문 문법을 필수 수강해야 하는 두 번째 이유

이렇게 훈련용 콤단문 문법 문제가 많은 교재는 없을 거예요!

적중각인 최빈출 문법 예시를 적중용 콤단문 문제에서 배우기 전에 훈련용 콤단문 문법 문제를 풀게 합니다.
인혁처에서 제시한 그 기조를 그대로 반영하여 문법+독해 결합형 문제를 각 챕터마다 배치해 놓았습니다.
실제 시험은 이 유형 그대로 나올 것이기 때문에 가장 나올 가능성이 큰 출제 포인트로 만든 훈련용 콤단문 문제로 알차게 훈련하실 수 있을 겁니다.

합격자들이 극찬하는 적중용 콤단문 문법을 필수 수강해야 하는 세 번째 이유

선지에 나올 확률이 정말 큰 최빈출 문법 예시를 확실하게 배우고, 이걸로 무한 회독하면 선지 적중 100%!!

기출의 양이 줄어들면서 어떤 것이 최빈출인지, 중간 빈출인지, 난이도 조절용인지 파악이 안 되는 역공이들을 위해 혜선 쌤이 한 땀 한 땀 일일이 중요도 평정을 해드렸습니다. 최빈출 먼저 확실하게 알아간 후, 그 다음 중간 빈출, 난이도 조절용으로 외연을 넓혀 가는 교재와 강의가 단기합격의 key가 됩니다. 5과목의 밸런스를 맞춰서 최상의 결과를 내기 위해서는 양이 늘어나는 공부를 해서는 안 됩니다. 시험이 가까워질수록 기출에서 빠지는 것은 없지만 똑똑하게 꼭 나올 것들로만 줄여 놓은 최고의 교재와 강의를 들으셔야 합니다. 그래야 우리의 미래가 빠르게 합격으로 귀결될 수 있습니다.

합격자들이 극찬하는 적중용 콤단문 문법을 필수 수강해야 하는 네 번째 이유

꼭 알아야 하는 문법 이론만 축약해서 확실하게 알고 가자!

2025 출제 기조 변화를 보면, 최빈출 문법 이론을 소재로 하여 출제하고 있기 때문에!!
최대한 공부 양을 줄이기 위해 이 부분만 막 조질 예정입니다. 사실 나오는 최빈출 이론은 정해져 있습니다. 혹시 올인원에서 해결이 안 된 이론들은 콤단문 문법에서만이라도 무한 반복하여 더욱 확실히 뇌에 각인해야 합니다. 이번 강의를 통해 무제한 반복하여 우리 역공이들 귀에 피가 나도록 하겠습니다.

합격자들이 극찬하는 적중용 콤단문 문법을 필수 수강해야 하는 다섯 번째 이유

각 단원의 출제 경향까지 한눈에 볼 수 있게 하여 머릿속에 전체적인 지도가 그려짐

각 단원이 시작될 때마다 출제 경향을 미리 보여주어 전체적인 목차를 그려줌으로써 시험에 실제로 어떤 식으로 출제되는지 실질적으로 보여 드립니다.
출제 경향을 미리 보여주면, 자신의 약점 또한 파악할 수 있기에 정말 큰 의미가 있습니다. 합격을 위해서는 약점 보완이 필수입니다.
그 약점 보완이 가능한 섹션이 바로 '대표 출좋포 한눈에 보기'입니다.

합격자들이 극찬하는 적중용 콤단문 문법을 필수 수강해야 하는 여섯 번째 이유

적중용 콤단문 문법뿐만 아니라 독해가 강한 커리가 잔뜩! '콤단문 독해, 주독야독, 하프, 동형 모의'

적중용 콤단문 문법으로 최빈출 문법 예시를 확실하게 학습한 후, 그 뒤에 콤단문 독해, 주독야독을 통해 독해까지도 정말 탄탄하게 대비할 수 있습니다.
특히, 문법+독해 결합형 문제의 경우 콤단문 독해에 다수 수록이 될 예정입니다. 주독야독에서도 매주 2025년 출제 기조 변화에 해당하는 '강화약화, 논리 추론, 문법+독해 결합형, 문학+독해 결합형' 등을 특히 더 풍부한 문제로 혜선 쌤과 함께 훈련하실 수 있습니다. 특히 합격자들이 실제 시험과 가장 유사하다고 극찬하는 최고 퀄리티의 문제들로 이뤄진 '하프, 동형 모의'로 독해 문제를 만점 받으실 수 있게 합니다.

시중에 없던 혁신적인 적중용 콤단문 문법 편을 통해 올해 또한 많은 亦功이들이 인생에서 잊지 못할 최고의 성과를 내길 기원합니다. 여러분들의 단기합격을 끝까지 기도하고 그때까지 최고의 지원을 아끼지 않겠습니다.

2024년 9월

박혜선 惠旋

亦功이들 ☆☆☆
필독!

합격자 최고 추천 **적중용 콤단문 문법** 편으로 **단기 합격하는 방법!**

꼭 문제는 공책(혹은 포스트잇)에 푸시길 바랍니다.
풀다가 애매한 선택지를 답 옆에 표시하여 오답할 때 함께 복습하시길 바랍니다.

❶ 혜선 쌤이 콤단문 강의에서 풀어준 문제는 특히 당일에 바로 복습한다.

❷ 나머지 문제는 10문제씩 푼 후 한꺼번에 채점, 오답한 후
다음 10문제씩 풀고 똑같은 과정을 반복한다.

❸ 참고로, 오답은 틀리거나 헷갈리는 예시에 형광펜으로 표시하여
나중에 회독할 때에 틀린 것 위주로 더 집중하여 복습한다.

❹ 3일 후, 일주일 후, 2주일 후 오답해야 하는 것을 플래너에 미리 적어 놓고
그대로 공부한다.

이 책의 구성과 특징

1 대표 출좋포를 통해 시험에 나오는 이론만 선택과 집중으로 똑똑하게 공부!

2025 출제 기조상 문법 이론도 최빈출 문법 이론으로 출제될 것입니다. 따라서 출제되지 않는 이론은 이 시기에는 과감히 버리고 '출제자들이 좋아하는 포인트'를 빈출 순위별로 체계적으로 구분하여 수록했습니다.

출좋포⑧ 사동

1. 사동(使動)

주어가 남에게 동작을 시키는 것을 말한다.

2. 사동(使動)의 종류

파생적 사동 (단형 사동)	용언의 어간+사동 접미사 '-이-, -히-. -리-, -기-, -우-, -구-, -추-, -이키-, -으키-, -애-', '-시키-' 이중 사동, 접미사 '-이우-' 예 엄마가 아이에게 밥을 먹였다. 역공녀가 학생을 합격시켰다.
통사적 사동 (장형 사동)	본용언에 보조 용언 '-게 하다'가 붙어 실현 예 엄마가 아이에게 밥을 먹게 한다.

3. 틀린 사동 표현

(1) 과도한 사동 접사 '이'의 사용

의미상 필요하지 않다면, 사동 접사 '이'를 남용하면 안 된다.

과도한 사동 접사 '이'의 사용 예시	기본형
그녀는 목메인 목소리를 냈다. [목메+이+ㄴ] → 목멘(○)	목메다

(2) 과도한 사동 접사 '시키다'의 사용

'하다'를 쓸 수 있는 말에 무리하게 시키다'를 결합하지 않는다.

과도한 사동 접사 '시키다'의 사용 예시	기본형
내가 친구 한 명 소개시켜 줄게. → 소개해(○)	소개하다
이 공간을 분리시킬 벽을 설치했다. → 분리할(○)	분리하다
모든 기계를 하루 종일 가동시켜서 기일을 맞추도록 하자. → 가동해서(○)	가동하다
입금시키다, 금지시키다, 강화시키다, 개선시키다, 결집시키다, 지연시키다, 고정시키다. → 입금하다, 금지하다, 강화하다, 개선하다, 결집하다, 지연하다, 고정하다(○)	

2 훈련용 대표 문법+독해+결합형 문제

2025 출제 기조를 정확하게 반영한 '문법+독해 결합형' 문제들을 풍부하게 수록하였습니다.
문법에 대한 지식 없이 풀면 정말 시간이 오래 걸립니다. 최빈출 문법 예시들을 먼저 학습한 후 푼 것과 독해만으로 푸는 경우의 차이를 느껴볼 수도 있습니다.

훈련용 대표 문법+독해 결합형 1편 형태론 CH.04 품사의 구별 : 용언

PART 01

01 다음 글에서 추론한 내용으로 적절하지 않은 것은?

> 동사 '있다'는 '사람이나 동물이 어느 장소에서 떠나거나 벗어나지 아니하다, 혹은 그 상태를 유지하다'라는 뜻을 가진다. 형용사 '있다'의 경우 '사람, 동물, 물체 따위가 실제로 존재하는 상태이다'의 뜻이 있다. 예를 들어, '나는 여기에 계속 있는다'의 경우, 그곳에 머무른다는 뜻이기 때문에 이 경우에는 동사로 쓰였다. 이와 달리, '0도에서 얼지 않는 액체도 있다'의 경우 그러한 대상이 존재한다는 의미이기 때문에 형용사이다.
> 동사와 형용사를 구분할 수 있는 또 다른 방법은 바로 현재시제 선어말어미 '-는-', 명령형 어미 '-어라', 청유형 어미 '-자' 등을 결합하여 보는 것이다. 이들이 결합되면 동사, 결합이 되지 않으면 형용사로 볼 수 있다. 가령, '철수는 철도청에 있는다', '혜선이는 얌전히 있어라.', '좋은 말할 때, 얌전히 있자.'로 활용이 가능하면 동사라고 볼 수 있다는 것이다. 다만, 관형사형 어미 '-는'은 '있다'의 경우 '있는 집안의 자제'에서처럼 결합이 되더라도 의미상 형용사일 수 있으므로 주의해야 한다.

① '그는 내일 집에 있는다고 했다.'에서 '있다'는 동사이다.
② '그는 아무것도 없으면서 있는 체한다.'의 '있다'는 동사이다.
③ '우리에게 아직 남은 기회가 있다'에서 '있다'는 형용사이다.
④ '모두 손을 든 상태로 있어라.'에서 '있다'는 동사이다.

01

정답풀이 제시문 마지막에 "다만, 관형사형 어미 '-는'은 '있다'의 경우 '있는 집안의 자제'에서처럼 결합이 되더라도 의미상 형용사일 수 있으므로 주의해야 한다."를 통해 '있는 체한다.'의 '있는'은 관형사형 어미 '-는'이 결합되더라도 의미상 형용사인 경우임을 알 수 있다. '((주로 '있는' 꼴로 쓰여)) 재물이 넉넉하거나 많다.'를 의미하므로 '있는'은 의미상 형용사이지 동사라고 하는 것은 적절하지 않다.

오답풀이 ① '그는 내일 집에 있는다고 했다.'에서 '있다'에 현재시제 선어말어미 '-는-'이 결합되어 있으므로 '있다'는 동사이다.
③ "우리에게 아직 남은 기회가 있다"에서 '있다'는 존재한다는 의미이기 때문에 형용사이다.
④ 명령형 어미 '-어라'와 결합되므로 '있어라.'에서 '있다'는 동사이다.

3 합격자들이 가장 신경 쓰는, 가장 중요한 적중용 콤단문

각 단원에서 출제자들이 사랑해서 미치도록 많이 나오는, 정말 양심 없이 그대로 나오는 문법 문제들은 최빈출 영역에 구분했습니다.
2025 출제 기조 변화로 인해 더더욱 최빈출 문법 예시가 중요해졌습니다.
중간 빈출의 경우 각 단원에서 출제자들이 좋아하지만 최빈출까지는 아닌 영역에 구분했습니다.

적중용 赤功 최빈출

01 밑줄 친 단어 가운데 품사를 바꾸어 주는 접사가 포함된 것은?
① 그의 꿈은 작곡가였다.
② 공포감이 내 몸을 휘감았다.
③ 그 커튼은 새빨갰다.
④ 그는 결국 범죄를 없앴다.

02 〈보기〉의 ㉠~㉣에 대한 설명으로 적절한 것은?

> 보기
> • 그는 은근하게 ㉠ 알부자이다.
> • 그는 그를 힘차게 ㉡ 밀쳤다.
> • ㉢ 한겨울에 그녀가 찾아 왔다.
> • 그는 ㉣ 기쁨을 감추지 못했다.

① ㉠은 어근과 어근의 결합인 '명사 +명사' 형태의 통사적 합성어이다.
② ㉡은 문장 구조를 바꾸는 접미사가 사용되었다.
③ ㉢은 어근과 어근의 결합인 '관형사+명사' 형태의 통사적 합성어이다.
④ ㉣은 어근과 접미사의 결합으로 이루어진 파생어로 품사가 형용사에서 명사로 바뀌었다.

적중용 赤功 중간 빈출, 제3빈출

37 밑줄 친 단어의 품사가 다른 것은?
① 그 과자를 한번 먹어 보았다.
② 일을 하다가 보면 아침이 오게 되어 있다.
③ 이런 일을 당해 보지 않은 사람은 내 심정을 모른다.
④ 혜선이가 떠는 것을 보니 추운가 보다.

38 밑줄 친 단어의 품사가 나머지 셋과 다른 것은?
① 그는 이유도 묻지 않고 부탁을 들어주었다.
② 게시판에 글이 붙어 있다.
③ 나는 과자를 먹어 버렸다.
④ 그는 말이 많기는 하지만 부지런하다.

39 밑줄 친 용언의 종류가 다른 것은?
① 엄마가 나를 싫어하는지 시험해 본다.
② 학교에 밥을 먹고 갔다.
③ 인생에 대해 점점 더 많이 알아 간다.
④ 그는 나를 놀려 대곤 했다.

대표 출종포 한눈에 보기

1. 관형사
   - ‘적(的)’의 구별
   - 관형사 vs 수사 (vs 대명사, vs 용언의 어간 + 관형사형 어미)
   - 관형사 vs 대명사
   - 관형사 vs 용언의 어간 + 관형사형 어미
2. 부사
   - 성분 부사 vs 문장 부사
   - 필수 부사 vs 수의 부사
   - 부사 vs 용언의 어간 + 부사형 어미

4 대표 출종포 한눈에 보기로 실질적인 출제 경향을 한눈에 파악!

‘출제자들이 좋아하는 포인트’가 실제로 어떻게 문제에 적용되어 나오는지 한눈에 볼 수 있게 하여 역공이들의 뇌에 전체적인 지도를 그려줍니다.

5 문제와 분리된 왼쪽 해설

문제는 오른쪽, 해설은 왼쪽으로 몰아 문제를 풀 때 정답에 영향받지 않도록 편리하게 해설을 구성하였습니다.

GUIDE

赤功 2024 국가직 9급 적중

2024 국가직
9급 3번

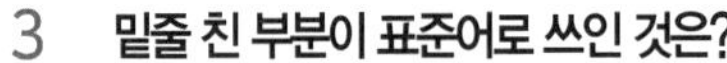

3 **밑줄 친 부분이 표준어로 쓰인 것은?**

① 그 친구는 <u>허구헌</u> 날 놀러만 다닌다.

② 닭을 <u>통째로</u> 구우니까 더 먹음직스럽다.

③ 발을 잘못 디뎌서 <u>하마트면</u> 넘어질 뻔했다.

④ 언니가 허리가 <u>잘룩하게</u> 들어간 코트를 입었다.

콤단문 문법
(콤팩트한 단원별
문제풀이)
179p 28번

28 **밑줄 친 말이 어문 규범에 맞는 것은?**

① <u>옛부터</u> 김치를 즐겨 먹었다.

② 혜선이가 햄버거 20개를 <u>통채로</u> 먹었다.

③ 찬물을 한꺼번에 <u>들이키지</u> 말아라.

④ 우리 집은 <u>대물림</u>으로 이어받은 땅이 많았다.

콤단문 문법
(콤팩트한 단원별
문제풀이)
59p 31번

31 **밑줄 친 단어의 쓰임이 맞는 것은?**

① 엄마가 이부자리를 <u>거둬</u> 갔다.

② 거지 <u>고은</u> 얼굴이 나타났다.

③ 퇴근하는 길에 포장마차에 <u>들렸다가</u> 친구를 만났다.

④ 그는 <u>허구헌</u> 날 술만 마신다.

콤단문 문법
(콤팩트한 단원별
문제풀이)
215p 63번

63 **맞춤법 사용이 올바르지 않은 것으로만 묶인 것은?**

① 웃어른, 사흗날, 배갯잇

② 늴리리, 남존녀비, 맥줏집

③ 아무튼, 생각컨대, 하마트면

④ 홑몸, 밋밋하다, 선율

혜선쌤의 넘사벽 적중률이 궁금하다면?

2024 국가직
9급 6번

6 다음을 참고할 때, 단어의 종류가 같은 것끼리 짝 지어진 것은?

> 어떤 구성을 두 요소로만 쪼개었을 때, 그 두 요소를 직접구성요소라 한다. 직접구성요소가 어근과 어근인 단어는 합성어라 하고 어근과 접사인 단어는 파생어라 한다.

① 지우개 – 새파랗다　　② 조각배 – 드높이다
③ 짓밟다 – 저녁노을　　④ 풋사과 – 돌아가다

콤단문 문법
(콤팩트한 단원별
문제풀이)
29p 10번

10 다음 중 단어 형성 방법이 나머지와 다른 것은?

① 먹이　　② 낯섦
③ 지우개　　④ 꽃답다

완벽적중

콤단문 문법
(콤팩트한 단원별
문제풀이)
33p 24번

24 다음 중 합성어로만 묶인 것은?

① 앞뒤, 똥오줌, 맛있다, 힘차다
② 잠보, 점쟁이, 일꾼, 덮개, 넓이, 조용히, 새롭다
③ 군것질, 선생님, 먹히다, 거멓다, 고프다
④ 맨손, 군소리, 풋사랑, 시누이, 빗나가다, 새파랗다

콤단문 문법
(콤팩트한 단원별
문제풀이)
31p 17번

17 다음 중 합성어로만 묶인 것은?

① 밑바닥, 짓밟다　　② 막내둥이, 돌부처
③ 개살구, 산들바람　　④ 앞서다, 가로지르다

완벽적중

콤단문 문법
(콤팩트한 단원별
문제풀이)
35p 27번

27 통사적 합성어로만 묶인 것은?

① 톱질, 작은형, 돌아가다
② 새언니, 젊은이, 교육자답다
③ 풋고추, 올벼, 잡히다
④ 가져오다, 어린이, 가로

赤功 박혜선 국어 수석 합격 커리큘럼

최단기 합격의 절대 공식 赤功 국어

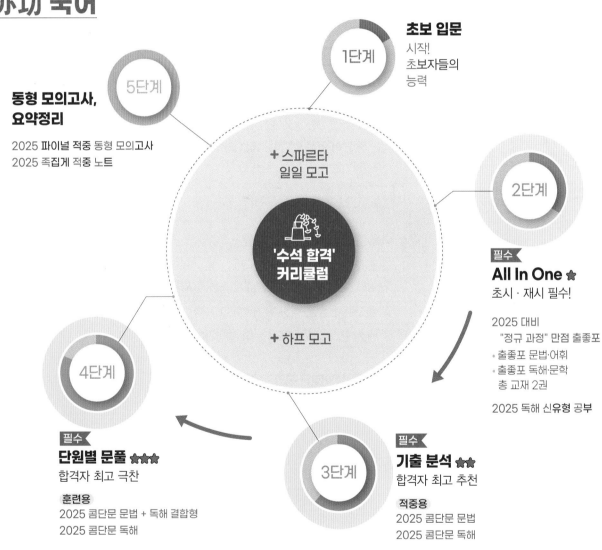

'수석 합격' 커리큘럼

+ 스파르타 일일 모고

+ 하프 모고

1단계

초보 입문
시작!
초보자들의
능력

2단계

필수
All In One ★
초시 · 재시 필수!

2025 대비
"정규 과정" 만점 출좋포
- 출좋포 문법·어휘
- 출좋포 독해·문학
총 교재 2권

2025 독해 신유형 공부

3단계

필수
기출 분석 ★★
합격자 최고 추천

적중용
2025 콤단문 문법
2025 콤단문 독해

4단계

필수
단원별 문풀 ★★★
합격자 최고 극찬

훈련용
2025 콤단문 문법 + 독해 결합형
2025 콤단문 독해

5단계

동형 모의고사, 요약정리

2025 파이널 적중 동형 모의고사
2025 족집게 적중 노트

= "필수" 커리

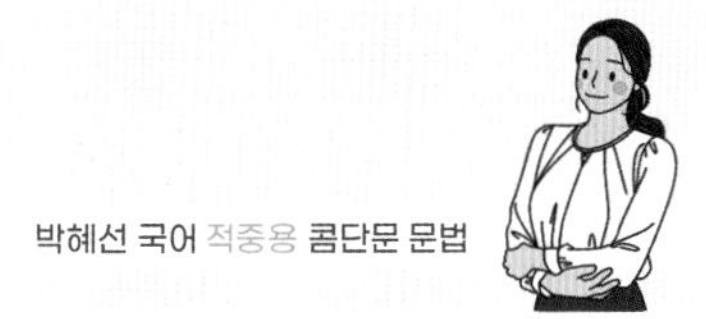

선택 사항이지만, 약점이 되는 부분은 듣는 것을 강추! (수업이 너무 좋아서 듣게 될 거임.)

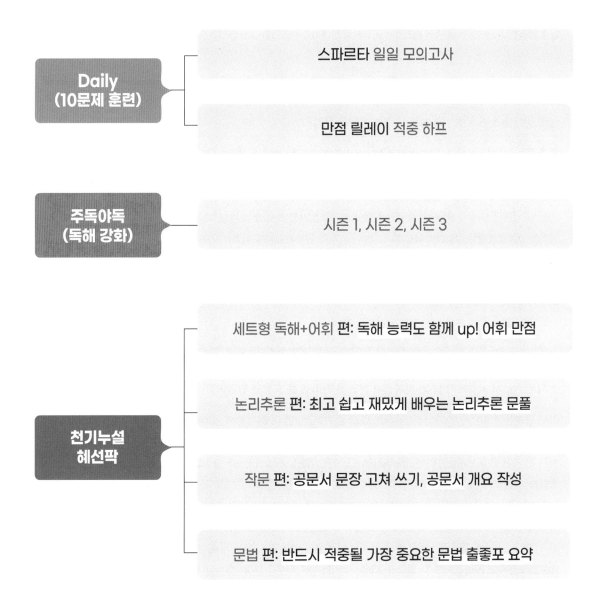

Daily (10문제 훈련)
- 스파르타 일일 모의고사
- 만점 릴레이 적중 하프

주독야독 (독해 강화)
- 시즌 1, 시즌 2, 시즌 3

천기누설 혜선팍
- 세트형 독해+어휘 편: 독해 능력도 함께 up! 어휘 만점
- 논리추론 편: 최고 쉽고 재밌게 배우는 논리추론 문풀
- 작문 편: 공문서 문장 고쳐 쓰기, 공문서 개요 작성
- 문법 편: 반드시 적중될 가장 중요한 문법 출좋포 요약

亦功 박혜선 국어 수강후기

국가직, 지방직 2관왕!! 혜선 쌤 강의 덕에 10개월 안에 국가직/지방직 합격할 수 있었습니다.

25년부터는 출제기조가 바뀌는 것으로 알고 있어 한자는 안 나올 가능성(?)이 높고 문법은 나오는 방식이 조금 달라지는 것으로 알고 있습니다. 아마 문법은 공부를 하고 가시면 긴 지문에 시간을 덜 투자해서 답을 고를 수 있게 문제 방식이 바뀌는 것으로 알고 있습니다. **콤단문 같은 경우 혜선 쌤이 정말 최빈출만 모아 역공이들을 위해 만든 교재로 알고 있습니다. 그만큼 다른 문법 교재 필요 없이 콤단문만 회독하면 문법 문제는 무조건 맞힐 수 있습니다!** 이번 국가직, 지방직에서도 콤단문을 했다면 충분히 맞힐 수 있는 문제였던 것으로 알고 있습니다 :)
25년부터 국어와 영어가 출제기조가 달라지는 것으로 알고 있지만 **추론독해여신 혜선 쌤 커리를 따라가시면 단기 합격 가능합니다♥** 모두 혜선 쌤 커리타서 공직에서 만나기를 바라겠습니다! 그리고 인강 역공이로서 감사합니다.

초시랑

문법 문제를 3-5초 컷 가능하게 해주는 콤단문 문법!

작년 시험에서 아쉽게 떨어지고 박혜선 선생님 국어를 선택해 올인원을 시작해서 심화특강, 마무리 과정까지 커리큘럼을 무사히 완주하여 좋은 성과를 냈습니다. 하지만 지금은 수강후기 작성이기에 자세한 수험생활 후기는 최종합격하고 합격수기에 올리겠습니다. 모든 강의들이 최고였지만, 그중에서 필기 점수에 상당히 도움을 준 강의를 중심으로 올리겠습니다. **콤단문은 박혜선 선생님 강의하면 가장 먼저 생각나는 강의입니다. 그 명성에 맞게 수험생들에게 최고 적절한 강의였는데요.** 책에 나오는 문제와 함께 **선생님도 시험에 나오는 위주로 '토해내주셔서' 따로 복습할 때 10번 이상 회독을 했던 기억이 납니다.** 물론 앞으로는 문법 · 어휘 비중이 갈수록 줄어드는 추세라고 하지만, 이런 영역을 3-5초 안에 풀어내야 국어에서 좋은 점수를 받을 거라 생각합니다. **그 고민을 콤단문이 해결해주는 강의라고 감히 자부합니다!**

미래공무원

초시로 서울시 사회복지 합격! 진짜진짜 콤단문 커리로 큰 도움을 받았어요!

혜선 쌤 덕분에 이번에 100점 나왔습니다!! 혜선 쌤 아니었다면 이 점수 받기 힘들었을 거예요!!
혜선 쌤이 하라는 공부 방법대로 하루하루 복습하고 공부하니 좋은 결과를 얻을 수 있었습니다!
제가 탄 혜선 쌤의 커리큘럼을 알려드리겠습니다. 모든 내용을 복습하기보다 출좋포 위주로 꼭 복습하셨으면 좋겠습니다!
(+스파르타이신 분들은 **진짜 일일모고가 복습하는데 도움을 주었습니다. 언어 과목들은 진짜 매일 감을 잃지 않게 하는 것이 중요하기 때문에 문제 푸는 방향성도 찾고 중요한 점들을 반복 암기하는 데 굉장히 도움을 줍니다)**
진짜진짜 이 커리로 정말 큰 도움을 받았습니다!! 혜선 쌤이 엄청 강조하셨는데 **콤단문으로 정말 못 해도 5회독 이상은 했습니다!** 저는 전체를 다 돌리기 힘들어서 약한 부분 위주로 회독하였습니다. 25년도 시험에는 문법이 얼마나 있는지 모르겠지만 만일 이 책을 쓰신다면 **회독은 정말 계속 반복해야 함을 잊지 말아주세요.**

이*민

콤단문으로 고득점 보장! 콤팩트하지만 알짜배기만 쏙 담은 혜선 쌤 혼신의 교재구성력!

좋았던 점은 역시 강의력! 그리고 콤팩트하지만 알짜배기만 쏙 담은 혜선 쌤 혼신의 교재 구성력! 입니다.
이번 시험에서 저는 국어 95점을 받았는데요~
초시생임에도 95점을 받을 수 있었던 건 하프로 끊임없이 단련하는 문제풀이 방식!
그리고 주말드라마 만큼이나 흥미진진한 문학 강의!
또 팝업퀴즈처럼 불시에 팝팝 꺼내주시는 간단 문법 언급퀴즈(?) 그리고 콤단문으로 싹 정리하는 문법!!
그리고 한자는 진짜 혜선 쌤만큼 알짜의 알짜의 알짜만 압축한 강의 또 없어요~! 최고!!

윤찌

2024 교정직 합격! 가장 추천하고 싶은 선생님은 박혜선 선생님입니다.

박문각 선생님 모두 잘 가르쳐주셨고, 좋았지만 그래도 가장 추천하고 싶은 선생님은 박혜선 선생님입니다. 먼저 강의를 듣다보면 지루하고 잠이 올 수 있는데 선생님 강의는 텐션이 높고 유쾌하게 수업을 하셔서 재밌게 수업을 들을 수 있었습니다. 다른 강의들도 좋았지만 저는 콤단문 강의를 추천하고 싶습니다. 문법이 늘지 않았던 저에게 콤단문 강의와 교재는 많은 도움을 받을 수 있었고, 시험에 나오는 부분만 단권화되어 있어서 수월하게 암기할 수 있었습니다. 국어는 문법이 가장 어려워서 박혜선 선생님의 문법 강의를 많이 들었습니다. 출좋포라는 책을 통해 문법에서 나올 수 있는 부분을 배우고 기출을 통해 어떻게 문제가 나오는지 확인할 수 있었습니다. 독해는 감을 잡는 것이 중요했기 때문에 매일 하프를 풀었습니다. 사자성어 역시 하루 70개씩 자기 전에 눈에 익히면서 한자만 보고 읽을 수 있도록 연습했습니다. 국어는 콤단문 강의를 가장 추천하고 싶고, 강의를 듣는 것뿐만 아니라 본인이 직접 문제를 풀어보는 것이 중요하다고 생각합니다.

박문각 온라인 사이트 〈합격 스토리〉 이용자

콤단문 개강추. 이제 더 말하기도 입 아프다. 4개월 만에 국가직(일반 행정직) 합격!

콤단문 진짜 너무 좋고, 단기합격자들 유튜브를 봤을 때 가장 피해야 할 교재가 콤팩트 기출이었거든요…? 그래서 사실 처음엔 안 사려고 했는데 진짜 혜선 쌤 커리를 너무너무 타고 싶어서 그냥 사서 들었어요. 근데 이건 시중에 있는 다른 콤팩트 기출처럼 선생님이 임의로 몇 문제 골라서 그냥 갖다 넣은 게 아니라 선생님께서 직접 수작업(…)으로 문제를 아예 재구성을 하신 거더라고요…. 그래서 너무 좋았어요…. 콤단문은 총 5회독 정도 한 것 같고, 2회독은 처음부터 끝까지, 그리고 마지막 3회독은 형광펜 색깔 바꿔가며 회독했고, 시험장에서도 회독을 했는데 그땐 회독 다 하는데 10분? 정도 걸릴 정도로 형광펜으로 아주 압축해서 칠해놨습니다!

시카오

HOW TO STUDY

메타인지 문법 숙제 관리

※ 하루에 1강씩 들으면 3주 안에 콤단문을 완강할 수 있어요.

단원	학습 내용		회독(색칠)	세부 취약 파트 체크
PART 01 형태론	Day 0	적중용 콤단문 문법 편 사용법 OT (필수적으로 기억해야 하는, 혜선 쌤과의 약속)	☆ ☆ ☆ ☆	V ____ V ____
	Day 1	CH.1 형태소 CH.2 단어의 형성	☆ ☆ ☆ ☆	V ____ V ____
	Day 2	CH.3 품사의 구별: 체언	☆ ☆ ☆ ☆	V ____ V ____
	Day 3	CH.4 용언	☆ ☆ ☆ ☆	V ____ V ____
	Day 4	CH.5 관계언 CH.6 수식언	☆ ☆ ☆ ☆	V ____ V ____
	Day 5	CH.7 명사형 어미 VS 명사 파생 접사 '-(으)ㅁ/기' 구별 CH.8 품사 복합	☆ ☆ ☆ ☆	V ____ V ____
PART 02 통사론	Day 6	CH.1 문장 성분의 이해 CH.2 서술어의 자릿수	☆ ☆ ☆ ☆	V ____ V ____
	Day 7	CH.3 문장의 짜임새 CH.4 문장 종결법	☆ ☆ ☆ ☆	V ____ V ____
	Day 8	CH.5 높임법의 종류 판단하기 CH.6 잘못된 높임 표현 고치기	☆ ☆ ☆ ☆	V ____ V ____
	Day 9	CH.7 시제 CH.8 부정	☆ ☆ ☆ ☆	V ____ V ____
	Day 10	CH.9 사동/피동	☆ ☆ ☆ ☆	V ____ V ____

단원	학습 내용		회독(색칠)	세부 취약 파트 체크
PART 03 언어와 국어	Day 11	CH.1 언어의 본질/국어의 특성	☆ ☆ ☆ ☆	V ____ V ____
PART 04 음운론	Day 12	CH.1 음운과 음절 CH.2 음운의 체계	☆ ☆ ☆ ☆	V ____ V ____
	Day 13	CH.3 음운의 변동	☆ ☆ ☆ ☆	V ____ V ____
PART 05 표준 발음법 표준어 규정	Day 14	CH.1 표준 발음법	☆ ☆ ☆ ☆	V ____ V ____
	Day 15	CH.2 표준어 규정	☆ ☆ ☆ ☆	V ____ V ____
PART 06 한글 맞춤법	Day 16	CH.1 띄어쓰기 제외한 한글 맞춤법	☆ ☆ ☆ ☆	V ____ V ____
	Day 17	CH.2 문법과 관련된 표기들	☆ ☆ ☆ ☆	V ____ V ____
	Day 18	CH.3 띄어쓰기 CH.4 문장 부호	☆ ☆ ☆ ☆	V ____ V ____
PART 07 로마자, 외래어 표기	Day19	CH.1 로마자 표기 원칙 및 용례	☆ ☆ ☆ ☆	V ____ V ____
	Day 20	CH.2 외래어 표기 원칙 및 용례	☆ ☆ ☆ ☆	V ____ V ____

CONTENTS

이 책의 차례

Part 04 음운론

Part 05 표준 발음법 / 표준어 규정

Part 06 한글 맞춤법

Part 07 로마자, 외래어 표기

박혜선 국어
적중용 **콤단문** 문법

형태론

Chapter 01

형태소

관련교재

㉠ 출종포 문법·어휘 p.23~24

대표 출종포 한눈에 보기

1. 형태소의 개념
2. 동사, 형용사의 어간(동사, 형용사의 어근): 실질 형태소이지만, 의존 형태소
3. 어근(=실질 형태소)+접사 / 동사, 형용사의 어간+어미 / 체언+조사

출종포 ① 형태소의 개념과 종류

영자가 철호에게 영화를 보였다.

1. 형태소의 종류

(1) 분류 기준 1: 자립성 유무

자립 형태소	① 혼자 쓰일 수 있는 형태소 ② 명사, 대명사, 수사 / 관형사, 부사 / 감탄사
	예 영자, 철호, 영화
의존 형태소	① 혼자 쓰일 수 없는 형태소 ② 어미, 조사, 접사 / 용언의 어간
	예 가(조사), 에게(조사), 를(조사), 보-(어간), -이-(접사), -었-(어미), -다(어미)

(2) 분류 기준 2: 실질 의미의 유무

실질 형태소	① 실질적인 뜻을 가진 형태소 ② 용언의 어간 / 명사, 대명사, 수사 / 관형사, 부사 / 감탄사
	예 영자, 철호, 영화, 보-(어간)
문법 형태소 (형식)	① 문법적인 뜻을 가진 형태소 ② 어미, 조사, 접사
	예 가(조사), 에게(조사), 를(조사), -이-(접사), -었-(어미), -다(어미)

2. 형태소들의 이론적 특징

① 모든 체언은 자립 형태소이면서, 실질 형태소이다.

★ ② 모든 용언의 어간은 의존 형태소이면서, 실질 형태소이다.

③ 모든 접사, 조사, 어미는 의존 형태소이면서, 형식 형태소이다.

④ 자립 형태소는 항상 실질 형태소이지만, 실질 형태소가 항상 자립 형태소인 것은 아니다.

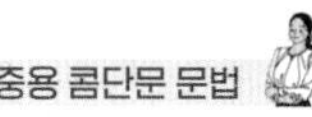
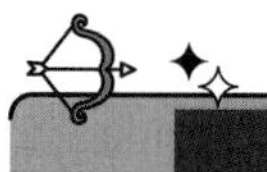

훈련용 대표 문법+독해 결합형 1편 형태론 CH.01 형태소

01 다음 글의 ㉠에 대한 설명으로 적절하지 않은 것은?

㉠ 형태소란 뜻을 가진 가장 작은 말의 단위로, 여기에서 뜻이란 어휘적, 문법적인 뜻을 말한다. '철수가 밥을 먹었다'에서 형태소의 개념에 따라 형태소를 분석하면 '철수/가/밥/을/먹/었/다'로 나눌 수 있다. 이러한 형태소는 일정한 기준에 따라 나뉘는데, 어휘적인 의미를 지닌 형태소를 실질 형태소, 문법적인 기능을 하는 형태소를 형식 형태소라고 한다. 자립성의 유무에 따라 자립 형태소, 의존 형태소로 나눌 수 있다. 예를 들어 '철수, 밥, 먹-'은 실질 형태소, '가, 을, -었-, -다'를 형식 형태소로 볼 수 있다. '철수, 밥'은 자립 형태소, '가, 을, 먹-, -었-, -다'는 의존 형태소라고 볼 수 있다. 특히 여기에서 주목해야 할 점은 용언의 어근 '먹-'인데, 실질적인 의미를 가지면서 의존적인 특성을 가진다는 특별한 점이 있다.

① '수지를 봤다'의 '보-'는 실질 형태소이면서 자립 형태소이다.
② '소녀가 예쁘다'의 '소녀'는 실질 형태소이다.
③ '은우는 영희를 울렸다'에서 '-리-'는 형식 형태소이면서 의존 형태소이다.
④ '준수는 물을 마셨다'에서 '을'은 의존 형태소이다.

02 다음 글에서 추론한 내용으로 적절한 것은?

단어의 형성 요소에는 실질적인 의미를 담는 최소의 단위인 어근과 그 어근의 앞과 뒤에 붙을 수 있는 접사가 있다. 그리고 이러한 어근과 접사가 결합하여 동사와 형용사의 일부가 되는 어간이 된다. 이때, 어간 뒤에 번갈아 결합되는 어미가 있는데 이러한 현상을 활용이라고 한다. 이들의 예를 보자. '먹다'에서 '먹-'은 어근을, '먹이다'의 '-이-'는 접사를, '먹이-'를 어간을, '먹이다'의 '-다'를 어미라고 한다. 여기에서 '접사, 어미'는 문법적인 역할을 하는 형식 형태소, '어근'은 어휘적인 의미를 가진 실질 형태소라고 볼 수 있다. 이때 '조사'는 '접사, 어미'와 함께 형식 형태소로 구분되는데 체언 뒤에 결합되어 문장에서 문법적인 관계를 드러내거나 뜻을 더하는 역할을 한다. 예를 들어 '영희가 아이에게 밥을 먹였다'에서 '가, 에게'가 이에 해당한다.

① '철수가 멋있다'에서 '가, -다'는 어미에 해당한다.
② '책이 잘 읽혔다'에서 '-히-, -었-'은 접사에 해당한다.
③ '영희는 아기를 돌보았다'에서 '돌보-'는 어간이며 '는, 를'은 조사이다.
④ '놀이, 죽음, 달리기'는 어근과 접사가 결합된 것이므로 어간이다.

01

정답풀이 "특히 여기에서 주목해야 할 점은 용언의 어근 '먹-'인데, 실질적인 의미를 가지면서 문법적인 역할을 한다는 특별한 점이 있다."라고 했으므로 용언의 어근인 '보-'는 실질 형태소이면서 의존적인 특성을 가진다는 점에서 '자립 형태소'가 아니라 '의존 형태소'임을 알 수 있다.

오답풀이 ② 제시문에서 '어휘적인 의미를 지닌 형태소를 실질 형태소'라고 했으므로 어휘적인 의미를 지닌 '소녀'는 실질 형태소임을 알 수 있다.
③ 제시문에서 '문법적인 역할을 하는 형태소를 형식 형태소라고 한다.'라고 했으므로 어휘적인 의미 없이 문법적인 의미만 지닌 '-리-'는 형식 형태소임이면서 의존 형태소임을 알 수 있다.
④ '자립성의 유무에 따라 자립 형태소, 의존 형태소로 나눌 수 있다.'고 했으므로 '을'은 의존적인 특성을 가진 의존 형태소임을 알 수 있다.

02

정답풀이 '돌보-'는 용언의 어간이며, '는, 를'은 명사 뒤에 결합된 조사이므로 이 설명은 적절하다.

오답풀이 ① '-다'는 어미에 해당하는 것이 옳다. 하지만 '가'는 명사 '철수' 뒤에 결합된 조사이므로 적절하지 않다.
② '-히-'는 접사에 해당하는 것이 옳다. 하지만 '-었-'은 어간 '읽히-' 뒤에 결합되었으므로 어미에 해당하므로 적절하지 않다.
④ '놀이, 죽음, 달리기'는 어근과 접사가 결합된 것은 맞지만 어간이라고 볼 수 없으므로 적절하지 않다. 제시문에서 '그리고 이러한 어근과 접사가 결합하여 동사와 형용사의 일부가 되는 어간이 된다'를 통해 어간은 어근과 접사가 결합하여 '동사와 형용사'의 일부가 되는 것이므로 명사인 '놀이, 죽음, 달리기'는 어간이라고 볼 수 없다.

정답
01 ① 02 ③

01

정답풀이 1) 먹-, -이(명사 파생 접미사), 를, 가지-, -어, 가-, -아
2) 영자, 는, 놀, -이(명사 파생 접미사), 터, 에서, 영희, 를, 밀-, -치-(강조의 접미사), -었-, 다.
3) 철수, 는, 성공, -하-(동사 파생 접미사), -는, 사람, 이, -다
4) 저, 고기, 는, 아주, 기름, -지-(형용사 파생 접미사), -다.
5) 토끼, 에게, 먹-, -히-(피동 접미사), -었-, -겠-, -지

위의 해설을 좀 더 자세히 서술하면 다음과 같습니다.
단, 여기서 질리면 안 돼요!! 아래의 것은 나중에 이해해도 되니 참고만 하시고 일단은 무시해 주세요.
(지금은 아래의 해설이 아주 어려울 것이기 때문에 내버려 두세요~^^ 개념은 8주차 강의가 끝나면 이 아래의 것들이 이해가 드디어 될 거예요!! 진짜로!!!
지금은 이해를 못해도 되니, 위의 해설 정도만 "가볍게" 봐주시고, 아래의 해설에는 절대!! 집착하지 마세요~^^)

1) 먹-(동사 어근), -이(명사 파생 접미사), 를(목적격 조사), 가지-(동사 어간), -어(연결 어미), 가-(동사 어간), -아(문장 종결 어미)
2) 영자(명사), 는(보조사), 놀(동사 어근), -이(명사 파생 접미사), 터(명사), 에서(부사격 조사), 영희(명사), 를(목적격 조사), 밀-(동사 어근), -치-(강조의 접미사), -었-(과거 시제 선어말 어미), -다(문장 종 결 어미).
3) 철수(명사), 는(보조사), 성공(명사 어근), -하-(동사 파생 접미사), -는(관형사형 전성 어미), 사람(명사), 이(서술격 조사), -다(문장 종결 어미)
4) 저(지시 관형사), 고기(명사), 는(보조사), 아주(부사), 기름(명사 어근), -지-(형용사 파생 접미사), -다(문장 종결 어미).
5) 토끼(명사), 에게(부사격 조사), 먹-(동사 어근), -히-(피동 접미사), -었-(과거 시제 선어말 어미), -겠-(미래 시제 선어말 어미), -지(문장 종결 어미)

02

정답풀이 '-님, -들'은 각각 높임의 접미사, 복수의 접미사이므로 실질적인 의미가 없는 형식 형태소(=문법 형태소)이다.

오답풀이 나머지는 모두 옳다.

정답

01 해설 참조 02 ② 03 ① 04 ④

03

정답풀이 '드리셨을'은 용언 어간 '드리-'에 높임 선어말 어미 '-시-', 과거 시제 선어말 어미 '-었-'이 결합한 형태이다. 또한 관형사형 전성 어미 '을'이 결합하였다. 따라서 [어간+선어말 어미+선어말 어미+전성 어미]로 분석해야 한다.

오답풀이 ② '나갔기'는 용언 어간 '나가-'에 과거 시제 선어말 어미 '-았-', 전성 어미 '-기'가 결합한 형태이다.
③ '건네셨을걸'은 용언 어간 '건네-'에 높임 선어말 어미 '-시-', 과거 시제 선어말 어미 '-었-', 종결 어미 '-을걸'이 결합한 형태이다.
④ '모시겠지만'은 용언 어간 '모시-'에 추측 선어말 어미 '-겠-', 연결 어미 '-지만'이 결합한 형태이다.
('계시다, 주무시다, 모시다'는 주체 높임 선어말 어미 '-시-'가 결합한 단어가 아님을 꼭 알아야 한다.

04

정답풀이 어간은 어근과 접사를 결합한 것이다. 따라서 '㉠: 어간과 어근이 일치하는 경우'는 접사가 없는 단일어에 해당한다. '㉡: 어간과 어근이 일치하지 않는 경우'는 접사가 존재하는 파생어에 해당한다. '주무시다'는 단일어이므로 ㉠에 해당한다. '주무+시+다'로 분석이 되려면, '주무다'가 있어야 하는데 '주무다'는 존재하지 않는 단어이다. '옮기다'는 파생어(옮+기(사동 접미사)+다)로, ㉡에 해당한다.

오답풀이 ① ㉠ 청(명사 어근)+하(동사 파생 접미사): 파생어이므로 ㉠이 아니라 ㉡에 해당한다.
㉡ 애+되(형용사 파생 접미사): 파생어이므로 ㉡에 해당한다.
② ㉠ 벌+리(사동 접미사): 파생어이므로 ㉠이 아니라 ㉡에 해당한다. '벌다'는 '틈이 나서 사이가 뜨다.'를 의미한다.
㉡ 먹+는(어미): 접사가 없는 단일어이므로 ㉡이 아니라 ㉠에 해당한다.
③ ㉠ 숙+이(사동 접미사): 파생어이므로 ㉠이 아니라 ㉡에 해당한다. '숙다'는 '앞으로 또는 한쪽으로 기울어지다.'를 의미한다.
㉡ 정+답(형용사 파생 접미사): 파생어이므로 ㉡에 해당한다.

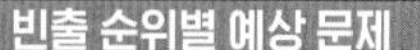

빈출 순위별 예상 문제

1편 형태론 CH.01 형태소

◎ 적중용 亦功 최 빈 출

01 다음 문장들의 형태소를 분석하시오.

1) 먹이를 가져 가.

( )

2) 영자는 놀이터에서 영희를 밀쳤다.

( )

3) 철수는 성공하는 사람이다.

( )

4) 저 고기는 아주 기름지다.

( )

5) 토끼에게 먹혔겠지.

( )

02 〈보기〉의 문장에 대한 설명으로 옳지 않은 것은?

〈보기〉
사장님께서 직원들에게 월급을 줬다.

① '사장, 직원, 월급'은 자립 형태소이다.
② '-님, -들'은 실질적인 의미가 있으므로 실질 형태소이다.
③ '주-'는 실질적인 의미가 있지만 혼자 쓰일 수 없으므로 의존 형태소이다.
④ '께서, 에게'는 조사이므로 형식 형태소이다.

◎ 적중용 亦功 중간 빈출, 제3빈출

03 ㉠~㉣을 활용하여 사례의 밑줄 친 부분을 분석한 것으로 옳지 않은 것은?

> 어간과 결합하는 어미는 다음과 같이 분류될 수 있다. 먼저 실현되는 위치에 따라 ㉠ 선어말 어미와 어말 어미로 나뉜다. 다음으로 어말 어미는 그 기능에 따라 ㉡ 연결 어미, ㉢ 종결 어미, ㉣ 전성 어미로 나뉜다.

	사례	분석
①	선생님께 선물을 <u>드리셨을</u> 텐데.	어간+㉠+㉠+㉢
②	영희가 집을 <u>나갔기</u> 때문에 오랫동안 찾아다녔다.	어간+㉠+㉣
③	선생님께서 어제 선물을 <u>건네셨을걸</u>.	어간+㉠+㉠+㉡
④	어머니께서 잘 <u>모시겠지만</u> 마음이 안 놓인다.	어간+㉠+㉡

04 〈보기〉의 ㉠과 ㉡에 해당하는 단어로 적절한 것은?

〈보기〉
㉠: 어간과 어근이 일치하는 경우
㉡: 어간과 어근이 일치하지 않는 경우

① ㉠: 청하다 ㉡: 앳되다
② ㉠: 벌리다 ㉡: 먹는다
③ ㉠: 숙이다 ㉡: 정답다
④ ㉠: 주무시다 ㉡: 옮기다

05

정답풀이 '간다.'의 'ㄴ'은 '현재 시제 선어말 어미'이므로 현재 시간 표현으로 유형을 분류할 수 있다. 참고로 현재 시제 선어말 어미는 'ㄴ/는'의 2가지 이형태가 존재한다. 앞의 용언 어간이 모음이나 'ㄹ'로 끝나면 'ㄴ'이 붙고 그 외의 자음으로 끝나면 '는'이 붙는다.

오답풀이 ② '있으시겠습니다'의 '(으)시'는 – 객체 높임이 아니라 '주체 높임 선어말 어미'이다.
③ '먹히는'의 '–히–'는 '당하다'를 의미하는 것이므로 사동 접미사가 아니라 피동 접미사이다. 목적어가 없는 경우에는 피동 접미사가 결합된 것일 확률이 높다.
④ '보아라'의 '–아라'는 청유형이 아니라 명령형 종결 어미이다. 청유형 종결 어미는 '–자'가 있다.

06

정답풀이 의존 형태소는 어미, 조사, 접사, 용언의 어간(어근)이다. '달(형용사 어간) / ㄴ(관형사형 어미) / 을(조사) / 먹(동사 어간) / 으며(연결 어미 / 살(동사 어간) / ㄹ(관형사형 어미) / 있(형용사 어간) / 다(어미)'의 총 9개이다.

오답풀이 ① 달(형용사 어간) / ㄴ(관형사형 어미) / 팥(명사) / 죽(명사) / 을(조사) / 먹(동사 어간) / 으며(연결 어미) / 살(동사 어간) / ㄹ(관형사형 어미) / 수(명사) / 있(형용사 어간) / 다(어미)의 총 12개이다.
③ 자립 형태소는 혼자 쓰일 수 있는 형태소이므로 '팥(명사 어근) / 죽(명사 어근) / 수(명사)'의 3개이다. 참고로 의존 명사는 명사이기 때문에 자립 형태소로 본다.
④ 실질 형태소는 '달(형용사 어간) / 팥(명사) / 죽(명사) / 먹(동사 어간) / 살(동사 어간) / 수(명사) / 있(형용사 어간)'의 총 7개이다. 참고로 의존 명사는 명사이기 때문에 실질 형태소로 본다.

정답

05 ① 06 ② 07 ①

07

정답풀이 다음 문장을 형태소 분석하면 '그+건물+의/짜–+ –이–+–ㅁ +–새(접미사)+를/보–+–면/지르–+–ㅁ+길+이/많–+–음+을/알+ㄹ/수/있+었+다'이다. 의존 형태소이면서 실질 형태소인 것은 용언의 어간(어근)이므로 '짜–, 보–, 지르–, 많–, 알–, 있–'이다.

05 다음 중 밑줄 친 문법 요소들에 대한 유형 분류가 옳은 것은?

① 역공녀는 집에 간다.(가+ㄴ+다) – 현재 시간 표현
② 교장님 말씀이 있으시겠습니다. – 객체 높임 표현
③ 내가 벌레들에게 뜯어 먹히는 꿈 – 파생적 사동 표현
④ 같이 참여해 보아라. – 청유형 종결 표현

06 〈보기〉의 형태소를 분석한 것으로 적절하지 않은 설명은?

〈보기〉

단팥죽을 먹으며 살 수 있다.

① 형태소의 개수는 모두 12개이다.
② 의존 형태소의 개수는 8개이다.
③ 자립 형태소의 개수는 3개이다.
④ 실질 형태소의 개수는 7개이다.

07 의존 형태소이면서 실질 형태소인 것만으로 묶인 것은?

그 건물의 짜임새를 보면 지름길이 많음을 알 수 있었다.

① 짜-, 보-, 지르-, 많-, 알-, 있-
② 보-, 많-, 알-, 있-
③ 의, 면, 이, -음, 을, -었-
④ 임, -음, -었-, -다

단어의 형성

관련교재
㉮ 출좋포 문법·어휘 p.25~28

대표 출좋포 한눈에 보기

1. 단일어, 파생어, 합성어 파악하기
2. 접사의 기능 파악하기
3. 합성어의 종류 파악하기

출좋포 ② 단일어, 합성어, 파생어

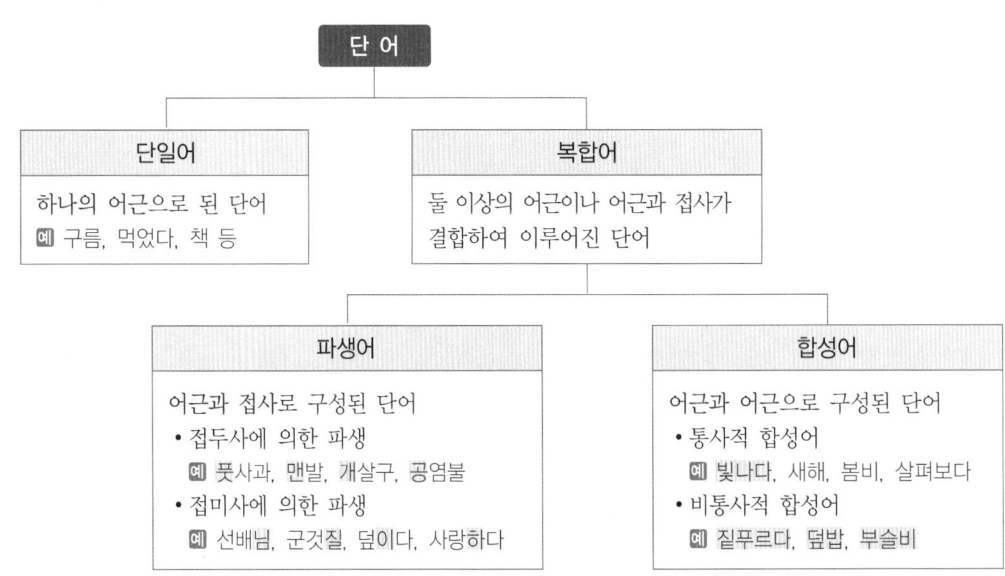

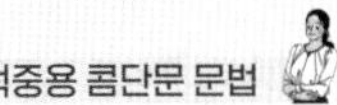

1. 접사

단독으로 쓰이지 아니하고 항상 다른 어근(語根)이나 단어에 붙어 새로운 단어를 구성하는 부분

(1) 접두사(接頭辭): 어근(語根)의 앞에 오는 말

① 품사는 그대로, 의미만 꾸며주는 한정적 접두사

ㄱ: 강굴, 강술, 강밥 / 강기침, 강더위 / 강울음, 강호령 / 강추위, 강타자, 강행군 / 개꿀, 개떡, 개살구 / 개꿈, 개나발, 개죽음 / 군말, 군살, 군침 / 군사람, 군식구

ㄴ: 날고기 / 날강도, 날건달

ㄷ: 돌배, 돌미나리 / 들국화, 들개 / 덧버선, 덧신, / 되감다, 되살리다 / 뒤흔들다, 뒤바꾸다 / 드세다, 드높다 / 들끓다, 들볶다, 들쑤시다

ㅁ: 막고무신, 막국수, 막담배 / 막노동, 막일 / 맨발, 맨주먹

ㅅ: 새파랗다, 샛노랗다, 시퍼렇다, 싯누렇다

ㅇ: 알부자, 알거지 / 알감, 알몸

ㅈ: 짓밟다

ㅊ: 치받다, 치솟다

ㅍ: 풋사과

ㅎ: 한여름, 한겨울 / 헛웃음, 헛디디다, / 휘감다

(2) 접미사(接尾辭): 어근의 뒤에 오는 말

① 품사는 그대로, 의미만 꾸며주는 한정적 접사

선생님, 학생들, 짐꾼, 도둑질, 밀치다, 비행기, 막내둥이

② 품사를 바꾸는 지배적 접사

- 믿음, 죽음, 크기, 달리기
- 공부하다, 기름지다, 정의롭다, 복스럽다, 꽃답다
- 높이, 많이, 당당히, 가득히

③ 문장 구조를 바꾸는 지배적 접사

- 아이가 옷을 입었다.
- 누나가 아이에게 옷을 입혔다. [입+히+었+다]

훈련용 대표 문법+독해 결합형 1편 형태론 CH.02 단어의 형성

01

정답풀이 제시문에 따라 "접미사가 결합하여 품사가 바뀌었는지 여부를 확인하기 위해서는 본래 어근이 어떤 품사를 가지고 있었는지 확인"해야 한다. '먹이다'의 어근 '먹-'은 '먹다'의 어간으로, '먹다'는 동사이다. 하지만 '먹이다'도 동사이므로 접미사 '-이-'가 결합하였어도 품사가 바뀌지 않은 경우에 해당한다.

오답풀이 ② 제시문에 따라 어근의 본래 품사를 확인했을 때, '덮개'는 어근 '덮-'과 접사 '-개'의 결합이므로 '덮다'의 품사를 확인해야 한다. '덮다'는 동사이고 '덮개'는 명사이므로 품사가 바뀌었다고 할 수 있다.

③ 제시문에 따라 어근의 본래 품사를 확인했을 때, '욕심쟁이'는 어근 '욕심'과 접사 '-쟁이'가 결합한 것이므로 '욕심'의 품사를 확인해야 한다. '욕심'은 명사이고 '욕심쟁이'도 명사이므로 품사가 바뀌었다고 볼 수 없다.

④ 제시문에 따라 어근의 본래 품사를 확인했을 때, '복스럽다'는 어근 '복-'과 접사 '-스럽-'의 결합이므로 '복스럽다'의 품사를 확인해야 한다. '복'는 명사이고 '복스럽다'는 형용사이므로 품사가 바뀌었다고 할 수 있다.

정답

01 ① 02 ③

02

정답풀이 • 꺾쇠(비통사적 합성어) : 꺾-(용언 '꺾다'의 어간)+쇠- 관형사형 전성 어미 '은' 없이 체언을 수식
• 검푸르다(비통사적 합성어) : 검-(용언 '검다'의 어간)+푸르다 - 연결 어미 '고' 없이 용언끼리 결합됨
• 보슬비(비통사적 합성어) : 보슬(부사)+비(명사) - 부사가 체언을 수식

오답풀이 ① • 안팎(통사적 합성어) : 안ㅎ(명사 'ㅎ'종성 체언)+밖(명사)
• 척척박사(비통사적 합성어) : 척척(부사)+박사(명사) - 부사가 체언을 수식
• 봄비(통사적 합성어) : 봄(명사)+비(명사) - 통사적 합성어

② • 돌보다(비통사적 합성어) : 돌-(용언 '돌다'의 어간)+보다(용언) - 연결 어미 '아' 없이 용언끼리 결합됨
• 눈물(통사적 합성어) : 눈(명사)+물(명사) - 통사적 합성어
• 곧잘(통사적 합성어) : 곧(부사)+잘(부사) - 통사적 합성어

④ • 소나무(통사적 합성어) : 솔(명사 'ㄹ' 탈락)+나무(명사)
• 여닫다(비통사적 합성어) : 열-(용언 '열다'의 어간)+닫다 - 연결 어미 '고' 없이 용언끼리 결합됨
• 늦잠(비통사적 합성어) : 늦-(용언 '늦다'의 어간)+잠 - 관형사형 어미 없이 용언끼리 결합됨

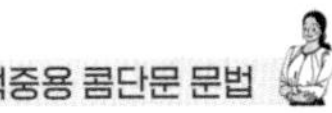

01 다음 글에서 추론한 내용으로 적절하지 않은 것은?

> 접사는 어근에 문법적 기능이나 일정한 뜻을 더해주는 역할을 한다. 그중 접미사는 뜻을 더해주기도 하고 품사를 바꾸기도 한다. 예를 들어, 접사 '-롭다'의 경우, 앞말에 '그러하다, 그럴 만하다'라는 뜻을 더해줌과 동시에 형용사를 만드는 기능을 한다. '평화롭다'의 경우, 어근 '평화'에 접사 '-롭다'가 붙어 '평화로운 상태'라는 뜻을 가진 단어가 된다. 이 때 '평화'는 명사이고 '평화롭다'는 형용사이기 때문에 품사가 바뀐 것이다. 접미사를 결합하여 품사가 바뀌었는지 여부를 확인하기 위해서는 본래 어근이 어떤 품사를 가지고 있었는지를 확인해야 한다. 예를 들어, '거짓말쟁이'의 경우, 어근 '거짓말'에 접미사 '-쟁이'가 결합하여 '거짓말을 많이 하는 사람'이라는 의미를 가지지만, '거짓말'의 본래 품사가 명사이기 때문에 이 경우에는 품사가 바뀌지 않았다. 하지만 '낮다'에 접미사 '-추-'가 결합하여 '낮추다'가 된 경우를 보자. '낮추다'는 품사가 동사인데, 어근인 '낮-'의 본래 품사는 형용사이다. 따라서 이러한 경우에는 품사가 바뀌었다고 말할 수 있다.

① '먹이다'는 접미사가 결합하여 품사가 바뀐 경우이다.
② '덮개'는 접미사가 결합하여 품사가 바뀐 경우이다.
③ '욕심쟁이'는 접미사가 결합해도 품사가 바뀌지 않은 경우이다.
④ '복스럽다'는 접미사가 결합하여 품사가 바뀐 경우이다.

02 다음 글의 ㉠에 대한 사례로만 묶인 것으로 적절한 것은?

> 어근과 어근의 결합으로 이루어진 합성어는 어근끼리의 관계가 일반적인 문법 규칙에 일치하는지 혹은 어긋나는지에 따라 통사적 합성어와 ㉠ <u>비통사적 합성어</u>로 나눌 수 있다. 이중 비통사적 합성어는 어근끼리의 관계가 일반적인 문법 규칙에 어긋나는 경우에 해당한다. 어간 뒤에 어미가 결합되지 않은 채로 붙는 경우가 있는데 어간 뒤에 바로 어간이 붙거나 명사가 붙는 경우가 이에 해당된다. 또한 체언을 수식해야 할 관형사가 수식하지 않고 부사가 체언을 수식하는 경우, 한자의 배열이 우리 문법에 어긋나는 경우가 이에 해당된다. 가령, '나가다'는 어간 '나-'에 용언 '가다'가 결합되며 '덮밥'은 어간 '덮-' 뒤에 명사 '밥'이 결합된다. 또한 부사 '살짝'이 명사 '곰보'를 수식하고 '독서(讀書), 등산(登山)'의 경우에는 우리말의 배열에 어긋난다.

① 안팎, 척척박사, 봄비
② 돌보다, 눈물, 곧잘
③ 꺾쇠, 검푸르다, 보슬비
④ 소나무, 여닫다, 늦잠

01

정답풀이 '없다'는 형용사인데, 접미사 '애'와 결합되는 경우에는 동사 '없애다'로 품사가 바뀐다.

오답풀이 ① '작곡'은 명사이고 '작곡가'도 명사이므로 '-가'는 품사를 바꾸지 못하는 접사임을 알 수 있다.
② 접두사 '휘-'는 '마구'·'매우 심하게'의 뜻을 나타내는 말로 의미만 더해줄 뿐, 품사는 바꾸지 못한다.
③ 접두사 '새-'는 빛깔이 짙고 산뜻함을 나타내는 말로 의미만 더해줄 뿐, 품사는 바꾸지 못한다.

02

정답풀이 '형용사 어근 '기쁘-'에 명사 파생 접사 '-ㅁ'이 결합하여 명사가 되었으므로 품사가 형용사에서 명사로 바뀌었다는 것은 옳다.

오답풀이 ① '알'은 '진짜, 알짜'의 뜻을 더하는 접두사이므로 '알부자'는 '명사 +명사' 형태의 통사적 합성어가 아니다. '알부자'는 '접두사+어근' 형태의 파생어이다.
② '밀+치+었+다'에서 접미사 '치'는 앞의 어근을 강조하는 접미사일 뿐 문장 구조를 바꾸지는 못한다. 접미사 '치'는 강조의 의미일 뿐이므로 없애도 된다.
③ '한창인'의 뜻을 더하는 접두사 '한-'과 어근 '겨울'의 결합이므로 '관형사+명사' 형태의 통사적 합성어가 아니다. 파생어이다.

정답

01 ④ 02 ④ 03 ③ 04 ③ 05 ①

03

정답풀이 '부슬비'는 어근과 어근의 결합으로 합성어인 것은 맞다. 하지만 '부사+명사' 형태이므로 비통사적 합성어이다.

오답풀이 ① 형용사 어근 '슬프-'와 접미사 '-ㅁ'이 결합되어 명사로 바뀐 것이므로 옳은 설명이다.
② 접두사 '군-'과 어근 '말'의 결합으로 만들어진 파생어이다.
④ '시울'은 '눈이나 입의 언저리'를 의미하는 명사이다. 따라서 '눈시울'은 눈(어근)+시울(어근)의 합성어이다.

04

정답풀이 '군(접사)+소리(어근), 덧(접사)+가지(어근), 짓(접사)+누르(어근)+다, 돌(접사)+배(어근)'은 모두 파생어이므로 단어 형성 방법이 모두 같다.

오답풀이 ① '가위(어근)+질(접사), 멋(어근)+쟁이(접사), 달리(어근)+기(접사)'는 파생어이지만 '새해'는 관형사 '새'와+명사 '해'가 결합된 통사적 합성어이므로 단어 형성 방법이 다르다.
② '한(접사)+겨울(어근), 맨(접사)+손(어근), 높(어근)+다랗(접사)+다'는 파생어이지만 '어머니'는 단일어이므로 단어 형성 방법이 다르다.
④ '돌(어근)+다리(어근), 굶(어근)+주리(어근)다, 섞(어근)어+찌개(어근)'는 합성어이지만 '돌(접사)+미나리(어근)'는 파생어이므로 단어 형성 방법이 다르다.

05

정답풀이 '먹이'는 동사(먹-)를 명사(먹이)로 품사를 바꾸는 접미사 '-이', '지우개'는 동사(지우-)를 명사(지우개)로 품사를 바꾸는 접미사 '-개', '꽃답다'는 명사(꽃)를 형용사(꽃답-)로 품사를 바꾸는 '-답-', '신비롭다'는 명사(신비)를 형용사(신비롭-)로 품사를 바꾸는 '-롭-'이므로 밑줄 친 접사는 품사를 바꾸는 접사로만 묶였음을 알 수 있다.

오답풀이 ② '울보'는 동사(울-)를 명사(울보)로 품사를 바꾸는 접미사 '-보'이다. 하지만 '들쑤시다, 들이닥치다, 불호령'의 '들-, 들이-, 불-'은 모두 품사를 바꾸지 않는 접사이므로 적절하지 않다.
③ '자주'는 형용사(잦-)를 부사(자주)로 품사를 바꾸는 접미사 '-우', '공부하다'는 명사(공부)를 동사(공부하-)로 품사를 바꾸는 '-하-'는 품사를 바꾸는 접사이다. 하지만 '지붕, 드세다'의 '웅, 드'는 품사를 바꾸지 않는 접사이므로 적절하지 않다.
④ '휩쓸다, 되감다, 뒤엎다'의 접사들은 모두 품사를 바꾸지 않는 접사이므로 적절하지 않다.
'낮잚'은 사전에 등재되지 않은 단어이다. 즉 '-ㅁ'은 접미사가 아니라 어미이기 때문에 '낮잚'은 '낮(이)설다'로 통사적 합성어이다.

빈출 순위별 예상 문제

1편 형태론 CH.02 단어의 형성

◎ 적중용 亦 功 최 빈 출

01 밑줄 친 단어 가운데 품사를 바꾸어 주는 접사가 포함된 것은?

① 그의 꿈은 작곡가였다.
② 공포감이 내 몸을 휘감았다.
③ 그 커튼은 새빨갰다.
④ 그는 결국 범죄를 없앴다.

02 〈보기〉의 ㉠~㉣에 대한 설명으로 적절한 것은?

(보기)
- 그는 은근하게 ㉠ 알부자이다.
- 그는 그를 힘차게 ㉡ 밀쳤다.
- ㉢ 한겨울에 그녀가 찾아 왔다.
- 그는 ㉣ 기쁨을 감추지 못했다.

① ㉠은 어근과 어근의 결합인 '명사 +명사' 형태의 통사적 합성어이다.
② ㉡은 문장 구조를 바꾸는 접미사가 사용되었다.
③ ㉢은 어근과 어근의 결합인 '관형사+명사' 형태의 통사적 합성어이다.
④ ㉣은 어근과 접미사의 결합으로 이루어진 파생어로 품사가 형용사에서 명사로 바뀌었다.

03 〈보기〉의 ㉠~㉣에 대한 설명으로 적절하지 않은 것은?

(보기)
- 그는 ㉠ 슬픔에 빠져 집에 돌아갔다.
- ㉡ 군말 하지 말고 내 말 들어라.
- 그 사이 한 해가 저물고 ㉢ 부슬비가 왔다.
- 그는 ㉣ 눈시울이 붉어졌다.

① ㉠은 어근과 접미사의 결합으로 이루어진 파생어로 품사가 형용사에서 명사로 바뀌었다.
② ㉡은 접두사와 어근의 결합으로 만들어진 파생어이다.
③ ㉢은 어근과 어근의 결합인 '관형사+명사' 형태의 통사적 합성어이다.
④ ㉣은 어근과 어근의 결합인 '명사+명사' 형태의 통사적 합성어이다.

04 다음 중 단어 형성 방법이 모두 같은 것으로만 묶인 것은?

① 가위질, 멋쟁이, 달리기, 새해
② 한겨울, 맨손, 높다랗다, 어머니
③ 군소리, 덧가지, 짓누르다, 돌배
④ 돌다리, 굶주리다, 섞어찌개, 돌미나리

05 밑줄 친 표현 중 품사를 바꾸는 접사로만 묶인 것은?

① 먹이, 지우개, 꽃답다, 신비롭다
② 울보, 들쑤시다, 들이닥치다, 불호령
③ 지붕(집+웅), 자주(잦+우), 공부하다, 드세다
④ 낯섦(낯설+ㅁ), 휩쓸다, 되감다, 뒤엎다

06

정답풀이 움직이다(파생어) : 움직(어근)+접미사 '-이다'
만듦새(파생어) : 동사 어간 '만들-'에 명사 파생 접사 '-ㅁ'이 결합되어 '만듦'이 된 후 '됨됨이'·'모양'·'상태' 등의 뜻을 나타내는 접미사인 '새'가 결합된 파생어

오답풀이 ② 돌보다(합성어) : 돌-(동사 어근)+보-(동사 어근)
일꾼(파생어) : 일(명사 어근)+-꾼(접사)
③ 기와집(합성어) : 기와(명사 어근)+집(어근)
선생님(파생어) : 선생(명사 어근)+-님(접사)
④ 까막까치(합성어) : 까마귀(명사 어근)+까치(명사 어근)
참다랑어(파생어) : 참-(접사)+다랑어(어근)

07

정답풀이 〈보기〉는 접두사와 파생어가 결합되어 파생어가 된 것을 보여 준다. '얼-+-음'로 파생되어 마지막에 접두사 '살-'이 결합되어 파생어 '살얼음'이 된 것이므로 〈보기〉와 단어의 짜임이 같다고 볼 수 있다.

오답풀이 ② 파생어 '놀이'+접미사 '터'=합성어
③ 어근 '옷걸-'+명사 파생 접사 '-이'=파생어이기는 하지만 〈보기〉처럼 '접두사+파생어' 구성이 아니다.
④ 어근 '탐'+형용사 파생 접미사 '-스럽' = 파생어이지만 〈보기〉의 구성이 아니다.

08

정답풀이 '넘치다'의 '치'는 접미사이기는 하지만 앞의 어근의 뜻을 강조하는 의미만 더한다. 품사를 바꾸거나 자동사를 타동사로 바꾸지 못한다.

오답풀이 ① 보기 : 동사 어근 '보-'+ 명사 파생 접사 '-기'=파생어
☞ 접미사가 동사를 명사로 바꾸고 있다.
② 낮추다 : 형용사 어근 '낮-'+사동 접미사 '-추-'=파생어
☞ 접미사가 형용사를 타동사로 바꾸고 있다. '벽을 낮추다' 등으로 사용되므로 목적어가 있는 타동사로 바뀜을 알 수 있다.
③ 일으키다 : 동사 어근 '일-'+사동 접미사 '-으키-'=파생어
☞ 접미사가 자동사를 타동사로 바꾸고 있다. '문제를 일으키다' 등으로 사용되므로 목적어가 있는 타동사로 바뀜을 알 수 있다.

09

정답풀이 '우짖다, 늦잠, 짙푸르다, 덮밥'은 비통사적 합성어이다. 각각 연결 어미 '-고' 생략, 관형사형 어미 '-은' 생략, 연결 어미 '-고' 생략, 관형사형 어미 '-은' 생략이 보인다. 하지만 '큰집'은 관형사형 어미 '-ㄴ'이 있는 통사적 합성어이므로 다른 구성 방식을 보인다.

오답풀이 모두 비통사적 합성어이므로 옳다.
② '감은발'에서 관형사형 어미 '-은' 생략이 보인다.
③ '접은칼'에서 관형사형 어미 '-은' 생략이 보인다.
④ '곶은감'에서 관형사형 어미 '-은' 생략이 보인다.

10

정답풀이 '개살구, 헛웃음, 낚시질, 지우개'는 각각 접사 '개-, 헛-, -질, -개'가 붙은 파생어이다. 이와 같은 단어 형성 원리를 가진 단어는 '건어물'이다. '건(乾)'은 '마른' 또는 '말린'의 뜻을 더하는 접두사이다. '건어물'은 파생어이다.
예 건포도, 건과자

오답풀이 모두 '명사+명사' 형태로 된 '합성어'이다.
② 명사 '핵'+명사 '폭발' (핵이 무섭다.)
③ 명사 '한자'+명사 '음' (어떤 음이 너에게 높니?)
④ 명사 '금지'+명사 '곡' (어떤 곡을 좋아해?)

11

정답풀이 '정(이)들다, 본(을)받다, 배(가)부르다, 빛(이)나다, 얄(이)밉다'에서처럼 각각 조사들이 생략된 통사적 합성어이다. 하지만 '깔보다'는 동사 어근 '깔-'+동사 어근 '보-'= 연결 어미 '아'가 생략된 비통사적 합성어이므로 제시된 단어들과 단어 형성 원리가 다르다.
참고로 '얄밉다'에서 '얄'은 '야살스럽게 구는 것'으로 '얄' 뒤에 주격 조사 '이'가 생략된 통사적 합성어이다.

오답풀이 ② 손쉽다 : '손(에) 쉽다'에서 조사가 생략된 것은 자연스러운 현상이므로 통사적 합성어이다.
③ 겁나다 : '겁(이) 나다'의 결합에서 조사가 생략된 것은 자연스러운 현상이므로 통사적 합성어이다.
④ 낯설다 : '낯(이) 설다'의 결합에서 조사가 생략된 것은 자연스러운 현상이므로 통사적 합성어이다.

정답

06 ① 07 ① 08 ④ 09 ① 10 ① 11 ④

06 다음 중 단어 형성 방법이 모두 같은 것으로만 묶인 것은?

① 움직이다, 만듦새
② 돌보다, 일꾼
③ 기와집, 선생님
④ 까막까치, 참다랑어

07 다음 중 단어의 짜임이 〈보기〉와 같은 것은?

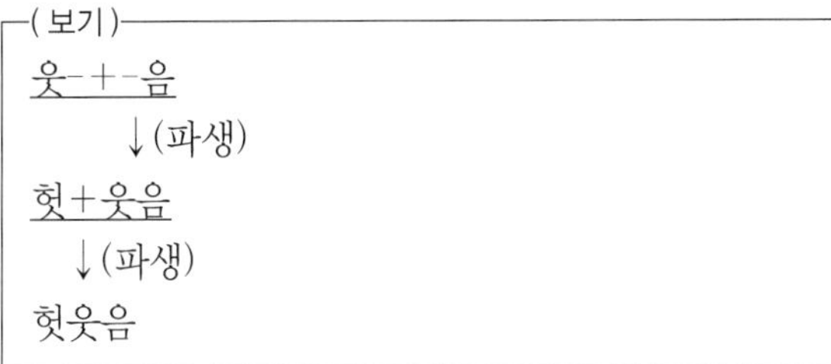
(보기)
웃-+-음
↓(파생)
헛+웃음
↓(파생)
헛웃음

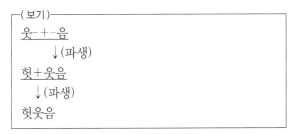

① 살얼음　② 놀이터
③ 옷걸이　④ 탐스럽다

08 다음 중 〈보기〉의 설명에 해당되지 않는 단어는?

(보기)
접미사는 품사를 바꾸거나 자동사를 타동사로 바꾸는 기능을 한다.

① 보기　② 낮추다
③ 일으키다　④ 넘치다

09 다음 예들과 동일한 구성 방식을 보이는 단어가 아닌 것은?

우짖다, 늦잠, 짙푸르다, 덮밥

① 큰집　② 감발
③ 접칼　④ 곶감

10 다음 〈보기〉에 제시된 단어들과 단어 형성 원리가 같은 것은?

(보기)
개살구, 헛웃음, 낚시질, 지우개

① 건어물(乾魚物)
② 핵폭발(核爆發)
③ 한자음(漢字音)
④ 금지곡(禁止曲)

11 다음 〈보기〉에 제시된 단어들과 단어 형성 원리가 다른 것은?

(보기)
정들다, 본받다, 배부르다, 빛나다, 얄밉다

① 깔보다　② 손쉽다
③ 겁나다　④ 낯설다

12

정답풀이 접두사 '새'와 형용사 어근 '파랗-'이 결합된 파생어이다. 동사 어근 '놀-'과 접미사 '-이'가 결합된 파생어이다.

오답풀이 ② '본받다'는 합성어이다. '본(을) 받다'의 결합에서 조사가 생략된 것은 자연스러운 현상이므로 통사적 합성어이다. '치솟다'는 접두사 '치-'와 동사 어근 '솟-'이 결합된 파생어이다.
③ '얽매다'는 '이리저리 관련이 되게 하다.'를 뜻하는 동사 어근 '얽-'과 동사 어근 '매-'가 결합된 합성어이다. '비행기'는 명사 '비행'+접미사 '-기'가 결합된 파생어이다.
④ '늙은이'는 관형사형 어미가 생략되지 않은 통사적 합성어이다. '어깨동무'는 명사(어깨)와 명사(동무)가 결합된 통사적 합성어이다.

13

정답풀이 '살짝곰보'는 부사 '살짝'과 명사 '곰보'가 결합된 '비통사적 합성어'이다. '얼룩소'는 명사 '얼룩'+명사 '소'가 결합된 '통사적 합성어'이므로 구성 방식이 다르다. '얼룩'이 명사임에 유의하여야 한다.

오답풀이 ① '흔들바위'는 부사 '흔들'이 명사 '바위'를 꾸미는 비통사적 합성어이다. (바위가 흔들흔들 움직인다)
③ '딱딱새'는 부사 '딱딱'이 명사 '새'를 꾸미는 비통사적 합성어이다. (이가 딱딱 부딪치다.)
④ '부슬비(보슬비)'는 부사 '부슬(보슬)'이 명사 '비'를 꾸미는 비통사적 합성어이다. (비가 부슬부슬(보슬보슬) 내린다.)

14

정답풀이 둘 다 합성어이다.
• 앞서다='앞(에) 서다'의 결합에서 조사가 생략된 것은 자연스러운 현상이므로 통사적 합성어이다.
• 가로지르다='가로 지르다'로 부사 '가로'가 용언 '지르다'를 꾸미는 것은 자연스러운 현상이므로 통사적 합성어이다.

오답풀이 ○은 합성어, X는 파생어이다.
① • 밑바닥(○)=명사 '밑'+명사 '바닥'
• 짓밟다(×)=접두사 '짓-'+동사 어근 '밟-'
② • 막내둥이(×)=명사 '막내'+접미사 '-둥이'
• 돌부처(○)=명사 '돌'+명사 '부처'
③ • 개살구(×)=접두사 '개-'+명사 어근 '살구'
• 헐떡고개(○)=부사 '헐떡'+명사 '고개'

정답
12 ① 13 ② 14 ④ 15 ④ 16 ④

15

정답풀이

㉠ 통사적 합성어	㉡ 비통사적 합성어
c. 첫사랑 : '관형사+명사' 구성을 보이는 것은 정상적이다. d. 그만두다 : 부사 '그만'+동사 어근 '두다' 부사는 원래 동사, 형용사를 수식한다. f. 논밭 : '논과 밭'의 '명사+명사' 구성을 보이는 것은 정상적이다.	a. 높푸르다 : 연결 어미 '고'가 생략된 것은 비정상적이다. b. 산들바람 : 부사 '산들'이 명사 '바람'을 꾸미는 것은 비정상적이다. e. 늦더위 : 관형사형 어미 '은'이 생략된 것은 비정상적이다.

16

정답풀이 '검(고)붉다, 굳(고)세다, 보(고)살피다'로서 연결 어미 '고'가 생략된 비통사적 합성어이다.

오답풀이 ① • '함박눈'은 명사+명사의 통사적 합성어이다.
• '옛날'은 관형사+명사의 통사적 합성어이다.
• 2015년에 접두사 '작은-'이 표준국어대사전에서 삭제되었으므로 '작은집'은 통사적 합성어이다. 관형사형 전성 어미 '-은'이 정상적으로 들어갔으므로 통사적 합성어이다.
② • '밤낮'은 명사+명사의 통사적 합성어이다.
• '힘들다'는 '힘이 들다'에서 조사 '이'가 생략된 통사적 합성어이다.
• '빛나다'는 '빛이 나다'에서 조사 '이'가 생략된 통사적 합성어이다.
③ • '오르내리다'는 연결 어미 '-고' 없이 동사 '오르다'와 '내리다'가 비정상적으로 결합된 비통사적 합성어이다.
• '돌아가다'는 '돌다'와 '가다'가 '-아'라는 연결 어미로 이어지므로 통사적 합성어이다.
• '작은아버지'는 관형사형 전성 어미 '-은'이 정상적으로 들어갔으므로 통사적 합성어이다.

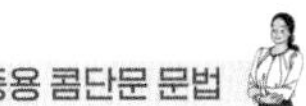

12 파생어끼리 묶인 것으로 가장 적절한 것은?

① 새파랗다, 놀이
② 치솟다, 본받다
③ 얽매다, 비행기
④ 늙은이, 어깨동무

13 '살짝곰보'와 합성어의 구성 방식이 다른 것은?

① 흔들바위
② 얼룩소
③ 딱딱새
④ 부슬비(보슬비)

14 다음 중 합성어로만 묶인 것은?

① 밑바닥, 짓밟다
② 막내둥이, 돌부처
③ 개살구, 헐떡고개
④ 앞서다, 가로지르다

15 〈보기1〉을 참고하여 〈보기2〉를 ㉠과 ㉡으로 잘 분류한 것은?

〈보기1〉

어근과 어근의 형식적 결합 방식에 따라 합성어를 나누어 볼 수 있다. 형식적 결합 방식이란 어근과 어근의 배열 방식이 국어의 정상적인 단어 배열 방식 즉 통사적 구성과 같고 다름을 고려한 것이다. 여기에는 합성어의 각 구성 성분들이 가지는 배열 방식이 국어의 정상적인 단어 배열법과 같은 ㉠ '통사적 합성어'와 정상적인 배열 방식에 어긋나는 ㉡ '비통사적 합성어'가 있다.

〈보기2〉

a. 높푸르다	b. 산들바람	c. 첫사랑
d. 그만두다	e. 늦더위	f. 논밭

	㉠	㉡
①	a, e	b, c, d, f
②	a, c, d	b, e, f
③	b, c, d	a, e, f
④	c, d, f	a, b, e

16 비통사적 합성어로만 묶은 것은?

① 함박눈, 옛날, 작은집
② 밤낮, 힘들다, 빛나다
③ 오르내리다, 돌아가다, 작은아버지
④ 검붉다, 굳세다, 보살피다

17

정답풀이 '헐떡고개'는 부사 '헐떡'이 명사 '고개'를 꾸미므로 비통사적 합성어이다. '설익다'는 '설어익다'로 연결 어미 '어'가 생략된 것이므로 비통사적 합성어이다.(참고로, '설'을 접두사로 보는 경우에는 '설익다'가 파생어가 되므로 문제에 따라 유연하게 봐야 한다.) '감발'은 '감은발'에서 관형사형 어미 '은'이 생략된 것이므로 비통사적 합성어이다.

오답풀이 ① '검푸르다'는 '검고 푸르다'에서 연결 어미 '-고'가 생략된 비통사적 합성어이다.
'뛰놀다'는 '뛰어놀다'에서 연결 어미 '-어'가 생략된 비통사적 합성어이다.
'선무당'의 '선'은 '서툰' 또는 '충분치 않은'의 뜻을 더하는 접두사이므로 '선무당'은 파생어이다.
② '등산(登山 : 오르다, 산), 독서(讀書 : 읽다, 책)'는 우리나라의 일반적인 단어 배열법과 다르므로 비통사적 합성어이다. '일몰(日沒)'은 '해, 지다'이므로 통사적 합성어이다.
③ '열+ㄹ(관형사형 어미)+쇠'이므로 관형사형 어미가 생략되지 않은 통사적 합성어이다. (어간 '열'에 그대로 '쇠'가 붙은 것이라고 본다면 비통사적 합성어라고도 볼 수 있다.)
'여름밤'은 명사+명사 구성의 통사적 합성어이다.
'안팎'은 명사+명사 구성의 통사적 합성어이다.

18

정답풀이 '재우다'는 사동 접미사 '이'와 '우'가 결합된 파생어이다.

오답풀이 ① 연결 어미 '고'가 잘 붙은 통사적 합성어이다.
② '붉(은)돔'에서 관형사형 어미 '은'이 생략된 비통사적 합성어이다.
③ 연결 어미 '어'가 결합되어 있으므로 통사적 합성어이다.

19

정답풀이 '나무꾼, 뒤엎다, 엿보다, 헛되다'가 파생어이므로 4개이다.

파생어	합성어
• 나무꾼(파생어)='어떤 일을 습관적으로 하는 사람'의 뜻을 더하는 접미사 '꾼' • 뒤엎다(파생어)='반대로 뒤집어'의 뜻을 더하는 접두사 '뒤' • 엿보다(파생어)='몰래'의 뜻을 더하는 접두사 '엿' • 헛되다(파생어)='보람 없이', '잘못'의 뜻을 더하는 접두사 '헛-'	• 병마개(통사적 합성어)=어근 '병'과 파생어 '마개'가 결합된 합성어 • 작은아버지(통사적 합성어)=작은+아버지

20

정답풀이 '앞(과)뒤, 똥(과) 오줌, 맛(이)있다, 힘(이)차다'는 모두 합성어이다.

오답풀이 ②③④는 다 '파생어'로만 묶인 것들이다.
단, '고프다'는 공시적인 관점에서 보면 단일어로 보는 경우가 있다.
② 잠보, 점쟁이, 덮개, 넓이, 조용히, 새롭다
③ 군것질, 선생님, 먹히다, 거멓다(검+엏+다), 고프다(곯+브+다)
④ 군소리, 풋사랑, 시누이, 새파랗다

21

정답풀이 • 묵밭(비통사적 합성어) : 묵-+밭 – 관형사형 전성 어미 '은' 없이 체언을 수식
• 오가다(비통사적 합성어) : 오-+가다 – 연결 어미 '고' 없이 용언끼리 결합됨
• 날뛰다(비통사적 합성어) : 날-+뛰다 – 연결 어미 '고' 없이 용언끼리 결합됨

오답풀이 ① • 소나무(통사적 합성어) : 솔(명사 'ㄹ' 탈락)+나무(명사)
• 살코기(통사적 합성어) : 살ㅎ(명사 'ㅎ'종성 체언)+고기(명사)
• 늦잠(비통사적 합성어) : 늦-(용언 '늦다'의 어간)+잠(파생어) – 관형사형 어미 없이 용언끼리 결합됨
② • 나가다(비통사적 합성어) : 나-(용언 '나다'의 어간)+가다(용언) – 연결 어미 없이 용언끼리 결합됨
• 손목(통사적 합성어) : 손(명사)+목(명사) – 통사적 합성어
• 할미꽃(통사적 합성어) : 할미(명사)+꽃(명사) – 통사적 합성어
④ • 안팎(통사적 합성어) : 안ㅎ(명사 'ㅎ'종성 체언)+밖(명사)
• 촐랑새(비통사적 합성어) : 촐랑(부사)+새(명사) – 부사가 체언을 수식
• 눈물(통사적 합성어) : 눈(명사)+물(명사) – 통사적 합성어

22

정답풀이 '나무+잎'은 명사+명사이므로 합성어이다. 참고로 사이시옷은 합성어일 때만 나타나므로 사이시옷으로 합성어를 판별할 수 있다. '똑(=아주 틀림없이.)+같다'는 '부사+형용사'이므로 합성어이다. '어린이'는 '어리+ㄴ(관형사형 어미)+이'로, 관형사형 어미가 있는 합성어이다. '길짐승'은 '기+ㄹ(관형사형 어미) 짐승'으로 관형사형 어미 'ㄹ'이 생략되지 않은 통사적 합성어이다.

오답풀이 ② 군불, 짓밟다, 헛고생, 돌배 – 파생어(형광펜=접사)
③ 치솟다 – 파생어(형광펜=접사) 나머지는 합성어이다.
④ 터럭 – 단일어, 올벼 – 파생어(형광펜=접사) 나머지는 합성어이다.

정답

17 ④ 18 ④ 19 ③ 20 ① 21 ③ 22 ①

17 비통사적 합성어로만 묶인 것은?

① 검푸르다, 뛰놀다, 선무당
② 등산, 독서, 일몰
③ 열쇠, 여름밤, 안팎
④ 헐떡고개, 설익다, 감발

18 다음 〈보기〉를 참고하였을 때 올바르지 않은 것은?

(보기)

파생 접사 없이 어근과 어근이 직접 합쳐져서 만들어진 단어를 합성어라고 한다. 어근과 어근의 연결이 문장에서와 같은 방식으로 이루어진 것을 통사적 합성어, 단어 형성에서만 나타나는 방식으로 이루어진 것을 비통사적 합성어라고 한다.

① 타고나다 – 통사적 합성어
② 붉돔 – 비통사적 합성어
③ 잃어버리다 – 통사적 합성어
④ 재우다 – 비통사적 합성어

19 다음 중 파생어의 수는?

나무꾼, 뒤엎다, 병마개, 엿보다, 작은아버지, 헛되다

① 2개 ② 3개
③ 4개 ④ 5개

20 다음 중 합성어로만 묶인 것은?

① 앞뒤, 똥오줌, 맛있다, 힘차다
② 잠보, 점쟁이, 덮개, 넓이, 조용히, 새롭다
③ 군것질, 먹히다, 거멓다, 고프다
④ 군소리, 풋사랑, 시누이, 새파랗다

21 다음 중 비통사적 합성어끼리 묶인 것은?

① 소나무, 살코기, 늦잠
② 나가다, 손목, 할미꽃
③ 묵밭, 오가다, 날뛰다
④ 안팎, 촐랑새, 눈물

22 다음 중 합성어로만 이루어진 것은?

① 나뭇잎, 똑같다, 어린이, 길짐승
② 군불, 짓밟다, 헛고생, 돌배
③ 산비탈, 해맑다, 밤하늘, 치솟다
④ 터럭, 갈림길, 하루하루, 올벼

23

정답풀이 • 가지+어+오다 : 연결 어미 '어'가 결합된 통사적 합성어
• 어리+ㄴ+이 : 관형사형 어미 'ㄴ'이 결합된 통사적 합성어
• 가로막다 : 부사 '가로'와 동사 '막다'가 결합된 통사적 합성어이다. 부사가 동사를 꾸미는 것은 정상적인 구성이다.

오답풀이 ① • 톱+질 : 명사 어근 '톱'에 접미사 '질'이 결합된 파생어
• 작+은+형 : 관형사형 어미 '은'이 결합한 형태이므로 통사적 합성어이다.
• 돌+아+가+다 : 연결 어미 '-아'가 결합된 통사적 합성어이다.
② • 새+언니 : 관형사와 명사 구성의 통사적 합성어이다.
• 젊+은+이 : 관형사형 어미 '은'이 결합한 형태이므로 통사적 합성어이다.
• 사람+답+다 : 명사 '사람'에 형용사 파생 접사 '-답-'이 붙은 파생어이다.
③ • 풋+고추 : 접두사 '풋'에 명사 어근 '고추'가 결합된 파생어
• 올+벼 : 접두사 '올'에 명사 어근 '벼'가 결합된 파생어
• 잡+히+다 : 동사 어근 '잡-'에 동사 파생 접사 '-히-'가 붙은 파생어이다.

24

정답풀이 • 치솟다 : 위로 올라가는 뜻을 나타내는 '치'라는 접두사와 어근 '솟다'가 결합된 파생어.
• 헛고생 : 소용이 없거나 속이 비었거나 참되지 못함을 나타내는 접두사 '헛'에 명사 어근 '고생'이 결합된 파생어

오답풀이 ① • 동화책(통사적 합성어) : 동화(명사 어근)+책(冊)(명사 어근)
• 책상(통사적 합성어) : 책(冊)(명사 어근)+상(床)(명사 어근)
③ • 순수하다(파생어) : 순수(명사 어근)+하(형용사 파생 접미사)
• 씨감자(통사적 합성어) : 씨(명사 어근)+감자(명사 어근) : 씨앗으로 쓰는 감자
④ • 크다(단일어) : 어근 '크-' 하나만 있음
• 복스럽다(파생어) : 명사 '복(福)'+'그러한 성질이 있음'의 뜻을 더하고 형용사를 만드는 접미사인 '-스럽다'

25

정답풀이 • 기대치(파생어) : 명사 어근 '기대'+ '값'의 뜻을 나타내는 접미사 '-치'
• 들이닥치다(파생어) : '마구', '갑자기'의 뜻을 더하는 접두사 '들이-'+닥치다

오답풀이 ① • 작은아버지(통사적 합성어)
• 날강도(파생어) : '지독한'의 뜻의 접두사 '날'+명사 어근 '강도'
③ • 김치찌개(통사적 합성어)
• 어른스럽다(파생어) : 명사 어근 '어른'+형용사 파생 접미사 '스럽'
④ • 구경꾼(파생어) : 명사 어근 '구경'+어떤 일 때문에 모이는 사람의 뜻의 접미사 '꾼'
• 여남은(통사적 합성어) : 수사 '열'+동사 '남다'+어미 '-은'

정답

23 ④ 24 ② 25 ② 26 ② 27 ① 28 ④

26

정답풀이 • 사랑하다(파생어) : 사랑+접미사 '-하다'
• 되풀다(파생어) : '도로'의 뜻을 더하는 접두사 '되-'+풀다
• 끝내, 저녁내(파생어) : 끝, 저녁+'그때까지'의 뜻을 더하고 부사를 만드는 접미사 '-내'

오답풀이 ① • 강추위(파생어) : '매우 센' 또는 '호된'의 뜻을 더하는 접두사 '강-'+추위
• 날강도(파생어) : '지독한'의 뜻을 더하는 접두사 '날-'+강도
• 온갖(합성어) : 관형사 '온'+명사 '가지'의 준말
③ • 게을러빠지다(합성어) : 게으르+어+빠지다
• 흙내(합성어) : '흙+냄새'이므로 합성어임
• 참꽃(파생어) : '먹을 수 있는'의 뜻을 더하는 접두사 '참-'+꽃
④ • 들개(파생어) : '야생으로 자라는'의 뜻을 더하는 접두사 '들'+개
• 어느덧(합성어) : 관형사 '어느'+명사 '덧'
• 마음껏(파생어) : 마음+'그것이 닿는 데까지'의 뜻을 더하고 부사를 만드는 접미사 '-껏'

27

정답풀이 '군침'은 접두사 '군-'은 '쓸데없는'의 뜻을 더하는 접두사이다. 따라서 '군침'은 ㉠에 해당하는 파생어이다.
'소화기'는 접미사 '-기'가 결합되어 품사는 변하지 않은 채로 어근의 의미를 제한하고 있으므로 ㉡에 해당하는 파생어이다.
'교육자답다'는 접미사 '-답'이 결합되어 명사 '교육자'가 형용사 '교육자답다'로 바뀌었으므로 ㉢에 해당하는 파생어이다.

오답풀이 '시퍼렇다, 개살구, 알거지'의 '시-', '개-', '알-'은 ㉠에 해당한다. '작곡가, 장난꾸러기'의 '-가'와 '-꾸러기'는 ㉡에, '날개, 무덤, 사교적, 미쁘다'의 '-개', '-엄', '-적', '브'는 ㉢에 해당한다.

28

정답풀이 논(어근)+밭(어근)=합성어
놀이(어근)+터(어근)=합성어 (터를 잡았다.)
손(어근)+짓(어근)=합성어 (그런 짓을 하면 안 된다.)
→ '짓'이 '행위'를 나타내는 말 뒤에 결합하면 명사로 쓰인 것이다.
장군(어근)+감(어근)=합성어 (신붓감, 며느릿감, 사윗감)
→ 감(명사) – 옷감/재료/자격을 갖춘 사람, 도구, 사물

오답풀이 ① '고추장'만 합성어이다.
'슬기롭다'는 명사 어근 '슬기'에 형용사화 접미사 '-롭-'이 붙어 형용사 '슬기롭다'가 된 것이므로 파생어이다.
'시나브로'는 단일어로, '모르는 사이에 조금씩.'을 의미한다.
'암탉'은 접두사 '암ㅎ'과 어근 '닭'이 붙은 것이므로 파생어이다.
② '잘나가다'만 합성어이다.
'깍두기'는 단일어이다.
'열쇠'는 어근 '열-'과 어근 '-쇠'가 결합된 합성어이다.
'핫바지'는 '솜을 둔'을 의미하는 접두사 '핫'이 붙었으므로 파생어이다.
③ '면도칼, 서릿발'만 합성어이다. '서리+발' 사이에 사이시옷이 있으므로 '서릿발'은 합성어이다.
'쉰둥이, 장난기'는 각각 '둥이, 기'라는 접미사를 갖는 파생어이다.

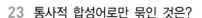

23 통사적 합성어로만 묶인 것은?

① 톱질, 작은형, 돌아가다
② 새언니, 젊은이, 사람답다
③ 풋고추, 올벼, 잡히다
④ 가져오다, 어린이, 가로막다

24 다음 중 파생어끼리 짝지어진 것은?

① 동화책 – 책상
② 치솟다 – 헛고생
③ 순수하다 – 씨감자
④ 크다 – 복스럽다

25 모두 파생어인 것은?

① 작은아버지, 날강도
② 기대치, 들이닥치다
③ 김치찌개, 어른스럽다
④ 구경꾼, 여남은

26 단어 형성의 원리가 같은 것으로 잘 묶인 것은?

① 강추위, 날강도, 온갖
② 사랑하다, 되풀다, 끝내(저녁내)
③ 게을러빠지다, 흙내, 참꽃
④ 들개, 어느덧, 마음껏

27 다음 ㉠~㉢에 따라 파생어를 적절하게 분류한 것은?

> 어근에 파생 접사가 붙어서 만들어진 단어를 파생어라고 한다. ㉠ 접두사는 어근의 의미를 제한함으로써 어근의 파생어의 의미에 차이를 만드는 기능을 한다. ㉡ 접미사는 접두사와 마찬가지로 어근의 의미를 제한하기도 하지만 ㉢ 문법적 변화를 일으키기도 한다.

	㉠	㉡	㉢
①	군침	소화기	교육자답다
②	시퍼렇다	날개	작곡가
③	개살구	무덤	미쁘다
④	알거지	사교적	장난꾸러기

28 (　　) 안에 들어갈 말로 적절한 것은?

> ‘개살구’, ‘잠’, ‘새파랗다’ 등은 어휘 형태소인 ‘살구’, ‘자–’, ‘파랗’에 ‘개 –’, ‘–ㅁ’ ‘새 –’와 같은 접사가 덧붙어서 파생된 단어들이다. 이처럼 직접 구성 요소 중 접사가 확인되는 단어들을 ‘파생어’라고 한다. 반면, (　　)등은 각각 실질적 의미를 지닌 두 요소가 결합하여 한 단어가 된 경우인데, 이를 ‘파생어’와 구분하여 ‘합성어’라고 한다.

① 슬기롭다, 고추장, 시나브로, 암탉
② 깍두기, 열쇠, 잘나가다, 핫바지
③ 면도칼, 서릿발, 쉰둥이, 장난기
④ 논밭, 놀이터, 손짓, 장군감

29

정답풀이 '바다', '맑았다'는 어근이 하나인 단일어이다. 여기에서 '맑았다'의 '았, 다'는 접사가 아니라 어미이므로 단어 형성과는 관련이 없으므로 '맑았다'는 단일어이다.

오답풀이 ① 구(句)란, 두 개 이상의 단어를 의미한다. 하지만 '정처없다, 사람 없다, 믿음 없다'는 사전에 하나의 단어(합성어)로 등재되었으므로 구(句)가 아니다.
② '접사+어근'이 결합한 단어는 '파생어'이고, '어근+어근'이 결합한 단어는 '합성어'이므로 옳지 않다.
③ '마소'만 '말'과 '소'가 대등한 힘을 가진 대등 합성어로 '말과 소'로 읽힌다. 나머지 단어는 대등 합성어가 아니다.
'갈아입다'는 '갈아'가 '입다'를 꾸미므로 '종속 합성어'이다. '척척박사'는 '척척'이 뒤의 명사 '박사'를 꾸미므로 '종속 합성어'이다.

참고 '갈아입다'는 연결 어미가 있으므로 통사적 합성어이고, '척척박사'는 부사 '척척'이 명사 '박사'를 꾸미므로 비통사적 합성어이다.

30

정답풀이 '-하다'는 어근 뒤에 붙는 동사화 혹은 형용사화 접미사이다. 동사 '예뻐하다'는 '예쁘(형용사의 어근)+어+하다(동사화 접미사)'로 이루어진 파생어이므로 이 선택지는 옳다.

오답풀이 ② '손+[놀리+ㅁ]'은 '어근+파생어'의 짜임을 보인다. 이때 파생어는 어근의 지위를 가졌다고 보므로 '손놀림'은 합성어이다.
흔들림 : [동사 어근 '흔들-'+피동 접미사 '-리-']+명사형 어미(명사 파생 접사) '-ㅁ'=파생어
☞ '흔들림'이 사전에 등재되어 있지 않으므로 '-ㅁ'은 명사형 어미라고 볼 수 있으나, 단어 구성 문제이므로 명사 파생 접사로 볼 수도 있다.
③ '빗나가다'와 '시작하다'는 모두 합성 동사가 아니라 파생 동사이다. 각각 '잘못'을 의미하는 접두사 '빗-'과 동사화 접미사 '-하다'가 결합한 것이므로 '합성 동사'가 아니라 '파생 동사'이다.
④ '시(媤)누이'에서 '시(媤)'는 '남편의'라는 뜻을 더하는 접두사이고, '한여름'의 '한'은 '바로 또는 한창'의 뜻을 더하는 접두사이다. 따라서 '시, 한'은 '접미 파생 명사'가 아니라 '접두 파생 명사'이므로 이 선택지는 옳지 않다. 단, '선생님'에서 '-님'은 높임의 의미를 더하는 접미사이므로 접미 파생 명사라고 볼 수 있다.

31

정답풀이 '강소주'는 '안주 없이 먹는 소주'이다. 따라서 '풍부한 안주'와 함께 쓰일 수 없다. 여기에서 접두사 '강'은 '다른 것이 섞이지 않고 그것만으로 이루어진'을 의미한다.

접두사	뜻과 예
강1	① 다른 것이 섞이지 않고 그것만으로 이루어진 예 강굴, 강술, 강참숯 ② 마른 또는 물기가 없는 예 강기침, 강더위, 강모 ③ 억지스러운 예 강울음, 강호령 ④ 몹시 예 강마르다, 강밭다, 강파리하다
강(强)2	매우 센 또는 호된 예 강염기, 강추위, 강타자

오답풀이 ① '강된장'은 '된장을 주로 넣어 끓인 것'을 뜻한다.
③ '강굴'은 '물이나 그 밖의 다른 어떤 것도 섞지 아니한 굴의 살'을 의미한다.
④ '강밥'은 '국이나 찬도 없이 맨밥으로 먹는 밥'이므로 그럼에도 불구하고 맛있게 먹었다는 문장의 의미에 어울린다. '강-'은 '다른 것이 섞이지 않고 그것만으로 이루어진'을 의미하는 접두사이다.

32

정답풀이 '막베'의 '막-'은 '거친', '품질이 낮은'의 뜻을 더하는 접두사이므로 '최고급'이라는 단어와 어울리지 않는다.
예 막국수, 막고무신, 막담배, 막그릇, 막과자

오답풀이 ① '마구 닥치는 대로 하는'의 뜻을 더하는 접두사가 쓰인 것으로 '가리지 않고 닥치는 대로 하는 육체적 노동'을 의미한다.
③ '함부로'의 뜻을 더하는 접두사로 '아무렇게나 되는대로 살다.'를 의미한다.
④ '마구 닥치는 대로 하는'의 뜻을 더하는 접두사가 쓰인 것으로 '아무렇게나 마구 쓰는 물건'을 의미한다.

정답

29 ④ 30 ① 31 ② 32 ②

◎ 적중용 亦功 중간 빈출, 제3빈출

29 국어의 단어 형성법에 대한 설명으로 가장 적절한 것은?

① '상관없다, 소용없다, 주책없다'는 '정처 없다, 사람 없다, 믿음 없다'처럼 구(句)로 보아야 한다.
② 접사와 어근, 어근과 어근이 결합하여 만들어진 단어를 각각 합성어, 파생어라고 한다.
③ '마소, 갈아입다, 척척박사'와 같이 어근이 대등하게 이루어진 것을 대등 합성어라 한다.
④ '바다', '맑았다'는 어근이 하나인 단일어이다.

30 단어 형성 원리에 대한 설명으로 가장 옳은 것은?

① 형용사 '예쁘다'에 동사 파생 접미사 '-하다'가 붙으면 동사 '예뻐하다'가 생성된다.
② '손놀림'과 '흔들림'은 단어의 짜임이 같은 파생어이다.
③ '빛나가다'와 '시작하다'는 합성 동사들이다.
④ '시누이', '한여름', '선생님'은 접미 파생 명사들이다.

31 밑줄 친 말이 문장의 의미에 어울리지 않는 것은?

① 삼겹살에 강된장을 찍어 먹으면 맛있다.
② 그는 풍부한 안주와 강소주를 마셨다.
③ 양념한 굴보다 강굴이 더 깔끔한 맛이 있다.
④ 강밥만 먹었지만 맛있게 먹었다.

32 밑줄 친 말이 문장의 의미에 어울리지 않는 것은?

① 그의 식구는 그의 막벌이(막노동)로 겨우 입에 풀칠을 했다.
② 최고급 막베로 여름 옷을 지었다.
③ 그녀는 실망을 하고 막살았다.
④ 막잡이로 산 것이니 맘껏 쓰세요.

33

정답풀이 '척척박사'는 '척척'이라는 부사가 '박사'라는 명사를 꾸미므로 종속 합성어이다.
'책가방'은 '책을 넣는 가방'이란 뜻으로 앞 어근이 뒤 어근을 수식하므로 '종속 합성어'이다.
'갈아입다'는 '갈아'가 '입다'를 꾸미므로 '종속 합성어'이다. 연결 어미 '아'가 결합되면 '종속 합성어'일 확률이 크다.

오답풀이 ① 손발: '대등 합성어(손과 발)', '융합 합성어(자기의 손이나 발처럼 마음대로 부리는 사람을 비유적으로 이르는 말)'
군밤: '구운'이 명사 '밤'을 수식하므로 종속 합성어
소금물: '소금으로 만든 물'이라는 뜻이므로 종속 합성어
② 논밭: '논과 밭'으로 대등 합성어
여닫다: '열고 닫다'이므로 대등 합성어. '고'로 연결되는 것은 대등 합성어이다.
검푸르다: '검고 푸르다'이므로 대등 합성어
④ 연세: '나이'의 뜻으로, '年(해 년)'과 '歲(해 세)'가 합쳐져 제3의 의미가 된 융합 합성어
검버섯: '주로 노인의 피부에 생기는 거무스름한 점'의 뜻으로 '검은 버섯'이 아닌 제 3의 의미가 된 융합 합성어
춘추: '나이'의 뜻으로, '春(봄 춘)'과 '秋(가을 추)'가 합쳐져 제3의 의미가 된 융합 합성어

34

정답풀이 '강기침'의 '강-'만 한자 접두사가 아니라 고유어 접두사이다. 여기서 '강-'은 '마른' 또는 '물기가 없는'의 뜻을 더하는 접두사이다. 따라서 '강기침'은 '마른 기침'을 의미한다.

오답풀이 나머지 선택지의 '강(强)-'은 '매우 센' 또는 '호된'의 뜻을 더하는 한자 접두사이다.
① 강염기(强 강할 강, 鹽 소금 염, 基 토대 기): 수용액 가운데 대부분이 전리(電離)되며, 수산화물 이온(ion)을 많이 내는 염기
② 강타자(强 강할 강, 打 때릴 타, 者 사람 자): 타율이 높은 타자
④ 강행군(强 강할 강, 行 다닐 행, 軍 군사 군): 무리함을 무릅쓰고 먼 거리를 급히 가는 행군

정답

33 ③ 34 ③ 35 ② 36 ①

35

정답풀이 '개꿀'의 '개'는 '「1」 ((일부 명사 앞에 붙어)) '야생 상태의' 또는 '질이 떨어지는', '흡사하지만 다른'의 뜻을 더하는 접두사이다. '개꿀'은 '벌집에 들어 있는 그대로의 꿀'을 의미한다. '야생 상태의'의 의미에 가깝다.

오답풀이 모두 '헛된, 쓸데없는'의 뜻이다.
① 개나발: 사리에 전혀 맞지도 않는 가당찮은 소리.
③ 개꿈: 특별한 내용도 없이 어수선하게 꾸는 꿈.
④ 개죽음: 아무 보람이나 가치가 없는 죽음.

36

정답풀이 나머지는 '쓸데없는'을 의미하지만 '군식구'만 '덧붙은'을 의미한다. 이런 문제는 의미를 대입하여 의미가 상대적으로 적절한지를 파악하면 된다. '덧붙은 식구/쓸데없는 식구' 중에서 말이 되는 것은 '덧붙은 식구'이다.

오답풀이 ② 쓸데없는 말 ③ 쓸데없는 살 ④ 쓸데없는 기침
'쓸데없는': 군살/군침/군불/군것/군글자/군기침/군말
'덧붙은': 군사람(= 정원 외의 사람.)/군식구

33 밑줄 친 ㉠에 해당하는 것으로만 묶인 것은?

> 합성어는 형성 방식에 있어서 앞의 어근과 뒤의 어근이 의미상 결합 방식이 어떠하냐에 따라 나눌 수 있다. 예를 들어 '앞뒤'는 두 어근의 결합 방식이 대등하므로 대등 합성어, '돌다리'는 앞 어근이 뒤 어근에 의미상 종속되어 있으므로 ㉠ 종속 합성어, '춘추'는 두 어근과는 완전히 다른 제삼의 의미가 도출되므로 융합 합성어라 할 수 있다.

① 손발, 군밤, 소금물
② 논밭, 여닫다, 검푸르다
③ 척척박사, 책가방, 갈아입다
④ 연세, 검버섯, 춘추

34 접두사 '강-'의 의미가 다른 하나는?

① 강염기
② 강타자
③ 강기침
④ 강행군

35 접두사 '개-'의 의미가 다른 하나는?

① 개나발
② 개꿀
③ 개꿈
④ 개죽음

36 다음 국어사전의 정보를 참고할 때, 접두사 '군-'의 의미가 다른 것은?

> 군- 접사 ((일부 명사 앞에 붙어))
> ① '쓸데없는'의 뜻을 더하는 접두사.
> ② '가외로 더한', '덧붙은'의 뜻을 더하는 접두사.

① 그는 착하게도 군식구까지 먹여 살렸다.
② 군말하지 말고 공부나 해라.
③ 건강을 유지하려면 운동을 해서 군살을 빼야 한다.
④ 그는 꺼림칙한지 군기침을 두어 번 해 댔다.

품사의 구별 - 체언 : 명사, 대명사, 수사

관련교재

기 출좋포 문법·어휘 p.33~38

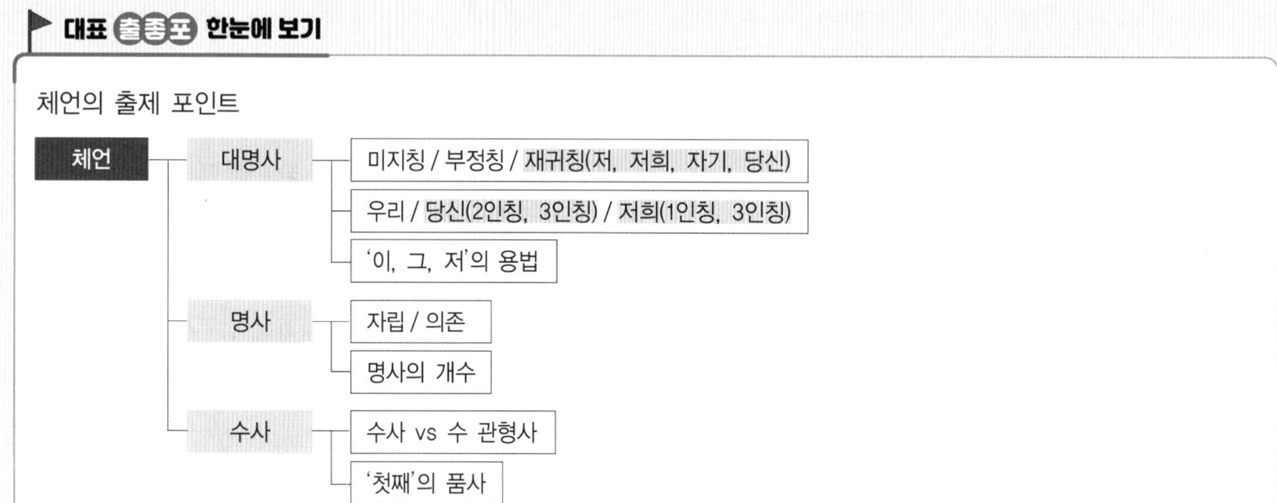

출좋포 ③ 품사와 체언

1. 품사 개관

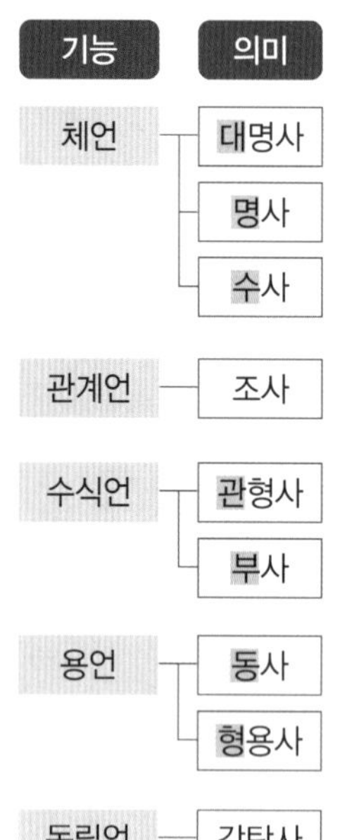

형태

※ 용언과 서술격 조사만 가변어
나머지는 불변어

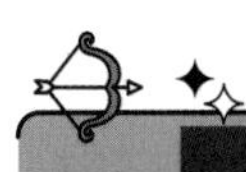

훈련용 대표 문법+독해 결합형 1편 형태론 CH.03 체언

01 다음 글에서 추론한 내용으로 적절하지 않은 것은?

> 1인칭 대명사의 경우에는 화자를 대신 가리키는 말로 '나, 저, 우리, 저희, 짐, 소인' 등이 있다. 2인칭 대명사의 경우에는 청자를 대신 가리키는 말로 '너, 자네, 그대, 당신' 등이 있다. 3인칭 대명사의 경우에는 화자와 청자 이외의 사람을 가리키는 말로 '그', '그녀', '그이' 따위가 있는데 특히 선행 체언을 도로 나타내는 삼인칭 대명사인 재귀 대명사에는 '저', '저희', '자기', '당신' 등이 있다. 가령 '철수는 자기가 가겠다고 했다.'의 '자기'는 재귀대명사로 3인칭에 해당한다. 다만 이러한 대명사의 경우에 같은 형태임에도 불구하고 맥락에 따라 인칭이 달라질 수 있다.

① '우리'는 화자를 가리키는 1인칭 대명사이다.
② '저의 말씀을 들어 주세요.'의 '저'는 1인칭 대명사이다.
③ '할머니는 당신의 유언을 남기셨다'의 '당신'은 청자를 가리키는 2인칭 대명사이다.
④ '그들도 저희의 자식을 이뻐라 하였다'의 '저희'는 선행 체언을 도로 나타내는 재귀 대명사이다.

01

정답풀이 '할머니는 당신의 유언을 남기셨다'의 '당신'은 선행 체언인 '할머니'를 도로 나타내는 삼인칭 대명사인 재귀 대명사이므로 청자를 가리키는 2인칭 대명사라는 것은 적절하지 않다.

오답풀이 ① 제시문의 "1인칭 대명사의 경우에는 화자를 대신 가리키는 말로 '나, 저, 우리, 저희, 짐, 소인' 등이 있다."를 통해 '우리'는 화자를 가리키는 1인칭 대명사임을 알 수 있다.
② '저'는 화자 자신을 가리키는 말이므로 1인칭 대명사임을 알 수 있다.
④ '저희'는 선행 체언인 '그들'을 도로 나타내는 재귀 대명사이다. 참고로 '저희'는 복수의 선행체언을 나타낼 때 쓰는 재귀 대명사이다.

정답

01 ③

01

정답풀이 ㉡은 앞에 나온 3인칭 주어인 '그녀'를 다시 가리키는 재귀칭 대명사이다. 재귀 대명사는 2인칭이 아니라 3인칭이다. ㉢은 청자를 가리키는 대명사이므로 3인칭이 아니라 2인칭이다.

오답풀이 ① '㉠ 자기'와 '㉡ 당신'은 3인칭 주어를 다시 가리키는 재귀 대명사이다. 이때 '㉡ 당신'은 '㉠ 자기'보다 높임의 의미를 갖는다.
③ ㉢의 '당신'은 청자를 높여 부를 때 쓰이는 2인칭 대명사이지만, '뭐? 당신? 누구한테 당신이야!'에서의 '당신'은 상대편을 낮잡아 이르는 2인칭 대명사이므로 이 선택지는 옳다.
④ 여기서의 '그'는 '그녀'를 가리킬 수도 있지만, '그'가 재귀 대명사가 아니기 때문에 제3자를 가리킬 수도 있다.

02

정답풀이 '당신'은 '자기(앞에서 이미 말하였거나 나온 바 있는 사람을 도로 가리키는 삼인칭 대명사)'를 아주 높여 이르는 말이다. 3인칭 주어인 '할아버지'를 다시 가리키는 3인칭 대명사이다.

오답풀이 ① '당신'은 맞서 싸울 때 상대편을 낮잡아 이르는 2인칭 대명사이다.
② '당신'은 부부 사이에서 상대편을 높여 이르는 2인칭 대명사이다.
③ '당신'은 청자를 가리키는 2인칭 대명사이다.

03

정답풀이 ㉡의 '저'는 말하는 이가 자신을 낮춤으로써 청자를 높여주는 1인칭 대명사이다. ㉢도 '말하는 이'를 가리키므로 ㉡과 ㉢은 가리키는 대상이 같다.

오답풀이 ① ㉠은 듣는 이 또는 듣는 이들을 가리키는 2인칭 대명사이다. ㉢은 말하는 이가 어떤 대상(엄마)이 자기와 친밀한 관계임을 나타낼 때 쓰는 1인칭 대명사이다. ㉠이 1인칭 대명사가 아니므로 옳지 않다.
③ ㉦은 3인칭 재귀 대명사이다. 재귀 대명사란 앞에 나온 3인칭 주어를 다시 한번 가리킬 때 쓰이는 대명사이다. '저, 저희, 자기, 당신'이 있다. 여기서 '당신'은 '자기'를 높이는 재귀 대명사이다. 따라서 ㉦ '당신'은 앞 문장의 주어로 언급된 3인칭 '엄마'를 가리키는 말이므로 ㉣과 ㉦은 같은 사람을 가리키는 말이다.
④ ㉤의 '본인'은 앞에서 언급된 '엄마'를 가리킨다. 하지만 ㉥ '당신'은 '듣는 이'인 2인칭 대명사이다. 따라서 같은 사람이라고 볼 수 없다.

04

정답풀이 나머지는 '청자'를 제외한 의미의 '우리'가 쓰였다. 하지만 ①의 '우리'는 위의 화자와 청자 모두를 포함하는 의미로 쓰였다.

오답풀이 ② 청자 '너'를 제외한 '우리'이다.
③ A가 말한 '우리'와 B가 말한 '우리'는 청자를 제외한 의미의 '우리'이다. 서로가 포함된 무리와 다른 무리를 대조하고 있기 때문이다.
④ B에게 양해하면서 '우리 입장'을 생각해달라고 하는 것은 청자인 B가 제외된 '우리'가 쓰였음을 알 수 있다.

05

정답풀이 ㉢의 지시 대명사 '저것'은 화자와 청자 모두에게 멀리 있는 대상을 가리킬 때 쓰이므로 ②는 옳지 않다.

오답풀이 ① ㉠의 '이것'은 청자보다 화자에게 가까울 때 쓰는 지시 대명사이고 ㉡의 '그것'은 화자보다 청자에게 가까울 때 쓰는 지시 관형사이므로 옳다. (참고로 '이것'은 청자 '철수'보다 화자 '영희'에게 더 가까울 때, ' 저것'은 화자 '철수'보다 청자 '영희'에게 더 가까울 때 쓰인 것이다.)
③ 영희와 철수는 '한국 대중문화를 다양한 시각에서 다룬 재미있는 책'에 대해 대화하고 있으므로 '㉢ 저것'과 '㉣ 그것'은 같은 대상임을 알 수 있다.
④ '㉤ 이것' 뒤를 보면 '두 권'을 사준다고 한다. 이를 통해 이들이 관심을 가진 '작가의 문체가 독특'한 책인 '㉡ 그것'과 '한국 대중문화를 다양한 시각에서 다룬 재미있는 책'인 '㉢ 저것'이 '㉤ 이것'을 가리킴을 알 수 있다.

정답

01 ② 02 ④ 03 ② 04 ① 05 ②

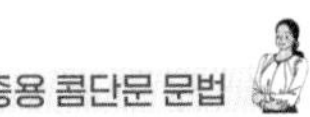

빈출 순위별 예상 문제

1편 형태론 CH.03 품사의 구별 - 체언 : 명사, 대명사, 수사

◎ 적중용 亦 功 최 빈 출

01 ㉠~㉣에 대한 설명으로 적절하지 않은 것은?

> • 그녀는 ㉠ 자기 자식을 예뻐라 하였다.
> • 그녀는 ㉡ 당신 자식을 예뻐라 하였다.
> • ㉢ 당신은 요즘 너무 무리했어요.
> • 그녀는 ㉣ 그의 자식을 나에게 맡겼다.

① ㉠의 높임 표현은 ㉡이다.
② ㉡은 2인칭이고 ㉢은 3인칭이다.
③ ㉢의 '당신'은 높여 부르는 표현이지만, 상대편을 낮잡아 이를 때에도 쓰인다.
④ ㉣은 '그녀'를 가리킬 수도 있지만 제3자를 가리킬 수도 있다.

02 '당신'이 가리키는 대상이 다른 하나는?

① 뭐? 당신? 얻다대고 당신이야!
② 당신, 저녁은 먹고 온 거예요?
③ 당신은 그동안 무엇을 했소?
④ 할아버지께서는 생전에 당신의 유언장을 남기셨다.

03 ㉠~㉦에 대한 설명으로 옳은 것은?

> ㉠ 그쪽이 ㉡ 저에게 주신 물건은 ㉢ 우리 엄마의 물건이에요. 저희 ㉣ 엄마께서는 ㉤ 본인의 사랑을 제게 남기셨어요. ㉥ 당신이 이 사랑을 함께 깨달으셨으면 좋겠어요. 엄마는 실제로는 마음을 잘 드러내지는 않으세요. ㉦ 당신께서 우리를 사랑하는 마음이 이 물건에 들어있어요.

① ㉠과 ㉢은 1인칭 대명사이다.
② ㉡은 화자를 낮춰 부르는 말로 ㉢과 가리키는 대상이 같다.
③ ㉣과 ㉦은 다른 사람을 가리키는 말이다.
④ ㉤과 ㉥은 같은 사람을 가리키는 말이다.

04 다음 대화문에서 대명사 '우리'의 용법이 나머지와 다른 하나는?

① A: 오늘 음식은 진짜 훌륭했어. 우리가 언제 이런 걸 먹겠어?
B: 맞아. 우리 다음에도 여기로 오자.
② A: 미주야 우리는 밥 먹으러 갈건데 너는 어때?
B: 응, 나도 같이 가자!
③ A: 우리는 저번 주에 호러 영화를 보러 갔어.
B: 그래? 우리는 호러 영화 말고 멜로 영화를 봤어.
④ A: 우리 입장을 생각해 주면 정말 고맙겠어.
B: 어떻게 나를 모르는 척할 수 있어?

05 다음 대화의 ㉠~㉤에 대한 설명으로 적절하지 않은 것은?

> 영희: 철수야, ㉠ 이것 읽어 봤니?
> 철수: 아니, ㉡ 그것은 아직 읽어 보지 못했어.
> 영희: 그렇구나. 이 책은 작가의 문체가 독특해서 읽어 볼 만해.
> 철수: 응, 꼭 읽어 볼게. 한 권 더 추천해 줄래?
> 영희: 그럼 ㉢ 저것은 어때? 한국 대중문화를 다양한 시각에서 다룬 재미있는 책이야.
> 철수: 그래, ㉣ 그것도 함께 읽어 볼게.
> 영희: (두 책을 들고 계산대로 간다.) 읽어 보겠다고 하니, 생일 선물로 ㉤ 이것 두 권 사 줄게.
> 철수: 고마워. 잘 읽을게.

① ㉠은 청자보다 화자에게, ㉡은 화자보다 청자에게 가까이 있는 대상을 가리킨다.
② ㉢은 화자보다 청자에게 멀리 있는 대상을 가리킨다.
③ ㉢과 ㉣은 같은 대상을 가리킨다.
④ ㉤은 ㉡과 ㉢ 모두를 가리킨다.

06

정답풀이 부사는 용언(동사, 형용사)을 주로 수식한다. 하지만 체언을 수식하는 경우도 있다. '바로, 유독, 오직' 등의 부사의 경우에는 바로 뒤의 체언을 수식한다.

> 바로, 오직, 겨우, 고작, 다만, 단지, 유독, 무려, 제일, 가장
> 예 바로 너가 최고다. / 오직 혜선이만 사랑한다.
> 겨우(고작) 하루가 되었다. / 다만(단지) 꿈이었다.
> 유독(제일, 가장) 미인은 혜선이었다.

오답풀이 ① '시골(의) 학교 / 서울(의) 사람'처럼 관형격 조사 '-의'가 생략된 상태에서 뒤의 명사를 꾸미는 경우도 있기 때문에 명사는 다른 명사를 수식할 수 있다.

② 관형사는 체언만 수식할 수 있으므로 적절하지 않다. 용언을 수식하는 것은 부사이다. 참고로 부사는 용언 이외에도 명사, 관형사, 수사도 수식할 수 있다.

④ '빨리도 먹는다'의 '도'처럼 부사 뒤에 보조사가 올 수 있다. 단, 격 조사는 부사 뒤에 붙을 수 없다.

07

정답풀이 ㉠, ㉡, ㉢, ㉣의 밑줄 친 부분은 모두 '의존 명사'이다. 실질적 의미가 희박한 의존 명사는 '리, 것, 만큼'이고 수량 등의 단위를 나타내는 의존 명사는 '두름(=조기・청어 따위의 물고기를 한 줄에 열 마리씩 두 줄로 묶은 것.)'이므로 옳은 설명이다.

오답풀이 ① '리'는 의존 명사이므로 이 선택지는 틀리다. 명사를 대신하여 대상을 가리키는 말은 대명사이다.

② '것'은 의존 명사이므로 이 선택지는 틀리다. 사용 범위에 따라 고유 명사와 보통 명사로 나뉘는 것은 의존 명사가 아니라 자립 명사이다.

③ '만큼'은 의존 명사이므로 이 선택지는 틀리다. 사물의 수량을 가리키는 양수사와 순서를 가리키는 서수사로 나뉘는 것은 의존 명사가 아닌 수사(數詞)에 대한 설명이다.

정답

06 ③ 07 ④ 08 ②

08

정답풀이 나머지는 명사이지만 '어디'는 대명사이다. '어디'는 지칭 대상은 존재하지만 그 대상을 모르는 미지칭 대명사이다. (참고로 미지칭, 부정칭 대명사는 모두 3인칭 대명사이다.)

오답풀이 ① '놀라울'의 수식을 받는 의존 명사이다.

③ 수관형사 '한'의 수식을 받는 단위성 명사이다.

④ 수관형사 '두'의 수식을 받는 단위성 명사이다.

◎ 적중용 | 亦功 중간 빈출, 제3빈출

06 국어 품사에 대한 설명으로 가장 옳은 것은?

① 명사는 다른 명사를 수식할 수 없다.
② 관형사는 용언만 수식한다.
③ 부사가 체언을 수식하는 경우가 있다.
④ 부사 뒤에 조사가 올 수 없다.

07 다음 〈보기〉 중 밑줄 친 단어들에 대한 설명으로 가장 적절한 것은?

(보기)
㉠ 리버풀이 우승할 리가 없잖아.
㉡ 내가 성공한 것이 놀랍다.
㉢ 밥을 먹는 만큼은 살이 쪘다.
㉣ 심청아, 청어 세 두름만 구워보렴.

① ㉠ 명사를 대신하여 대상을 가리키는 말이다.
② ㉡ 사용 범위에 따라 고유 명사와 보통 명사로 나뉜다.
③ ㉢ 사물의 수량을 가리키는 양수사와 순서를 가리키는 서수사로 나뉜다.
④ ㉠~㉣은 실질적 의미가 희박한 형식성 의존 명사와 수량 등의 단위를 나타내는 단위성 의존 명사로 나뉜다.

08 문장의 밑줄 친 부분 중 품사가 다른 것은?

① 맨시티가 준우승을 하다니 놀라울 따름이다.
② 어디에서 그녀를 만난 거야?
③ 북어 한 쾌를 선물로 사 갔다.
④ 직원 두 분이 회사로 돌아갔다.

Chapter 04 품사의 구별 : 용언

관련교재
기 출좋포 문법·어휘 p.41~47

대표 출좋포 한눈에 보기

1. 용언(동사, 형용사)의 품사 구별
   - 어미로 구별하는 방법
   - 의미로 구별하는 방법
2. 용언(동사, 형용사)의 활용 양상
   - 규칙 활용('으' 탈락, 'ㄹ' 탈락, 동음 탈락)
   - 불규칙 활용
     - 어간 바뀜 : 'ㅅ' 'ㅂ' 'ㄷ' 'ㄹ' '우'
     - 어미 바뀜 : '여' '러'
     - 어간과 어미 바뀜 : 'ㅎ'
   - 잘못된 활용 양상(한글 맞춤법)
3. '본 + 본' vs '본 + 보조'의 구별

출좋포 ④ 용언(동사 VS 형용사)

1. 어미로 파악하는 동사와 형용사의 구별

기준
현재 시제 선어말 어미 : -는-(받침 뒤) / -ㄴ-(모음, ㄹ 뒤)
관형사형 어말 어미 : -는(받침 뒤) / -는(모음, ㄹ 뒤)
명령형 '-어라/아라', '-세요' / 청유형 어미 '-자' -ㅂ시다'
목적, 의도의 어미 '-러, -려'
진행의 '-고 있다'

2. 의미로 파악하는 동사와 형용사의 구별

(1) 무조건 나오는 동사
늙다, 낡다, 틀리다, 모자라다, 조심하다, 중시하다, -어지다, -어하다, 가물다

(2) 무조건 나오는 형용사
없다, 많다, 젊다, 알맞다, 걸맞다, 부족하다, 칠칠하다

(3) 동사와 형용사의 통용(문제를 통해 확인하기)

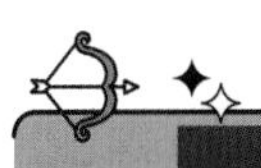

훈련용 대표 문법 + 독해 결합형 1편 형태론 CH.04 품사의 구별 : 용언

01 다음 글에서 추론한 내용으로 적절하지 않은 것은?

> 동사 '있다'는 '사람이나 동물이 어느 장소에서 떠나거나 벗어나지 아니하다, 혹은 그 상태를 유지하다'라는 뜻을 가진다. 형용사 '있다'의 경우 '사람, 동물, 물체 따위가 실제로 존재하는 상태이다'의 뜻이 있다. 예를 들어, '나는 여기에 계속 있는다'의 경우, 그곳에 머무른다는 뜻이기 때문에 이 경우에는 동사로 쓰였다. 이와 달리, '0도에서 얼지 않는 액체도 있다'의 경우 그러한 대상이 존재한다는 의미이기 때문에 형용사이다.
>
> 동사와 형용사를 구분할 수 있는 또 다른 방법은 바로 현재 시제 선어말 어미 '-는-', 명령형 어미 '-어라', 청유형 어미 '-자' 등을 결합하여 보는 것이다. 이들이 결합되면 동사, 결합이 되지 않으면 형용사로 볼 수 있다. 가령, '철수는 철도청에 있는다', '혜선이는 얌전히 있어라.', '좋은 말할 때, 얌전히 있자.'로 활용이 가능하면 동사라고 볼 수 있다는 것이다. 다만, 관형사형 어미 '-는'은 '있다'의 경우 '있는 집안의 자제'에서처럼 결합이 되더라도 의미상 형용사일 수 있으므로 주의해야 한다.

① '그는 내일 집에 있는다고 했다.'에서 '있다'는 동사이다.

② '그는 아무것도 없으면서 있는 체한다.'의 '있다'는 동사이다.

③ '우리에게 아직 남은 기회가 있다'에서 '있다'는 형용사이다.

④ '모두 손을 든 상태로 있어라.'에서 '있다'는 동사이다.

01

정답풀이 제시문 마지막에 "다만, 관형사형 어미 '-는'은 '있다'의 경우 '있는 집안의 자제'에서처럼 결합이 되더라도 의미상 형용사일 수 있으므로 주의해야 한다."를 통해 '있는 체한다.'의 '있는'은 관형사형 어미 '-는'이 결합되더라도 의미상 형용사인 경우임을 알 수 있다. '((주로 '있는' 꼴로 쓰여)) 재물이 넉넉하거나 많다.'를 의미하므로 '있는'은 의미상 형용사이지 동사라고 하는 것은 적절하지 않다.

오답풀이 ① '그는 내일 집에 있는다고 했다.'에서 '있다'에 현재 시제 선어말 어미 '-는-'이 결합되어 있으므로 '있다'는 동사이다.

③ "우리에게 아직 남은 기회가 있다"에서 '있다'는 존재한다는 의미이기 때문에 형용사이다.

④ 명령형 어미 '-어라'와 결합되므로 '있어라.'에서 '있다'는 동사이다.

정답

01 ②

01

정답풀이 나머지는 '동사'이지만 '많다'는 형용사이다. '많다'는 언제나 형용사이다.

오답풀이 ② '늙다'는 언제나 동사이다.
③ 여기에서 '밝다'는 '날이 밝아오다'의 의미이므로 동사이다.
④ '성장하다'의 의미가 있으면 '크다'는 동사이다.

02

정답풀이 '날이 밝아오다'의 의미가 있으면 동사이지만 그 의미를 제외한 의미는 모두 형용사이다. 따라서 '밝단다'만 형용사이다.

오답풀이 ① '늘다'에는 변화의 의미가 있으므로 동사이다. 현재 시제 선어말 어미 '-ㄴ/는-'이 결합되어 (열마리로 는다)로 활용이 가능하므로 동사이다.
③ 기본형 '모이다'에 현재 시제 선어말 어미 '-ㄴ/는-'을 붙였을 때 (사람들이 모인다) 옳으므로 동사이다.
④ '병들면'은 멀쩡했다가 병이 생겼다는 의미로 시간의 흐름이 전제되므로 동사이다. (참고로 '늙다' 또한 언제나 동사이다) 동사의 시간의 흐름이 전제된다는 것을 꼭 기억해야 한다.

03

정답풀이 나머지는 동사이지만, '부족하다'는 형용사이다.

오답풀이 ① '모자라다'는 언제나 동사이다. '일은 많은데 손이 모자란다.' 처럼 현재 시제 선어말 어미 '-ㄴ/는-'이 결합될 수 있기 때문이다.
③ '100명이나 되어'의 '되다'는 '동사'이다. 이러한 의미의 '되다'는 항상 동사로 쓰인다. 현재 시제 선어말 어미 '-ㄴ/는-'을 붙였을 때(만 명이나 된다) 옳으므로 동사이다.
④ '박사는 이제 그를 조수로 삼는다'를 보면 현재 시제 선어말 어미 '-는-/-ㄴ-'이 붙을 수 있다. 따라서 동사이다. 별개로 목적어 '그를'이 있는 것을 통해서도 동사임을 알 수 있다.

정답

01 ① 02 ② 03 ② 04 ① 05 ④

04

정답풀이 동사와 형용사를 구분할 때 가장 잘 구분하기 좋은 것은 현재 시제 선어말 어미 '-는-/-ㄴ-'을 결합해 보는 것이다. 하지만 그것으로 구별이 어려운 단어의 경우에는 '뜻'으로 구별해야 한다.
㉠ 있다=존재하는 상태이다.
'~상태이다'는 형용사와 관련된 뜻이다.
㉢ 있다=재물이 넉넉하거나 많다.
어떠한 상태를 의미하므로 형용사이다.
㉣ '없다'는 동사처럼 현재 관형사형 어미 '는'이 붙지만 무조건 형용사이다.
㉤ 충만하다=가득하게 차 있다.
현재 시제 선어말 어미 '-는-/-ㄴ-'을 결합해 보면 '충만한다'인데 어색하므로 형용사임을 알 수 있다.

오답풀이 ㉡ 있다=머물다.
'머물다'를 뜻하는 경우는 동사이다.
㉤ 설레다 「동사」[1] 【…이】 마음이 가라앉지 아니하고 들떠서 두근거리다.
현재 관형사형 어말 어미 '-는'이 결합되므로 동사이다.
㉥ '없다'는 형용사이지만 사동 접미사 '애'가 붙으면 동사가 된다. '서러움을 없애다'처럼 목적어 '서러움을'이 있는 것을 보면 '없애다'는 동사임을 알 수 있다.
㉦ '키우시다'는 앞에 목적어가 있는 것을 통해 동사임을 알 수 있다.

05

정답풀이 '늙다'는 항상 동사이다. 목적어 '불을'이 있으므로 '질렀다'는 동사이다.

오답풀이 '빠르다, 다르다, 예쁘다'는 '빠른다, 다른다, 예쁜다'처럼 활용이 불가능하다. 즉, 현재 시제 선어말 어미 '-ㄴ/는-'과 결합할 수 없으므로 이들은 모두 형용사이다.
참고로 '빠른, 다른, 예쁜'은 모두 형용사 어간 뒤에 관형사형 어미 'ㄴ'이 붙어 활용한 것이므로 가변어이다. 따라서 불변어인 관형사와는 아예 품사가 다른 것이다.

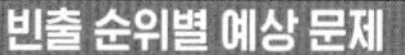

1편 형태론 CH.04 품사의 구별 : 용언

◎ 적중용 亦 功 최 빈 출

01 밑줄 친 단어의 품사가 나머지 셋과 다른 것은?

① 노력했지만 아직 부족함이 많다.
② 할머니는 언제 이렇게 늙으셨을까.
③ 날이 밝으면 나를 찾아와라.
④ 가뭄 때문에 나무가 잘 크지 않는다.

02 품사가 다른 하나는?

① 한 마리였던 돼지가 지금은 열 마리로 늘었다.
② 이 분야는 전망이 아주 밝단다.
③ 광장에 사람들이 모였다.
④ 사람은 늙거나 병들면 죽는다.

03 다음 중 밑줄 친 부분의 품사가 다른 하나는?

① 역공녀는 잠이 모자라지만 항상 힘이 난다.
② 불합격을 하기에 나의 무능력이 부족하다.
③ 역공녀의 합격생이 100명이나 되어 보인다.
④ 박사는 그를 조수로 삼았어요.

04 밑줄 친 말의 품사가 같은 것으로만 묶은 것은?

> 목사님은 세상에 신이 ㉠ 있다는 사실을 설교했다. 나는 집에 ㉡ 있다가 교회로 돌아왔다. 목사님은 ㉢ 있는 집 자식이었는데 그는 ㉣ 없는 살림의 사람들을 도와주셨다. 목사님은 그런 선행에 ㉤ 설레는 마음을 느끼셨고 빈민들의 서러움을 ㉥ 없애기 위해 아이들을 잘 ㉦ 키우셨다. 이에 아이들은 ㉧ 충만한 마음으로 컸다.

① ㉠, ㉢, ㉣, ㉧
② ㉠, ㉡, ㉣, ㉤
③ ㉢, ㉣, ㉤, ㉧
④ ㉤, ㉥, ㉦, ㉧

05 밑줄 친 단어와 품사가 같은 것은?

> 늙은 아주머니의 주름이 참 안타까웠다.

① 빠른 시간 내로 와라.
② 예쁜 너의 모습을 잘 기억해 두겠다.
③ 너와 나는 다른 사람이다.
④ 범죄자는 불을 질렀다.

06

정답풀이 '-지 아니하다(못하다)'의 구성의 경우에 보조 용언 '아니하다(못하다)'는 본용언 '-지'의 품사를 따라간다. '중시하다'는 현재 시제 선어말 어미 '-ㄴ/는-'이 결합될 수 있는 동사이므로 '않은'도 동사이다.

오답풀이 ① '생각이나 태도가 분명하고 바르다.'는 성질, 상태의 의미이므로 형용사이다. '날이 밝아오다'라는 의미가 없으면 '밝다'는 형용사이다.
③ '새롭다'는 언제나 형용사이다.
④ '아프다'는 언제나 형용사이다.

07

정답풀이 '시기가 이르다'를 의미하는 '이르다'는 형용사이다.

참고 이 이외의 '목적지에 이르다' '말하다'를 의미하는 '이르다'는 모두 동사이다.

오답풀이 ① '잘생기다, 못생기다, 잘나다, 못나다'는 과거형으로만 쓰인다는 점에서 아주 특별하므로 동사로 인정된다.
③ '틀리다'는 동사이다. 현재 관형사형 어미 '는'이 결합하는 것을 통해서도 동사임을 알 수 있다.
④ 그는 자꾸 '맞는다'로 활용가능하므로 동사이다.

08

정답풀이 '-지 않다(=아니하다), -지 못하다'에서 '않다(=아니하다), 못하다'는 앞의 본용언의 품사를 따라간다. '독하다'를 '독한다'로 활용시킬 수 없으므로 '독하다'는 형용사이다. 하지만 나머지 '못했다, 않았다.' 앞의 본용언들은 '꾼다, 슬퍼한다, 내린다'로 활용이 가능하므로 동사이다. '독하다'는 성질, 상태를 의미하지만 나머지는 동작을 의미한다.

참고 '예뻐하다, 예뻐지다'처럼 '-어하다, -어지다'가 붙으면 모두 동사가 된다.

정답

06 ② 07 ② 08 ① 09 ③ 10 ④

09

정답풀이 ㉠ '머물다'를 의미하므로 동사이다. 특히 현재 시제 선어말 어미 '-ㄴ/는-'이 결합된 것을 통해 동사임을 알 수 있다.
㉡ '존재하는 상태이다, 회의를 가지다'를 의미하므로 형용사이다. 성질, 상태의 의미이므로 형용사이다.
㉢ '어떤 상태를 계속 유지하다'를 의미하므로 동사이다. 의미를 보지 않더라도 청유형 어미 '-자'와 명령형 어미 '-어라'가 쓰인 것을 통해 알 수 있다.
㉣ '얼마의 시간이 경과하다.'를 의미하므로 동사이다. 동사는 시간의 흐름을 전제한다.
㉤ '머물다'를 의미하므로 동사이다. 특히 현재 시제 선어말 어미 '-ㄴ/는-'이 결합된 것을 통해 동사임을 알 수 있다.
㉥ '직장에 다니는 상태이다.'를 의미하므로 형용사이다. 성질, 상태의 의미이므로 형용사이다.

동사	형용사
「1」 머물다. 예 그는 내일 집에 있는다고 했다. 「2」 직장에 계속 다니다. 예 직장에 그냥 있어라. 「3」 어떤 상태를 계속 유지하다. 예 떠들지 말고 얌전하게 있어라. 예 모두 손을 든 상태로 있어라. 「4」 시간이 경과하다. 예 앞으로 사흘만 있으면 추석이다.	나머지

10

정답풀이 현재 관형사형 어미 '는'이 붙은 것으로 보아 '굳는'만 동사이다.

오답풀이 나머지는 모두 형용사이다. 형용사의 뜻을 알면 된다.
① 「3」 재물을 아끼고 지키는 성질이 있다.
② 「1」 누르는 자국이 나지 아니할 만큼 단단하다.
③ 「2」 흔들리거나 바뀌지 아니할 만큼 힘이나 뜻이 강하다.

동사	형용사
나머지	「1」 누르는 자국이 나지 아니할 만큼 단단하다. 예 굳은 땅과 진 땅. 「2」 흔들리거나 바뀌지 아니할 만큼 힘이나 뜻이 강하다. 예 굳은 결심. 굳은 약속. 예 철석같이 굳은 결심. 「3」 재물을 아끼고 지키는 성질이 있다. 예 그는 사람됨이 굳고 인색해서 남에게 함부로 돈을 빌려주는 법이 없다.

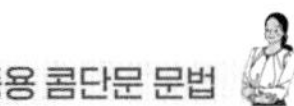

06 밑줄 친 단어의 품사가 나머지 셋과 다른 것은?

① 그는 예의가 밝은 사람이다.
② 이 규칙을 중시하지 않은 사람은 아무도 없었다.
③ 새로운 마음으로 그를 대하자.
④ 귀가 아프신 할머니는 병원에 가셨다.

07 품사가 다른 하나는?

① 그는 매우 잘생겼다.
② 아직 포기하기에는 이르다.
③ 답을 자꾸 틀리는 이유가 뭘까?
④ 그는 자꾸 맞으면서 다녔다.

08 밑줄 친 단어 중 그 의미가 나머지 셋과 가장 다른 것은?

① 그녀는 마음이 독하지 못했다.
② 그녀는 잠을 못 들어서 꿈을 꾸지 못했다.
③ 그는 그 사실을 듣고도 슬퍼하지 않았다.
④ 오늘은 비가 내리지 않았다.

09 '있다'의 품사를 같은 것끼리 잘 묶은 것은?

㉠ 그는 내일 집에 있는다고 했다.
㉡ 오늘 회식이 있으니 모두 참석하세요.
㉢ 모두 함께 있자. (있어라.)
㉣ 앞으로 사흘만 있으면 추석이다.
㉤ 그는 서울에 있는다.
㉥ 그는 철도청에 있다.

	동사	형용사
①	㉠, ㉡, ㉢, ㉤	㉣, ㉥
②	㉠, ㉢, ㉤	㉡, ㉣, ㉥
③	㉠, ㉢, ㉣, ㉤	㉡, ㉥
④	㉠, ㉢, ㉣, ㉥	㉡, ㉤

10 밑줄 친 부분의 품사가 다른 하나는?

① 그는 사람됨이 굳고 인색했다.
② 굳은 땅과 진 땅.
③ 영원히 행복할 것을 굳게 맹세했다.
④ 비 온 뒤에 땅이 굳는 법이다.

11

정답풀이 ① '약속 시간에 항상 늦어서'의 '늦다'는 '정해진 때보다 지나다'의 의미로 동사이다. 참고로 '~에 늦다'의 구성을 보이는 경우에 '늦다'는 동사이다.
④ '악기의 줄을 고르며'의 '고르다'는 '붓이나 악기의 줄 따위가 제 기능을 발휘하도록 다듬거나 손질하다'의 의미로 동사이다. 참고로 '줄을'처럼 목적어가 있다면 동사이다.

오답풀이 ② '시계가 오 분 늦게 간다'의 '늦다'는 '기준이 되는 때보다 뒤져 있다'의 의미로 형용사이다. '늦다'는 참고로 '~에 늦다'의 구성을 보이지 않으므로 형용사이다.
③ 숨소리가 고르다'의 '고르다'는 '상태가 정상적으로 순조롭다'의 의미로 형용사이다.

12

정답풀이 '~할 수 있다'는 가능성의 의미가 있으므로 '있다'는 형용사이다.

오답풀이 ② '큰 기대를 걸었다'의 '걸다'는 '앞으로의 일에 대한 희망 따위를 품거나 기대하다'의 의미로 동사이다. 참고로 '큰 기대를'처럼 목적어가 있다면 동사이다.
③ '나다'가 '홍수, 장마 따위의 자연재해가 일어나다'를 뜻하는 동사이다. 현재 시제 선어말 어미 '-ㄴ-/-는-'을 붙여 활용해도 말이 되므로 동사이다.
④ '가물다'는 '오랫동안 비가 오지 않다.'를 의미하는 것으로 '논이 가문다'처럼 활용이 가능하므로 동사이다. '오랫동안'에 시간의 의미도 들어 있으므로 동사이다.

13

정답풀이 '맛있다'는 성질과 상태이므로 형용사이다.

오답풀이 ① '잘생기다, 못생기다, 잘나다, 못나다'는 과거형으로만 쓰인다는 점에서 아주 특별하므로 동사로 인정된다.
② '-어 있다' '-고 있다' 구성에서의 '있다'는 항상 동사이다.
④ '조심하다, 중시하다'는 동사이다.

14

정답풀이 목적어의 유무에 따라서, 목적어가 없는 동사를 자동사, 있는 동사를 타동사라고 한다. '눈물이 그치다 / 눈물을 그치다'의 '그치다' 모두 가능하므로 ㉠에 해당한다고 볼 수 있다.

오답풀이 ① '불을 끄다'처럼 목적어가 있는 타동사만 될 뿐이다. '불이 끄다'는 불가능하다.
② '눈이 쌓이다'처럼 목적어가 없는 자동사만 될 뿐이다.
④ '침을 뱉다'처럼 목적어가 있는 타동사만 될 뿐이다.

정답

11 ①④ 12 ① 13 ③ 14 ③ 15 ② 16 ③ 17 ④

15

정답풀이 주어가 '행동을 할 수 없는 주체'라면 형용사로 쓰인다. 주어가 '날이'이므로 행동을 할 수 없는 주체이므로 '너무하다'는 형용사이다.

오답풀이 ① '너무한다'에 'ㄴ(현재 시제 선어말 어미)'가 쓰인 것을 통해 동사임을 알 수 있다. 또한 주체가 생략되었지만 '너가 / 그가'로 추정된다. 따라서 행동을 할 수 있는 주체이므로 '너무하다'는 동사이다.
③ '(비위에 거슬리는 말이나 행동을) 도에 지나치게 하다(동사)'를 의미하기 때문에 '너무하건 말건'의 '너무하다'는 동사이다. '너무하건 말건'의 주어는 '내가'가 생략된 것이다. 이처럼, 주어가 '행동을 할 수 있는 주체'라면 동사이다.
④ '너무하는'에 '는(현재 관형사형 어미)'이 쓰인 것을 통해 동사임을 알 수 있다.

16

정답풀이 '아내한테 너무했다'의 주어는 '그가'가 생략된 것이다. 이처럼, 주어가 '행동을 할 수 있는 주체'라면 동사이다.

오답풀이 주어가 '행동을 할 수 없는 주체'이라면 형용사로 쓰인다. 나머지는 모두 '(일정한 정도나 한계를 넘어) 지나치다'를 의미하는 형용사이다.
① 주어가 '만 원은'이므로 '너무하다'는 형용사이다. (만 원은 너무하다.)
② 주어가 '처사가'이므로 '너무하다'는 형용사이다. (처사가 너무하다.)
④ 주어가 '폭염이'이므로 '너무하다'는 형용사이다. (폭염이 너무하다.)

너무하다	[Ⅰ] 「동사」 : 비위에 거슬리는 말이나 행동을 도에 지나치게 하다. 예 해도 해도 너무한다 싶을 정도로 야박했다. 신부를 빼앗기다니 정말 너무하는 노릇이었다.
	[Ⅱ] 「형용사」 : 일정한 정도나 한계를 넘어 지나치다. 예 이렇게 무시하다니 너무하군. 우리는 정말 세상일이 너무하다 싶었다.

17

정답풀이 나머지는 모두 형용사이나 '어떤 행위나 일이 일어나거나 행하여지다.'의 뜻을 가진 '되었다'는 동사이다.

오답풀이 ① 「1」 반죽이나 밥 따위가 물기가 적어 빡빡하다. → 성질, 상태의 의미이므로 형용사이다.
② 「3」 일이 힘에 벅차다. → 성질, 상태의 의미이므로 형용사이다.
③ 「4」 몹시 심하거나 모질다. → 성질, 상태의 의미이므로 형용사이다.

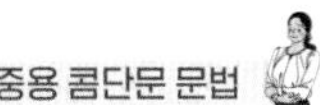

11 밑줄 친 부분의 품사가 동사인 것은? (2개)

① 그는 약속 시간에 항상 늦어서 원망을 듣는다.
② 시계가 오 분 늦게 간다.
③ 잠을 자는 아이의 숨소리가 고르다.
④ 악기의 줄을 고르며 음을 조율하는 중이다.

12 밑줄 친 부분의 품사가 다른 하나는?

① 나는 무엇이든지 잘할 수 있다.
② 그는 역공녀에게 큰 기대를 걸었다.
③ 홍수가 나서 동네가 아수라장이 되었다.
④ 가문 논에 물을 댔다.

13 품사가 다른 하나는?

① 그녀는 못난(잘난, 못생긴, 잘생긴) 얼굴을 가지고 있다.
② 꽃이 피어 있다.
③ 맛있는 음식을 먹고 싶다.
④ 넘어질라, 조심해라.

◎ 적중용 亦功 중간 빈출, 제3빈출

14 다음의 ㉠에 해당하는 것은?

> 국어에는 ㉠ 자동사와 타동사의 기능을 모두 가지고 있는 동사가 있다. '마음이 움직이다, 마음을 움직이다'가 이러한 예이다.

① 끄다 ② 쌓이다
③ 그치다 ④ 뱉다

15 다음 밑줄 친 어휘 중 품사가 다른 하나는?

① 해도 해도 너무한다 싶을 정도로 야박했다.
② 이번 여름 이렇게 날이 덥다니 너무하군.
③ 너무하건 말건 안 되는 것은 안 되는 것이네.
④ 혜선 쌤이 이렇게 잘 먹다니 너무하는 노릇이었다.

16 다음 밑줄 친 어휘 중 품사가 다른 하나는?

① 빙수가 만 원은 너무하지 않냐고 사정사정했다.
② 이건 아무래도 너무하신 처삽니다.
③ 아내한테 너무했다 싶었던지 억지웃음을 머금어 날렸다.
④ 우리는 정말 폭염이 너무하다 싶었다.

17 품사가 다른 하나는?

① 반죽이 돼서 물을 더 넣었다.
② 일이 되면 쉬어 가면서 해라.
③ 집안 어른한테 된 꾸중을 들었다.
④ 일이 엉망진창이 되었다.

출종포 ⑤ 용언의 활용 양상

(★ 관련 교재: 출종포 문법·어휘 p.45~46)

1. 규칙 활용

종류	내용	예
일반적 규칙 활용	용언이 활용할 때 어간이나 어미의 모습이 바뀌지 않음.	• 좋다: 좋고, 좋아, 좋으니
'ㅡ' 탈락	어간의 끝이 'ㅡ' 모음일 때 모음으로 시작하는 어미와 결합하면서 'ㅡ'가 탈락함.	• 쓰다: 써(쓰+어), 썼다(쓰+었+다) • 들르다: 들러(들르+어), 들렀다(들르+었+다) • 치르다: 치러(치르+어), 치렀다(치르+었+다) • 잠그다: 잠가(잠그+아), 잠갔다(잠그+았+다) • 담그다: 담가(담그+아), 담갔다(담그+았+다)
'ㄹ' 탈락	어간의 'ㄹ' 받침이 'ㅂ, ㅅ, ㄴ, ㄹ, 오' 등 특정 자음으로 시작하는 어미와 결합하면서 탈락함.	• 울다: 웁니다(울+ㅂ니다), 우시니(울+시+니), 우는(울+는), 울수록(울+ㄹ수록), 우오(울+오)
동음 탈락	어간의 끝과 어미의 처음이 동음인 경우 하나가 탈락함.	• 모자라다: 모자라(모자라+아), 모자라서(모자라+아서) • 바라다: 바라(바라+아), 바라서(바라+아서)

2. 불규칙 활용

종류		내용	불규칙 용언	규칙 용언
어간 바뀜	'ㅅ' 불규칙	모음 어미 앞에서 탈락	• 붓 + 어 → 부어 • 짓 + 어 → 지어 • 낫다(勝, 癒), 잇다, 긋다	벗어, 씻어, 빗어, 웃어
	'ㅂ' 불규칙	모음 어미 앞에서 '오/우'로 변함.	• 굽(炙) + 어 → 구워 • 눕 + 어 → 누워 • 줍 + 어 → 주워 • 돕다, 덥다, 깁다, 춥다	잡아, 뽑아, 좁아, 씹어
	'ㄷ' 불규칙	모음 어미 앞에서 'ㄹ'로 변함.	• 싣 + 어 → 실어 • 붇 + 어 → 불어 • 걷(步) + 어 → 걸어 • 묻다(問), 듣다, 깨닫다, 눋다	묻어(埋), 얻어, 걷어
	'르' 불규칙	모음 어미 앞에서 'ㄹㄹ'로 변함.	• 빠르 + 아 → 빨라 • 이르 + 어 → 일러(謂, 早) • 부르다, 오르다, 바르다, 곧바르다, 올바르다, 불사르다	따라, 치러
	'우' 불규칙	모음 어미 앞에서 'ㅜ' 탈락함.	• 푸 + 어 → 퍼('푸다'만 '우' 불규칙)	주어, 누어
어미 바뀜	'여' 불규칙	모음 어미 '-아'가 '-여'로 변함.	• 공부하 + 아 → 공부하여 • '하다'와 '-하다'가 붙는 모든 용언	파 + 아 → 파
	'러' 불규칙	어미 '-어' 가 '-러'로 변함.	• 푸르 + 어 → 푸르러 • 노르 + 어 → 노르러 • 누르 + 어 → 누르러 • 이르(至) + 어 → 이르러	치르 + 어 → 치러
어간 어미 바뀜	'ㅎ' 불규칙	'ㅎ'으로 끝나는 형용사 어간에 '-아/-어'가 오면 어간의 일부인 'ㅎ'이 없어지고 어미는 'ㅣ'로 변함.	• 하얗 + 아서 → 하얘서 • 파랗 + 아 → 파래 • 누렇 + 어지다 → 누레지다	좋 + 아서 → 좋아서 낳+은→낳은

훈련용 대표 문법 + 독해 결합형 1편 형태론 CH.04 품사의 구별 : 용언

01 다음 글에서 추론한 내용으로 적절하지 않은 것은?

> 용언의 활용에는 규칙 활용과 불규칙 활용이 있다. 활용 시에는 자음 어미가 아니라 모음 어미를 결합해서 양상을 파악해야 하는데, 용언이 활용할 때 어간과 어미의 모양이 변하지 않거나, 변하더라도 이를 문법 규칙으로 설명할 수 있을 때 이를 규칙 활용이라 한다. 예를 들어, 어간의 끝소리가 'ㄹ'이고 뒤에 '-오, -ㅂ, -ㅅ, -ㄴ, -ㄹ'로 시작하는 어미가 연결되는 경우에 'ㄹ'이 탈락한다. '살다'의 경우, 어간 '살-'에 어미 '-는'을 결합하면 '살는'이 아니라 '사는'이 된다. 이는 어간의 끝소리가 'ㄹ'인 다른 용언에도 모두 해당되는 규칙이기 때문에 규칙 활용이라 할 수 있다.
>
> 이와 달리, 모음 어미가 결합되어 어간이 변할 때 문법 규칙으로 설명할 수 없는 예외적인 현상일 경우에는 불규칙 활용으로 본다. 예를 들어, 어간의 끝소리가 'ㅂ'이고 그 뒤에 '-아/-어'로 시작하는 어미가 연결될 경우, 끝소리 'ㅂ'이 'ㅗ/ㅜ' 소리로 변하는 경우가 생긴다. '돕다'의 경우, 어간 '돕-'에 어미 '-아서'를 결합할 경우 '돕아서'가 아닌 '도와서'로 발음된다. 하지만 '접다'의 경우, 어간 '접-'에 어미 '-어서'를 결합하더라도 어간이 변하지 않는 규칙 활용을 한다. 따라서 'ㅂ'이 'ㅗ'로 변하는 현상은 불규칙 활용이라 볼 수 있다.

① '무섭다'의 경우, 어간에 '-어'로 시작하는 어미를 결합할 경우 어간의 형태가 변한다.
② '놀다'의 경우, 활용할 때 어간이 변하더라도 규칙 활용으로 본다.
③ '춥다'의 경우, '춥고, 춥지, 춥게'로 활용되므로 규칙 활용으로 본다.
④ '불다'의 경우, 어간에 '-어'로 시작하는 어미를 결합할 경우 어간과 어미의 모양이 변하지 않으므로 규칙 활용이다.

01

정답풀이 '춥다'의 경우, '춥고, 춥지, 춥게'로 활용되지만 '-고, -지, -게'는 자음 어미이다. 제시문의 "활용 시에는 자음 어미가 아니라 모음 어미를 결합해서 양상을 파악해야 하는데"를 통해 모음 어미를 붙여야지 활용의 양상을 파악할 수 있음을 알 수 있다. '춥-' 뒤에 모음 어미 '어'가 결합되면 '추워, 추우니, 추운'으로 활용되므로 '춥다'는 'ㅂ' 불규칙 활용이다. 따라서 '춥다'가 규칙 활용이라고 볼 수 없다.

오답풀이 ① '무섭다'의 경우, 어간 '무섭-'에 어미 '-어'를 결합하면 어간의 끝소리 'ㅂ'이 'ㅜ'로 변화하며 '무서워'가 된다. 이는 제시문에서 나타난 예시인 '돕다'와 동일하게 어간의 형태가 변한 것이다.
② '놀다'의 경우, 어간 '놀-'에 어미 '-는'을 결합하게 되면 '노는'이 된다. 하지만 이는 제시문을 통해서 볼 수 있듯이 "어간의 끝소리가 'ㄹ'이 다른 용언에도 모두 해당되는 규칙"이기 때문에 규칙 활용이라 할 수 있다.
④ '불다'의 경우, 어간 '불-' 뒤에 '-어'가 결합되면 '불어'로 활용되므로 규칙활용이다. 또한 어간 뒤에 'ㄴ'으로 시작하는 어미가 결합하면 'ㄹ'이 탈락하여 어간의 형태가 바뀐다. 이는 제시문에서 나타난 예시인 '살다'와 동일한 경우이므로 어간이 변하는 것이라 볼 수 있다.

정답

01 ③

18

정답풀이 • 이르다 : 모음 어미 '어'가 결합하면 '러'로 교체되므로 (다)에 해당한다.
• 하다 : 모음 어미 '아'가 결합하면 '여'로 교체되므로 (다)에 해당한다.
• 푸르다 : 모음 어미 '어'가 결합하면 '러'로 교체되므로 (다)에 해당한다.

오답풀이 ① • 낫다 : 어간 '낫-'에 모음 어미 '-아'가 결합되면 'ㅅ'이 탈락되므로 (가)에 해당한다.
• 푸다 : 어간 '푸-'에 모음 어미 '-어'가 결합되면 '우'가 탈락하여 '퍼'가 되므로 (가)에 해당한다.
• 걷다 : 어간 '걷-'에 모음 어미 '-어'가 결합되면 어간 'ㄷ'이 'ㄹ'로 교체되어 '걸어'가 되므로 (나)에 해당한다.
② • 깨닫다 : 어간 '깨닫-'에 모음 어미 '-아'가 결합되면 어간 '깨닫-'의 'ㄷ'이 'ㄹ'로 바뀌어 '깨달아'가 되므로 (나)에 해당한다.
• 곱다 : 어간 '곱-'에 모음 어미 '-아'가 결합되면 어간 '곱-'의 'ㅂ'이 '오'로 바뀌어 '고와'가 되므로 (나)에 해당한다.
• 벗다 : 어간 '벗-'에 모음 어미 '-어'가 결합되면 어간 'ㅅ'이 '벗어'가 되는데 이는 규칙활용이므로 어디에도 속하지 않는다.
④ • 누렇다 : 어간 '누렇-'에 모음 어미 '-어'가 결합되면 어간의 일부인 'ㅎ'이 없어지고 어미도 바뀌어 '누레'가 되므로 (라)에 해당한다.
• 파랗다 : 어간 '파랗-'에 모음 어미 '-아'가 결합되면 어간의 일부인 'ㅎ'이 없어지고 어미도 'ㅣ'로 바뀌어 '파래'가 되므로 (라)에 해당한다.
• 좋다 : 모음 어미 '-아'가 결합되면 어간이나 어미가 바뀌지 않고 '좋아'가 되는 규칙 용언이므로 어디에도 속하지 않는다.

19

정답풀이 ㉠ 어간만 불규칙적으로 바뀌는 것
• 듣다 : 'ㄷ' 불규칙 용언
☞ 어간의 'ㄷ'이 모음 어미 앞에서 'ㄹ'로 변함. (들어, 들으니). 따라서 ㉠ 어간만이 불규칙적으로 바뀌는 것에 해당한다.
㉡ 어간과 어미 모두가 불규칙적으로 바뀌는 것 : 'ㅎ' 불규칙
'보얗다'는 'ㅎ'이 모음 어미 앞에서 탈락하고 어미 또한 바뀌는 'ㅎ' 불규칙 용언이다. (보얗고, 보얗지, 보야니, 보얘, 보얘서)

오답풀이 모음 어미를 넣으면 불규칙 용언인지 아닌지 판별 가능하다.
• '잇다 : 'ㅅ' 불규칙 용언
☞ 어간의 'ㅅ'이 모음 어미 앞에서 탈락. (이어, 이으니)
따라서 ㉠ 어간만이 불규칙적으로 바뀌는 것에 해당한다.
• 춥다 : 'ㅂ' 불규칙 용언
☞ 어간의 'ㅂ'이 모음 어미 앞에서 '우'로 바뀌는 'ㅂ' 불규칙 용언이다. (춥고, 춥지, 추워, 추우니)
따라서 ㉠ 어간만이 불규칙적으로 바뀌는 것에 해당한다.

20

정답풀이 '누르다'는 '러' 불규칙 / '구르다'는 '르' 불규칙
• 형용사 '누르다[黃, '누렇다'의 의미]' : 어미가 교체되는 '러' 불규칙 용언(누르다 – 누르고 – 누르지 – 누르러)이다.
• '구르다(구르다 – 구르고 – 구르지 – 굴러)' : 어간이 교체되는 '르' 불규칙 용언이다.

오답풀이 ② 모두 '러' 불규칙 용언이다.
③ 모두 '르' 불규칙 용언이다.
④ 모두 '르' 불규칙 용언이다.

21

정답풀이 '치루다'는 이 세상에 없는 단어이다. 대신 '치르다'가 있다. '치르다'에 모음 어미가 붙으면 'ㅡ'가 탈락한다. (치르고, 치르니, 치러)

오답풀이 ① 짓다 : 'ㅅ' 탈락 불규칙 용언
☞ 'ㅅ'이 모음 어미 앞에서 탈락. (짓고, 짓지, 지어, 지으니)
② 붇다 : 'ㄷ' 불규칙 용언
☞ '살이 찌다.'라는 의미이다. 'ㄷ'이 모음 어미 앞에서 'ㄹ'로 변함. (붇고, 붇지, 불어, 불으니)
④ 싣다 : 'ㄷ' 불규칙 용언
☞ 모음 어미 앞에서 'ㄷ'이 'ㄹ'로 변함 (싣고, 싣지, 실어, 실으니)

22

정답풀이 강물이 '붇다'가 기본형이다. '붇다'는 '분량이나 수효가 많아지다.'의 의미를 갖는 'ㄷ' 불규칙 용언이다. 'ㄷ' 불규칙 용언이기 때문에 어미 '어서'가 오니 '불어서'로 형태가 바뀐 것이다. 기본형은 '붇다'가 맞다.

오답풀이 ② '붓다1'는 '살가죽이나 어떤 기관이 부풀어 오르다.'는 의미를 가진 'ㅅ' 불규칙 용언이다. 그래서 어미 '은'이 오니 'ㅅ'이 탈락하여 '부은'로 형태가 바뀐 것이다.
③ '붓다2'는 '곗돈・납입금 등을 기한마다 치르다'는 의미를 가진 'ㅅ' 불규칙 용언이다. 그래서 어미 '-어야'가 오니 'ㅅ'이 탈락하여 '부어야'로 형태가 바뀐 것이다.
④ '붇다'는 '물에 젖어 부피가 커지다'로 ②의 '붇다'와 사전에 함께 수록된 같은 단어이다. ('붇다'는 다의어이다.) 'ㄷ' 불규칙 용언이기 때문에 어미 '었'이 오니 '불었다'로 활용된 것이다.

붇다

「1」 물에 젖어서 부피가 커지다.
예 오래되어 불은 국수는 맛이 없다.
「2」 분량이나 수효가 많아지다.
예 개울물이 붇다. 체중이 붇다.
「3」 ((주로 '몸'을 주어로 하여)) 살이 찌다.
예 식욕이 왕성하여 몸이 많이 불었다.

정답

18 ③ 19 ② 20 ① 21 ③ 22 ①

◎ 적중용 亦 功 최 빈 출

18 국어의 불규칙 활용에 대한 〈보기〉의 설명과 그 예를 가장 바르게 짝지은 것은?

〈보기〉
(가) 불규칙 용언 가운데는 어간의 일부가 탈락되는 경우가 있다.
(나) 불규칙 용언 가운데는 어간의 일부가 다른 것으로 바뀌는 경우가 있다.
(다) 불규칙 용언 가운데는 어미가 다른 것으로 바뀌는 경우가 있다.
(라) 불규칙 용언 가운데는 어간과 어미가 함께 바뀌는 경우가 있다.

① (가) – 낫다, 푸다, (길을) 걷다
② (나) – 깨닫다, (얼굴이) 곱다, 벗다
③ (다) – (목적지에) 이르다, 하다, 푸르다
④ (라) – 누렇다, 파랗다, 좋다

19 〈보기〉의 ㉠과 ㉡에 해당하는 예로만 묶은 것은?

〈보기〉
불규칙 용언은 그 활용형에 따라 ㉠ 어간만이 불규칙적으로 바뀌는 것, 어미만이 불규칙적으로 바뀌는 것, ㉡ 어간과 어미 모두가 불규칙적으로 바뀌는 것으로 나뉜다.

	㉠	㉡
①	듣다	춥다
②	듣다	(우유가) 보얗다
③	(인연을) 잇다	춥다
④	(우유가) 보얗다	(인연을) 잇다

20 밑줄 친 단어의 불규칙 활용 유형이 다른 것은?

① • 나뭇잎이 누르러 보이니 이제 곧 겨울이다.
　• 앞으로 구르다 보면 목적지에 도달할 수 있다.
② • 목적지에 이르는 것은 아주 쉽다.
　• 바닷물은 색이 푸르다.
③ • 주먹을 휘두르면 잡혀 간다.
　• 머리를 짧게 자르니 멋있다.
④ • 철수를 바보라고 부른다.
　• 다리를 다쳐서 산에 오르지 못한다.

21 밑줄 친 말의 기본형이 옳지 않은 것은?

① 그녀는 돈을 많이 벌어 건물을 지었다. (기본형 : 짓다)
② 역공녀는 많이 먹어서 몸이 불었다. (기본형 : 붇다)
③ 그녀는 아기를 낳느라 고생을 치러 몸이 아프다. (기본형 : 치루다)
④ 이삿짐을 실은 차가 지나갔다. (기본형 : 싣다)

22 밑줄 친 단어의 기본형이 옳지 않은 것은?

① 강물이 불어서 도로가 잠겼다. (→ 불다)
② 역공녀는 붇는 것이 아니라 부은 것이다. (→ 붓다)
③ 적금을 부어야 부자가 될 수 있다. (→ 붓다)
④ 목욕을 오래 했더니 몸이 불었다. (→ 붇다)

23

정답풀이 '오래되어 불은 국수는 맛이 없다.'에서 '불은'의 기본형은 '불다'가 아니라 '붇다'이다. '붇다'는 'ㄷ' 불규칙 활용 용언으로 뒤에 모음 어미가 오는 경우에 'ㄷ'이 'ㄹ'로 교체되는 용언이다. 따라서 '불은'은 '붇다'에 모음 어미가 붙어 불규칙 활용된 형태이다. (참고로 '불다'는 '바람이 일어나다.' 혹은 '입술을 오므리고 입김을 내어 보내다.'의 의미이므로 해당 문장에 쓰인 '불은'의 기본형이 될 수 없다.)

오답풀이 ① '들르다(지나는 길에 잠깐 들어가 머무르다.)'에 모음 '아/어'가 결합되면 어간의 'ㅡ'가 탈락한다. '으' 탈락 규칙 용언이다.

② 갈다 : 'ㄹ' 규칙 용언

☞ 'ㄹ'은 'ㅂ,ㅅ,ㄴ,ㄹ,오' 앞에서 'ㄹ'이 탈락함 (갈고, 갈지, 갑니다, 가시다, 가니, 갈, 가오)

④ '이르다(타이르다. / 미리 알려주다.)'와 모음 어미가 결합되면 'ㅡ'가 탈락하고 'ㄹ'이 덧생겨 'ㄹㄹ' 형태가 된다. ('이르-+-었다 → 일렀다) 'ㄹ' 불규칙 용언이다.

〈이르다 - 이르고 - 이르지 - 이르니 - 일러 - 일렀다〉

24

정답풀이 '낳다'는 활용 시에 어간이나 어미가 변하지 않는 '규칙 용언'이다. (낳아, 낳으니)

오답풀이 ① '묻다, 걷다, 눋다' : 'ㄷ' 불규칙 용언

☞ 모음 어미 앞에서 'ㄷ'이 'ㄹ'로 변함. (물어, 걸어, 눌어)

② '누르다' : 'ㄹ' 불규칙 용언

☞ 'ㄹ'가 모음 어미 앞에서 'ㄹㄹ'로 변함.(누르고, 누르지, 눌러)

③ '놀다' : 'ㄹ' 탈락 규칙 용언

☞ 어간의 'ㄹ' 받침이 'ㅂ, ㅅ, ㄴ, ㄹ, 오' 앞에서 예외 없이 탈락한다는 것은 'ㄹ' 탈락이 규칙 활용이라는 뜻이다.

25

정답풀이 나머지는 〈보기〉와 마찬가지로 'ㅂ' 불규칙 활용 양상을 보이지만, '허리가 굽다'의 '굽다'는 규칙 활용을 하므로 활용 양상이 다르다. 어간과 어미가 결합할 때, 형태가 항상 일정하게 유지되어 '굽었다, 굽어'로 활용하므로 규칙 활용이다.

〈보기〉 '눕다' : 'ㅂ' 불규칙 용언

☞ 모음 어미 앞에서 어간의 'ㅂ'이 '우'로 바뀜. (눕고, 눕지, 누워, 누우면, 누우니)

오답풀이 ② 굽다' : 'ㅂ' 불규칙 용언

☞ 모음 어미 앞에서 어간의 'ㅂ'이 '우'로 바뀜. (굽고, 굽지, 구워, 구우면, 구우니)

③ '돕다' : 'ㅂ' 불규칙 용언

☞ 모음 어미 앞에서 어간의 'ㅂ'이 '오'로 바뀜. (돕고, 돕지, 도와, 도우면, 도우니)

④ '깁다' : 'ㅂ' 불규칙 용언

☞ 모음 어미 앞에서 어간의 'ㅂ'이 '우'로 바뀜. (깁고, 깁지, 기워, 기우면, 기우니) '해진 데에 조각을 대고 꿰매다.'를 의미한다.

26

정답풀이 싣고(○) : 'ㄷ' 불규칙 용언

☞ '싣다'는 모음 어미가 와야 'ㄷ'이 'ㄹ'로 교체되는 'ㄷ' 불규칙 용언이다. '고'는 모음 어미가 아닌 자음 어미이므로 그대로 '싣고'로 활용되어야 한다.

오답풀이 ① 섧은(×) → 설운(○)

☞ '섧다'는 'ㅂ' 불규칙 용언이므로 '섧+은'에서 'ㅂ'이 '우'로 교체되어야 한다. (참고로 '서럽다'와 복수 표준어이다.)

③ 들렸다가(×) → 들렀다가(○)

☞ '들르다'가 기본형이므로 '들르+었+다가'가 결합된 것이다. '들르다'는 'ㅡ' 탈락 규칙 용언이므로 '들렀다가'가 옳다.

④ 허구헌(×) → 허구한(○)

☞ '허구허다'가 아니라 '허구하다'가 기본형이므로 '허구한'으로 쓴다. (허구하다 : 날, 세월 따위가 매우 오래다.)

27

정답풀이 노라니(○) : 'ㅎ' 불규칙 용언

☞ '노랗-'에 연결 어미 '-니'가 결합되면 'ㅎ'이 탈락된다.

오답풀이 ① 푸었다(×) → 펐다(○)

☞ '푸다'는 유일한 'ㅜ' 불규칙 용언이다. 모음 어미 앞에서 'ㅜ'가 탈락하는 것은 '푸다'가 유일하므로 꼭 기억해야 한다.

③ 고은(×) → 고운(○)

☞ '곱다'는 'ㅂ' 불규칙 용언이므로 '곱+은'에서 'ㅂ'이 '우'로 교체되어야 한다.

④ 담궜다(×) → 담갔다(○)

☞ '담그다'는 'ㅡ' 탈락 규칙 용언이므로 '담그+았다'에서 'ㅡ'가 탈락되어 '담갔다'로 활용되어야 한다.

정답

23 ③ 24 ④ 25 ① 26 ② 27 ②

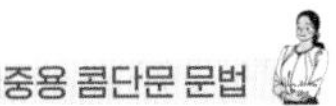

23 밑줄 친 부분의 기본형이 적절하지 않은 것은?

① 집에 들러서 밥 먹고 가렴. (기본형 : 들르다)
② 믹서기에 사과를 가니 즙이 나온다. (기본형 : 갈다)
③ 오래되어 불은 라면이 내 취향이다. (기본형 : 불다)
④ 수상한 사람을 따라가지 말라고 일렀다. (기본형 : 이르다)

24 다음 글에 따라 판단할 때, 옳지 않은 것은?

① '묻다(걷다, 눋다)'는 모음 어미 앞에서 'ㄷ'이 'ㄹ'로 바뀌는 불규칙 활용을 보인다.
② (버튼을) '누르다'는 모음 어미 '-어' 앞에서 'ㅡ'가 탈락하고 'ㄹ'이 새롭게 들어가는 불규칙 활용을 보인다.
③ '놀다'는 특정한 조건에서 'ㄹ'이 탈락하는 것처럼 'ㄹ'로 끝나는 용언들이 모두 같은 환경에서 예외 없이 바뀌므로 규칙 활용으로 보인다.
④ '낳다'는 특정한 조건에서 'ㅎ'이 축약되거나 탈락하는 불규칙 활용을 보인다.

25 〈보기〉의 밑줄 친 동사와 어미 활용의 양상이 다른 것은?

(보기)
나는 누워서 떡을 먹었다.

① 그녀는 고생을 많이 하여 허리가 굽고 아팠다.
② 냄새 때문에 생선을 굽지 않았다.
③ 그녀는 불우이웃을 돕고 살았다.
④ 철수는 찢어진 옷을 깁고 있었다.

올바른 활용 양상 맞춤법

26 밑줄 친 활용형의 표기가 옳은 것은?

① 그 여자의 섧은 울음소리가 들렸다.
② 짐을 싣고 그 여자는 떠났다.
③ 퇴근하는 길에 포장마차에 들렸다가 친구를 만났다.
④ 그는 허구헌 날 술만 마신다.

27 밑줄 친 활용형의 표기가 옳은 것은?

① 그녀는 마을에 있는 우물물을 푸었다.
② 은행잎이 노라니 가을이구나.
③ 저기에 고은 얼굴이 나타났다.
④ 영자는 김치를 맛있게 담궜다.

28

정답풀이 '여쭙다'와 '여쭈다'는 복수 표준어이다.

- '여쭙다'는 'ㅂ' 불규칙 활용 용언으로 '여쭙-'에 '-어'가 결합되면 어간의 끝음 'ㅂ'이 '우'로 변하므로 여쭈워'로 활용된다. 따라서 활용형으로 '여쭈워'는 옳다.
- '여쭈다'는 규칙 활용 용언이므로 '여쭈-'에 '-어'가 결합되면 '여쭈어'가 된다.

오답풀이 ① 곧바라야(바라야, 올바라야)(×) → 곧발라야(발라야, 올발라야)(○)

'곧바르다(바르다)'는 "기울거나 굽지 아니하고 곧고 바르다."라는 뜻의 형용사이다. '곧바르다(바르다, 올바르다)'는 '르 불규칙 용언'으로 '곧발라야(발라야, 올발라야)/곧바르니(바르니, 올바르니)' 등으로 활용해야 한다.

② 서툴었다(×) → 서툴렀다.(○)

'서툴다'와 '서투르다'는 복수 표준어이다.

- '서툴다'는 자음 어미와만 결합되므로 '서툴었다'는 옳지 않다.
- 서투르다'는 '르' 불규칙 용언이므로 '서투르-'에 모음 어미가 결합되면 'ㄹㄹ' 형이 되므로 '서툴렀다'만 옳다.

서두르다(서둘다), 머무르다(머물다)도 마찬가지의 활용 양상을 보인다.

③ 불기(×) → 붇기(○)

- '물에 젖어서 부피가 커지다.'를 의미하는 '붇다'는 모음 어미와 결합할 때에는 'ㄷ' 불규칙 활용하여 '불어'가 되지만, 어미 '-기'가 오면 어간이나 어미의 변형 없이 '붇기'로 활용한다.

29

정답풀이 '양이나 정도에 미치지 못하다.'의 의미로 쓰이는 용언의 기본형이 '모자라다'인데, 어간 '모자라-' 뒤에 어미 '-아서'가 결합하면 '모자라아서'가 되고, 동음 탈락이 일어나 '모자라서'가 된다.

오답풀이 ② 노랗네(○), 노라네(○): '노랗다'는 'ㅎ' 불규칙 용언이다. '노랗-'의 뒤에 종결 어미인 '네'가 결합되면 'ㅎ'이 탈락된 '노라네'만 옳았다. 하지만 최근에는 '노랗네'도 인정하고 있다.

③ 그러나(○): '그렇다'는 '그러하다'의 준말인 형용사로 'ㅎ' 불규칙 활용 용언이다. '그래/그러니/그렇소/그러나' 등으로 활용하므로 '그러나'는 옳다.

④ 서두른(○): '서두르다'에 모음 어미가 아니라 자음 어미 '-ㄴ'이 붙었기 때문에 'ㄹㄹ'형이 아니라 그대로 '서투른'이 된 것이다.

참고 준말로 '서둘다'가 있는데 준말은 자음 어미와만 결합할 수 있어 '서둔'도 가능하다.

정답

28 ④ 29 ① 30 ① 31 ④ 32 ③

30

정답풀이 설고(×) → 섧고(○): 자음 어미는 어간 '섧-'에 그대로 붙으므로 '섧고'로 고쳐야 한다.

오답풀이 ② 설워서(○): '서럽다'와 '섧다'는 복수 표준어로서 둘 다 'ㅂ' 불규칙 용언이다. 먼저 '서럽다'는 모음 어미 '-어서'가 오면 '서러워서'가 되고 복수 표준어인 '섧다'도 마찬가지로 '설워서'로 활용한다.

③ 벌여야(○): 규칙 용언

☞ '벌이+어야'에서 '이'와 '어'가 모음 축약한 것이다. ('벌이다'는 '일을 시작하거나 펼치다.'를 의미한다.)

④ 존(○): '졸다'는 "찌개, 국, 한약 따위의 물이 증발하여 분량이 적어지다."라는 뜻을 가진 'ㄹ' 탈락 용언이다. 어미 '-ㄴ' 앞에서는 'ㄹ'이 탈락되므로 옳다.

31

정답풀이 '잠그다'는 '—' 탈락 동사로, '잠그+아=잠가, 잠그+아라=잠가라'의 형태로 활용한다. 따라서 '잠가'로 써야 한다.

오답풀이 ① '담그다'는 '—' 탈락 동사로, 어미 '아서'가 오는 경우에 '—'가 탈락되어 '담가서'가 된다.

② '상큼하다'에는 까칠하고 눈이 쏙 들어가 보인다는 뜻도 있다.

예 아파서 그런지 눈이 상큼해 보였다.

③ '상기다'는 '성기다'와 관련이 있는 단어로, '관계가 깊지 않고 조금 서먹하다.'를 의미한다.

32

정답풀이 '불사르다'의 어간 '불사르-'에 어미 '-아서'가 결합하면 '르'가 'ㄹㄹ'의 형태로 변하여 결합되는 '르' 불규칙 활용을 하여 '불살라서'가 되므로 옳다.

오답풀이 ① '가파르다'의 어간 '가파르-'에 어미 '-아서'가 결합하면 '르' 불규칙 활용을 하여 어간의 '르'가 'ㄹㄹ'의 형태로 변하여 결합되므로 '가팔라서'로 고쳐야 한다.

②④ '-지 않다(=아니하다), -지 못하다'에서 '않다(=아니하다), 못하다'는 앞의 본용언의 품사를 따라간다. '않는'의 '-는'은 현재 관형사형 어미로서 동사에만 붙는다. 그런데 ②의 '어렵다', ④의 '따뜻하다'는 형용사이므로 '-는'이 붙을 수 없다. 따라서 '않은'으로 모두 고쳐야 한다.

28 밑줄 친 용언의 활용형 중 가장 옳은 것은?

① 앉은 자세가 곧바라야(바라야, 올바라야) 허리에 무리가 가지 않는다.
② 그는 참 일 처리가 서툴었다.
③ 라면이 불기 전에 빨리 먹어라.
④ 할아버지께 여쭈워 보시면 됩니다.

29 밑줄 친 용언의 활용이 잘못된 것은?

① 돈이 모잘라서 과자를 못 사 먹었다.
② 유치원 교복의 색깔이 노랗네.
③ 행동은 그러나 속 마음은 그러지 않을 것이다.
④ 서두른 일 때문에 물건을 깜빡했다.

30 밑줄 친 부분의 표기가 맞춤법에 맞지 않는 것은?

① 지난 일을 생각하니 섧고 분했다.
② 그녀의 처지가 설워서 안타까웠다.
③ 읍내에 음식점을 벌여야 한다.
④ 바짝 존 찌개를 다시 끓였다.

31 밑줄 친 표현 중 잘못 사용된 것은?

① 김치를 담가서 이번 겨울은 든든하다.
② 아파서 그런지 눈이 상큼해 보였다.
③ 그 사람에게는 상긴 느낌이 든다.
④ 영희는 문을 잘 잠궈 두었다.

32 밑줄 친 단어의 형태가 옳은 것은?

① 고개가 가파라서 계속 넘어졌다. .
② 그 시험은 어렵지 않는 축에 속한다.
③ 영혼을 불살라서 이룬 깨달음이니 더욱 소중하다.
④ 따뜻하지 않는 초대에 적잖이 당황했다.

33

정답풀이 '-지 않다(=아니하다), -지 못하다'에서 '않다(=아니하다), 못하다'는 앞의 본용언의 품사를 따라간다. '않는'의 '-는'은 현재 관형사형 어미로서 동사에만 붙는다. 따라서 '않는'의 적절한 쓰임은 앞의 본용언의 품사가 동사이면 되는 것이다.
이때, '늙다'만 동사이므로 '않는'과 유일하게 어울릴 수 있다.

오답풀이 ① '부옇다'는 'ㅎ' 불규칙 용언으로 모음 어미가 왔을 때 어간과 어미가 모두 바뀐다. '부옇[ㅎ탈락]+었[→ 있]'으로 결합하므로 '부옜다'로 고쳐야 한다.
② '좋다'는 모두 형용사이므로 '않는'과 어울릴 수 없다. 현재 관형사형 어미 '-는'은 본용언이 동사일 때만 쓰일 수 있기 때문이다. 따라서 '않은'으로 고쳐야 한다.
④ '노랗다'는 'ㅎ' 불규칙 용언으로 모음 어미가 왔을 때 어간과 어미가 모두 바뀐다. '노랗[ㅎ탈락]+어지[→ 이지]'으로 결합하므로 '노래졌다'로 고쳐야 한다.

34

정답풀이 ② 이 문장의 기본형 '거두다'는 '벌여 놓거나 차려 놓은 것을 정리하다.'를 의미한다. 따라서 어간 '거두-'에 연결 어미 '-어'가 결합되므로 '거두어'는 잘 쓰인 것이다.
③ '커다랗다'는 'ㅎ' 불규칙 용언이므로 '커다랗+았 [→ 있]+습니다'의 경우 'ㅎ'이 탈락하고 어미가 바뀌어 '커다랬습니다'는 옳다.

오답풀이 ① 자랑스런(×) → 자랑스러운(○)
'자랑스럽다'는 'ㅂ' 불규칙 활용 용언이다. 따라서 어간의 끝음 'ㅂ'이 '우'로 변하므로 '자랑스러운'으로 활용해야 한다. '~런'으로 활용하는 경우는 없다.
④ 노랍니다(×) → 노랗습니다(○)
☞ '-ㅂ니다'는 받침 없는 용언 어간에만 결합할 수 있다. 하지만 '노랗-'은 받침 'ㅎ'이 있으므로 '-ㅂ니다'가 아닌 '-습니다'와 결합되어야 한다. 환경은 아래와 같다.

1) ㅂ니다: 'ㄹ' 혹은 받침 없는 용언의 어간, '이다'의 어간, 어미 '-으시-' 뒤
2) 습니다: 받침('ㄹ' 제외) 있는 용언의 어간, 어미 '-었-', '-겠-' 뒤에 붙는다.

35

정답풀이 '고르다3'은 형용사이므로 현재진행형으로 사용할 수 없다. '고르게 이익을 분배했다, 성적이 고르다'에서 '성적이 고른다, 성적을 고르는 중이다'로 쓸 수 없다.

오답풀이 ① 모두 동사에 해당하므로 현재 시제 선어말 어미 '-ㄴ-'이 붙을 수 있다.
② 모두 모음 어미가 오면 'ㄹㄹ' 형으로 바뀌는 '르' 불규칙 용언이다. '고르고, 고르니, 골라, 골랐다' 로 활용된다.
③ 다의어란 하나의 단어에 여러 의미가 있는 것을 의미한다. '고르다2'와 '고르다3'은 각각 여러 의미가 있으므로 다의어이다. '고르다1'은 의미가 하나이므로 다의어가 아니다.

36

정답풀이 'ㄹ' 받침으로 끝나는 어간+어미 '-(으)'의 환경에서는 매개모음 '-(으)'가 탈락된다. 따라서 '절+-(으)ㄴ'에서 매개 모음과 'ㄹ' 탈락이 일어나야 한다.

은: ㄹ 이외의 받침 뒤
ㄴ: 모음, ㄹ 받침 뒤

오답풀이 ② '달-'은 어간 받침이 'ㄹ'이므로 '읍시다'가 아니라 'ㅂ시다'가 결합되어야 한다. '답시다'가 옳다.

읍시다: ㄹ 이외의 받침 뒤
ㅂ시다: 모음, ㄹ 받침 뒤

③ '멀-'은 어간 받침이 'ㄹ'이므로 '으므로'가 아니라 '므로'가 결합되어야 한다. '멀므로'가 옳다.

으므로: ㄹ 이외의 받침 뒤
므로: 모음, ㄹ 받침 뒤

④ '갈-'은 어간 받침이 'ㄹ'이므로 '으렵니다'가 아니라 '렵니다'가 결합되어야 한다. '갈렵니다'가 옳다.

으렵니다: ㄹ 이외의 받침 뒤
렵니다: 모음, ㄹ 받침 뒤

정답

33 ③ 34 ②③ 35 ④ 36 ①

33 밑줄 친 표현이 가장 적절한 것은?

① 눈물이 나니 세상이 부앴다.
② 좋지도 않는 일인데 뭐 하러 말을 꺼내니?
③ 그 사람은 늙지 않는 것이 아주 특이하다.
④ 황사가 심하니 온 세상이 노레졌다.

◎ 적중용 | 赤功 중간 빈출, 제3빈출

34 밑줄 친 단어의 쓰임이 맞는 것은? (2개)

① 자랑스런 마음에 크게 웃었다.
② 엄마가 이부자리를 거둬 갔다.
③ 그 사람의 키가 커다랬습니다.
④ 어이가 없어서 하늘이 노랍니다.

35 아래 사전에 대한 설명으로 가장 옳지 않은 것은?

> ■ 고르다1 [고르다]. 골라[골라], 고르니[고르니].
> 「동사」【…에서 …을】여럿 중에서 가려내거나 뽑다.
>
> ■ 고르다2 [고르다]. 골라[골라], 고르니[고르니].
> 「동사」【…을】
> 「1」 울퉁불퉁한 것을 평평하게 하거나 들쭉날쭉한 것을 가지런하게 하다.
> 「2」 붓이나 악기의 줄 따위가 제 기능을 발휘하도록 다듬거나 손질하다.
>
> ■ 고르다3 [고르다]. 골라[골라], 고르니[고르니].
> 「형용사」
> 「1」 여럿이 다 높낮이, 크기, 양 따위의 차이가 없이 한결같다.
> 「2」 상태가 정상적으로 순조롭다.

① '고르다1', '고르다2'에는 현재시제 선어말 어미 '-ㄴ-'이 붙을 수 있다.
② '고르다1', '고르다2', '고르다3'은 모두 불규칙 활용을 한다.
③ '고르다2'와 '고르다3'은 다의어이지만 '고르다 1'은 다의어가 아니다.
④ '고르다1', '고르다2', '고르다3'은 모두 현재진행형으로 사용할 수 있다.

36 밑줄 친 용언의 활용형으로 옳은 것은?

① 눈물에 전 라면을 먹은 적이 있습니까?
② 단추를 여기에다가 달읍시다.
③ 그녀와 집이 멀으므로 얼른 서둘러야 합니다.
④ 배가 고프니까 사과를 갈으렵니다.

출좋포 ⑥ 용언의 종류(본용언과 보조 용언)

(★ 관련 교재 : 출좋포 문법·어휘 p.46~47)

1. 개념

철수가 추운가 보다. 날이 밝아 왔다. 비가 올 듯하다.
본용언 보조 용언 / 본용언 보조 용언 / 본용언 보조 용언

본용언	머릿속으로 실질적인 뜻을 생각할 수 있는 자립성이 있는 용언
보조 용언	본용언과 연결되어 문법적 의미를 보충하는 역할 (∴ 생략되어도 괜찮음.)

2. '본용언 + 본용언 / 본용언 + 보조 용언'의 구별

(1) 2개의 문장으로 분리되는가?

- 그는 나를 놀려 대곤 했다. : 분리될 수 없으므로 '대곤, 했다'는 보조 용언이다.

(2) 뒤의 용언이 정말 중심적인 의미를 가지는가?

- 날이 밝아 왔다 : '오다'는 중심적 의미인 '다리로 걸어 오다'의 의미가 아니므로 '왔다'는 보조 용언이다.

3. 많이 출제되는 보조 용언의 품사

(1) 보조 형용사

추측	듯하다, 성싶다, 보다 예 비가 올 듯하다, 비가 올 성싶다, 비가 오려나 보다.
소망	(-고) 싶다 예 예쁘고 싶다, 살 빼고 싶다.
가능성	법하다, 뻔하다, 직하다, 만하다 예 그 답도 맞을 법하다, 그 답을 맞힐 뻔하다. 밥 먹었음 직하다, 밥을 먹었을 만하다.

(2) 앞의 품사를 따라가는 '-지 아니하다, -지 못하다, -기 하다'

형용사	예쁘지 못하다, 성실하지 않다, 예쁘기도 했다.
동사	먹지 못하다, 늙지 않다, 조심하기만 했다.

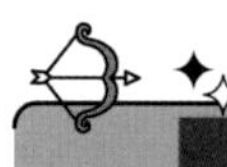

훈련용 대표 문법 + 독해 결합형 1편 형태론 CH.04 품사의 구별 : 용언

01 다음 글에서 추론한 내용으로 적절하지 않은 것은?

> 본용언은 용언의 본래 의미를 유지하는 용언을 지칭하며, 보조 용언은 본용언에 의미를 보태는 기능을 하는 용언이다. 보조 용언은 자립성이 없기 때문에 본용언과 함께 써야 한다. 예를 들어, '밥을 다 먹어 버렸다'의 경우, 서술어 '먹어 버리다'는 용언 '먹다'와 '버리다'의 결합이지만 '버리다'의 경우 용언의 실제 뜻이 아닌 '완료'의 의미를 더해주는 기능으로 사용되었기 때문에 이는 보조용언이라 볼 수 있다.
>
> 본용언과 보조 용언의 결합은 때때로 본용언끼리 연결 어미로 결합된 경우와 혼동되곤 한다. 예를 들어, '소녀는 무를 한 입 먹고 버렸다'의 경우에서 '버리다'는 용언이 지닌 본래의 의미로 사용되었다. 따라서 '버리다'는 본용언이다. 용언 뒤에 결합되는 용언이 본용언인지 보조 용언인지를 구분하기 위해서는 용언 사이에 다른 문장 성분을 삽입해볼 수 있다. 예를 들어, '소녀는 무를 한 입 먹고 멀리 버렸다'의 경우, '먹다'와 '버리다' 사이에 다른 문장 성분이 들어갈 수 있다. 하지만 '밥을 다 먹어 버렸다'의 경우, '밥을 다 먹어 빠르게 버렸다' 등으로 쓸 수 없다. 따라서 후자의 문장에서 '버리다'는 보조 용언이라 이해할 수 있다.

① '불이 다 꺼져 간다'에서 '가다'는 본래 의미가 아닌 의미를 더해주는 역할을 하는 용언이다.

② '영화는 이걸 다 치우고 보자'는 '치우고 나서 보자'와 같이 다른 문장 성분이 본용언과 보조 용언의 결합임을 알 수 있다.

③ '민재야, 저 화분을 다 치워 버려라'의 '버리다'와 '쓰레기는 저걸 다 치우고 버려라'에서의 '버리다'는 서로 의미가 같다.

④ '일단 이 선물을 받아 주십시오'는 '받아 다시 주십시오' 등으로 쓸 수 없으므로 '주다'는 보조 용언임을 알 수 있다.

01

정답풀이 제시문에 따르면 본용언과 보조 용언을 구분하기 위해서 용언 사이에 다른 문장 요소를 넣어보는 방법이 있다. '민재야 저 화분을 다 치워 버려라'를 '치워서 버려라', 혹은 '치우고 나서 버려라' 등으로 쓰면 어색하므로 이 때의 '버리다'는 보조 용언이다. 하지만 '쓰레기는 저걸 다 치우고 버려라'는 '치우고 나서 버려라' 등으로 쓸 수 있으므로 이는 본용언임을 알 수 있다.

오답풀이 ① 제시문에 따르면 "보조 용언은 본용언에 의미를 보태는 기능을 하는 용언"이라 보조 용언을 정의하고 있다. '가다'는 본래 뜻인 이동의 의미를 지닌 것이 아니라 시간이 흐르고 있음을 보여주는 기능을 하므로 이는 본용언이 아닌 보조 용언이다.

② 제시문에 따르면 "용언 뒤에 결합되는 용언이 본용언인지 보조 용언인지를 구분하기 위해서는 용언 사이에 다른 문장 성분을 삽입해볼 수 있다"라고 명시하고 있기 때문에 '치우고 나서 보자'와 같이 다른 문장 성분의 삽입이 불가능하면 이는 본용언과 보조 용언의 결합임을 알 수 있다.

④ 제시문에 따르면 "용언 뒤에 결합되는 용언이 본용언인지 보조 용언인지를 구분하기 위해서는 용언 사이에 다른 문장 성분을 삽입해볼 수 있다"라고 명시하고 있기 때문에 '받아 다시 주십시오'와 같이 다른 문장 성분 삽입이 어색하다면 본용언과 보조 용언의 결합임을 알 수 있다.

정답

01 ③

37

정답풀이 '추운가 보다'의 '보다'는 추측의 의미가 있으므로 보조 형용사이다.

오답풀이 나머지 선지는 경험의 의미가 있으므로 보조 동사이다.
① '먹어 보았다.'의 '보다'는 보조 동사이며, 동사 뒤에서 어떤 행동을 시험 삼아 함을 나타내는 말이다.
② '일을 하다가 보면'의 '보다'는 보조 동사이며, 동사 뒤에서 앞말이 뜻하는 행동을 하고 난 후에 뒷말이 뜻하는 사실을 새로 깨닫게 되거나, 뒷말이 뜻하는 상태로 됨을 나타내는 말이다.
③ '당해 보지'의 '보다'는 보조 동사이며, 동사 뒤에서 어떤 일을 경험함을 나타내는 말이다.

38

정답풀이 '~기는 하다'의 구조에서는 '하다' 앞 용언이 동사인지 형용사인지에 따라 품사가 정해진다. '많다'가 형용사이므로 '하지만'의 품사 또한 형용사이다.

오답풀이 ① '않다, 못하다'는 앞의 용언이 동사인지 형용사인지에 따라 품사가 정해진다. '묻다'는 '묻는다'로 활용이 가능하므로 동사임을 알 수 있다.
② '-아/어' 다음에 쓰여, 어떤 상태가 지속됨을 의미하는 보조 용언 '있다'는 동사이다.
③ 종결의 의미를 더해주는 보조 용언 '버리다'는 동사이다.

39

정답풀이 학교에 밥을 먹고 갔다. ='밥을 먹었다. 그리고 학교에 갔다.'로 해석이 된다. 즉 '먹다'와 '가다' 모두 실질적인 의미가 있으므로 '갔다.'는 본용언이다.

오답풀이 ① '-아/-어 보다'에서 '보다'는 '(어떤 일을) 시험 삼아 함'의 뜻을 더해주는 보조 용언이다. (참고로, 밑줄 친 '본다'는 현재 시제 선어말 어미 '-ㄴ-'이 쓰였으므로 품사는 (보조)동사이다.)
③ '-아/-어 가다'에서 '가다'는 '(앞말이 뜻하는 행동이나 상태가) 계속 진행됨'의 뜻을 더해주는 보조 용언이다. (참고로, 밑줄 친 '본다'는 현재 시제 선어말 어미 '-ㄴ-'이 쓰였으므로 품사는 (보조)동사이다.)
④ 동사 뒤에서 '-어 대다' 구성으로 쓰인 '대다'는 '앞말이 뜻하는 행동을 반복하거나 그 행동의 정도가 심함'의 뜻을 더해주는 보조동사이다.

40

정답풀이 본용언은 실질적인 의미가 있는 반면, 보조 용언은 실질적인 의미 없이 본용언의 뜻을 더해주기만 한다.
"역공녀는 과자를 주워서 (역공녀는 과자를) 먹었다."
='역공녀는 과자를 주웠다. 그래서 역공녀는 과자를 먹었다.'로 해석이 된다. 즉 '줍다'와 '먹다' 모두 실질적인 의미가 있으므로 '본용언+보조 용언' 구성이 아니라, '본용언+본용언' 구성에 해당한다.

오답풀이 ② 용언의 관형사형 뒤의 '척하다', '체하다'처럼 '(의존 명사)+하다, 싶다'가 오는 경우가 있다. '(의존 명사)+하다, 싶다'는 항상 보조 용언에 해당한다. (참고로, '척하다, 체하다, 양하다'의 품사는 (보조)동사이다.)
③ '나가 버렸다.'에서 '버렸다'는 '동작을 완전히 끝냄'의 뜻을 더하는 보조 용언이다.
④ '뛰고 나서'에서 '나다'는 ' 어떤 행동이나 상태가 끝났음'의 뜻을 더하는 보조 용언이다.

41

정답풀이 '역공녀는 25살처럼 젊다.+(역공녀는 25살처럼) 보이다.'가 합쳐진 말이므로 본용언 '젊다'와 본용언 '보이다'가 합쳐진 것이다. 따라서 보조 용언이 결합되지 않은 것이라고 볼 수 있다.
보조 용언은 문장에서 생략해도 문맥의 뜻에 큰 영향을 끼치지 않는다.

오답풀이 나머지 밑줄 친 단어는 보조 용언이다. 보조 용언은 실질적인 의미 없이 본용언의 뜻을 더해주기만 한다.
① '-지 않다(=아니하다), -지 못하다, -지 말다'는 부정 보조 용언이다. (참고로 '잊다'가 동사이므로 '못했다'의 품사는 동사이다.)
② '-어 보다.'는 '시험 삼아서 함'의 뜻을 더하는 보조 용언이다.
③ '-어 주다'는 '다른 사람을 위하여 어떤 행동을 함(봉사)'의 뜻을 가진 보조 용언이다.

정답

37 ④ 38 ④ 39 ② 40 ① 41 ④

◎ 적중용 赤功 중간 빈출, 제3빈출

37 밑줄 친 단어의 품사가 다른 것은?

① 그 과자를 한번 먹어 보았다.
② 일을 하다가 보면 아침이 오게 되어 있다.
③ 이런 일을 당해 보지 않은 사람은 내 심정을 모른다.
④ 혜선이가 떠는 것을 보니 추운가 보다.

38 밑줄 친 단어의 품사가 나머지 셋과 다른 것은?

① 그는 이유도 묻지 않고 부탁을 들어주었다.
② 게시판에 글이 붙어 있다.
③ 나는 과자를 먹어 버렸다.
④ 그는 말이 많기는 하지만 부지런하다.

39 밑줄 친 용언의 종류가 다른 것은?

① 얼마나 나를 싫어하는지 시험해 본다.
② 학교에 밥을 먹고 갔다.
③ 인생에 대해 점점 더 많이 알아 간다.
④ 그는 나를 놀려 대곤 했다.

40 '본용언+보조 용언' 구성이 아닌 것은?

① 역공녀는 과자를 주워 먹었다.
② 찬훈이가 나한테 아는 척한다.
③ 철수는 그 광경을 보고 나가 버렸다.
④ 뛰고 나서 어디서 쉴 거야?

41 밑줄 친 단어의 문법적 기능이 나머지 셋과 다른 하나는?

① 나는 그 일을 잊지 못했다.
② 나도 그거 한번 먹어 보자.
③ 우체국에서 학생들의 책을 부쳐 주었다.
④ 역공녀는 25살처럼 젊어 보인다.

42

정답풀이 뒤의 '가다'의 중심적 의미가 유지되고 있으며 "그는 철수에게서 책을 받았다. 그리고 갔다"의 2문장으로 분리될 수 있으므로 '받다, 가다' 모두 본용언이다.

오답풀이 ① '-아 오다'는 '진행'의 뜻을 가진 보조 용언이다.
② '-어 버리다'는 '종결, 완료'의 뜻을 가진 보조 용언이다.
④ '-어 먹다'는 '말이 뜻하는 행동을 강조함'의 뜻을 더하는 보조 동사이다.

43

정답풀이 '끓여 먹으면'의 '먹다'는 본용언이다

오답풀이 ① '추운가 보다'의 '보다'는 '추측이나 막연한 제 의향을 나타냄'의 뜻을 더하는 보조 용언(형용사)이다.
③ '거들어 드린다'의 '드리다'는 '거들다'에 객체 높임의 뜻을 더해주는 보조 용언이다. '드리다'의 실질적 의미인 '주다'라는 의미가 없으므로 보조 용언이다.
  예 '드리다'가 '-어 드리다'의 구성으로 쓰일 때는 모두 '보조 동사'이다.
  예 2017년 2분기 개정에 따라 보조 용언 '-드리다'는 합성어로 등재된 경우 사전에 등재되어 있지 않아도 '드리다'를 앞말에 붙여 적어야 한다. 따라서 '가져다주다/갖다주다'에 대응하는 '가져다드리다/갖다드리다'도 붙여 적어야 한다.
④ '떨어지고 말았다'의 '말다'는 '그 동작이 이루어졌거나 이루겠다는 뜻'을 더하는 보조 용언이다.
  예 '말다'가 동사 뒤에서 '-지 말다' '고(야) 말다'의 구성으로 쓰일 때는 모두 '보조 동사'이다.

정답

42 ③ 43 ② 44 ①

44

정답풀이 '의존 명사'가 일부로 결합된 보조 용언들이 있다. 이들 중 '거짓으로 꾸미다'의 의미를 갖는 '양하다, 체하다, 척하다'만 보조 동사이고 나머지는 모두 보조 형용사이다.
따라서 '척했다'만 동사, 나머지는 모두 형용사이다.

오답풀이

보조 동사	보조 형용사
양하다, 체하다, 척하다 (그럴듯하게 꾸미는 거짓 태도를 취하다)	듯하다, 만하다, 듯싶다, 성싶다, 법하다, 뻔하다, 직하다

42 밑줄 친 부분 중 보조 용언이 결합되지 않은 것은?

① 날이 밝아 오자, 닭이 울었다.
② 역공녀가 커피를 먹어 버렸다.
③ 그는 철수에게서 책을 받아 갔다.
④ 급기야 그 컵을 깨 먹었다.

43 밑줄 친 단어의 문법적 기능이 나머지 셋과 다른 하나는?

① 밖이 많이 추운가 보다.
② 겨울철에는 우동을 끓여 먹으면 맛있다.
③ 나는 할머니의 일을 거들어 드린다.
④ 게으름을 피우던 그가 시험에 떨어지고 말았다.

44 밑줄 친 단어의 품사가 나머지 셋과 다른 것은?

① 철수는 그 분야에 대해 아는 척했다.
② 그녀는 너무 좋아서 울 듯했다.
③ 그는 믿을 만한 사람이다.
④ 그럴 법한 일이다.

Chapter 05

관계언 : 격 조사, 접속 조사, 보조사

관련교재
기 출좋포 문법·어휘 p.52~53

대표 출좋포 한눈에 보기

1. 조사의 구별
   - '에서' : 주격 조사, 부사격 조사
   - '이/가' : 주격 조사, 보격 조사
   - '요' : 보조사

2. 부사격 조사 VS 접속 조사의 구별
   : '와/과, 하고, 랑, 에, 에다'

출좋포 ⑦ 격 조사 vs 접속 조사 vs 보조사

구분		내용
격 조사	개념	앞말에 자격을 부여해 주는 조사
	예	주격(이/가, 께서, 에서★, 서) 목적격(을/를) 보격(이/가★) 서술격(이다) 관형격(의) 부사격(에, 로, 와) 호격(아/야)
접속 조사	개념	체언과 체언을 동등하게 연결하는 조사
	예	와/과, 랑, 하고
보조사	개념	앞말에 특별한 의미를 더해 주는 조사
	예	요, 은/는, 도, 만, 부터, 까지

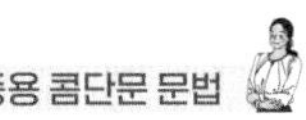

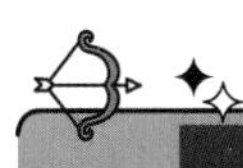

훈련용 대표 문법 + 독해 결합형 1편 형태론 CH.05 관계언

01 다음 글의 ㉠에 대한 사례로 적절하지 않은 것은?

> 조사는 체언이나 부사, 어미 따위의 뒤에 붙어, 그 말과 다른 말과의 문법적 관계를 나타내거나 그 말의 뜻을 도와주는 품사이다. 조사는 격 조사・보조사(補助詞)・접속(接續) 조사로 구분되는데, 이 중 격 조사는 체언 뒤에 붙어 그 체언이 문장의 구성으로서 다른 말에 대하여 갖는 일정한 자격을 나타내는 조사이다. 특히 ㉠ 주격 조사는 문장 안에서, 체언이 서술어의 주어임을 나타내는 조사이다. 가령, '철수가 집에 갔다, 어머니께서 진지를 드셨다, 우리 학교에서 운동회 우승을 하였다, 둘이서 놀았다.' 등이 있다. 여기에서 주의해야 할 점은 '되다'・'아니다' 앞의 체언에 붙어서, 그 체언이 보어(補語)임을 나타내는 조사와 구별해야 한다는 점이다.

① 할아버지께서 집에 오셨다.
② 정부에서 학생들에게 장학금을 주었다.
③ 영수가 물을 마신다.
④ 철수는 학생이 아니다.

01

정답풀이 제시문의 "여기에서 주의해야 할 점은 '되다'・'아니다' 앞의 체언에 붙어서, 그 체언이 보어(補語)임을 나타내는 조사와 구별해야 한다는 점이다."를 통해 ④의 '이'는 보격 조사임을 알 수 있다. 따라서 이는 ㉠의 사례라고 볼 수 없다.

오답풀이 ① 높임의 주격 조사 '께서'이다.

② '에서'는 주격 조사이다. 단체 무정 명사(정부)에는 주격 조사 '에서'가 쓰인다. 이 자리에 주격 조사를 넣어 '정부가'로 고쳐서 읽었을 때 의미가 자연스럽다면 '에서'는 주격 조사인 것이다.

③ 주격 조사 '이/가'이다.

정답

01 ④

01

정답풀이 '되다/아니다' 앞에 '이/가'가 나오면 '이/가'는 보격 조사이다. '그녀는 공무원이 되었다.(아니다)'의 '가'도 보격 조사이다.

오답풀이 ② 주격 조사 '이/가'를 대입하여도 말이 되므로 주격 조사이다.
③ 주격 조사 '가'이다.
④ 높임의 주격 조사 '께서'이다.

02

정답풀이 "역공녀는 사과를 먹었다. 또한 역공녀는 배를 먹었다."로 문장을 두 개로 나눌 수 있으므로 여기에서의 '와'는 접속 조사이다.

오답풀이 ① '~가 ~와 닮다(비슷하다, 같다, 다르다)'에서 '~와'는 문장에서 생략이 불가능한 필수적 부사어이다. '닮다(비슷하다, 같다, 다르다)'는 대상이 2개 필요한 대칭 서술어이기 때문이다. 따라서 '~와'는 부사격 조사이다.
② '~가 ~와(하고) 만나다.'는 문장에서 '~와(하고)'는 생략이 불가능한 필수적 부사어이다. '만나다'는 대상이 2개 필요한 대칭 서술어이기 때문이다. 따라서 '하고'는 부사격 조사이다.
④ '~랑 ~는 싸웠다'는 문장에서 대상이 2개 필요하므로 '~랑'은 생략이 불가능한 필수적 부사어이다. 따라서 '랑'은 부사격 조사이다.

03

정답풀이 나머지는 접속 조사이지만 '차랑 부딪쳤다'의 '랑'은 부사격 조사이다. '부딪치다'는 충돌하다는 의미이므로 대상이 2개 필요한 대칭 서술어이다. 따라서 '차랑'은 필수 부사어이다. 따라서 '랑'은 부사격 조사이다. (참고로 '랑'은 접속 조사로도 쓰인다.)

오답풀이 ① 체언과 체언을 연결하고 '너는 책을 갖추었다. 또한 너는 연필을 갖추었다'로 문장을 두 개로 나눌 수 있으므로 여기에서의 '에'는 접속 조사이다. '갖추다'는 대칭 서술어가 아니므로 필수 부사어가 필요없다.
② 체언과 체언을 연결하고 '영희는 놀이터에서 놀았다. 또한 순자는 놀이터에서 놀았다.'로 문장을 두 개로 나눌 수 있으므로 여기에서의 '하고'는 접속 조사이다. '놀다'는 대칭 서술어가 아니므로 필수 부사어가 필요없다.
③ 체언과 체언을 연결하고 '순희는 건물을 사게 되었다. 또한 순희는 집을 사게 되었다.'로 문장을 두 개로 나눌 수 있으므로 여기에서의 '에다'는 접속 조사이다. '사다'는 대칭 서술어가 아니므로 필수 부사어가 필요없다.

정답

01 ① 02 ③ 03 ④ 04 ③ 05 ③

04

정답풀이 '요'는 어절이나 문장의 끝에 결합하면서 상대(청자)를 높이는 의미가 있다. 또한 체언에 뜻을 더해주는 보조사이다.

오답풀이 ① '오'는 어절이나 문장의 끝에 결합하면서 상대(청자)를 높이는 의미가 있다. 하지만 체언에 뜻을 더해주는 보조사가 아니라 종결 어미이다.
② '은'은 어절의 끝에 결합하고 보조사이지만, 상대 높임과 관련이 없다. 상대 높임은 문장의 종결 어미와 관련이 있기 때문이다.
④ '요'는 연결 어미이므로 보조사가 아니다.

05

정답풀이 '–은/–는'은 격을 지정하는 힘이 없으므로 격 조사가 아니라 항상 보조사이다. 앞의 말에 의미를 더해주는 역할을 하는 보조사일 뿐이다.

오답풀이 ① 주격 조사 '이/가'를 넣어보면 '에서'가 부사격 조사인지 주격 조사인지 알 수 있다. '학교에서'의 '–에서'는 장소나 공간을 의미하는 부사격 조사이다. 반면에 '우리 학교에서'의 '–에서'는 주격 조사 '이/가'를 대입하여도 말이 되므로 주격 조사이다.
② '되다/아니다' 앞에 '이/가'가 나오면 '이/가'는 보격 조사이다. 하지만 그것이 아니라면 '이/가'는 주격 조사이다. '역공녀가'는 주어이므로 '가'는 주격 조사이다. 또한 '아니다' 앞의 '돼지가'는 보어이므로 '가'는 보격 조사이다.
④ 체언과 체언을 연결하는 것은 접속 부사이므로 '철수와 영희가'의 '와'는 접속 조사이다. '철수와 결혼했다'를 보았을 때, '결혼하다'는 필수 부사어를 요구하는 서술어이므로 '철수와'의 '와'는 부사격 조사이다.
(단, '철수와 영희가'의 '와'를 부사격 조사로 보는 견해도 있으나, 이미 2번이 답이므로 자연스럽게 '와'는 접속 조사가 된다.)

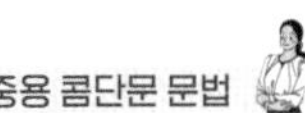

빈출 순위별 예상 문제

1편 형태론 CH.05 관계언 : 격 조사, 접속 조사, 보조사

◎ 적중용 | 亦 功 최 빈 출

01 다음 밑줄 친 조사의 성격이 다른 하나는?

① 그녀는 공무원이 되었다.
② 정부에서 취약계층에게 지원금을 주었다.
③ 그녀가 음료수를 마신다.
④ 할머니께서 댁에 가셨다.

02 밑줄 친 조사의 성격이 다른 하나는?

① 철수가 아버지와 닮았다. (비슷하다, 같다, 다르다)
② 영희는 순자하고 놀이터에서 만났다.
③ 역공녀는 사과와 배를 잔뜩 먹었다.
④ 그녀랑 역공녀는 싸웠다.

03 밑줄 친 조사의 성격이 다른 하나는?

① 너는 책에 연필에 모두 갖추었다.
② 영희하고 순자는 놀이터에서 놀았다.
③ 순희는 건물에다 집을 사게 되었다.
④ 영희는 차랑 부딪쳤다.

◎ 적중용 | 亦功 중간 빈출, 제3빈출

04 밑줄 친 부분이 〈보기〉의 ㉠~㉢의 성격을 모두 갖는 것은?

(보기)
㉠ 앞말에 특별한 뜻을 더하여 준다.
㉡ 상대 높임을 나타낸다.
㉢ 어절이나 문장의 끝에 결합한다.

① 이것을 드십시오.
② 인생은 짧고 예술은 길다.
③ 당신을 사랑해요.
④ 이것은 달걀이요, 저것은 닭이다.

05 국어의 조사에 대한 설명으로 가장 옳지 않은 것은?

① '에서'는 '학교에서 밥을 먹었다.'의 경우에는 부사격 조사이지만 '우리 학교에서 회의를 개최했다.'의 경우에는 주격 조사이다.
② '이/가'는 '역공녀가 행복해 하였다'의 경우에는 주격 조사이지만 '역공녀가 돼지가 아니다'의 경우에는 보격 조사이다.
③ '은/는'은 '기린은 풀을 먹었다.'의 경우에는 주격 조사이지만 '기린이 풀은 먹었다.'의 경우에는 보조사이다.
④ '와/과'는 '영희는 철수와 결혼했다'의 경우에는 부사격 조사이지만 '철수와 영희가 결혼했다'의 경우에는 접속 조사이다.

06 밑줄 친 보조사의 의미를 설명한 것으로 옳지 않은 것은?

① 나는 거칠 것 없는 바다의 사나이다.
→ -는: 문장 속에서 어떤 대상이 화제임을 나타냄.

② 딱정벌레를 잡아다가는 서로 싸움을 시켰다.
→ -는: 어떤 대상이 다른 것과 대조됨을 나타냄.

③ 비가 많이는 오지 않았다.
→ -는: 어떤 대상이 다른 것과 대조됨을 나타냄.

④ 산에는 눈 내리고 들에는 비 내린다.
→ -는: 어떤 대상이 다른 것과 대조됨을 나타냄.

07 밑줄 친 보조사의 의미를 설명한 것으로 옳지 않은 것은?

① 아내는 웃기만 할 뿐 아무 말이 없다.
→ -만: 다른 것으로부터 제한하여 어느 것을 한정함.

② 그를 만나야만 모든 문제가 해결될 수 있다.
→ -만: 무엇을 강조하는 뜻을 나타냄.

③ 열 장의 복권 중에서 하나만 당첨되어도 바랄 것이 없다.
→ -만: 화자가 기대하는 마지막 선을 나타냄.

④ 집채만 한 파도가 몰려온다.
→ -만: 무엇을 강조하는 뜻을 나타냄.

08 밑줄 친 보조사의 의미를 설명한 것으로 옳지 않은 것은?

① 드디어 오늘로써 그 일을 끝내고야 말았다.
→ 로써: 시간을 셈할 때 셈에 넣는 한계를 나타냄.

② 너마저 나를 떠나는구나.
→ -마저: 이미 어떤 것이 포함되고 그 위에 더함. 하나 남은 마지막임.

③ 처벌하려면 법대로 해라.
→ -대로: 따로따로 구별됨을 나타냄.

④ 그는 편지는커녕 제 이름조차 못 쓴다.
→ -조차: 이미 어떤 것이 포함되고 그 위에 더함을 나타냄.

06

정답풀이 보조사 '는'은 "딱정벌레를 잡아다가는 서로 싸움을 시켰다."에서 '대조'의 의미가 아니라 '강조'의 의미로 쓰였다.

오답풀이 ① 주로 주어에 나타나는 '은/는'은 100%는 아니지만 화제를 나타내는 경우가 많다. '나'에 대한 설명이 뒤에 나오므로 '는'은 '화제'의 의미를 더해주는 보조사이다.
③ '많이' 오지 않았으므로 '많이' 내리는 상황과 대조하기 위해 '는'이 쓰인 것이다. 여기에서 '는'은 강조의 의미가 아니다. 뒤에 부정을 하고 있기 때문이다.
④ '산'과 '들'을 대조하고 있으므로 옳다.

07

정답풀이 '집채만 한 파도'의 '만'은 앞말이 나타내는 대상이나 내용 정도에 달함을 나타낸다.

오답풀이 나머지는 모두 옳다.

08

정답풀이 여기에서의 보조사 '대로'는 앞에 오는 말에 근거하거나 달라짐이 없음을 나타낸다. '따로따로 구별됨을 나타냄.'을 의미하는 예에는 '큰 것은 큰 것대로 따로 모아 두다, 너는 너대로 나는 나대로 서로 상관 말고 살자.' 등이 있다.

오답풀이 나머지는 모두 옳다.

정답

06 ② 07 ④ 08 ③

MEMO

수식언 : 관형사, 부사

관련교재
기 출좋포 문법·어휘 p.53~55

대표 출좋포 한눈에 보기

1. 관형사
   - '적(的)'의 구별
   - 관형사 vs 수사
   - 관형사 vs 대명사
   - 관형사 vs 용언의 어간 + 관형사형 어미
2. 부사
   - 성분 부사 vs 문장 부사
   - 필수적 부사 vs 수의적 부사
   - 부사 vs 용언의 어간 + 부사형 어미

출좋포 ⑧ 관형사 vs 부사

1. 관형사

온갖(갖은), 허튼, 외딴, 오랜, 고얀, 여남은, 긴긴

(1) 무조건 나오는 "수 관형사 vs 수사"

셋째 학생이 사과 하나를 먹었다.
(셋째: 수 관형사, 하나: 수사)

(2) 무조건 나오는 "관형사 vs 대명사"

이 옷은 이쁘다. 이는 시장에서 샀다.
(이: 관형사, 이는: 대명사)

(3) 무조건 나오는 "관형사 vs 용언의 관형사형"

다른 사람과 비교하지 말아라. 너와 나는 다른 사람이다.
(다른: 관형사, 다른: 형용사)

(4) 무조건 나오는 "–적(的)"

비교적인 관점에서 보자. 비교적 관점에서 보자.
(비교적인: 명사, 비교적: 관형사)
우리 사무실은 도심에 위치하고 있어 비교적 교통이 편리하다.
(비교적: 부사)

2. 부사

종류		내용	예
성분 부사(한 성분 수식)	성상 부사	'어떻게'의 의미를 지님.	바로, 매우, 아주, 잘, 자주, 빙그레
	지시 부사	앞에 나온 말을 지시함.	이리, 그리, 저리, 내일
	부정 부사	용언의 의미를 부정함.	안, 못
	의성 부사	사람이나 사물의 소리를 흉내 냄.	칙칙폭폭, 광광
	의태 부사	사람이나 사물의 모양이나 움직임을 흉내 냄.	펄럭펄럭, 까불까불
문장 부사(문장 전체 수식)	양태 부사	화자의 다양한 심리적 태도를 나타냄.	설마, 과연, 제발, *정말, 모름지기, 응당, 만약, 의외로, 확실히
	접속 부사	단어와 단어, 문장과 문장을 이어 줌.	및, 그리고, 그러나, 그런데, 그래서, 하지만

훈련용 대표 문법 + 독해 결합형 1편 형태론 CH.06 수식언 : 관형사, 부사

01 다음 글에서 추론한 내용으로 적절하지 않은 것은?

> 체언에 속하는 수사와 수식언에 속하는 관형사는 형태가 비슷한 경우가 많아 주의를 요한다. 수사와 관형사를 구분하기 위해서는 조사가 결합할 수 있는지 여부를 살피는 것이 중요하다. 예를 들어, '저기 사탕 한 개가 있다'에서 '한'과 '저기 사탕 하나가 있다'에서 '하나'는 서로 품사가 다르다. '한'은 뒤에 오는 의존 명사 '개'를 수식하고 있으며 조사가 결합할 수 없다. '저기 사탕 한(이) 개가 있다'로 쓸 수 없는 것이다. 따라서 이는 관형사이다. 이와 달리 '하나'는 조사가 결합 가능하므로 수사이다.

① '안전 하나만큼은 제대로 지켜야 합니다'에서 '하나'는 수사이다.

② '아들이 한둘 눈에 띄었다.'에서 '한둘'은 관형사이다.

③ '반 아이들 중 다섯이 결석했다'에서 '다섯'은 수사이다.

④ '나는 강아지 두 마리를 기른다'에서 '두'는 관형사이다.

01

정답풀이 제시문에 따르면 '수사와 관형사를 구분하기 위해서는 조사가 결합할 수 있는지 여부'를 살펴야 한다. '한둘'에 조사를 결합하면 '한둘이 눈에 띄었다' 따위로 쓸 수 있는데, 이는 어색하지 않은 문장이다. 따라서 '한둘'은 관형사가 아닌 수사로 파악할 수 있다.

오답풀이 ① '안전 하나만큼은 제대로 지켜야 합니다'에서 '하나'는 제시문을 통해 '조사 결합 가능 여부'를 따졌을 때 뒤에 '-만큼'이라는 조사가 결합한 형태이기 때문에 이는 수사로 볼 수 있다.

③ '반 아이들 중 다섯이 결석했다'에서 '다섯'은 '조사 결합 가능 여부'를 따졌을 때 조사 '-이'가 결합되어 있는 형태이기 때문에 이는 수사로 볼 수 있다.

④ '나는 강아지 두 마리를 기른다'에서 '두'는 조사 결합 가능 여부를 따졌을 때 '나는 강아지 두(는) 마리를 기른다' 따위로 쓸 수 없기 때문에 이는 관형사이다. 또한, '두'는 뒤에 따라오는 명사인 '마리'를 수식하고 있다. 따라서 이는 관형사이다.

정답

01 ②

02 다음 글의 ㉠에 대한 사례로 적절하지 않은 것은?

> 문장에서 용언을 수식하는 역할을 하는 단어를 부사라 한다. 부사는 용언뿐만 아니라 관형사, 부사, 그리고 문장 전체를 수식할 수 있다. 문장에서 또 다른 문장 성분을 수식하는 부사를 성분 부사라 하고, 문장 전체를 수식하는 부사를 문장 부사라 한다. 예를 들어, '나는 정말 큰 개를 보았다'라는 문장에서 '정말'은 관형사 '큰'을 수식하고 있기 때문에 이는 성분 부사이다.
>
> 문장 부사에는 화자의 태도를 나타내는 ㉠ 양태 부사가 있다. 양태 부사의 경우, 뒤따라오는 문장에서 화자의 확신이나 추측, 혹은 희망의 태도를 나타내어 문장 전체를 수식한다. 예를 들어, "과연 그 사람은 훌륭하다"의 경우, '과연'이 '그 사람이 훌륭하다'는 사실에 대한 화자의 확신을 나타낸다. "설마 그가 나를 속인 건 아니겠지?"라는 문장에서 '설마'는 뒤따라오는 문장에 대한 화자의 추측을 보여준다. 또한 "부디 이번 시험에는 합격했으면 좋겠다"에서 '부디'는 '시험에서 합격하기'를 원하는 화자의 희망을 나타낸다. 따라서 '과연', '설마', '부디' 따위는 양태 부사라고 할 수 있다.

① 결코 그는 그 사건의 범인이 아니다.
② 만약 우리 팀이 경기에서 진다면 어떡하지?
③ 제발 이번에는 제 말을 믿어주세요.
④ 바로 바람이 불어서 우산이 날아갔다.

02

정답풀이 '바로'는 '불어서'를 수식하는 성분 부사이다.

오답풀이 ① '결코'는 '그는 그 사건의 범인이 아니다'라는 문장에서 화자의 확신을 나타내는 양태 부사이다.
② '만약'은 '우리 팀이 경기에서 진다면 어떡하지?'라는 문장에서 화자의 추측이나 가정을 나타내는 양태 부사이다.
③ '제발'은 '제 말을 믿어주세요'라는 문장에서 화자의 희망이나 바람을 나타내는 양태 부사이다.

정답

02 ④

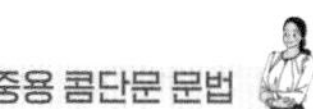

빈출 순위별 예상 문제

1편 형태론 CH.06 수식언 : 관형사, 부사

적중용 亦功 최빈출

01 부사의 성격이 다른 하나는?

① 확실히 그 사람은 참 멋있다.
② 그래서 그녀는 행복하게 살았다.
③ 혜선이는 마음이 보다 아름다웠다.
④ 정치, 경제 및 문화

02 밑줄 친 부사 중 기능상 분류가 나머지와 다른 하나는?

① 그녀는 집으로 바로 갔다.
② 그 옷이 정말 그렇게 잘 팔렸는지는 알 수 없다.
③ 그딴 마음가짐으로 과연 잘 먹고 잘 살 수 있을까?
④ 비난이나 반대는 무슨 일에나 응당 있는 일이다.

03 밑줄 친 부사 중 기능상 분류가 나머지와 다른 하나는?

① 설마 너까지 나를 의심하는 것은 아니겠지?
② 제발 비가 왔으면 좋겠다.
③ 그것은 결코 우연한 일이 아니었다.
④ 그녀는 우산을 쓰고 그를 항상(정말) 기다렸다.

04 밑줄 친 부분의 품사가 나머지와 다른 하나는?

① 온갖 나비가 날아 들었다.
② 바로 너만 나를 바꿀 수 있다.
③ 나는 갖은 양념을 찌개에 하였다.
④ 역공녀는 사교적 성격을 가졌다.

01

정답풀이 '보다 아름다웠다'에서 '보다'가 용언 '아름다웠다'를 수식하므로 '성분 부사'이다.

오답풀이 ① '그 사람이 참 멋있는 것은 확실하다'라는 뜻이므로 '확실히'는 문장 전체를 꾸미는 '문장 부사'이다.
② '그래서'는 문장 접속 부사이므로 '문장 부사'이다.
④ '및, 혹은, 또는'은 문장 접속 부사이므로 '문장 부사'이다.

02

정답풀이 '정말, 과연, 응당'은 바로 뒤의 문장을 수식하는 '문장 부사'이나 '바로'만 '성분 부사'이다. '바로'가 바로 뒤에 있는 서술어 '갔다.' 하나만 수식하고 있기 때문이다.

03

정답풀이 '설미, 제발, 결코'는 바로 뒤의 문장을 수식하는 '문장 부사'이나 '항상(정말)'은 '성분 부사'이다. '항상(정말)'이 바로 뒤에 있는 서술어 '기다렸다.' 하나만 수식하고 있기 때문이다.

문장 부사 쌍끌이(암기 필수)
과연, 정말, 응당, 설마, 제발, 결코, 어찌
확실히, 다행히, 분명히, 하물며, 모름지기, 만약, 의의로

04

정답풀이 '바로 너, 오직 너, 유독 미인이다, 가장 미인이다, 겨우 하루'는 뒤의 체언을 수식하지만 사전에 '부사'로만 등재되어 있는 단어이므로 따로 꼭 암기해야 한다.

오답풀이 나머지는 체언을 꾸미는 일반적인 관형사이다.

정답

01 ③ 02 ① 03 ④ 04 ②

05

정답풀이 '긴'은 형용사 어간 '길-'에 관형사형 어미 '-ㄴ'이 결합한 것이다. 어미는 품사를 결정하지 않는다. 따라서 '길-'은 형용사이므로 '긴'은 형용사이다.

오답풀이 '외딴, 허튼, 오랜'은 관형사이다.

06

정답풀이 나머지는 부사이다. 하지만 '인사도 할 겸'에서는 관형형인 '할'이 뒤의 '겸'을 수식하고 있으므로 '겸'은 명사이다.

오답풀이 ① '비교적'은 뒤의 명사 '교통'이 아니라, '편리하다'를 꾸미므로 관형사가 아니라 부사이다.
② 여기에서 '아니'는 ((명사와 명사 사이에 쓰이거나, 문장과 문장 사이에 쓰여)) 어떤 사실을 더 강조할 때 쓰는 말로 '부사'이다. 하지만, '아니'가 묻는 말에 부정하여 대답하거나, 놀라거나 감탄스러울 때, 또는 의아스러울 때 쓰이면 '감탄사'이다.
③ '왁다글닥다글'이 뒤의 동사 '부딪치며'를 수식하므로 부사이다.

07

정답풀이 '정말'은 동사 '먹었다'를 꾸미는 것이 아니라 부사 '많이'를 꾸미므로 이 선택지는 옳지 않다. '정말 먹었다'가 아니라 '정말 많이'로 꾸미는 것이 수식하는 의미 단위가 옳기 때문이다.

오답풀이 ① 부사 '따르릉'이 명사 '소리'를 수식하고 있으므로 옳다.
③ '아주'는 관형사 '새'를 꾸며준다.
④ '맨'은 명사 '흙투성이'를 꾸며준다. '맨'이 '가장'의 의미를 가지면 관형사이고, '다른 것은 섞이지 아니하고 온통'의 뜻이 되면 '부사'이다. 여기에서는 '부사'로 쓰인 것이다. 부사도 명사를 수식할 수 있다.

08

정답풀이 둘 이상의 사물이 나열될 때 쓰는 '들'은 의존명사이므로 '명사'로 보는 것은 적절하다. 다만 명사에 결합되어 쓰이는 '들'은 복수 접미사이다.

오답풀이 ② '그'는 체언 '여자'를 수식하고 있으므로 관형사이다.
③ '보다'는 부사 '많이'를 수식하고 있으므로 부사이다.
부사는 주로 용언을 수식하지만 이렇게 부사, 관형사, 명사, 문장 전체도 수식할 수 있다.
④ '요'는 감탄사가 아니라 청자에게 존댓말할 때 쓰는 보조사이다.

정답

05 ④ 06 ④ 07 ② 08 ① 09 ① 10 ③ 11 ②

09

정답풀이 '여남은'이 뒤의 단위 명사 '살'을 수식하므로 '여남은'은 관형사이다. '수사와 관형사의 구별'은 조사의 결합 여부로 판단하는 것이 좋다. 수사는 체언이라서 조사와 결합이 가능하다. 하지만 관형사는 조사와 결합할 수 없다.

오답풀이 ② "대여섯(이) 짝을 지어 가다."처럼 조사가 결합할 수 있는 수사이다.
③ 조사 '밖에'가 붙었으므로 수사이다.
④ '하나둘'은 "하나둘(이) 모여 가기 시작했다"처럼 조사가 결합할 수 있는 수사이다.

10

정답풀이 '하고많은'은 형용사 어간 '하고많은-'에 관형사형 어미 '-(으)ㄴ'이 결합한 것이다. 어미는 품사를 결정하지 않는다. 따라서 '하고많-'은 형용사이므로 '하고많은'은 형용사이다.

오답풀이 ①②④ '고얀, 긴긴, 한다하는'은 관형사이다.

11

정답풀이 나머지는 부사이다. 하지만 '글쎄'는 감탄사에 해당한다.

오답풀이 ① '졸졸'이 뒤의 동사 '흐른다.'를 수식하므로 부사이다.
③ '자주'는 뒤의 용언 '낸다'를 꾸미므로 부사이다.
④ '이제야'는 '진정했다'를 수식하므로 부사이다.

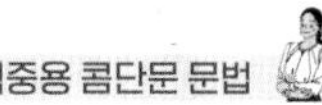

05 밑줄 친 부분의 품사가 나머지와 다른 하나는?

① 철수는 외딴 학교로 발령이 났다.
② 허튼 말을 하다가는 손목 날아간다.
③ 오랜 세월 그는 행복하게 지냈다.
④ 철수는 긴 고민 끝에 결정을 내렸다.

06 밑줄 친 부분 중에서 품사가 다른 하나는?

① 그녀는 비교적 교통이 편리하다.
② 손이 저리다. 아니, 아프다.
③ 구슬들이 와다글닥다글 부딪치며 굴러갔다.
④ 인사도 할 겸 모이자.

07 다음 중 국어의 부사에 대한 설명으로 가장 적절하지 않은 것은?

① "철수는 따르릉 소리에 잠을 깨었다"에서 '따르릉'은 부사가 명사를 수식하는 특이한 경우이다.
② "그녀는 정말 많이 먹었다."에서 '정말'은 동사를 꾸며준다.
③ "그녀는 아주 새 책을 얻었다."에서 '아주'는 관형사를 꾸며준다.
④ "아이는 맨 흙투성이로 집에 들어왔다."에서 '맨'은 명사를 꾸며준다.

08 밑줄 친 부분의 품사가 다른 하나는?

① 여남은 살쯤 되어 보이는 사내아이로 보였다.
② 대여섯 짝을 지어 가다.
③ 여남은밖에 남지 않았다.
④ 하나둘 모여 가기 시작했다.

09 〈보기〉의 밑줄 친 단어에 대한 품사 분류가 옳은 것은?

(보기)
잠자리, 애벌레, 딱정벌레 들을 그 여자가 잡아서, 앞으로는 보다 많이 곤충을 잡겠다고 하였다. 말씀 드렸어요.

① 들 – 명사
② 그 – 대명사
③ 보다 – 조사
④ 요 – 감탄사

◎ 적중용 亦功 중간 빈출, 제3빈출

10 밑줄 친 부분의 품사가 나머지와 다른 하나는?

① 고얀 녀석 같으니라고.
② 긴긴 세월을 열심히 살았다.
③ 하고많은 사람 중에 왜 나인 것이냐?
④ 철수는 한다하는 집안에서 태어났다.

11 밑줄 친 부분의 품사가 다른 하나는?

① 시냇물이 졸졸 흐른다.
② 글쎄, 한번 더 생각해 봐야겠어
③ 아기는 짜증을 자주 낸다.
④ 한국은 이제야 코로나를 진정했다.

명사형 어미 '(으)ㅁ/기' vs 명사 파생 접사 '(으)ㅁ/기' 구별

관련교재
관련 기본서 없음

출.종.포 ⑨ 명사형 어미 vs 명사 파생 접사, '-(으)ㅁ/기' 구별하기

	용언 어간+명사형 어미	어근+명사 파생 접사
품사	동사, 형용사	명사
꾸밈	부사어 예 그는 '초상화를 잘 그림'이라고 썼다.	관형어 예 그는 밤새 믿기지 않는 꿈을 꾸었다.
서술성	있음 [황금을 보다(목적어-서술어)] 예 황금을 보기를 돌같이 하라.	없음 [나의 죽다(×)] 예 나의 죽음을 적에게 알리지 마라.
선어말 어미 '었/았'	결합 가능 (태산이 높았음 ○) 예 태산이 높음을 사람들은 알지 못한다.	결합 불가능 (수줍었음 ×) 예 그는 수줍음이 많은 사람이다.

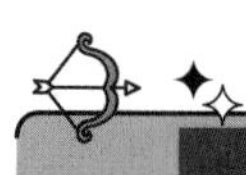

훈련용 대표 문법 + 독해 결합형 1편 형태론 CH.07

01 다음 글에서 추론한 내용으로 적절하지 않은 것은?

> 명사 파생 접미사 '-음'이나 '-기'를 결합하면 명사로 품사가 바뀐다. 품사를 바꾸는 접미사가 붙을 경우, 이는 독립된 단어로 인정된다. 예를 들어, '얼다'에 명사 파생 접미사 '-음'을 붙인 경우, '얼음'이라는 독립된 단어가 되는 것이다. 이와 다르게, 용언이 활용하여 다른 형태를 지니게 될 경우에는 품사가 바뀌지 않는다. 예를 들어, '먹다'의 활용형 '먹음'은 명사의 형태이지만, 품사는 여전히 동사이다.
>
> 용언의 활용형은 여전히 용언의 성질을 가지고 있기 때문에, 주어나 목적어를 가질 수 있으며 부사어의 수식을 받을 수 있다. 하지만 파생 접미사가 붙어 단어가 된 경우에는 용언의 성질을 가지지 못하기 때문에 관형어의 수식을 받는다. 예를 들어, '저 달리기 선수는 세계 챔피언이다'라는 문장의 경우, '달리기'는 관형사 '저'의 수식을 받고 있다. 따라서 이는 명사 파생 접미사 '-기'를 결합한 명사임을 알 수 있다. 하지만 '빨리 달리기는 너무 즐거워'의 경우, '달리기'는 '빨리'라는 부사의 수식을 받고 있기 때문에 이는 용언에 명사형 전성 어미 '-기'를 결합한 동사임을 알 수 있다.

① '그가 매주 그 약을 꼬박꼬박 먹음은 건강해지기 위함이다'에서 '먹음'은 명사형 전성 어미 '-ㅁ(음)'을 결합한 동사이다.

② '글씨를 제대로 쓰기는 너무 어렵다'에서 '쓰기' 명사 파생 접미사 '-기'가 결합한 명사이다.

③ '학교에서 첫 받아쓰기 시험을 보았다'에서 '받아쓰기'는 명사 파생 접미사 '-기'가 결합한 명사이다.

④ '연습을 한 만큼 잘 함은 당연하다'에서 '함'은 명사형 전성 어미 '-ㅁ(음)'을 결합한 동사이다.

01

정답풀이 '쓰기'는 부사어 '제대로'의 수식을 받고 있다. 제시문에 "용언의 활용형은 여전히 용언의 성질을 가지고 있기 때문에, 주어나 목적어를 가질 수 있으며 부사어의 수식을 받을 수 있다"는 부분을 통해 볼 때, 이는 명사형 전성 어미 '-기'를 연결한 동사이다.

오답풀이 ① '먹음'은 '꼬박꼬박'이라는 부사어의 수식을 받고 있다. 제시문에 "용언의 활용형은 여전히 용언의 성질을 가지고 있기 때문에, 주어나 목적어를 가질 수 있으며 부사어의 수식을 받을 수 있다"는 부분을 통해 볼 때, 이는 명사형 전성 어미 '-ㅁ(음)'을 연결한 동사이다.

③ '받아쓰기'는 '첫'이라는 관형사의 수식을 받고 있다. 제시문에 "파생 접미사가 붙어 단어가 된 경우에는 용언의 성질을 가지지 못하기 때문에 관형어의 수식을 받는다."라는 부분을 통해 볼 때, 이는 명사 파생 접미사 '-기'를 결합한 명사임을 알 수 있다.

④ '함'은 '잘'이라는 부사어의 수식을 받고 있다. 제시문에 "용언의 활용형은 여전히 용언의 성질을 가지고 있기 때문에, 주어나 목적어를 가질 수 있으며 부사어의 수식을 받을 수 있다"는 부분을 통해 볼 때, 이는 명사형 전성 어미 '-ㅁ(음)'을 연결한 동사이다.

정답

01 ②

01

정답풀이 '꿈[1]'의 '-ㅁ'은 관형어 '그러한'의 수식을 받으므로 '꿈[1]'은 명사이므로 '꿈[1]'의 '-ㅁ'은 명사 파생 접사이다. 또한 '꿈[2]'에 부사 '자주'를 넣었을 때 말이 되는 것을 보면 '꿈[2]'는 용언이므로 '꿈[2]'의 '-ㅁ'은 명사형 어미이다.

오답풀이 ① 부사어 '잘'의 수식을 받으므로 '그림'의 '-ㅁ'은 접미사가 아니라 명사형 어미이다. '그림을 잘 그리다'처럼 서술성이 있으므로 여기에서의 '그림'은 명사가 아니라 동사의 명사형인 것이다.
③ '얼음'의 '-ㅁ'은 명사형 어미가 아니라 명사 파생 접사이다. 앞에 관형어 '차가운'의 꾸밈을 받을 수 있는 것을 보면 '얼음'은 명사이기 때문이다.
④ '앎'의 '-ㅁ'은 명사형 어미가 아니라 명사 파생 접사이다. 앞에 관형어 '강력한'의 꾸밈을 받는 것을 보면 '앎'은 명사이기 때문이다.

02

정답풀이 밑줄 친 '잠'의 '-ㅁ'은 접미사가 아니라 명사형 어미이다. '잠' 앞에 부사 '자주'를 넣었을 때 말이 되는 것을 보면 밑줄 친 '잠'은 용언임을 알 수 있다.

오답풀이 ② '삶'의 '-ㅁ'은 명사형 어미가 아니라 명사 파생 접사이다. 앞에 관형어 '행복한'의 꾸밈을 받는 것을 보면 '삶'은 명사이기 때문이다.
③ '졸음'에 선어말 어미 '-았-'을 넣어서 '졸았음'을 저 문장에 치환시키면 매우 어색해지는 것을 볼 때, '졸음'은 하나의 명사이다. 따라서 '졸음'의 '음'은 명사를 만드는 접미사이다.
'엄청난'이라는 관형어를 '졸음' 앞에 넣을 수 있다는 점도 '졸음'이 명사임을 알게 해주는 점이다.
④ '걷다'는 'ㄷ' 불규칙 용언이므로 모음 접미사와 결합할 때 'ㄷ'이 'ㄹ'로 교체되는 것이다. 관형어 '걸어온'의 꾸밈을 받으므로 '걸음'은 명사임을 알 수 있다. 따라서 '걸음'의 '음'은 명사를 만드는 접미사이다.

정답

01 ② 02 ① 03 ① 04 ①

03

정답풀이 '가기'는 부사어 '학교에'의 수식을 받으므로 동사임을 알 수 있다.
㉠ '보기'는 '나를 보다'처럼 서술성이 있으므로 명사가 아니라 동사이다. 목적어-서술어'의 구성은 서술성이 있다고 볼 수 있다.
㉡ '웃음'은 부사어 '빙그레'의 수식을 받을 수 있고 '그녀가 빙그레 웃었다'와 같이 서술성이 있기 때문에 품사가 동사임을 알 수 있다.

오답풀이 ㉢ 관형어 '그의'의 꾸밈을 받으므로 '바람(바라+ㅁ(명사 파생 접사))'은 명사이다.
㉣ 관형어 '신실한'의 꾸밈을 받을 수 있으므로 '믿음(믿+음(명사 파생 접사))'은 명사이다. 과거 시제 선어말 어미를 넣어 '믿었음'을 넣었을 때 말이 안되므로 명사이다.

04

정답풀이 명사 어근 '참'에 형용사화 접미사 '-답-'이 결합하여 형용사 '참답다'가 된 것이다. 따라서 접미사 '-답-'이 명사에서 형용사로 품사를 바꾸었다고 볼 수 있다.

오답풀이 ② '그녀가 솔직함'에서 '솔직함' 앞에 부사 '매우'를 넣으면 자연스럽다. '솔직함'이 부사 '매우'의 꾸밈을 받는 것을 보면 '솔직함'은 형용사이므로 '-ㅁ'은 '명사형 어미'임을 알 수 있다.
③ '그가 죽다'로 주어-서술어의 구성이다. 중간에 과거 시제 선어말 어미 '었'을 넣어도 '그가 죽었음을 믿고 싶지 않았다'로 말이 되므로 '음'은 '명사 파생 접사'가 아니라 '명사형 어미'이다.
④ '나를 보다'로 목적어-서술어의 구성으로 '보기'가 서술성을 가지므로 '기'는 '명사 파생 접사'가 아니라 '명사형 어미'이다. 명사형 어미는 품사를 바꿀 수 없다.

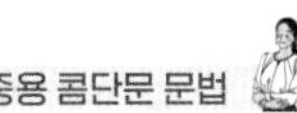

빈출 순위별 예상 문제

1편 형태론 CH.07 명사형 어미 '(으)ㅁ/기' vs 명사 파생 접사 '(으)ㅁ/기' 구별

◎ 적중용 亦 功 최 빈 출

01 다음 중 〈보기 1〉을 바탕으로 〈보기 2〉에 대해 탐구한 것 중에서 올바른 것은?

(보기 1)

'-ㅁ/-음'에 대하여

- 명사형 전성 어미 : 동사의 어간 뒤에 붙어서 동사를 명사형이 되게 하는 역할을 한다. 동사의 명사형은 서술성이 있어 주어를 서술하며 품사가 변하지 않는다. 앞에 부사적 표현이 쓰일 수 있다.
- 접미사 : 동사의 어간 뒤에 붙어서 동사를 명사로 파생시킨다. 파생된 명사는 서술성이 없으므로 앞에 부사적 표현이 쓰일 수 없고, 관형어가 올 수 있다.

(보기 2)

㉠ 그는 '그림을 잘 그림'이라고 썼다.
㉡ 그녀가 꿈[1]을 꿈[2]은 그를 웃게 했다.
㉢ 겨울이어서 노면에 얼음이 자주 얼었다.
㉣ 앎은 힘이다.

① ㉠의 '그림'은 '잘'의 수식을 받으므로 '그림'의 '-ㅁ'은 명사 파생 접사이다.
② ㉡의 '꿈[1]'의 '-ㅁ'은 명사 파생 접사이고, '꿈[2]'의 '-ㅁ'은 명사형 전성 어미이다.
③ ㉢의 '얼음'의 '-ㅁ'은 명사형 전성 어미이다.
④ ㉣의 '앎'의 '-ㅁ'은 명사형 전성 어미이다.

02 밑줄 친 부분에 해당하는 것은?

> '-ㅁ/-음'은 'ㄹ'을 제외한 받침 있는 용언의 어간이나 어미 '-었-', '-겠-' 뒤에 붙어, 그 말이 명사 구실을 하게 하는 어미로 쓰이는 경우와, 어간 말음이 자음인 용언 어간 뒤에 붙어 명사를 만드는 접미사로 쓰이는 경우가 있다.

① 달콤한 잠을 잡은 그 때문이었다.
② 영희는 행복한 삶을 살았다.
③ 동생은 졸음을 참아 가며 운전했다.
④ 그가 걸어온 걸음은 사람들의 본보기가 되었다.

03 ㉠~㉣ 중 다음 밑줄 친 '가기'와 품사가 같은 것을 모두 고른 것은?

> 나는 학교에 가기를 좋아한다.
> - 나를 ㉠ 보기 위해 왔니?
> - 그녀가 ㉡ 웃음으로써 막이 끝났다.
> - 그의 ㉢ 바람은 내가 건강해지는 것이었다.
> - 그는 ㉣ 믿음을 가진 기독교 신자이다.

① ㉠, ㉡ ② ㉠, ㉣
③ ㉡, ㉢ ④ ㉡, ㉣

04 밑줄 친 ㉠이 들어간 예에 해당하는 것은?

> 어근의 앞이나 뒤에 파생 접사가 결합된 것을 파생어라 한다. 파생 접사는 그 위치에 따라 접두사와 접미사로 나누는데 접두사는 어근의 품사를 바꿀 수 없지만, ㉠ 접미사는 어근의 품사를 바꾸기도 한다.

① 참답게 사는 비결.
② 그녀가 솔직함을 사람들은 몰랐다.
③ 그가 죽음을 믿고 싶지 않았다.
④ 나를 보기는 쉽지 않다.

05

정답풀이 '온 가족이 함께 걷다'와 같이 서술성이 있으므로 '걷기'는 동사이다.

오답풀이 ① '읽기'는 과목의 이름으로 '국어 학습에서, 글을 바르게 읽고 이해하는 일.'을 의미하는 명사이다. 관형어 '어려운'을 넣어도 자연스럽다.

③ '달리기'는 일정한 거리를 빨리 달리는 것을 겨루는 일을 의미하는 명사이다. '역공녀는 치타보다 달리다'는 어색하므로 '달리기'에는 서술성이 없으므로 명사이다.

④ 관형어 '보조 용언의'의 수식을 받으므로 '띄어쓰기'는 명사이다.

정답

05 ②

◎ 적중용 赤功 중간 빈출, 제3빈출

05 다음 밑줄 친 단어 중 품사가 다른 하나는 무엇인가?

① 역공녀는 '듣기, 말하기, 읽기' 과목 시험에서 일등을 했다.

② 지난겨울에는 '온 가족이 함께 걷기' 대회에 참석했다.

③ 역공녀는 치타보다 달리기를 잘한다.

④ 보조 용언의 띄어쓰기는 헷갈리는 부분이다.

Chapter 08 품사 복합

관련교재

관련 기본서 없음

훈련용 대표 문법+독해 결합형

01 다음 중 밑줄 친 단어의 짝이 ㉠에 해당하지 않는 것은?

> 국어의 품사는 단어의 형태에 따라 가변어와 불변어로 나눌 수 있으며, 기능에 따라 체언, 용언, 수식언, 관계언, 독립언으로 나눌 수도 있다. 또, 의미에 따라 명사, 대명사, 수사, 동사, 형용사, 관형사, 부사, 조사, 감탄사의 아홉 가지로 분류할 수도 있다. 그러나 이러한 분류는 단어를 인위적으로 나눈 것이기 때문에 완전하지 않으며, 하나의 단어가 여러 품사에 속하기도 한다. 가령, '나는 집에 있다.'의 '있다'는 동사지만 '나에게는 언니가 있다.'의 '있다'는 형용사이다. 이처럼 하나의 단어가 여러 품사로 쓰이는 것을 ㉠ <u>품사의 통용</u>이라고 한다.

① 그 옷은 나에게 너무 <u>컸다</u>.
못 본 사이에 키가 몰라보게 <u>컸다</u>.

② 혜선 쌤은 요즘 살이 <u>아니</u> 쪘다.
혜선 쌤은 돼지, <u>아니</u> 코끼리 같았다.

③ <u>어제</u>는 수요일이었다.
우리는 <u>어제</u> 수영을 했다.

④ 아직 <u>아무</u>도 안 왔다.
나는 <u>아무</u> 말도 하지 않았다.

01

정답풀이 '아니 쪘다.'의 '아니'는 뒤의 용언 '쪘다'를 수식하는 부정의 의미를 지니는 부사이다. '돼지, 아니 코끼리'의 '아니'는 강조의 의미를 가진 부사이다. 따라서 '㉠ 품사의 통용'이라고 볼 수 없다.

오답풀이 ① '그 옷은 나에게 너무 컸다.'의 '컸다'는 형용사, '못 본 사이에 키가 몰라보게 컸다.'의 '컸다'는 동사이므로 '㉠ 품사의 통용'에 해당하는 예이다.

③ '어제는 수요일이었다.'의 '어제'는 명사, '우리는 어제 수영을 했다.'의 '어제'는 부사이므로 '㉠ 품사의 통용'에 해당하는 예이다.

④ '아직 아무도 안 왔다.'의 '아무'는 대명사, '나는 아무 말도 하지 않았다.'의 '아무'는 관형사이므로 '㉠ 품사의 통용'에 해당하는 예이다.

정답

01 ②

01

정답풀이 ㉢ '낡다, 늙다'는 시간이 지나면서 나타나는 현상이므로 동사이다.

㉣ '이쁘다'는 형용사이지만 '이뻐하다, 예뻐지다'는 동사이다. '역공녀를 이뻐하다'를 보면 목적어가 있으니 동사임을 알 수 있다. '예뻐지다'는 시간이 지나면서 나타나는 현상이므로 동사이다.

㉧ '-어하다'가 붙은 '예뻐하다, 슬퍼하다, 미워하다, 그리워하다'는 모두 목적어를 갖기 때문에 항상 동사이다.

오답풀이 ㉠ 풍성히(부사): 어근 '풍성'에 부사 파생 접사 '히'가 결합되어 아예 '부사'가 된 것이다.

㉥ 없이(부사): 어근 '없-'에 부사 파생 접사 '이'가 결합되어 아예 '부사'가 된 것이다.

㉡ 산뜻하게(형용사): 용언 어간 '산뜻하-'에 부사형 전성 어미 '-게'가 붙어 활용한 것이다. 어미는 품사를 바꾸지 못하므로 '산뜻하게'의 품사는 형용사이다.

㉤ 알맞은(형용사): '걸맞다, 알맞다'는 항상 형용사이다. 그래서 '걸맞다, 알맞다'는 현재 관형사형 어미 '는'이 붙지 못하고 '은'이 붙는다.

㉦ 아니라(형용사): '아니라'는 형용사 어간 '아니-' 에 어미 '-라'가 결합한 것이다. 따라서 '아니다'는 형용사이다.

02

정답풀이 ㉠ 형용사 어간 '빠르'에 관형사형 어미 'ㄴ'이 붙었을 뿐이다. 어미는 품사를 바꾸지 못하므로 '빠른'의 품사는 형용사이다.

㉡ 형용사 어간 '빠르'에 부사형 어미 '게'가 붙었을 뿐이다. 어미는 품사를 바꾸지 못하므로 '빠르게'의 품사는 형용사이다.

오답풀이 나머지는 모두 품사가 다르다.

① ㉠: '진짜'가 용언 '아팠어'를 수식하므로 부사이다.
㉡: '진짜' 뒤에 조사 '처럼'이 붙었으므로 명사이다.

③ ㉠: '내일, 오늘, 어제(의) 시험'으로 관형격 조사가 생략되어 '내일, 오늘, 어제'는 명사임을 알 수 있다. '내일, 오늘, 어제'가 뒤의 명사 '시험'을 꾸미고 있다.
㉡: '내일, 오늘, 어제'가 뒤의 서술어 '보기로 하였다'를 수식하므로 '내일, 오늘, 어제'는 부사이다.

④ ㉠: '이성적'이 체언 '동물'을 수식하므로 관형사이다.
㉡: '이성적' 뒤에 조사 '으로'가 붙었으므로 명사이다.

03

정답풀이 • 부사 '충분히'가 수식하는 '잠'은 동사이다.

• '누워 자기'의 '자기'는 동사 '누워(서)' 뒤에 이어져 있는데, '누워(서)'의 어미 '-어(서)'는 수단이나 방법을 나타내는 연결 어미이므로 '누워(서)'의 뒤에는 품사가 동일한 용언이 이어져야 한다. 따라서 '자기'는 동사이다.

오답풀이 ② • 서술격 조사 '이다'와 결합한 '여섯'은 수사이다.
• 단위 명사 '그릇'을 꾸미는 '여섯'은 관형사이다.

③ • '머리카락, 수염 따위가 자라다.'의 의미의 '길다'는 변화를 나타내므로 동사이다.
• '머리카락, 수염 따위가 자라다.'의 의미 이외의 '길다'는 형용사이다.

④ • 대명사 '나' 뒤에 결합하였으므로 '만큼'은 조사이다. 용언의 관형사형 '날'이 뒤의 '만큼'을 수식하므로 '만큼'은 명사이다.

04

정답풀이 ㉠의 '첫째'는 수의 의미를 가지는 것이 아니라 '맏이(사람)'를 의미하므로 수사가 아니라 명사이다. ㉡의 '첫째'는 뒤에 오는 명사 '주'를 수식하고 있으므로 관형사이다.

오답풀이 ① ㉠의 '아무'는 조사와 결합하였으므로 대명사이다. ㉡의 '아무'는 뒤에 오는 명사 '말'을 수식하므로 관형사이다.

② • '가장 앞서는 것(= most important)'을 의미하는 것은 순서와 관련이 없으므로 명사이다. 신발에서 가장 중요한 것을 말하고 있으므로 '첫째'는 명사이다. ('맏이'를 의미하는 '첫째'도 명사이다)
• 박 회장이 원하는 것에 단순히 순서를 매겨서 설명하는 것이므로 '첫째'는 수사이다.

③ ㉠의 '딴'은 조사 '에는'과 결합하였으므로 명사이다. ㉡의 '딴'은 명사 '생각'을 수식하므로 관형사이다.

05

정답풀이 • 아니, 못 먹었어: '아니'는 그렇지 아니하다는 뜻을 대답으로 하는 감탄사이다.

• 아니, 이럴 수가 있나?: '아니'는 놀라거나 감탄스러울 때, 또는 의아스러울 때 하는 감탄사이다.

오답풀이 ① • '다른'은 형용사 '다르다'의 활용형일 수도 있고 '딴'의 뜻으로 쓰이는 관형사일 수도 있다. 그런데 ㉠에서 '딴'을 넣었을 때 자연스러우므로 관형사이다.
• '성격이 다르다'처럼 서술성이 있으므로 형용사이다. '다른'은 '다르다'의 활용형인 것이다.

② • '생김새가 어떻다'에서 형용사 어간 '어떻-'에 관형사형 전성 어미 '-ㄴ'이 붙어 ㅎ이 탈락된 것이므로 이는 불변어인 관형사가 아니라 가변어인 형용사이다.
• '어떤'은 형태를 바꿀 수 없는 불변어이므로 관형사이다.

③ • '사정이 그렇다'에서 형용사 어간 '그렇-'에 관형사형 전성 어미 '-ㄴ'이 붙어 ㅎ이 탈락된 것이므로 이는 불변어인 관형사가 아니라 가변어인 형용사이다.
• '그런'은 형태를 바꿀 수 없는 불변어이므로 관형사이다.

정답

01 ③ 02 ② 03 ① 04 ④ 05 ④

빈출 순위별 예상 문제

1편 형태론 CH.08 품사 복합

◎ 적중용 | 亦 功 최 빈 출

01 밑줄 친 단어의 품사를 같은 것끼리 묶은 것은?

- ㉠ 풍성히 내리는 눈이 예쁘다.
- 이발을 하니 ㉡ 산뜻하게 보이는구나.
- 집이 무척 ㉢ 낡았다.
- 그녀는 자꾸만 ㉣ 이뻐졌다.
- ㉤ 알맞은 답을 고르시오.
- 소리도 ㉥ 없이 비가 내렸다.
- 그는 너가 ㉦ 아니라 그녀가 좋다.
- 나를 사랑하는 것이 아니라 ㉧ 미워하는 것이다.

① ㉠, ㉡, ㉤　② ㉡, ㉢, ㉦
③ ㉢, ㉣, ㉧　④ ㉣, ㉤, ㉥

02 ㉠, ㉡의 밑줄 친 단어의 품사가 서로 같은 것은?

① ㉠: 철수가 진짜 아팠어.
　㉡: 영희가 진짜처럼 울었다.
② ㉠: 수지가 빠른 속도로 뛰었다.
　㉡: 수지가 빠르게 뛰었다.
③ ㉠: 내일(오늘, 어제) 시험은 잘 준비했니?
　㉡: 그들은 내일(오늘, 어제) 보기로 하였다.
④ ㉠: 인간은 이성적 동물이다.
　㉡: 우리 이성적으로 생각하자.

03 다음에서 밑줄 친 단어의 품사가 같은 것은?

① 그는 충분히 잠으로써 피로를 풀었다.
　허리가 아파 바르게 누워 자기가 어렵다.
② 셋에 셋을 더하면 여섯이다.
　역공녀는 밥 여섯 그릇을 먹었다.
③ 짧게 깎았던 머리가 꽤 많이 길었다.
　여름에는 낮이 밤보다 길다.
④ 나만큼 널 사랑하는 사람은 없다.
　눈물이 날 만큼 고향이 그리웠다.

04 밑줄 친 단어의 품사가 적절하지 않은 것은?

① ㉠ 학교에 갔지만 아무도 없었다. (대명사)
　㉡ 그는 아무 말도 없이 돌아갔다. (관형사)
② ㉠ 신발은 첫째로 발이 편해야 한다. (명사)
　㉡ 박 사장이 원하는 것의 첫째는 명예요, 둘째는 돈이다. (수사)
③ ㉠ 제 딴에는 열심히 했는데 조금 부족했나 봐요. (명사)
　㉡ 집 가다가 딴 생각을 해서 집을 지나쳤다. (관형사)
④ ㉠ 옆집 첫째가 벌써 중학교 2학년이래. (수사)
　㉡ 매월 첫째 주 월요일에 빵집이 열린다. (관형사)

05 다음 중 품사가 같은 하나는?

① 너는 다른 사람과 이야기를 나누는 것을 잘한다.
　성격이 다른 사람끼리 잘 사귄다.
② 도대체 생김새가 어떤 사람이니?
　어떤 생각을 하고 있니?
③ 사정이 그런 걸 어떻게 하겠어요.
　그녀는 그런 사실을 몰랐다.
④ 밥 먹었니? 아니, 못 먹었어.
　아니, 이럴 수가 있나?

06

정답풀이 명사 '비교'에 접미사 '적(的)'이 붙은 파생어 '비교적'은 문장에서의 쓰임에 따라 부사, 관형사, 명사의 3가지의 품사를 갖는다. ①의 첫 번째 '비교적'은 후행하는 '날씨'를 수식하는 것이 아니라 서술어 '추운데'를 수식하므로 부사이다. 두 번째 '비교적'은 뒤의 용언 '쉬운'을 수식하므로 '부사'로 동일하다.

… 접미사 적(的)이 붙은 낱말이 조사를 취하면 '명사', 뒤의 체언을 꾸미면 '관형사', 부사나 용언을 꾸미면 '부사'이다.

오답풀이 ① 첫 번째 문장의 '대로'는 관형어 '들어오는'의 수식을 받는 '의존 명사'이고, 두 번째 '대로'는 명사 '멋' 뒤에 왔기 때문에 '조사'이다.

… '대로, 만큼, 뿐' 앞에서 관형어가 수식하고 있으면 앞말과 띄어 써야 하는 '의존 명사'이지만 앞에 체언이 있는 경우에는 체언에 붙여 써야 하는 '조사'이다.

③ 첫 번째 문장의 '잘못'은 서술격 조사 '이다'('입니다'는 '이다'의 활용형)와 결합했으므로 '명사'이다. 두 번째 '잘못'은 서술어 '이해하여'를 수식하므로 '부사'이다.

… '잘못'은 조사를 취하면 '명사', 부사나 용언을 꾸미면 '부사'이다.

④ 첫 번째 문장의 '이'는 체언 '사람'을 수식하므로 '관형사'이고, 두 번째 '이'는 조사 '보다'와 결합했기 때문에 '대명사'이다.

… '이, 그, 저'가 체언을 수식하면 '관형사', 조사를 취하면 '대명사'이다.

07

정답풀이 ㉠ '년'은 '십'이라는 수관형사의 수식을 받는 명사이다. '만'은 '동안이 얼마 계속되었음을 뜻하는 말.'로 명사이다. '만'은 앞의 '십 년'의 수식을 받는 명사이다.

㉡ '한'은 관형어 '가능한'의 꾸밈을 받는 명사이다. '한'은 조건이나 상황, 경우의 뜻을 나타낸다.

㉢ '뿐'은 '웃을'의 꾸밈을 받는 명사이다.

오답풀이 ㉠ '만남'은 '그 친구를 만나다.'처럼 서술성이 있으므로 명사가 아니라 동사이다. '목적어-서술어'의 구성은 서술성이 있다고 볼 수 있다. '해결'은 '해결되다'라는 동사의 일부일 뿐이므로 명사라고 볼 수 없다.

㉡ '청소'는 '청소하다'라는 동사의 일부일 뿐이므로 명사라고 볼 수 없다.

08

정답풀이 '그래서, 그런데, 그리고, 및, 또는, 혹은' 등은 문장 부사이므로 옳다.

오답풀이 ① 수사 '다섯' 뒤에 결합한 '뿐'은 조사이다.

② '싶다'는 대표적인 보조 형용사이므로 기억해 두자.

④ 뒤의 명사 '책'을 수식하므로 '어느'는 대명사가 아니라 관형사이다.

정답

06 ② 07 ② 08 ③ 09 ④ 10 ② 11 ④

09

정답풀이 ㉣ '저리'는 뒤의 용언 '가면'을 꾸미는 지시 부사이다. '이리, 그리'도 마찬가지로 지시 부사이다. 화자, 청자와 멀리 있는 대상을 가리키는 것은 옳다.

오답풀이 ① 뒤에 조사가 붙었으므로 지시 대명사라고 볼 수 있다.

② 뒤의 명사 '집'을 수식하는 지시 관형사라고 볼 수 있다.

③ '이것, 저것, 그것'은 사물 대명사이다.

10

정답풀이 '10년 만에'의 '만'은 시기나 햇수가 꽉 참을 의미하는 의존 명사이다. '10년'이 '만'을 수식한다. '너만'의 '만'은 대명사 뒤에 바로 결합되어 있으므로 조사이다. 따라서 이들은 의존 명사-조사의 짝이다.

오답풀이 나머지는 '의존 명사 - 어미'의 짝이다.

① '떠나온 지'의 '지'는 용언의 관형형 '떠나온'의 수식을 받으므로 의존 명사이다 '지'는 지금까지의 동안의 뜻을 나타낸다. 시간을 의미하는 경우가 아니라면 '지'는 어미이다. 따라서 '먹은지'의 'ㄴ지'는 하나의 어미이므로 '지'는 어미의 일부이다.

③ '먹은 걸'의 '걸'은 '것을'의 준말이다. 용언의 관형형 '먹을'이 뒤의 '것'을 수식하므로 '것'은 명사이다. '갈걸'에서 'ㄹ걸'은 아쉬움이나 후회, 추측을 의미하는 종결 어미이다. 따라서 여기에서의 '걸'은 어미의 일부이다.

④ '할 만큼 했다.'의 '만큼'은 용언의 관형형 '할'의 수식을 받으므로 의존 명사이다. '나는 밥통째 먹으리만큼 배가 고팠다.'의 '만큼'은 '-으리만큼'의 형태로 쓰여 '-을 정도로'의 뜻을 나타내는 연결 어미이다.

11

정답풀이 '듯하다'는 ((동사나 형용사, 또는 '이다'의 관형사형 뒤에 쓰여)) 앞말이 뜻하는 사건이나 상태 따위를 짐작하거나 추측함을 나타내는 말로, 보조 형용사이다. 즉, 품사는 형용사이다.

보조 동사	보조 형용사
양하다, 체하다, 척하다	듯하다, 만하다, 듯싶다, 성싶다, 법하다, 뻔하다, 직하다

오답풀이 ①, ②, ③ 모두 관형어의 수식을 받는 의존 명사이다. 즉, 품사는 명사이다.

06 밑줄 친 단어의 품사가 같은 것은?

① 들어오는 대로 발을 닦아라.
네 멋대로 가면 되겠니?
② 비교적 날씨가 추운데 코트를 입고 왔네.
그는 비교적 쉬운 문제를 모두 맞혔다.
③ 영희가 운 것은 제 잘못입니다.
뜻을 잘못 이해하여 시험이 어려웠다.
④ 이 사람이 합격할 것이다.
이보다 더 큰 과일을 보냈다.

07 밑줄 친 단어 중 명사를 모두 고른 것은?

> ㉠ 십 년 만에 그 친구를 만남으로써 갈등이 다소 해결되었다.
> ㉡ 가능한 한 깨끗하게 청소하여라.
> ㉢ 그녀는 웃을 뿐 말이 없었다.

① 년, 만남, 해결, 뿐 ② 년, 만, 힌, 뿐
③ 만, 한, 뿐, ④ 한, 청소, 만남

08 밑줄 친 말의 품사를 잘 밝힌 것은?

① 혜선 쌤이 먹은 사탕은 다섯뿐이다. – 수사
② 나는 밥을 많이 먹고 싶다. – 동사
③ 그래서 그는 행복하게 살았습니다. – 부사
④ 역공녀는 어느 책을 쓰고자 하는 것일까? – 대명사

09 ㉠~㉣에 대한 설명으로 옳지 않은 것은?

> • 철수가 공무원이 되었대. ㉠ 이는 참으로 잘된 일이야.
> • ㉡ 그 집이 싫으면 나가 봐.
> • 아가는 ㉢ 저것이 좋대.
> • ㉣ 저리 가면 된다.

① ㉠: 지시 대명사로 가까운 것이나 정보를 가리킬 때 쓴다.
② ㉡: 뒤의 명사를 수식하는 지시 관형사이다.
③ ㉢: 뒤에 조사가 붙은 사물 대명사이다.
④ ㉣: 화자, 청자와 멀리 있는 대상을 가리키는 지시 대명사이다.

◎ 적중용 | 亦功 중간 빈출, 제3빈출

10 '의존 명사 – 조사'의 짝인 것은?

① 집을 떠나온 지 2년이 넘었다.
그녀가 밥을 먹은지 몰랐다.
② 10년 만에 우리는 만났다.
너만 와라.
③ 내가 먹은 걸 네가 알아?
아 밥만 먹고 갈걸
④ 할 만큼 했다.
나는 밥통째 먹으리만큼 배가 고팠다.

11 다음 중 밑줄 친 단어의 품사가 나머지 셋과 다른 하나는?

① 나를 사랑하는 만큼 웃어봐라.
② 당신이 하고 싶은 대로 해.
③ 그는 도망가는 듯 보였다.
④ 그녀가 슬퍼서 울 듯하다.

12

정답풀이 첫째 문장에서 용언의 활용형인 '보기'는 〈동사 어간 '보-'+명사형 어미 '-기'〉의 구성이다. 접사가 아니라 '어미'가 붙었으므로 품사가 달라지지 않아 '보기'는 그대로 '동사'이다. '나를 보다'처럼 서술성도 있기 때문이다. 둘째 문장에서 '떠먹어 보았다'의 '보았다'도 보조 동사이므로 둘다 품사가 동사로 같다.

오답풀이 ① • '울퉁불퉁한 것을 평평하게 하거나 들쭉날쭉한 것을 가지런하게 하다.'를 의미하는 것은 동사다.
• '차이가 없다.'를 의미하는 것은 형용사다.

③ • '병이 낫다'의 '낫다'는 시간의 흐름에 따라 나아지는 것이므로 동사이다.
• 비교하는 의미의 '낫다'는 형용사이다.

④ • '생김새가 이러다'에서 형용사 어간 '이러-'에 관형사형 전성 어미 '-ㄴ'이 붙은 것이므로 가변어인 형용사이다.
• '이런'은 형태를 바꿀 수 없는 불변어이므로 관형사이다.

13

정답풀이 '아름답게'는 '아름답다'의 어간에 부사형 전성 어미 '-게'가 결합된 것이다. 어미는 접사와는 달리 품사를 바꾸는 기능은 없으므로 '아름답게'는 '아름답다'와 마찬가지로 '형용사'이다.

오답풀이 나머지는 모두 부사이다.

① '두루'는 '빠짐없이 골고루'라는 뜻의 부사이다.
② '가장'은 '여럿 가운데 어느 것보다 정도가 높거나 세게'라는 뜻의 부사이다.
③ '아낌없다'는 형용사로서, 형용사 어간 '아낌없-'에 부사 파생 접미사 '-이'가 붙어 '아낌없이'는 부사가 되었으므로 품사는 '부사'이다.

정답

12 ② 13 ④

12 밑줄 친 단어가 같은 품사로 묶인 것은?

① 그는 농사를 위해 땅을 <u>고르는</u> 중이다.
이익을 <u>고르게</u> 분배하고 있다.
② 나 <u>보기</u>가 역겨워 가실 때에는 말없이 보내 드리겠습니다.
철수는 떡국을 떠먹어 <u>보았다.</u>
③ 병이 씻은 듯이 <u>나았다</u>.
보다 <u>나은</u> 대우를 받고 싶다.
④ 생김새가 <u>이런</u> 사람은 피하셔야 합니다.
<u>이런</u> 이유로 날 떠나려고 하다니!

13 다음 예문의 밑줄 친 단어 가운데 품사가 다른 하나는?

① 그녀는 음악을 <u>두루</u> 좋아했다.
② 그가 <u>가장</u> 사랑하는 음악은 저것이다.
③ 나의 사랑을 <u>아낌없이</u> 드립니다.
④ 당신과 <u>아름답게</u> 생을 마감하고 싶습니다.

MEMO

박혜선 국어
적중용 **콤단문** 문법

CHAPTER 01 문장 성분의 이해

CHAPTER 02 서술어의 자릿수

CHAPTER 03 문장의 짜임새

CHAPTER 04 문장 종결법

CHAPTER 05 높임법의 종류 판단하기

CHAPTER 06 잘못된 높임 표현 고치기

CHAPTER 07 시제

CHAPTER 08 부정

CHAPTER 09 사동/피동

통사론

문장 성분의 이해

관련교재

기 출좋포 문법·어휘 p.64~67

대표 출좋포 한눈에 보기

1. 보조사로 가린 문장 성분 파악하기
2. 주성분, 부속 성분, 독립 성분 구별하기

출좋포 ① 문장 성분의 이해

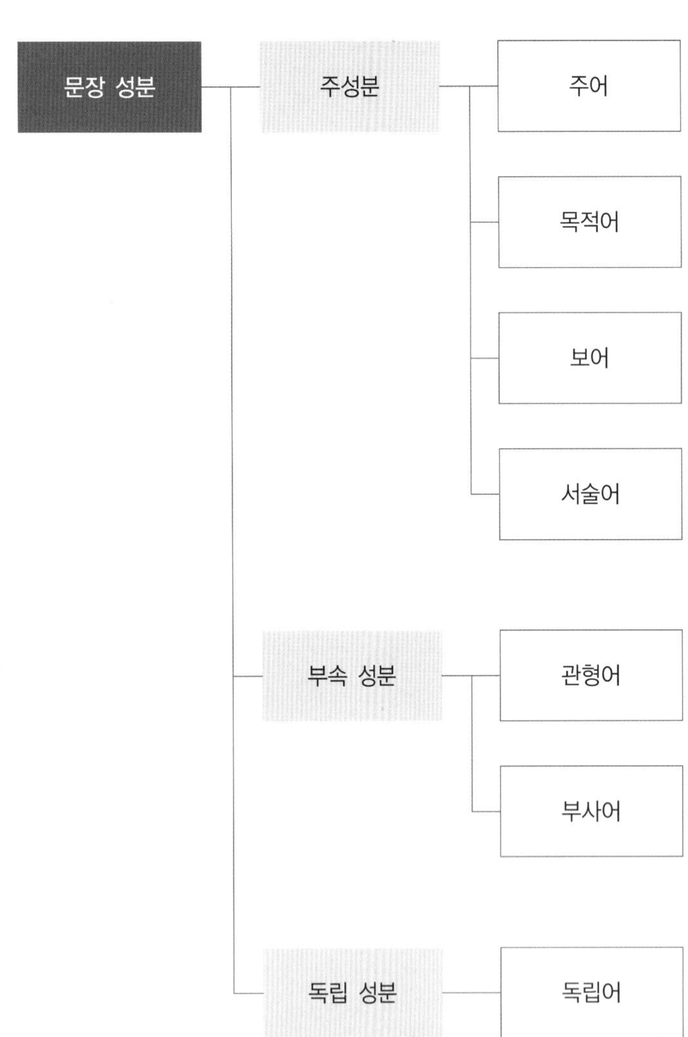

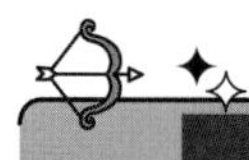

훈련용 대표 문법 + 독해 결합형 2편 통사론 CH.01 문장 성분의 이해

PART 02

01 다음 글에서 추론한 내용으로 적절하지 않은 것은?

> 문장을 이루는 각 요소를 문장 성분이라 하며, 이는 크게 주성분, 부속 성분, 독립 성분으로 나누어질 수 있다. 주성분은 문장이 성립하는 데 있어서 반드시 필요한 성분이며, 주어, 목적어, 보어, 서술어가 있다. 부속 성분은 필수 부사어를 제외하면 생략이 가능하다. 예를 들어, "나는 밥을 먹는다"에서 목적어 "밥을"이나 서술어 "먹는다"가 생략되거나, "나는 도둑이 아니다"에서 보어 "도둑이"가 생략된다면 문장은 완결되지 못한다.
>
> 이와 달리 부속 성분은 문장에서 각 성분을 수식하는 역할을 하며, 부사어와 관형어가 이에 속한다. 부사어는 주로 용언을 수식하고, 관형어는 체언을 수식한다. 예를 들어, "나는 어려운 시험을 잘 통과했다"에서 '어려운'은 체언인 '시험'을 수식하고 있기 때문에 관형어이고, '잘'은 용언인 '통과하다'를 수식하고 있기 때문에 부사어로 볼 수 있다.
>
> 마지막으로 독립 성분은 주성분이나 부속 성분과 직접적인 관계가 없는 성분으로써, 독립어가 이에 속한다. 주로 감탄사가 문장에서 독립어로 기능한다. 예를 들어, '아아, 미타찰에서 만날 나 도 닦아 기다리겠노라'에서 '아아'는 독립적인 성격을 지니고 있기 때문에 독립어라 할 수 있다.

① "나는 영화를 보았다"에서 '영화를'은 생략이 불가능한 주성분이다.

② "새 가방이 마음에 들어요"에서 '새'는 생략이 가능한 부속성분이다.

③ "우와, 정말 멋진 풍경이다"에서 '우와'는 독립 성분이다.

④ "진구는 아빠와 닮았다"에서 '아빠와'는 생략이 가능한 부속 성분이다.

01

정답풀이 '아빠와'는 뒤의 용언 '닮았다'를 수식하는 부속 성분은 맞지만, 생략이 불가능한 필수 부사어이므로 생략이 가능하다고 하는 것은 적절하지 않다. 1문단에서 "부속 성분은 필수 부사어를 제외하면 생략이 가능하다"라고 언급되어 있기 때문이다.

오답풀이 ① '영화를'은 목적어에 해당한다. 제시문에서 "주성분은 문장이 성립하는 데 있어서 반드시 필요한 성분이며, 주어, 목적어, 보어, 서술어가 있다"라고 언급하고 있기 때문에 목적어인 '영화를'은 생략이 불가하다

② '새'는 체언인 '가방'을 수식하는 관형어이다. 제시문에서 "주성분을 제외한 성분은 생략이 가능"함을 언급하고 있기 때문에 '새'는 생략이 가능하다

③ '우와'는 제시문에 따르면 "주성분이나 부속 성분과 직접적인 관계가 없는 성분"이므로 이는 독립어이다.

정답

01 ④

01

정답풀이 '에서'는 보통 부사격 조사로 쓰이지만!!! 제한적으로 주격 조사로 쓰이는 경우가 있다. (제일 쉬운 방법은 주격 조사 '이/가'를 넣어보면 된다.) 앞에 단체 무정 명사가 나오면서 어떤 행위를 한 '주체의 책임'에 대한 의미를 갖는다면 '에서'는 더 이상 부사격 조사가 아니다. 주격 조사로서 기능하게 되므로 '학교에서'는 주어가 된다.

오답풀이 나머지 ①, ③, ④은 부사격 조사가 쓰인 것으로 부사어이다.

02

정답풀이 밑줄 친 부분은 모두 격 조사를 생략시킨 보조사가 있다. 보조사는 격 조사처럼 문장 성분의 자격을 부여하는 중요한 능력이 없다. 따라서 이들 보조사를 격 조사로 바꾸어 보면 문장 성분을 쉽게 구별할 수 있다. 뒤에 있는 서술어를 보고 격 조사를 충분히 알아낼 수 있다. ①은 '바람(이) 불었다.'와 같이 쓰이므로, 주격 조사가 들어가는 것이 자연스럽다. 즉, 문장 성분은 주어이다.

오답풀이 나머지 모두 문장에서 목적어로 쓰였다.

② 노래도(노래를) 안 부르고
③ 영희만(영희를) 좋아한다.
④ 이 일부터(일을) 슬퍼할

03

정답풀이 '미연에'는 부사격 조사가 결합한 부사어이므로 주성분이 아니라 부속 성분이다. 부속 성분에는 부사어와 관형어가 있다. (참고로 필수 부사어는 주성분이 아니라 부속 성분이다.)

오답풀이 주성분은 '주어, 목적어, 보어, 서술어'이다.

격 조사로 문장 성분을 파악할 수 있지만, 격 조사가 아니라 보조사가 결합된 경우에는 자연스러운 격 조사를 넣어서 파악해야 한다.

① 그는(주어) 그녀에게(부사어) 편지만(목적어) 부쳤다(서술어) : '편지만'을 '편지를'로 고치면 자연스럽다. 따라서 '편지만'은 목적어이므로 주성분이다.
② 철수는(주어) 그(관형어) 공무원도(보어) 되었다.(서술어) : '공무원도'를 '공무원이'로 고치면 자연스럽다. 뒤에 '되다, 아니다'가 오는 경우에는 앞이 보어가 된다. 따라서 '공무원도'는 보어이므로 주성분이다.
③ 정부에서(주어) 실시한(관형어) 조사(관형어) 결과가(주어) 발표되었다(서술어) : 주격 조사 '에서'가 쓰였으므로 '정부에서'는 주어이므로 주성분이다.

정답

01 ② 02 ① 03 ④ 04 ② 05 ② 06 ③

04

정답풀이 '아주'는 뒤의 부사 '빨리'를 꾸미므로 부사어이다. 부사어는 용언을 꾸미는 것 외에도, 관형사, 부사, 체언을 수식하기도 한다.

오답풀이 나머지는 체언을 꾸미므로 문장 성분이 관형어이다.

① 뒤의 체언을 꾸미는 '바로'는 품사는 부사이지만 문장 성분은 관형어이다. '바로'가 체언인 '눈앞'을 꾸미므로 문장 성분은 관형어이다. 이와 같은 부사이자 관형어인 단어는 '오직, 겨우, 고작, 다만, 단지, 유독, 무려, 제일, 가장' 등이 있다.
   예 바로 너 / 오직 너 / 겨우(고작) 하루 / 다만(단지) 꿈 / 유독(제일, 가장) 미인
③ 관형격 조사 '의'가 붙었으므로 '아버지의'는 관형어이다.
④ '혜선이를 그린'이 관형절이므로 관형어이다.

05

정답풀이 '솔직하지를'에서 목적격 조사 '를'이 쓰였지만 '솔직하지를'은 목적어가 아니다. '철수가'라는 주체의 상태를 서술해주는 기능을 하므로 '솔직하지를 않아'라는 서술어의 일부인 뿐이다. 이 문장에서의 '를'은 목적격 조사가 아니라 강조의 뜻을 더하는 보조사이다.

오답풀이 나머지 '를'은 목적격 조사에 해당하므로 모두 목적어이다.

① '결정하다'는 목적어를 요구하는 서술어이다. '어느 날짜에 시험을 볼지'는 '결정하다'의 목적어에 해당한다. 보통 명사절은 '-음/기'가 결합되는 것이 일반적이지만 이렇게 어미 '-ㄹ지'가 쓰여 명사절의 형태가 되는 경우가 있다.
③ '기다리다'는 목적어를 요구하는 서술어이다. '비가 오기'는 '기다리다'의 목적어에 해당한다. '비가 오기'는 명사형 어미 '기'가 결합된 명사절이다.
④ '생각하다'는 목적어를 요구하는 서술어이다. 따라서 '운동이 힘들고 쉽고'는 '생각하다'의 목적어에 해당한다. 보통 명사절은 '-음/기'가 결합되는 것이 일반적이지만 이렇게 '-고'가 쓰여 명사절의 형태가 되는 경우가 있다.

06

정답풀이 '확실히'는 '영희는 공부를 잘한다.'의 문장 전체를 수식하는 문장 부사이다.
(의외로 = 명사 + 조사)

오답풀이 ① '활짝'은 '피었다'만 수식하는 성분 부사이다.
② '안'은 '먹는다'만 수식하는 성분 부사이다.
④ '빨리'는 '와'만 수식하는 성분 부사이다.

부사어의 문장 내에서의 역할
2) 성분 부사어 & 문장 부사어
성분 부사어 : 하나의 문장 성분만 수식
문장 부사어 : 문장 전체를 수식 혹은 문장 접속

2편 통사론 CH.01 문장 성분의 이해

◎ 적중용 亦 功 최 빈 출

01 밑줄 친 부분의 문장 성분이 나머지 셋과 다른 하나는?

① 그저 조그마한 보탬이라도 되고자 하는 뜻에서 행한 일이다.
② 이번 대회는 우리 학교에서 우승을 차지했다.
③ 그는 모 기업에서 돈을 받은 혐의로 현재 조사 중에 있다.
④ 철수는 운동장에서 신나게 뛰었다.

02 밑줄 친 부분의 문장 성분이 다른 하나는?

① 비가 내리고 바람까지 불었다.
② 그는 노래도 안 부르고 술만 먹었다.
③ 철수는 예쁜 영희만 좋아한다.
④ 이 일부터 슬퍼할 필요는 없다.

03 밑줄 친 부분이 주성분이 아닌 것은?

① 그는 그녀에게 편지만 부쳤다.
② 철수는 그 공무원도 되었다.
③ 정부에서 실시한 조사 결과가 발표되었다.
④ 우리가 사고를 미연에 방지하지 못했다.

04 밑줄 친 부분의 문장 성분이 다른 하나는?

① 바로 눈앞에서 영희를 놓쳐 버리고 말았다.
② 그 과정은 아주 빨리 진행되었다.
③ 운동장에는 아버지의 그림이 있다.
④ 혜선이를 그린 그림을 가지고 있었다.

05 밑줄 친 부분 중에서 목적어가 아닌 것은?

① 영희는 어느 날짜에 시험을 볼지를 결정하지 못했다.
② 철수가 솔직하지를 않아 기분이 나빴다.
③ 농민들은 비가 오기를 기다렸다.
④ 철수는 운동이 힘들고 쉽고를 생각하지 않았다.

06 다음 설명을 참고할 때, 문장 부사어가 실현된 것은?

> 부사어는 한 성분을 수식하느냐 문장 전체를 수식하느냐에 따라 성분 부사어와 문장 부사어로 나뉜다.

① 진달래가 활짝 피었다.
② 호돌이가 사료를 안 먹는다.
③ 확실히 영희는 공부를 잘한다.
④ 일 끝나면 빨리 와.

07

정답풀이 부사어의 문장 내에서의 역할을 물어보는 문제의 출제 의도는 필수적인 부사어와 수의적인 부사어를 구분하는 것이다. '발각하게 생기다'의 '생기다'는 본용언 '발각되게'에 뜻을 더해주는 보조용언일 뿐이다. 따라서 용언의 부사형 '발각하게'는 본용언이므로 절대로 생략되어서는 안 되는 보조 용언이다. 또한 '예쁘게'도 생략하면 문장이 매우 부자연스러워지므로 필수적 부사어에 해당된다.

부사어의 문장 내에서의 역할
1) 필수적인 부사어 & 수의적인 부사어
필수적 부사어: 문장에서 생략 불가능
수의적 부사어: 문장에서 생략 가능

오답풀이 ① '빨갛게'는 용언의 부사형으로 뒤의 동사 '익었다.'를 수식하는 부사어이다. 생략되어도 문장의 의미가 어색하지 않다.
③ '보잘것없게'는 용언의 부사형으로 뒤의 동사 '마감했다.'를 수식하는 부사어이다. 생략되어도 문장의 의미가 어색하지 않다.
④ '널찍하게'는 용언의 부사형으로 뒤의 동사 '만들어야'를 수식하는 부사어이다. 생략되어도 문장의 의미가 어색하지 않다.

08

정답풀이 '보내다'는 3자리 서술어로서, 부사어를 꼭 필요로 하므로 '친구에게'도 필수적인 문장 성분이 될 수 있다.

오답풀이 ① '아름답다'는 형용사로서, 주어만 필요한 1자리 서술어이다.
② '타다'는 주어와 목적어를 요구하는 2자리 서술어이므로 서술어까지 포함해서 ㉡에서 필수적인 문장 성분은 3개이다.
④ '예상되다'의 주어는 '해는' 하나뿐이다.

09

정답풀이 '멀리'는 체언인 '빛'을 꾸미는 것이 아니기 때문에 관형어가 될 수 없다. '멀리'는 동사 '보일'을 꾸미는 부사어이다.

오답풀이 ① ㉠ 관형어 : '저'는 체언 '사람'을 꾸미므로 관형어이다.
② ㉡ 부사어 : '너무나'는 용언(형용사) '소중한'을 꾸미므로 부사어이다.
③ ㉢ 목적어 : '인생을'에서 목적격 조사 '을'이 쓰였으므로 목적어이다.

정답

07 ② 08 ③ 09 ④

◎ 적중용 | 亦功 중간 빈출, 제3빈출

07 밑줄 친 부사어의 문장 내에서의 역할이 나머지 셋과 가장 다른 것은?

① 고기가 빨갛게 익었다.
② 은밀히 한 일이 발각되게 생겼다.
그 여자는 예쁘게 생겼다.
③ 두 사람은 보잘것없게 생을 마감했다.
④ 이 방은 널찍하게 만들어야 평수가 맞다.

08 〈보기〉를 바탕으로 '필요한 문장 성분'에 대해 판단한 내용으로 적절한 것은?

(보기)
㉠ 비가 오는 거리는 너무 아름다웠다.
㉡ 영철이는 주차장에서 차를 탔다.
㉢ 그는 친구에게 선물을 보냈다.
㉣ 날씨가 갤는지 알 수 없지만 해는 뜰 것으로 예상된다.

① ㉠에는 문장 성분이 여러 개 있지만 필수적인 것은 주어와 부사어와 서술어이다.
② ㉡에서 필수적인 문장 성분은 2개이다.
③ ㉢을 보면 문장의 부속 성분인 부사어 '친구에게'도 필수적인 문장 성분이 될 수 있다.
④ ㉣에는 서술어 '예상되다'의 주어가 2개이므로 중복되는 주어를 생략해야 한다.

09 다음 밑줄 친 부분의 문장 성분으로 적절하지 않은 것은?

> ㉠ 저 사람을 욕하지 말아요. 이 세상에서 그는 ㉡ 너무나 소중한 사람입니다. 그가 ㉢ 인생을 잘 살다 보면 깊은 굴속 ㉣ 멀리 빛이 보일 겁니다.

① ㉠ 관형어
② ㉡ 부사어
③ ㉢ 목적어
④ ㉣ 관형어

서술어의 자릿수

관련교재

기 출종포 문법·어휘 p.67

대표 출종포 한눈에 보기

서술어의 자릿수 구하기

출종포 ② 서술어의 자릿수 : 서술어가 요구하는 필수 성분의 개수

구분	필요한 성분	서술어의 종류	예시
한 자리 서술어	주어	자동사, 형용사	예 꽃이 피었다. 꽃이 아름답다.
두 자리 서술어	주어, 목적어	타동사	예 그녀는 노래를 불렀다.
	주어, 보어	되다, 아니다	예 상익이는 공무원이 되었다.
	주어, 필수 부사어	대칭 서술어 (마주치다, 부딪치다, 싸우다, 악수하다, 같다, 다르다, 닮다, 적합하다 등)	예 영희는 철수와 닮았다. 이 책은 수험생들에게 적합하다. 영희는 철수와 싸웠다.
세 자리 서술어	주어, 목적어, 필수 부사어	주다, 삼다, 넣다, 드리다, 바치다, 가르치다, 얻다, 간주하다, 여기다 등	예 아버지께서 나에게 편지를 주셨다. 그녀는 나를 사위로 삼았다. 그녀는 그를 범인으로 여겼다.

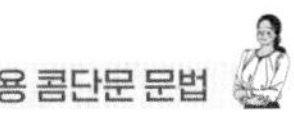

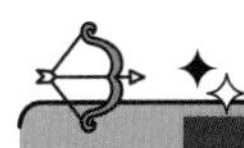

훈련용 대표 문법 + 독해 결합형 2편 통사론 CH.02 서술어의 자릿수

01 다음 글에서 추론한 내용으로 적절하지 않은 것은?

> 서술어가 필요로 하는 문장 성분의 개수를 '서술어의 자릿수'라 한다. 서술어의 자릿수는 최소 한 자리에서 최대 세 자리이다. 한 자리 서술어는 주어만을 필요로 하는 서술어이다. '해가 뜬다'와 같은 문장의 경우, '뜬다'라는 서술어는 주어인 '해가'만 있어도 문장이 성립하므로 한 자리 서술어라고 할 수 있다. 두 자리 서술어의 경우, 주어와 목적어를 필요로 하는 경우, 주어와 부사어를 필요로 하는 경우, 그리고 주어와 보어를 필요로 하는 경우가 있다. 서술어가 반드시 필요로 하는 부사어를 필수 부사어라 하며 이는 문장에서 생략되지 않는 예외적인 성분이다. 예를 들어, "나는 빠르게 학교에 갔다"에서 '갔다'라는 서술어는 '나는'이라는 주어와 '학교에'라는 부사어를 필요로 한다. 따라서 이는 두 자리 서술어이며, '학교에'는 필수적 부사어이다. 하지만 '빠르게'의 경우 같은 부사어이지만 생략이 가능하므로 이는 필수적 부사어가 아니다.
>
> 세 자리의 경우, 주어, 목적어, 부사어를 필요로 한다. "나는 너를 친구로 여긴다"와 같은 문장에서 서술어 '여긴다'는 주어, 목적어, 그리고 필수적 부사어를 필요로 하는 세 자리 서술어이다.

① "철수는 정말로 범인이 아니다"에서 '정말로'는 필수적 부사어가 아니다.
② "국민들은 가장 믿을 만한 후보를 대통령으로 선출한다"에서 '선출한다'는 세 자리 서술어이다.
③ "나는 소중한 친구에게 꽃다발을 주었다"에서 '주었다'는 주어, 목적어, 필수적 부사어를 필요로 한다.
④ "그의 신념은 강철과 같다"에서 '같다'는 세 자리 서술어이다.

01

정답풀이 "그의 신념은 강철과 같다"의 경우, 서술어 '같다'는 주어와 비교의 대상인 부사어 '강철과'를 필수 성분으로 갖는 두 자리 서술어이므로 '같다'가 세 자리 서술어라는 것은 적절하지 않다.

오답풀이 ① "철수는 정말로 범인이 아니다"는 주어, 보어를 필요로 하는 두 자리 서술어이다. '정말로'는 문장에서 생략되어도 문장의 완결성을 해치지 않으므로 필수적 부사어가 아니다.
② "국민들은 가장 믿을 만한 후보를 대통령으로 선출한다"에서 필요한 문장 성분은 '국민들은', '후보를', '대통령으로'이다. 이는 각각 주어, 목적어, 필수적 부사어이므로 세 자리 서술어이다.
③ "나는 소중한 친구에게 꽃다발을 주었다"에서 '주었다'는 주어 '나는', 필수적 부사어 '친구에게', 목적어 '꽃다발을'을 필요로 하는 세 자리 서술어이다.

정답

01 ④

01

정답풀이 1) '아니다'는 '주어(쌤은), 보어(몸무게가)'를 필수적으로 요구하는 2자리 서술어이다.

2) '다르다'는 '주어(마음은), 필수 부사어(영희와는)'를 필수적으로 요구하는 2자리 서술어이다. 대칭 서술어의 경우 복수 주어가 아닌 경우에는 2자리 서술어이다.

3) '넣다'는 '주어(역공녀가), 필수 부사어(쓰레기통에), 목적어(과자들을)'를 필수적으로 요구하는 3자리 서술어이다.

4) '주다'는 '주어(엄마는), 필수 부사어(아들에게), 목적어(밥을)'를 필수적으로 요구하는 3자리 서술어이다.

02

정답풀이 '고프다'는 주어만 요구하는 한자리 서술어이다.

오답풀이 ② 주어와 목적어만 요구하는 두 자리 서술어이다.
③ 주어와 필수 부사어만 요구하는 두 자리 서술어이다.
④ 주어와 보어만 요구하는 두 자리 서술어이다.

03

정답풀이 '물들다'는 「1」【…으로】【-게】 빛깔이 스미거나 옮아서 묻다로서 '주어와 필수 부사어'를 필수적으로 요구하는 두 자리 서술어이다.
예 구름이 붉게 물들었다.
「1」【…에/에게】 어떤 환경이나 사상 따위를 닮아 가다.
예 사회가 자본주의에 물들다.

오답풀이 ① '여기다'는 '주어+목적어+부사어'를 필수적으로 요구하는 '세 자리 서술어'이다.
② '읽다'는 주어와 목적어를 필수적으로 요구하는 '두 자리 서술어'이다.
③ '아니다', '되다'는 주어와 보어를 필수적으로 요구하는 두 자리 서술어이다.

04

정답풀이 '부르다'는 주어와 목적어만 요구하는 두 자리 서술어이므로 부사어 '예쁘게'는 부속 성분일 뿐이므로 서술어의 자릿수에 포함되지 않는다.

오답풀이 나머지는 모두 옳다.

정답

01 1) 2자리 **2)** 2자리 **3)** 3자리 **4)** 3자리 **02** ① **03** ④ **04** ①

빈출 순위별 예상 문제

2편 통사론 CH.02 서술어의 자릿수

PART 02

◎ 적중용 | 亦 功 최 빈 출

01 다음 문장 중 밑줄 친 서술어의 자릿수를 쓰시오.

1) 귀여운 혜선 쌤은 몸무게가 100kg이 절대로 정말로 아니다.
2) 철수의 마음은 영희와는 아주 달라.
3) 역공녀가 쓰레기통에 다 먹은 과자들을 모두 넣었어.
4) 오랜만에 본 엄마는 아들에게 밥을 주었다.

02 다음 중 밑줄 친 부분의 서술어의 자릿수를 잘못 제시한 것은?

① 배가 많이 고팠던 영희는 불고기를 맛있게 먹었다.
→ 두 자리 서술어
② 똑똑하게 수업을 들은 학생들이 도서관에서 책을 읽는다. → 두 자리 서술어
③ 혜선 쌤은 과연 김고은을 따라하는 이수지와도 같다.
→ 두 자리 서술어
④ 철수는 엊그제에 운동을 너무해서 녹초가 됐어.
→ 두 자리 서술어

◎ 적중용 | 亦功 중간 빈출, 제3빈출

03 다음 중 서술어의 자릿수를 잘못 제시한 것은?

① 그녀는 자신의 새로운 삶을 행복하게 여긴다.
→ 세 자리 서술어
② 철수는 이 기본서를 천천히 읽었다.
→ 두 자리 서술어
③ 갑자기 그녀가 다른 여자가 되었다.
→ 두 자리 서술어
④ 단풍이 빨갛게 물들었다.
→ 한 자리 서술어

04 다음 중 서술어의 자릿수에 대한 설명으로 옳지 않은 것은?

① 세은이가 노래를 예쁘게 부른다.
→ 주어, 목적어, 필수 부사어만 요구하는 세 자리 서술어
② 모은이가 복숭아를 집었다.
→ 주어와 목적어만 요구하는 두 자리 서술어
③ 목걸이가 주아에게 어울린다.
→ 주어와 필수 부사어만 요구하는 두 자리 서술어
④ 바퀴가 빨리 돈다.
→ 주어만 요구하는 한 자리 서술어

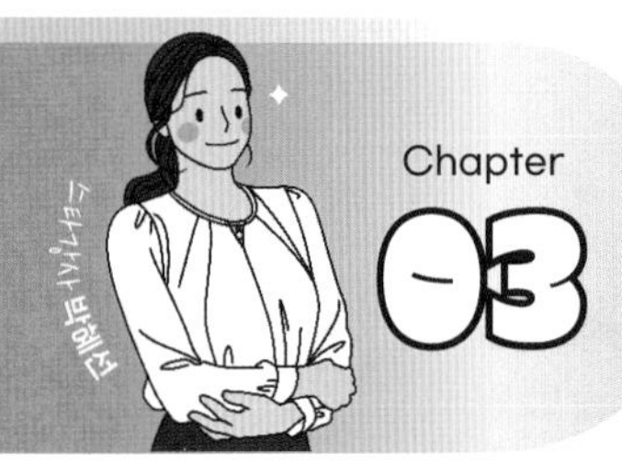

문장의 짜임새

관련교재
㉮ 출좋포 문법·어휘 p.70~72

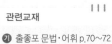

대표 출좋포 한눈에 보기

1. 홑문장과 겹문장 구별하기
2. 이어진문장과 안은문장 구별하기
3. 이어진문장의 종류 구별하기
4. 안은문장의 종류 구별하기

출좋포 ③ 문장의 짜임새

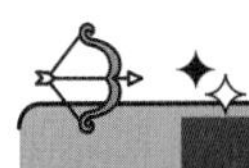

훈련용 대표 문법+독해 결합형 2편 통사론 CH.03 문장의 짜임새

02 다음 글을 추론한 내용으로 적절하지 않은 것은?

> 안긴문장은 문장의 서술어가 전성 어미와 결합하여 다른 문장 성분의 역할을 할 수 있게 된 문장으로, 명사절, 서술절, 관형절, 부사절, 인용절 등으로 나뉜다.
>
> 명사절은 "나는 그가 화났음을 직감했다."와 같이 명사형 어미 '-(으)ㅁ'이나 '-기' 등으로 실현된다. 명사절은 조사와 결합하여 문장에서 주어, 목적어, 관형어, 부사어 등 다양한 역할을 하는데, 조사가 생략되는 경우도 있다.
>
> 관형절은 "나는 그를 만난 기억이 없다."처럼 관형사형 어미 '-는, -(으)ㄹ, -(으)ㄴ, -던'와 결합하여 만들어지며, 문장에서 관형어의 기능을 수행한다. 관형절의 수식을 받는 전체 문장의 성분이 관형절의 성분과 일치할 경우, 관형절 내의 문장 성분이 생략된다.
>
> 부사절은 "비가 소리도 없이 내렸다."와 같이 어간 '없-'에 부사 파생 접미사 '-이'가 결합하거나, 용언 어간에 부사형 어미 '-게, -도록'이 결합하여 "그녀가 예쁘게 웃었다."와 같이 실현된다.
>
> 서술절은 "토끼는 앞발이 짧다."와 같이 안긴문장임을 알려 주는 별도의 표지가 없이 쓰인다.

① "얼굴이 빨갛게 달아올랐다."는 부사절이 부사어로 쓰인 문장이다.

② "그곳은 날씨가 좋다."는 별도의 표지가 없는 서술절이 쓰인 문장이다.

③ "나는 그가 오기만 기다렸다."는 명사절이 목적어로 쓰인 문장이다.

④ "그는 인색하기로 유명한 부자이다."는 목적어가 생략된 관형절이 쓰인 문장이다.

02

정답풀이 "그는 인색하기로 유명한 부자이다."에 쓰인 관형절은 '인색하기로 유명한'이며, 목적어가 아니라 주어 '부자가'가 생략된 관형절이므로 적절하지 않다.

오답풀이 ① "얼굴이 빨갛게 달아올랐다."는 '얼굴이 빨갛다'에 부사형 어미 '-게'가 결합된 부사절로 쓰인 문장이므로 부사어로 쓰인 것은 적절하다.

② "그곳은 날씨가 좋다"는 '날씨가 좋다'는 서술절이 쓰인 문장으로 제시문에 언급된 것처럼 서술절을 별도의 표지가 없다.

③ "나는 그가 오기만 기다렸다."는 명사절 '그가 오기'가 보조사 '만'과 결합하여 목적어로 쓰인 문장이다. 명사절에 보조사가 결합한 경우, 보조사를 격 조사로 바꿔 보면 명사절이 어떤 문장 성분으로 쓰였는지 알 수 있다.

정답

02 ④

01

정답풀이 '영희는 꽃밭에서 자기의 코스모스를 잘 키우고 있다.'에는 주어(숙자는)과 서술어(키우고 있다)가 한 번씩만 나오므로 홑문장이다.

오답풀이 ① 영희는 [얼굴이 작다.]
→ 안긴문장: 서술절 (절 표지: 없음)
② [역공녀가 전체 1등을 했다]는 소문을 들었다.
→ 안긴문장: 관형절 (절 표지: 관형사형 어미 '-는')
③ 철수는 [영철이의 자식이다(→ 라)]고 말했다.
→ 안긴문장: 인용절 (절 표지: 인용 부사격 조사 '-고') 참고로 서술격 조사 '이' 뒤의 '다'는 '라'로 교체된다.

02

정답풀이 '-는데'는 다음의 말을 끌어내기 위해 그와 상반되는 사실을 미리 말할 때 쓰는 연결 어미이다. 연결 어미 '-는데'에 보조사 '도'가 결합한 것이므로 이어진문장이다. 나머지는 안은문장이다.

오답풀이 ② [사람 보기]를 돌같이 해야 한다.
→ 안긴문장: 명사절 (절 표지: 명사형 어미 '-기')
③ [현빈이 올해에 결혼했음]이 알려졌다.
→ 안긴문장: 명사절 (절 표지: 명사형 어미 '-음')
④ [내가 (도서관에) 잘 가는] 도서관이 있었다.
→ 안긴문장: 관형절(관계) (절 표지: 관형사형 어미 '-는')

03

정답풀이 '먹고 싶다.'의 '-고'는 본용언과 보조 용언을 연결하는 보조적 연결 어미이므로 '먹고 싶다'는 하나의 서술어이다. 주어 '나는'과 서술어 '먹고 싶다.'가 각각 하나씩 있으므로 이 문장은 홑문장이다.

오답풀이 나머지는 모두 겹문장이다.
① 철수는 그 [예쁜] 소녀가 자꾸 생각났다.
→ 안긴문장: 관형절 (절 표지: 관형사형 어미 '-ㄴ')
③ 토끼는 [귀가 길다.]
→ 안긴문장: 서술절 (절 표지: 없음)
④ [(하늘이) 푸른] 하늘이 아름답다.
→ 안긴문장: 관형절 (절 표지: 관형사형 어미 '-ㄴ')

04

정답풀이 나머지는 안은문장인데, '가을이 되니까 온 강산에 단풍이 물들었다.'는 연결 어미 '-니까'로 이어진 문장이다.

오답풀이 ① 영수는 [누나가 무사히 돌아오길] 간절히 바랐다.
→ 명사절을 안은 문장 (절 표지: 명사형 어미 '기')
('길'의 'ㄹ'은 목적격 조사의 준말이므로 이 명사절은 목적어 역할을 한다.)
③ 영수는 [지금이 중요한] 때임을 직감했다.
→ 관형절을 안은 문장 (절 표지: 관형사형 어미 '-ㄴ')
④ 영자는 [이 선생님이 돌아가셨다]고 말했다.
→ 인용절을 안은 문장 (절 표지: 간접 인용격 조사 '-고')

05

정답풀이 '탐관의 밑은 안반(安盤) 같고 염관의 밑은 송곳 같다'로 문장의 앞뒤 순서를 바꾸어도 의미가 바뀌지 않으므로 대등하게 이어진 문장이다.

오답풀이 ① → 덤비니 다 된 농사에 낫든다. (×)
: 앞뒤를 바꿔 '덤비니 다 된 농사에 낫 든다'로 바꾸면 의미가 달라지므로 종속적으로 이어진 문장이다. '-고'는 대등적 연결 어미이지만, 이렇게 행위의 순서가 정해진 채로 잇따라 나오는 경우에는 '-고'는 종속적 연결 어미가 된다.
③ → 막말은 못해도 아가리가 광주리만 한다. (×)
: 앞뒤를 바꿔 '막말은 못해도 아가리가 광주리만 하다'로 바꾸면 의미가 달라지므로 종속적으로 이어진 문장이다.
④ → 다리 부러지니 팔 고쳐 줬다 한다. (×)
: 앞뒤를 바꿔 '다리 부러졌다 하니 팔 고쳐 준다'로 바꾸면 의미가 달라지므로 종속적으로 이어진 문장이다.

정답

01 ④ 02 ① 03 ② 04 ② 05 ②

빈출 순위별 예상 문제

2편 통사론 CH.03 문장의 짜임새

◎ 적중용 亦 功 최 빈 출

01 문장의 종류가 다른 하나는?

① 영희는 얼굴이 작다.
② 역공녀가 전체 1등을 했다는 소문을 들었다.
③ 철수는 영철이의 자식이라고 말했다.
④ 영희는 꽃밭에서 자기의 코스모스를 잘 키우고 있다.

02 다음 중 문장의 구성이 다른 것은?

① 열심히 공부하는데도 성적이 안 오른다.
② 사람 보기를 돌같이 해야 한다.
③ 현빈이 올해에 결혼했음이 알려졌다.
④ 내가 잘 가는 도서관이 있었다.

03 문장의 유형이 나머지 셋과 다른 것은?

① 철수는 그 예쁜 소녀가 자꾸 생각났다.
② 나는 너와 밥을 먹고 싶다.
③ 토끼는 귀가 매우 길다.
④ 푸른 하늘이 예쁘다.

04 다음 예문 중 문장 구조가 다른 하나는?

① 영수는 누나가 무사히 돌아오길 간절히 바랐다.
② 가을이 되니까 온 강산에 단풍이 물들었다.
③ 영수는 지금이 중요한 때임을 직감했다.
④ 영자는 이 선생님이 돌아가셨다고 말했다.

05 대등하게 이어진 문장인 것은?

① 다 된 농사에 낫 들고 덤빈다.
② 탐관의 밑은 안반 같고 염관의 밑은 송곳 같다.
③ 아가리가 광주리만 해도 막말은 못한다.
④ 팔 고쳐 주니 다리 부러졌다 한다.

06

정답풀이 '물은 기름에 섞이지 않지만 물감에는 섞인다.'로 문장의 앞뒤 순서를 바꾸어도 의미가 바뀌지 않으므로 대등하게 이어진 문장이다. '-지만'은 대조의 의미를 갖는 대등적 연결 어미이다.

대등한 연결 어미
① 나열 '-고, -며'
② 대조 '-지만, -(으)나, -(으)ㄴ데'
③ 선택 '-든지, -거나'
→ 이들을 제외한 어미들은 모두 종속적으로 이어지는 어미들이다. 또 의미상으로 대등하지 않다면 위의 어미들이 쓰여도 종속적으로 이어지는 어미들로 봐야 한다.

오답풀이 ① → 순자는 배를 두드렸고 밥을 먹었다. (×)
: '고'가 쓰여서 대등하다고 생각해서는 안 된다. 밥을 먹고 나서 배가 부른 계기적인 사건이므로 '고'는 종속적인 연결 어미이다.
② → 열심히 공부하도록 시험을 잘 보았다. (×)
④ → 바로 누군가를 또 사귀고서 그녀는 그와 헤어졌다. (×)

07

정답풀이 나머지는 문장의 앞뒤를 바꿔도 의미 변화가 없는 대등적 연결 어미들이 쓰였다. 하지만 '상자를 열고 선물을 꺼냈다.'는 종속적으로 이어진 문장이다. '-고'는 앞뒤 절의 두 사실 간에 계기적인 관계가 있음을 나타내는 연결 어미로서 종속적 연결 어미이다. 이 경우에는 앞뒤의 선후 관계가 존재하므로 문장의 앞뒤를 바꾸면 의미 변화가 있다.

08

정답풀이 앞뒤 문장의 순서를 교체하면 '영희는 로션을 바르고 세수를 했다.'와 같이 그 의미가 아예 달라진다. 따라서 '-고'가 붙긴 했으나 '대등하게 이어진 문장'이 아니라 '종속적으로 이어진 문장'으로 봐야 한다.

오답풀이 ① '오늘은 영희가 오고 어제는 철수가 왔다.'와 같이 앞뒤 문장의 순서를 바꿔도 원래의 의미가 대등하게 유지되므로 ㉠으로 볼 수 있다.
③④ 앞뒤 문장의 순서를 바꾸면 원래의 의미가 유지되지 않는다. 따라서 ㉡의 예로 적절하다.

09

정답풀이 '한글이 우리나라 고유 문자 체계임'은 서술절이 아니라 명사절이다. '한글이 우리나라 고유 문자 체계이다.'라는 문장 끝에 명사형 전성 어미 '-(으)ㅁ'이 붙은 명사절이다. 이 명사절은 전체 문장에 안겨 '보여 준다'는 전체 서술어의 목적어 역할을 하고 있다.

오답풀이 ② [철수에게 사랑한다]라는 절에 간접 인용격 조사 '고'가 붙은 것이므로 인용절이다.
③ [글씨가 잘 보이다]라는 절에 부사형 어미 '도록'이 붙은 것이므로 부사절이다.
④ [동주가 시를 읽다]라는 절에 관형사형 어미 '는'이 붙은 것이므로 관형절이다.

10

정답풀이 '철수는 [(그림이) 잘 그려진] 그림을 버리지 않았다.'도 관형절을 안은 문장이면서 주어 '그림이'가 생략된 관계 관형절이다. 이와 같은 기능을 하는 문장은 ③이다. '[여기서 (물건이) 팔리는] 물건은 모두 질이 좋다.'에서 '여기서 팔리는'은 끝에 관형사형 어미 '는'이 결합된 관형절이다. 안은문장의 피수식어 '물건'이 안긴문장에서 주어 '물건이'로 생략되었다.

오답풀이 ① 영희의 바람은 [합격이 통보됨]으로써 이루어졌다.
→ 안긴문장: 명사절 (절 표지: 명사형 어미 '-ㅁ')
(참고로 '-(으)로써'는 부사격 조사이므로 '합격이 통보됨으로써'는 부사어가 된다. 하지만 부사형 어미가 결합한 것이 아니므로 부사절은 아님에 유의해야 한다.)
② 얼굴이 [빛이 나게] 잘생겼다.
→ 안긴문장: 부사절 (절 표지: 부사형 어미 '-게')
④ [그 시험이 쉬워지기]는 불가능하다.
→ 안긴문장: 명사절 (절 표지: 명사형 어미 '-기')

정답

06 ③ 07 ④ 08 ② 09 ① 10 ③

06 대등하게 이어진 문장은?

① 순자는 밥을 먹고 배를 두드렸다.
② 시험을 잘 보도록 열심히 공부했다.
③ 물은 기름에 섞이지 않지만 물감에는 섞인다.
④ 그녀는 그와 헤어지고서 바로 누군가를 또 사귀었다.

07 다음 중 밑줄 친 어구에 포함된 어미의 문법적 혹은 의미적 기능이 다른 것은?

① 철민이가 학교에 가고 민수가 집에 왔다.
② 철수는 큰데 영희는 작다.
③ 산은 높지만 물은 흐리다.
④ 상자를 열고 선물을 꺼냈다.

08 다음 밑줄 친 부분에 해당하는 예로 가장 적절하지 않은 것은?

> 문장은 홑문장과 겹문장으로 나뉘며, 겹문장은 다시 이어진문장과 안은문장으로 나뉜다. 이어진문장은 두 개의 홑문장이 대등한 자격으로 이어지는 ㉠ 대등하게 이어진 문장과 앞의 홑문장이 뒤의 홑문장에 종속적으로 연결되는 ㉡ 종속적으로 이어진 문장으로 나눌 수 있다. (이하 생략)

① ㉠: 어제는 철수가 왔고 오늘은 영희가 온다.
② ㉠: 영희는 세수를 하고 로션을 발랐다.
③ ㉡: 봄이 되면 꽃이 핀다.
④ ㉡: 도서관에 갔는데 연체료가 쌓여 있었다.

09 밑줄 친 안긴 문장의 종류로 옳지 않은 것은?

① 이 설명은 한글이 우리나라 고유 문자 체계임을 보여준다. – 서술절
② 그녀는 철수에게 사랑한다고 말했다. – 인용절
③ 그는 글씨가 잘 보이도록 글씨를 정자로 썼다. – 부사절
④ 동주는 시를 읽는 취미가 있다. – 관형절

10 밑줄 친 안긴문장과 같은 기능을 하는 안긴문장을 포함한 것은?

> 철수는 잘 그려진 그림을 버리지 않았다.

① 영희의 바람은 합격이 통보됨으로써 이루어졌다.
② 얼굴이 빛이 나게 잘생겼다.
③ 여기서 팔리는 물건은 모두 질이 좋다.
④ 그 시험이 쉬워지기는 불가능하다.

11

정답풀이 [바람이 분] 곳에는 편지가 있었다. : [바람이 분]은 관형절이므로 관형어의 역할을 한다. 따라서 주성분이 아닌 부속 성분이다. 주성분은 서술어, 주어, 목적어, 보어이다.

오답풀이 ① [그녀가 언제쯤 떠날지](를) 알았다.
→ 안긴문장 : '-ㄹ지'는 명사절의 형태를 띤다. '알다'는 목적어를 필수적으로 요구하는 서술어이므로 '그녀가 언제쯤 떠날지'는 목적어이다.
('-느냐,-(으)냐, -는가, -(은)ㄴ가, -는지, -(은)ㄴ지, -을지/-ㄹ지' 등과 같은 어미로 끝난 문장은 뒤의 서술어의 성격에 따라서 명사절로 쓰일 수 있다. 예 그녀를 사랑했는가(를) 생각해 보았다. 얼마나 예쁜지(를) 모른다.)

② 영희는 [철수가 오기]를 기다렸다.
→ 안긴문장 : 명사절이며, 뒤에 목적격 조사 '를'이 결합했으므로 문장 성분은 목적어 (절 표지 : 명사형 어미 '-기')

④ 그 집은 [거실이 좁다.]
→ 안긴문장 : 서술절이므로 문장 성분은 서술어 (절 표지 : 없음)

12

정답풀이 ㄱ과 ㄴ은 각각 '역공이가 시험에 합격하기'와 '무서운 일이 일어났음'의 명사절이 안겨 있다. 하지만 명사절(안긴문장) 속에 목적어가 있지는 않다.

ㄱ. 선생님께서는 [역공이가 취업에 성공하기]를 바라신다.
→ 명사형 어미 '-기'를 통해 명사절임을 알 수 있다.
ㄴ. 영희는 [무서운 일이 일어났음]을 알 수 있었다.
→ 명사형 어미 '-음'을 통해 명사절임을 알 수 있다.

오답풀이 ③ 'ㄱ. 역공이가 시험에 합격하기'에는 관형어가 없지만 'ㄴ. 무서운 일이 일어났음'에는 '무서운'이라는 관형어가 존재한다. 관형사형 어미 '-ㄴ'을 통해 관형어임을 알 수 있다.

④ 'ㄴ. 무서운 일이 일어났음'에는 부사어가 없지만 'ㄱ. 역공이가 시험에 합격하기'에는 '시험에'라는 부사어가 있다.

13

정답풀이 동격 관형절은 피수식 명사가 관형절 내부에서 생략되지 않는 절이다. 동격 관형절의 경우, 피수식 명사의 내용이 관형절 그 자체가 된다. 보통 피수식 명사는 '소리, 소문, 사실, 기억, 일, 생각, 제안, 풍경' 등이 있다. '급히 학교로 돌아오라는'이라는 관형절 내부에서 피수식 명사인 '연락'이 생략되지 않고 있으며 '연락'의 내용 자체가 '급히 학교로 돌아오라'이므로 동격 관형절에 해당한다.

오답풀이 관계 관형절은 피수식 명사가 관형절 내부에서 생략되는 절이다. 관형절의 피수식 명사가 관형절에서 '주어, 목적어, 부사어' 등으로 나타나 생략되는 절이다. 나머지는 모두 관계 관형절이다.

① 철수가 (공원을) 산책했던'에서 목적어 '공원을'이 생략되었으므로 관계 관형절이다.

② [내가 (서점에서) 어제 책을 산] 서점은 바로 우리 집 앞에 있다.
→ 부사어 '서점에서'가 생략된 관계 관형절이다.

③ [(돌각담에) 수양버들이 서 있는] 돌각담에 올라가 아득히 먼 수평선을 바라본다. → 부사어 '돌각담에'가 생략된 관계 관형절이다.

14

정답풀이 1) × → '(땀이) 담징의 이마에 흐르다'에서처럼 ㉠의 밑줄 친 부분에서 생략된 주어는 '땀이'이므로 적절하지 않다.

2) × → '㉡ 우리는 [사람이 (섬에서) 살지 않는] 그 섬에서 하룻밤을 지냈다. → 부사어 '섬에서'가 생략된 관계 관형절이다.

3) ○ → '㉢ 숙소로 돌아가기'는 명사형 어미 '-기'가 결합했으므로 명사절인데, 이 명사절 뒤에 목적격 조사 '를'이 결합되었으므로 안은문장의 목적어로 쓰였다고 볼 수 있다.

4) × → '㉣ 집에 가기'는 명사형 어미 '-기'가 결합했으므로 명사절이므로 '부사절'이라는 것은 옳지 않다. 다만 명사절 뒤에 부사격 조사 '에'가 결합되었으므로 안은문장의 부사어로 쓰였다고는 볼 수 있다.

5) ○ → ㉤에서 '그가 착하다'와 '사람들은 그가 착한 사람이다'가 관형절이자 관형어로 쓰였다.

6) ○ → '㉥ 동생이 산'은 관형사형 어미 '-ㄴ'이 결합했으므로 뒤의 '음식을'이라는 목적어를 수식하는 관계 관형절이다.

정답

11 ③ 12 ② 13 ④ 14 1) × 2) × 3) ○ 4) × 5) ○ 6) ○

11 **안긴문장이 주성분으로 쓰이지 않은 것은?**

① 그녀가 언제쯤 떠날지 알았다.
② 영희는 철수가 오기를 기다렸다.
③ 바람이 분 곳에는 편지가 있었다.
④ 그 집은 거실이 좁다.

12 **ㄱ, ㄴ에 대한 설명으로 옳지 않은 것은?**

(보기)
ㄱ. 선생님께서는 역공이가 시험에 합격하기를 바라신다.
ㄴ. 영희는 무서운 일이 일어났음을 알 수 있었다.

① ㄱ과 ㄴ 모두 명사절이 안겨 있다.
② ㄱ과 ㄴ 모두 안긴문장 속에 목적어가 있다.
③ ㄱ과 달리 ㄴ에는 안긴문장 속에 관형어가 있다.
④ ㄴ과 달리 ㄱ에는 안긴문장 속에 부사어가 있다.

13 **밑줄 친 관형절의 성격이 다른 것은?**

① 철수가 산책했던 공원은 부산에 있다.
② 내가 어제 책을 산 서점은 바로 우리 집 앞에 있다.
③ 수양버들이 서 있는 돌각담에 올라가 아득히 먼 수평선을 바라본다.
④ 우리는 급히 학교로 돌아오라는 연락을 받았다.

14 **〈보기〉의 문장에 대한 설명에 적절한 것은 ○, 적절하지 않은 것은 ×표 하시오.**

(보기)
• 담징은 ㉠ 이마에 흐르는 땀을 씻었다.
• 우리는 ㉡ 사람이 살지 않는 그 섬에서 하룻밤을 지냈다.
• 민경이는 ㉢ 숙소로 돌아가기를 원한다.
• 지금은 ㉣ 집에 가기에 늦은 시간이다.
• ㉤ 그가 착한 사람임을 모르는 사람은 거의 없다.
• 영희는 ㉥ 동생이 산 음식을 먹었다.

1) ㉠의 밑줄 친 부분에서 주어가 나타나 있지 않은데, 생략된 주어는 '담징'이다. (　　)
2) ㉡은 목적어가 생략된 관계 관형절이다. (　　)
3) ㉢은 조사 '를'과 결합하여 안은문장의 목적어로 쓰이고 있다. (　　)
4) ㉣은 안은문장의 부사어로 쓰이는 부사절이다. (　　)
5) ㉤에서는 밑줄 친 부분뿐 아니라 '그가 착한'과 '그가 착한 사람임을 모르는'도 안긴문장이다. (　　)
6) ㉥은 안은문장의 목적어를 수식하는 관형절이다. (　　)

15

정답풀이 • 그 사람들이 궁금하다㉠고? : '㉠고?'는 어떤 물음 표현이 뒤 절로 올 것을 생략하고 문장을 끝맺음으로써 물음, 부정(否定), 빈정거림, 항의 따위의 뜻을 나타내는 종결 어미이다. '그 사람들이 궁금하다㉠고?는 홑문장이므로 겹문장과 관련 없다.
• 먹㉡고 있니? : 본용언에 붙는 보조적 연결 어미이다. 본용언(먹고) 보조 용언(있니?)의 구성인데, 본용언+보조 용언을 하나의 서술어로 보므로 '먹㉡고 있니?'도 홑문장일 뿐이다.

오답풀이 '-고'가 쓰이는 경우 두 홑문장이 어떤 의미로 이어지는가에 따라 대등하게 이어진 문장과 종속적으로 이어진 문장이 만들어질 수 있다.

16

정답풀이 ㉠의 안은문장의 목적어인 '음식을'과 '철수가 (음식을) 만들어준'에서의 목적어 '음식을'은 동일하다. 그래서 안긴문장의 '음식을'이 생략된 것이므로 이 선택지는 옳지 않다.

㉠ 영자는 [철수가 (음식을) 만들어준] 음식을 먹었다.
→ 관형절을 안은 문장 (절 표지: 관형사형 어미 -ㄴ)
㉡ 그 여자는 저기에 외딴 미용실로 갔다.
→ 홑문장
㉢ 순자는 [철수가 학생임]을 알았다.
→ 명사절을 안은 문장 (절 표지: 명사형 어미 -ㅁ)
㉣ 할아버지는 [지팡이가 멋있으시다].
→ 서술절을 안은 문장 (절 표지: 없음)

오답풀이 ② '그(관형어) 여자는(주어) 저기에(부사어) 외딴(관형어) 미용실로(부사어) 갔다(서술어)'로서 주어와 서술어가 한 번씩만 나오므로 홑문장이다.
③ ㉢에는 안긴문장(철수가 학생임) 뒤에 목적격 조사 '을'이 결합되어 있으므로 안긴문장이 목적어 기능을 한다고 볼 수 있다. ㉠에는 안긴문장(영희가 (음식을) 만들어준)이 뒤의 '음식'이라는 체언을 꾸미므로 관형어의 기능을 한다고 볼 수 있다.
④ ㉣에서 안은문장의 주어는 '할아버지는'이고, '안긴문장'의 주어는 '지팡이가'이므로 다르다는 설명은 옳다.

17

정답풀이 '[철수가 결국 성공했다는] 사실을 그녀만 안다.'에서 피수식어 '사실'이 관형절에서 중복되지 않는다. 따라서 이는 동격 관형절이다. ('사실, 소문, 연락, 풍경, 기억, 일, 생각, 제안' 등이 명사로 주로 쓰인다.)

오답풀이 나머지는 피수식어가 관형절에서 생략되는 관계 관형절이다.
① [(순이가) 학교 가는] 순이를 붙잡았다. → 주어 생략
③ 순희는 어제 [(가족들이) 고향에 살고 있는] 가족들에게 편지를 보냈다. → 주어 생략
④ [(사람들이) 회를 주식으로 먹는] 사람들은 건강이 매우 좋았다. → 주어 생략

18

정답풀이 나는 [길에서 (지갑을) 주운] 지갑을 역 앞 우체통에 넣었다. → 안은문장의 피수식어 '지갑'이 안긴문장에서 생략되었다.

오답풀이 나머지는 모두 동격 관형절이다.
① [눈이 내리는] 풍경이 정겹다.
→ '풍경'의 내용 자체가 '눈이 내리는'으로서 동격이다. 안긴문장에서 생략된 성분도 없다.
② [비가 오는] 소리가 들린다.
→ '소리'의 내용 자체가 '비가 오는'으로서 동격이다. 안긴문장에서 생략된 성분도 없다.
④ [뷔가 온다]는 소문이 있었다.
→ '소문'의 내용 자체가 '뷔가 온다'로서 동격이다. 안긴문장에서 생략된 성분도 없다.

19

정답풀이 직접 인용절이 간접 인용절로 전환될 때의 변화 양상을 판단하는 문제이다. ㄴ. 직접 인용절의 '나'와 간접 인용절의 '자기'는 모두 인칭 대명사이므로 적절하지 않다.

오답풀이 ① 직접 인용절의 시간 표현 '오늘(현재)'이 간접 인용절에서 발화시인 '어제(과거)'로 바뀌었다.
③ 직접 인용절의 '들어갑니다(하십시오체)'가 간접 인용절에서 '들어간다(-ㄴ다)'로 바뀌어 높임 표현이 사라졌다.
④ 직접 인용절의 '먹거라(해라체)'가 간접 인용절에서 '먹으라(하라체)'로 바뀌었다.

정답

15 ① 16 ① 17 ② 18 ③ 19 ②

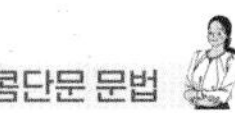

◎ 적중용 | 亦功 중간 빈출, 제3빈출

15 **겹문장(복문)을 만드는 기능을 하지 않는 어미를 모두 고른 것은?**

> 그래, 그 사람들이 궁금하다㉠고?
> 너는 배고파 보이는데 무엇을 맛있게 먹㉡고 있니?
> 저 여자가 엄마㉢고 저 남자가 아빠다.
> 저분들이 너를 이리로 데려 오㉣고 너를 떠나보냈지.

① ㉠, ㉡　　② ㉡, ㉢
③ ㉡, ㉣　　④ ㉢, ㉣

16 **〈보기〉의 ㉠~㉣에 대해 탐구한 것으로 적절하지 않은 것은?**

> (보기)
> ㉠ 영자는 철수가 만들어준 음식을 먹었다.
> ㉡ 그 여자는 저기에 외딴 미용실로 갔다.
> ㉢ 순자는 철수가 학생임을 알았다.
> ㉣ 할아버지는 지팡이가 멋있으시다.

① ㉠에서 안긴문장의 목적어는 안은문장의 목적어와 다르므로 생략되지 않았다.
② ㉡은 주어와 서술어의 관계가 한 번 나타나므로 홑문장이다.
③ ㉢에는 목적어의 기능을 하는 안긴문장이 있고, ㉠에는 관형어의 기능을 하는 안긴문장이 있다.
④ ㉣에서 안은문장의 주어와 안긴문장의 주어는 다르다.

출.종.포 ④ 관계 관형절 vs 동격 관형절

17 **아래 문장의 밑줄 친 관형절 중 피수식어와의 관계에서 그 성격이 나머지와 다른 것은 무엇인가?**

① <u>학교 가는</u> 순이를 붙잡았다.
② <u>철수가 결국 성공했다는</u> 사실을 그녀만 안다.
③ 순희는 어제 <u>고향에 살고 있는</u> 가족들에게 편지를 보냈다.
④ <u>회를 주식으로 먹는</u> 사람들은 건강이 매우 좋았다.

18 **다음 예문 중에서 관형절의 성격이 다른 하나는?**

① 눈이 내리는 풍경이 정겹다.
② 비가 오는 소리가 들린다.
③ 나는 길에서 주운 지갑을 역 앞 우체통에 넣었다.
④ 뷔가 온다는 소문이 있었다.

◎ 적중용 | 亦功 난이도 조절용

19 **다음 ㄱ~ㄹ을 통해 인용절에 대해 탐구한 내용으로 가장 적절하지 않은 것은?**

> ㄱ. 성민은 어제 "오늘 떠나고 싶어"라고 말했다.
> / 성민은 어제 떠나고 싶다고 말했다.
> ㄴ. 성민은 "나는 승아를 만나고 싶다"라고 말했다.
> / 성민은 자기가 승아를 만나고 싶다고 말했다.
> ㄷ. 성민은 승아에게 "먼저 들어갑니다"라고 말했다.
> / 성민은 승아에게 먼저 들어간다고 말했다.
> ㄹ. 성민이 승아에게 "밥을 먹거라"라고 말했다.
> / 성민이 승아에게 밥을 먹으라고 말했다.

① ㄱ을 통해 직접인용절의 시간 표현이 간접인용절에서 해당 문장을 발화하는 시점을 기준으로 달라짐을 알 수 있다.
② ㄴ을 통해 직접인용절에 사용된 인칭대명사는 간접인용절에서 지시대명사로 달라짐을 알 수 있다.
③ ㄷ을 통해 직접인용절에서 사용된 상대 높임 표현이 간접인용절에서는 나타나지 않음을 알 수 있다.
④ ㄹ을 통해 직접인용절에서 사용된 명령형 종결 어미가 간접인용절에서는 다른 형태로 나타남을 알 수 있다.

Chapter 04 문장 종결법

관련교재

기 출좋포 문법·어휘 p.89

대표 출좋포 한눈에 보기

평서문, 의문문, 명령문, 청유문, 감탄문의 구별

01

정답풀이 수사 의문문이란 서술이나 명령, 감탄, 반어 등의 의미를 가진 의문문으로 표현상의 효과를 위해 사용하는 의문문이다. 그렇기 때문에 대답을 요구하지 않는다. '너는 말할 변명이 있니?'는 '예/아니요'의 대답을 요구하므로 수사 의문문이 아니다. (참고로 판정 의문문에 해당한다.)

오답풀이 ① 아무리 내가 말한들 니가 말을 들었으랴? → 반어 (말을 안 들었을 것이다.)
② 역공이가 뭔들 못하겠느냐? → 반어 (뭔들 다 할 수 있다.)
③ 여름이라 그런지 교실이 너무 덥지 않니? → 명령 (창문 좀 열어라.)

02

정답풀이 '–세'는 '하게체'의 청유형 종결 어미이다. '먹다'를 의미하는 '들–'에 '–세'를 결합하면 'ㅅ' 앞에서 'ㄹ'이 탈락되어 '드세'가 되는 것이다.

오답풀이 ① 먹어라 : '해라체'의 명령형 종결 어미이다.
③ 가게 : '하게체'의 명령형 종결 어미이다.
④ 좋구려 : '하오체'의 감탄형 종결 어미이다.

정답

01 ④ 02 ② 03 ②

03

정답풀이 밑줄 친 부분은 해당 표현이 화자의 행위만을 가리키는 경우를 고르라고 하고 있다. 이때 '(갈 길을 가야 하는데 사람들이 길을 막는 경우) 지나갑시다.'에서 '지나가다'라는 해당 표현은 화자 자신만 하는 행동이므로 답이 될 수 있다.

오답풀이 ① 화자와 청자 모두 행하기를 바라는 표현이다.
③ 청자인 '학생들'에게 의견을 개진하기를 바라는 표현이다.
④ 청자인 '학생들'에게 밥 먹기를 바라는 표현이다.

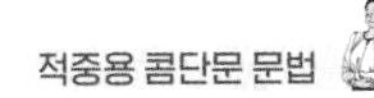

빈출 순위별 예상 문제

2편 통사론 CH.04 문장 종결법

◎ 적중용 亦功 중간 빈출, 제3빈출

01 수사 의문문이 아닌 것은?

① 아무리 내가 말한들 니가 말을 들었으랴?
② 역공이가 뭔들 못하겠느냐?
③ 여름이라 그런지 교실이 너무 덥지 않니?
④ 너는 말할 변명이 있니?

02 청유형 종결 어미가 포함된 것은?

① 합격자의 밤에서 고기를 <u>먹어라.</u>
② (교수님 연구실에서) 차를 좀 <u>드세.</u>
③ 이러나 늦겠으니 어서 <u>가게.</u>
④ 강의랑 교재가 참 <u>좋구려.</u>

03 밑줄 친 부분에 해당하는 표현으로 옳은 것은?

> 청유문은 화자가 청자에게 같이 행동할 것을 요청하는 문장이다. 즉, 청유문은 청유형 어미 '-자', '-(으)ㅂ시다' 등이 붙는 서술어의 행동을 화자와 청자가 공동으로 하도록 유발하는 것이다. 그러나 간혹 청자만 행하기를 바라거나 <u>화자만 행하기를 바랄 때</u>에도 쓰인다.

① (애인에게) 근처 레스토랑으로 밥 먹으러 가자.
② (갈 길을 가야 하는데 사람들이 길을 막는 경우) 지나갑시다.
③ (교수님이 토론회를 개최하는 경우) 적극적으로 자신의 의견을 개진하세.
④ (선생님이 급식시간에 학생들에게) 밥 맛있게 먹자.

높임법의 종류 판단하기

관련교재
기 출종포 문법·어휘 p.76

대표 출종포 한눈에 보기

1. 높임 요소 찾기
2. 잘못된 높임 표현 찾기

출종포 ⑤ 높임 요소 찾기

종류	높임 대상	실현 방법
주체 높임	서술어의 주체 (주어)	※ 직접 높임 ① 주체 높임 선어말 어미 '-시-' ② 주격 조사 '께서' ③ 주체를 높이는 특수 어휘: 계시다, 잡수시다, 편찮으시다 등 예 어머니께서 댁에 계셨다. ※ 간접 높임 ① 주체 높임 선어말 어미 '-시-' 예 할아버지는 지팡이가 멋있으시다. 부장님의 따님이 예쁘시다.
객체 높임	서술어의 객체 (목적어, 부사어)	① 부사격 조사 '께', ② 모시다, 드리다, 여쭙다(여쭈다), 뵙디(뵈다) 예 어머니는 할아버지께 다과를 드렸다. 어머니는 할머니를 모신다.
상대 높임	청자	종결 표현 예 밥을 먹었습니다. 밥을 먹소, 밥을 먹게, 밥을 먹자 밥을 먹어. 밥을 먹어요

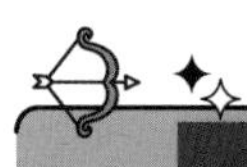

훈련용 대표 문법+독해 결합형 2편 통사론 CH.05

01 밑줄 친 ㉠, ㉡, ㉢이 모두 나타나는 사례로 적절한 것은?

> 국어에서 높임법은 화자가 높이려는 대상에 따라 주체 높임법, 상대 높임법, 객체 높임법으로 구분된다. ㉠ 주체 높임법은 주어가 나타내는 대상인 주체를 높이는 것이며, ㉡ 상대 높임법은 대화의 상대인 청자를 높이는 것이고 ㉢ 객체 높임법은 문장의 목적어나 부사어가 나타내는 대상인 객체를 높이는 것이다. 예를 들어 '할머니께서 진지를 잡수셨다.', '철수가 할머니께 선물을 드렸다 철수가 회장님을 모셨다.', '할아버지께서 넥타이를 매셨어요.' 라는 문장을 통해 이들을 확인할 수 있다.

① 여러분께서는 잠시만 제 이야기에 귀를 기울여 주시기 바랍니다.
② 제가 선생님께 그렇게 말씀을 드리면 될까요?
③ 할아버지께서 아지씨께 이 반찬을 드리라고 하셨습니다.
④ 선생님께서 교장님을 모시고 교장님 댁에 들어가셨다.

01

정답풀이 [상대+], [주체+], [객체+]를 만족시켜야 한다.
③은 이 모두를 만족시킨다. 대화의 상대를 높이고 있다(-습니다). 서술어의 주체인 '할아버지'도 높임의 주격 조사 '께서'와 높임 선어말 어미 '-시-'로 높이고 있다. 또 서술어의 객체인 '아저씨'를 높이기 위해 높임의 부사격 조사 '께'와 객체 높임 특수 어휘 '드리다'가 쓰였다.

오답풀이 ① [상대+], [주체+], [객체-]로 대화의 상대를 높이고 있다. '바랍니다'를 통해 [상대+]임을 알 수 있다. '께서' '-시-'를 통해 [주체+]임을 알 수 있다. 객체 높임은 쓰이지 않았다.
② [상대+], [주체-], [객체+]로 대화의 상대를 높이고 있다. 서술어의 주체인 '나'를 높이지 않고 있다. 또 서술어의 객체인 '선생님'을 높이기 위해 높임의 부사격 조사 '께', 객체 높임 특수 어휘 '드리다'가 쓰였다.
④ [상대-], [주체+], [객체+]로 대화의 상대를 높이고 있지 않다. 서술어의 주체인 '선생님'을 높임의 주격 조사 '께서'와 높임 선어말 어미 '-시-'로 높이고 있다. 또 서술어의 객체인 '교장님'을 높이기 위해 객체 높임 특수 어휘 '모시다, 댁'이 쓰였다. 대화의 상대를 높이고 있지 않아서 답이 아니다.

정답

01 ③

01

정답풀이 ㉠ '도우시다'는 '돕[→ 도우]+시+다'이다. '-시-'는 주체 높임 선어말 어미이므로 높임의 대상은 주어 '아버지'이다.

㉡ '모셔서'는 객체 높임 어휘이므로 높임의 대상은 목적어 '형님'이다.

㉢ '-어(어미)+요(보조사)'는 청자를 높이는 상대 높임(해요체)이므로 높임의 대상은 청자인 '어머니'이다.

02

정답풀이 어머니는 할머니께 집을 사 드리셨습니다.

주체 높임	'드리셨습니다'의 주체 높임 선어말 어미 '-시-'
객체 높임	'할머니께'의 높임 부사격 조사 '께' '드리셨습니다'의 객체 높임 어휘 '드리-'
상대 높임	'드리셨습니다'의 종결 표현 '-습니다

오답풀이 ① '잡수셨나요?': 접미사 '-님', '진지', '잡수시다' 가 주체인 '할머니'를 높이고 있다. 또한 '-요'는 상대를 높이고 있다. 객체 높임은 보이지 않는다.

③ 뵈려고: 객체 높임 어휘
가셨다: 상대를 높이고 있지 않음.

④ 말씀: 주체 높임의 어휘
있으시겠습니다: 주체 높임 선어말 어미 '-시-'와 상대 높임의 '습니다'

정답

01 ① **02** ② **03** ③

03

정답풀이 '아래의 글'에는 주체 경어법의 특징 세 가지가 나온다. 첫째는 용언에 선어말 어미 '-시-'를 넣는 것, 둘째는 여러 용언이 함께 나타나면 마지막 용언에 '-시-'를 쓰는 것, 셋째는 여러 개의 용언 중 높임의 용언(높임 특수 어휘)이 있는 경우 반드시 사용하는 것이다. '가셨다'는 주체인 '아버지'를 높이는데 이는 주체 높임 선어말 어미 '-시-'가 쓰였으므로 문장의 마지막 용언에 선어말 어미 '-시-'를 쓴다는 조건을 충족하였다. 또한 '데리다'의 높임의 특수 어휘인 '모시다'를 사용하였으므로 어휘적으로 높임의 용언이 있는 경우 그 용언을 사용한다는 조건도 충족하였다.

오답풀이 강의를 참고해 주시길 바랍니다.

① 조건에도 맞지 않으나 아예 틀린 높임 표현이다. '적금의 이율'은 고객님과 밀접한 대상이 아니므로 간접 높임의 대상이 아니므로 '높아요'로 고쳐야 한다.

빈출 순위별 예상 문제

2편 통사론 CH.05 높임법의 종류 판단하기

PART 02

◎ 적중용 亦 功 최 빈 출

01 ㉠~㉢의 밑줄 친 부분이 높이고 있는 인물은?

> ㉠ 아버지께서는 할아버지의 여러 일들을 <u>도우신다</u>.
> ㉡ 철수가 형님을 <u>모셔서</u> 복을 받았다.
> ㉢ 어머니, 아버지가 집으로 오시는 것을 <u>보았어요</u>.

	㉠	㉡	㉢
①	아버지	형님	어머니
②	할아버지	철수	아버지
③	아버지	철수	아버지
④	할아버지	형님	어머니

02 주체, 객체, 상대를 모두 높이고 있는 것은?

① 할머니도 점심시간인데 진지를 잡수셨나요?
② 어머니는 할머니께 집을 사 드리셨습니다.
③ 이모가 할아버지를 뵈려고 고향에 가셨다.
④ 교장 선생님의 훈화 말씀이 있으시겠습니다.

03 다음 중 아래 글의 내용을 포괄하여 설명하기에 가장 적절한 것은?

> 주체 경어법은 용언에 선어말 어미 '-시-'를 넣음으로써 이루어진다. 만약 여러 개의 용언이 함께 나타나는 경우라면 일률적인 규칙을 세우기는 어렵지만 대체로 문장의 마지막 용언에 선어말 어미 '-시-'를 쓴다. 또한 여러 개의 용언 가운데 어휘적으로 높임의 용언이 따로 있는 경우에는 반드시 그 용언을 사용해야 한다.

① 현재 이 적금의 이율이 제일 높으세요.
② 어머님께서 돌아보시고 주인에게 부탁하셨다.
③ 아버지께서는 할아버지를 모시고 가셨다.
④ 선생님께서 책을 펴며 웃으셨다.

Chapter 06

잘못된 높임 표현 고치기

관련교재
㉮ 출좋포 문법·어휘 p.77~78

출좋포 ⑥ 잘못된 높임 표현 고치기

"높임 요소" 말고도 "올바른 높인 표현"으로 고치기도 출제된다.

1. 간접 높임의 경우에는 직접 높임의 어휘를 쓸 수 없다.
   • 회장님의 말씀이 계시겠습니다.(×) → 있으시겠습니다.(○)

2. 간접 높임의 대상이 될 수 없는 경우에는 '-시-'를 쓰면 안 된다.
   ☞ 상품, 품절, 가격에는 '-시-'를 쓰면 안 된다.

3. 높임 대상과 관련된 명사를 높이지 않으면 틀린다.
   • 집(×) → 댁(○) • 밥(×) → 진지(○) • 이름(나이)(×) → 성함(연세, 춘추)(○)
   • 술(×) → 약주(○) • 말(×) → 말씀(○) • 자신, 자기, 저(×) → 당신(○)

4. 겸양 표현을 적절하게 사용하여야 한다.
   ☞ '말씀'은 존대어이자 화자를 낮추는 겸양어이다.
   • 저희 나라, 저희 겨레(×) → 우리나라, 우리 겨레(○)

5. 목적어, 부사어가 높임의 대상이 아니라면 객체 높임 특수 어휘를 쓸 수 없다.
   • 어머니께서는 집안의 대소사를 아랫사람들에게 여쭈어보십니다.(×) → 아랫사람들에게 물어보십니다.(○)

6. 주체 높임 '-시-'를 올바르게 사용해야 한다.
   • 선생님이 이따 오래.(×) → 선생님이 이따 오라셔(오라고 하셨어).(○)
   • 그 사람 해고해! 하시라면(하시라고 하면) 해야죠.(×) → 하라시면(하라고 하시면) 해야죠.(○)
   • 곧이어 펜트하우스를 시청하겠습니다.(×) → 시청하시겠습니다.(○)
   • 어머님, 아범(아비)이 방금 들어오셨어요.(×) → 들어왔어요.(○)

7. 화자가 자기 자신을 높일 수는 없다.
   • 저는 고객을 위해 항상 노력 중이십니다.(×) → 저는 고객을 위해 항상 노력 중입니다.(○)
   ☞ 화자 자신을 높인 것이니 '저는 고객을 위해 항상 노력 중입니다.'로 바꿔야 한다.

8. 화자가 주어일 때만 쓰이는 '-ㄹ게'는 주체 높임의 '-시-'와 함께 쓸 수 없다.
   • 손님, 피팅룸으로 들어가실게요.(×) → 손님, 피팅룸으로 들어가시길 바랍니다.(○)

9. 지위가 높거나 나이 많은 사람에게 쓰면 안 되는 단어들이 있으니 주의해야 한다.
   • (정리하는 선생님께) 수고하셨습니다.(×)→ 노고가 많으십니다, 감사합니다.(○)
   • (점원이 할아버지에게) 할아버지, 이러한 부분을 당부 드립니다.(×) → 부탁드립니다.(○)
   • 철수는 어머니께 야단을 맞았다. → 걱정(=꾸지람, 꾸중)을 들었다.(○)

빈출 순위별 예상 문제

2편 통사론 CH.06 잘못된 높임 표현 고치기

PART 02

◎ 적중용 赤 功 최 빈 출

01 높임 표현을 고친 것으로 적절한 것은?

① 선생님의 말씀이 계시겠습니다.
→ '말씀'은 간접 높임의 대상이지만 '계시다'는 직접 높임 어휘이므로 '있으시다'로 고쳐야 한다.

② 우리나라에서는 김치를 잘 먹습니다.
→ 남에게 말할 때는 자기와 관계된 부분을 낮추어 '저희 학과', '저희 학교', '저희 회사', '저희 나라' 등과 같이 표현해야 한다.

③ 선생님, 제 말씀을 들으시면 화가 풀리실 거예요.
→ '말씀'은 '말'을 높이는 표현이므로 '말'로 바꿔야 한다.

④ 고객님, 그 상품은 품절입니다.
→ '상품'은 고객과 밀접한 관계가 있는 간접 높임의 대상이므로 '품질이십니다'로 고쳐야 한다.

02 다음 경어법이 잘못된 것은?

① 아들이 수학 문제를 저에게 여쭤보면 괴롭습니다.
② 할머니를 모시고 너의 집에 다녀와라.
③ 철수야. 선생님께서 교무실로 오라고 하셨어.
④ 할아버지께서는 아직도 눈이 좋으십니다.

01

정답풀이 선생님이 하시는 말씀이므로 이 말씀은 선생님과 밀접한 관련이 있다. 따라서 간접 높임의 대상이 되므로 '있으시다'로 고쳐야 한다. '계시다'는 '선생님께서 집에 계시다'처럼 주어를 직접 높일 때만 쓰이기 때문이다.

오답풀이 ② '저희 나라'는 써서는 안 된다. '저희'는 '나'를 낮출 때 쓰는 단어이므로 '나'의 나라까지 낮추는 의미가 되는 '저희 나라'는 쓰면 안 된다.
③ '말씀'은 상대방을 높이는 의도로도 쓰이지만 나를 낮추는 겸양의 의도('나'를 낮춰서 상대를 높여 줌)로도 쓰인다. 따라서 '말씀'은 그대로 두는 것이 좋다.
④ '만원'이라든지, '품절'은 높일 필요가 없는 대상이므로 과도하게 높여서는 안 된다. 소유자와 밀접한 관계가 있는 물건이라고 보기 어렵기 때문에 간접 높임이라고도 볼 수 없다. 따라서 '품절이십니다'로 고치면 안 된다.

02

정답풀이 '여쭈다'는 객체 높임의 어휘로 목적어나 부사어를 높인다 하지만 부사어 '저에게'의 '저'는 1인칭 화자이므로 객체 높임의 대상이 될 수 없다. 따라서 '물어'로 고쳐야 한다.

오답풀이 ② '할머니'는 객체 높임의 대상이므로 객체 높임 어휘인 '모시다'를 쓰는 것은 옳다. (참고로 여기에서의 '집'은 '너'의 집이므로 높이지 않는다.)
③ '오다'의 주체는 '철수'이므로 높임 표현을 쓰면 안 되므로 옳다. '하다'의 주체는 '선생님'이므로 '하셨어'로 주체 높임 선어말 어미 '-시-'를 쓰는 것은 옳다.
④ '할아버지의 눈'는 신체이므로 간접 높임의 대상이다. 따라서 '좋으십니다.'로 쓰는 것은 옳다.

정답

01 ① 02 ①

03

정답풀이 교무실로 오는 것은 철수이므로 '오라고'로 쓰는 것이 옳다. 선생님이 오라고 하시는 것이므로 '하셔'로 써야 한다. '오라고 하셔'의 준말은 '오라셔'이다.

오답풀이 ① 보고(×) → 뵙고(○) : 객체인 목적어 '장인어른을'은 객체 높임의 대상이므로 '뵙고'를 써야 한다.
② 여쭈어(×) → 물어(○) : '여쭈다'가 '아랫사람들'을 높이게 되므로 이 문장은 옳지 않다. '물어'로 고쳐야 한다.
③ 해고하시라면(×) → 해고하라시면('해고하라고 하시면'의 준말)(○) : 해고를 하는 것은 '나'이므로 높이면 안 되지만, 해고하라고 지시한 사람은 '부장님'으로 높여야 한다. 따라서 '해고하라고 하시면'으로 고쳐야 한다.

04

정답풀이 할아버지의 '술'을 '약주'로 높이는 것은 옳다. 또한 할아버지의 '걱정'은 간접 높임의 대상이므로 높일 수 있다.

오답풀이 ① 나갔습니다(×) → 나가셨습니다(○) : 듣는 이가 더 높을 때 주어를 높이지 않는 압존법은 직장에서는 쓰면 안 되므로 과장님을 높였어야 했다.
③ 가실게요(×) → 가시길 바랍니다(○) : 'ㄹ게'는 화자가 주어일 때에만 쓰이므로 '-시-'와 함께 쓰이면 안 된다.
④ 되세요(×) → 되어요(○) : '되시어요'의 준말이지만 가격은 간접 높임의 대상이 아니므로 '-시-'를 삭제해야 한다.

정답

03 ④ 04 ②

03 높임법 사용이 옳은 것은?

① 장인어른, 식당에서 장인어른을 직접 보고 설득해 드리겠습니다.
② 어머니께서는 집안의 대소사를 아랫사람들에게 여쭈어보십니다.
③ 부장님이 김 사원을 해고하시라면 해야죠.
④ 철수야, 선생님께서 너 지금 교무실로 오라셔.

04 높임법 사용이 옳은 것은?

① 국장님, 과장님이 외부에 나갔습니다.
② 할아버지, 오늘 약주를 많이 드셨는데, 걱정이 많으십니까?
③ 혜선 쌤 들어 가실게요.
④ 고객님의 비용은 매월 40,000원 되세요.

MEMO

Chapter 07 시제

관련교재
기 출좋포 문법·어휘 p.89~90

대표 출좋포 한눈에 보기

1. 현재형, 과거형, 미래형의 의미
2. '–겠–'의 의미
3. 절대 시제와 상대 시제 파악하기

출좋포 ⑦ 절대 시제와 상대 시제

1. 절대 시제

개념	말하는 시점(발화시)을 기준으로 결정되는 일반적인 시제
실현 방법	선어말 어미를 통해 실현됨. 문장의 끝! 예 형이 내가 읽는 책을 빼앗았다. (과거)

2. 상대 시제

개념	사건이 일어난 시점(사건시)을 기준으로 결정되는 시제
실현 방법	관형사형과 연결형을 통해 표현됨. 문장의 가운데! 예 형이 내가 읽는 책을 빼앗았다. (현재) 형이 내가 읽은 책을 빼앗았다. (과거) 형이 내가 읽던 책을 빼앗는다. (과거)

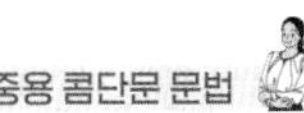

빈출 순위별 예상 문제

2편 통사론 CH.07 시제

PART 02

◎ 적중용 亦功 중간 빈출, 제3빈출

01 다음 문장에서 '-었-/-았-/-였-'의 문법적 기능이 밑줄 친 예와 가장 유사한 것은?

> 쌍둥이는 서로 정말 닮았다.

① 뭘 잘못 먹은 것인지 그 사람은 정말 못생겼다.
② 그는 내일 잠을 다 잤다.
③ 그녀는 드디어 원하던 졸업을 하였다.
④ 결국 경찰들이 조사를 시작하여 진실이 밝혀졌다.

01

정답풀이 '닮았다'에는 과거의 의미가 존재하기보다는 현재의 의미가 강하다. 여기에서 '-았-'은 '「2」 이야기하는 시점에서 볼 때 완료되어 현재까지 지속되거나 현재에도 영향을 미치는 상황을 나타내는 어미.'에 해당한다. '못생겼다.'도 과거의 의미가 존재하기보다는 현재의 의미가 강하다. ('잘생기다, 잘나다, 못나다'도 마찬가지)

오답풀이 ② '내일'을 보면 '았'은 미래를 의미하지만 확신을 하는 경우에 쓰이는 어미임을 알 수 있다.
③④: 「1」 이야기하는 시점에서 볼 때 사건이 이미 일어났음을 나타내는 어미.

정답

01 ①

Chapter 08 부정

관련교재

기 출좋포 문법·어휘 p.90

대표 출좋포 한눈에 보기

1. 길이에 따른 부정 표현
2. '안' 부정, '못' 부정의 의미

01 다음 예시문에 대한 설명으로 적절하지 않은 것은?

> ㉠ 혜선 쌤은 역공이의 마음을 잘 모른다.
> ㉡ 뉴스와는 달리 우리나라에 지진이 일어나지는 않았다.
> ㉢ 역공녀는 남자친구를 못 사귀는 것이다.
> ㉣ 약 먹은 선수에게 메달을 주는 것은 불공정하다.

① ㉠: 부정의 뜻을 가지는 어휘를 이용하였다.
② ㉡: '-지 아니하다'라는 부정 보조 용언을 통한 장형 부정이 사용되며 의지 부정의 의미가 있다.
③ ㉢: '못'이라는 부정 부사를 통한 단형 부정이 사용되며 능력 부정의 의미가 있다.
④ ㉣: 부정의 의미를 가지는 접두사를 이용하고 있다.

01

정답풀이 '지진'은 자연의 작용이므로 '일어나지 않았다'는 의지 부정이 아니라 단순 부정의 의미를 갖기 때문에 옳지 않은 설명이다.

오답풀이 ① 부정의 뜻을 가진 어휘인 '모르다'가 사용되었다.
③ '못, 안' 같은 부정 부사를 사용하는 것을 단형 부정이라고 한다. 또한 '못, -지 못하다'는 '능력 부정'의 의미가 있다.
④ 부정의 의미를 가지는 접두사 '불(不 아니 불)-'이 사용되었다.

정답

01 ②

MEMO

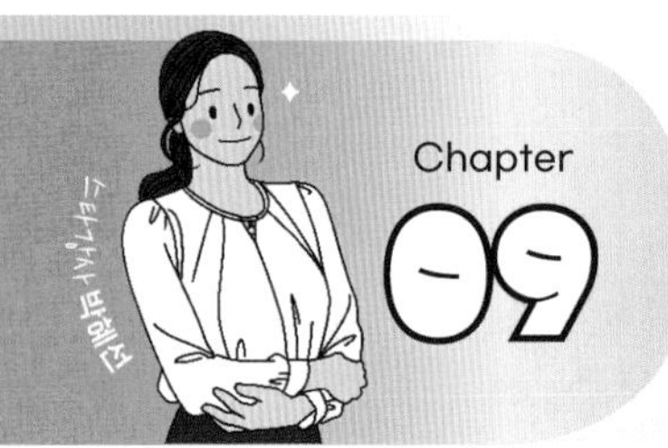

Chapter 09

사동 / 피동

관련교재
기 출좋포 문법·어휘 p.82~86

대표 출좋포 한눈에 보기

1. 사동과 피동의 요소 파악하기
2. 사동문과 피동문의 문장 구조 파악하기
3. 사동 vs 피동의 구별
4. 사동 접미사 '-이-, -시키-'의 잘못된 쓰임
5. 이중 피동의 잘못된 쓰임

출좋포 ⑧ 사동

1. 사동(使動)

주어가 남에게 동작을 시키는 것을 말한다.

2. 사동(使動)의 종류

파생적 사동 (단형 사동)	용언의 어간+사동 접미사 '-이-, -히-. -리-, - 기-, -우-, -구-, -추-, -이키-, - 으키-, -애-', '-시키-' 이중 사동, 접미사 '-이우-' 예 엄마가 아이에게 밥을 먹였다. 역공녀가 학생을 합격시켰다.
통사적 사동 (장형 사동)	본용언에 보조 용언 '-게 하다'가 붙어 실현 예 엄마가 아이에게 밥을 먹게 한다.

3. 틀린 사동 표현

(1) 과도한 사동 접사 '이'의 사용

의미상 필요하지 않다면, 사동 접사 '이'를 남용하면 안 된다.

과도한 사동 접사 '이'의 사용 예시	기본형
그녀는 목메인 목소리를 냈다. [목메+이+ㄴ] → 목멘(○)	목메다
넌 끼여들지마. [끼+이+어+들+지+마] → 끼어들지마(○).	끼다
습관처럼 중요한 말을 되뇌이는 버릇이 있다. [되+뇌+이+는] → 되뇌는(○)	되뇌다
역공녀를 보면 마음이 설레였다. [설레+이+었+다] → 설레었다/설렜다(○)	설레다

(2) 과도한 사동 접사 '시키다'의 사용

'하다'를 쓸 수 있는 말에 무리하게 시키다'를 결합하지 않는다.

과도한 사동 접사 '시키다'의 사용 예시	기본형
내가 친구 한 명 소개시켜 줄게. → 소개해(○)	소개하다
이 공간을 분리시킬 벽을 설치했다. → 분리할(○)	분리하다
모든 기계를 하루 종일 가동시켜서 기일을 맞추도록 하자. → 가동해서(○)	가동하다
입금시키다, 금지시키다, 강화시키다, 개선시키다, 결집시키다, 지연시키다, 고정시키다. → 입금하다, 금지하다, 강화하다, 개선하다, 결집하다, 지연하다, 고정하다(○)	

출종포 ⑨ 피동(被動)

1. 피동(被動)

주어가 당하는 것을 말한다.

2. 피동(被動)의 종류

파생적 피동 (단형 피동)	동사의 어간(주로 타동사)+피동 접미사 '-이-, -히-, -리-, -기-', '-되-' 예 도둑이 경찰에게 잡혔다. 예 카드 포인트가 등록되었다.
통사적 피동 (장형 피동)	본용언+보조 용언 '-어지다' 예 구두끈이 풀어지다. [풀-+-어지-+-다]
	본용언에+보조 용언 '-게 되다' 예 사실이 드러나게 되다. [드러나-+-게 되다]

3. 틀린 피동 표현

피동 접미사 '-이-, -히-, -리-, -기-'와 피동 의 보조 용인 '-어지다'는 이중으로 겹쳐서 사용할 수 없다.

- 이 사실이 믿겨지지[믿-+-기-+-어지-+-지] 않았다.
  → 믿기지/믿어지지
- 내일 날씨는 맑을 것으로 보여집니다.
  [보-+-이-+-어지-+ㅂ니다] → 보입니다./보아집니다.
- 간판이 잘 읽혀지지[읽-+-히-+-어지-+-지] 않아요.
  → 읽히지/읽어지지
- 앞으로 이 문제가 잘 풀릴 것이라고 예상되어진다.
  [예상+-되-+-어지-+-ㄴ-+-다] → 예상된다.

4. 모양이 같은 사동사와 피동사의 구별

공통되는 접미사 '-이 -, -히 -, -리 -, -기 -' 때문에 사동사와 피동사를 구별하는 문제가 나온다.

	사동사	피동사
목적어의 유무	있음 예 역공녀가 공시생들에게 책을 읽혔다. 역공녀가 공시생들에게 연필을 잡히다. 철수는 나에게 영화를 보였다.	없음 예 그 책은 많은 공시생들에게 읽혔다. 공시생들이 역공녀에게 잡혔다. 이제 영화가 보였다.
의미	-게 만들다.	-을 당하다.

피동사가 목적어를 갖는 예외의 경우
→ 따라서 꼭 '의미'도 함께 파악하는 것이 좋다.

- 사동 : 엄마는 아이에게 젖을 물렸다.
- 피동 : 엄마는 아기에게 코를 물렸다.
  ('엄마'가 묾을 당한 의미가 있으므로 피동)
  철수는 도둑에게 돈을 빼앗겼다.
  ('철수'가 빼앗음을 당한 의미가 있으므로 피동)

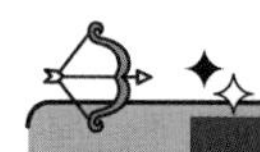

01

정답풀이 "사동이란 주체가 대상에게 어떤 행동을 하도록 시키는 것"이라는 제시문의 내용으로 미루어 볼 때, '과자가 통 안에 담겼다'는 과자가 담음을 당했다는 의미이므로 이는 사동이라 볼 수 없다. 이는 당하는 의미가 있는 파생적 피동문에 해당한다.

오답풀이 ① 파생적 사동은 "용언의 어근에 사동 접미사를 결합하여 만드는 방식"이다. 용언 '읽다'의 어근 '읽-'에 접미사 '-히-'를 결합하여 주체인 '영희'가 책을 읽는 행위를 하도록 한다는 의미를 가진 문장이 되었으므로 이는 파생적 사동문에 해당한다.

③ '엄마가 철수에게 아기를 안게 하셨다'의 경우 제시문에 나타난 것처럼 "그 행동을 할 수 있도록 시키는" 의미가 들어가 있기 때문에 이는 간접 사동이다.

④ '통사적 사동은 용언의 어근에 '-게 하다'를 붙여서 만든다.'라는 제시문의 내용을 통해 '철수가 영자에게 영화를 보게 하였다'는 통사적 사동에 해당함을 알 수 있다.

02

정답풀이 '받아들이다'는 '남의 말이나 요구 따위를 들어주다.'를 의미하므로 '당하다'를 의미하는 피동사가 아니다. 따라서 뒤에 피동 표현 '-어지다'가 붙어도 이중 피동 표현이라고 볼 수 없다.

☞ 이와 비슷하게 이중 피동이 아닌 단어들로는 '여겨지다, 밝혀지다, 알려지다, 읽혀지다'가 있다.

오답풀이 ① '담+기(피동 접미사)+어지(피동 보조용언)+ㄴ'은 이중 피동이므로 옳지 않다.

② '놓+이(피동 접미사)+어지(피동 보조용언)+ㄴ'은 이중 피동이므로 옳지 않다.

③ '끊+기(피동 접미사)+어지(피동 보조용언)+ㄴ'은 이중 피동이므로 옳지 않다.

정답

01 ② 02 ④

01 다음을 읽고 제시문을 통해 추론한 것으로 옳지 않은 것은?

> 사동이란 주체가 대상에게 어떤 행동을 하도록 시키는 것을 말한다. 사동에는 파생적 사동과 통사적 사동의 방법이 있다. 파생적 사동은 용언의 어근에 사동 접미사를 결합하여 사동을 만드는 방식이다. '-이-, -히-, -리-, -기-, -우-, -구-, -추-'나 '-시키다'를 붙여서 만든다. 통사적 사동은 용언의 어근에 '-게 하다'를 붙여서 만든다. 예를 들어, '아이가 밥을 먹다'라는 문장에서, '먹다'의 어근인 '먹-'에 사동 접미사 '-이-'를 결합하여 '엄마가 아이에게 밥을 먹이다'라는 문장을 만들 수 있다. 혹은 어근 '먹-'에 '-게 하다'를 결합하여 '엄마가 아이에게 밥을 먹게 하다'라는 문장도 가능하다.
>
> 사동문에 따라서 주체가 대상에게 직접 행동을 가하는 의미의 '직접 사동'을 만들 수도 있고, 혹은 주체가 대상이 그 행동을 할 수 있도록 시키는 의미의 '간접 사동'을 만들 수도 있다. 예를 들어 "엄마가 아이에게 밥을 먹인다"의 경우, 엄마가 아이에게 직접 밥을 먹이는 직접 사동의 의미와 아이로 하여금 밥을 먹는 행위를 하도록 시켰다는 간접 사동 의미를 가진다. 하지만 "엄마가 아이에게 밥을 먹게 한다"의 경우 엄마가 아이로 하여금 밥을 먹는 행위를 하도록 시켰다는 간접의 의미만 담는다.

① '영희가 동생에게 책을 읽혔다'는 파생적 사동문이다.
② '과자를 통 안에 담았다'를 파생적 사동문으로 만들면 '과자가 통 안에 담겼다'가 될 수 있다.
③ '엄마가 철수에게 아기를 안게 하셨다'의 경우, 엄마가 철수에게 아기를 안도록 시킨 것이라 이해할 수 있으므로 간접 사동이다.
④ '철수가 영자에게 영화를 보게 하였다'는 통사적 사동에 해당한다.

02 밑줄 친 ㉠의 사례로 옳지 않은 것은?

> 피동문은 문장의 서술어가 피동사로 된 문장으로 주어가 당하는 의미를 나타낸다. 짧은 피동의 경우에는 '-이-, -히-, -리-, -기-, -되-'등의 피동 접미사가 결합되며 긴 피동의 경우에는 ''-어지다, -게 되다' 가 활용되어 사용된다. 피동문의 남용은 일상 생활해서 흔히 보이는 현상인데, 특히 ㉠ <u>'이중 피동'</u>을 쓰지 않도록 유의해야 한다.
>
> 이중 피동은 피동 표현이 중복되어 잘못된 문법 표현으로 쓰이는데, 주로 피동 접미사와 함께 '-어지다'가 중복 사용되면서 발생한다. 가령, '창문이 닫혀졌다.'의 경우 창문이 닫음을 당하는 의미가 있는 피동문인데, '닫+히+어지+었+다'에서 '-히-'는 피동 접미사, '-어지-'는 긴 피동 표현이므로 잘못된 이중 피동이 쓰였다고 볼 수 있다.

① 과자가 <u>담겨진</u> 통에서 찾아보아라.
② 저쪽 복도에 <u>놓여진</u> 화분은 엄청 예쁘구나.
③ 장마로 인해 <u>끊겨진</u> 통신 선로가 드디어 복구되었군요.
④ 그 도의에서 궁극적으로 <u>받아들여진</u> 것이 결국 뭐시?

01

정답풀이

1) × → '아기도'는 '아기를'로 고쳤을 때 말이 되므로 목적어임을 알 수 있다. 따라서 이는 사동문임을 알 수 있다.
2) ○ → '나뉘다'는 '나누다'에 피동 접미사 '-이-'가 결합한 형태이므로 적절하다. '나누다'는 하나를 둘 이상으로 가른다는 의미이다.
3) × → '짐만'은 '짐을'로 고쳤을 때 말이 되므로 목적어임을 알 수 있다. 따라서 이는 사동문임을 알 수 있다.
4) ○ → '모+이+다'의 '이'는 피동 접미사이다. 문장에 목적어가 없고 당한다는 피동의 의미가 있기 때문이다.
5) ○ → '좁+히+다'의 '히'는 사동 접미사이다. '회의실을'이라는 목적어가 있으며 사동의 의미가 있기 때문이다.
6) × → '녹+이+다'로 '이'는 사동 접미사이므로 피동문이라는 것은 옳지 않다. '빙하를'이라는 목적어가 있으며 사동의 의미가 있기 때문이다.

02

정답풀이 '알리다'는 목적어가 있는 사동사이므로 '알+리(사동)+어지(피동)+다'이므로 '알려지다'는 이중 피동이 아니다. 따라서 옳은 표현임을 알 수 있다. ('받아들이다, 알려지다, 밝혀지다' 등이 있다.)

오답풀이 ① '덮이다'는 '덮다'에 피동 접미사 '-이-'가 결합한 형태이므로 피동 보조 용언 '어지다'가 또 한 번 결합된 '덮여진'은 이중 피동이므로 옳지 않다.

③ '걷다'는 구름이나 안개 따위가 흩어져 없어진다는 의미이다. '걷히다'는 '걷다'에 피동 접미사 '-히-'가 결합한 형태이므로 피동 보조 용언 '어지다'가 또 한 번 결합된 '걷혀지고'는 이중 피동이므로 옳지 않다.

④ '베이다'는 '베다'에 피동 접미사 '-이-'가 결합한 형태이므로 피동 보조 용언 '어지다'가 또 한 번 결합된 '베여진'은 이중 피동이므로 옳지 않다.

정답

01 1) × 2) ○ 3) × 4) ○ 5) ○ 6) × 02 ② 03 ④ 04 ①

03

정답풀이 '(속되게) 주로 남녀 관계에서 일방적으로 관계가 끊기다.'를 의미하는 '차이다'의 준말 '채다'는 옳게 사용되었다.

오답풀이 ① '담배에 불을 붙여 연기를 빨아 입이나 코로 내보내다'를 의미하는 것은 '피다'가 아니라 '피우다'이다. '피다'는 '꽃이 피다'처럼 목적어가 없는 자동사이다.

② 어떤 감정이 복받쳐 목소리가 잘 나지 않다.'를 뜻하는 것은 '메다'이다. '메이다'는 불필요한 사동 접미사 '-이-'가 결합된 것이므로 옳지 않다.

③ '치다'가 아니라 '무거운 물건에 부딪히거나 깔리다.'를 의미하는 피동사 '치이다'가 옳다. '치이었다=치였다'로 고쳐야 한다.

04

정답풀이 '입히다'는 '입게 하다'(= 당하게 하였다)를 의미한다. 여기에서 '입다'는 '당하다.'를 의미하지만 어휘적인 피동은 피동문으로 치지 않는다. 어떠한 접미사가 붙는지가 중요한데 '히'는 사동 접미사이므로 ①은 사동문임을 알 수 있다.

오답풀이 (가)는 피동문이면서 목적어가 있는 문장이어야 한다.

② 해당 문장의 '잡히다'는 목적어(덜미를)가 있음과 동시에 '잡음'을 당하는 의미가 있으므로 '잡다'는 피동 접미사 '-히-'가 결합한 피동사임을 알 수 있다.

③ 해당 문장의 '밟히다'는 목적어(발을)가 있음과 동시에 '밟힘'을 당하는 의미가 있으므로 '밟다'는 피동 접미사 '-히-'가 결합한 피동사임을 알 수 있다.

④ 해당 문장의 '빼앗기다'는 목적어(시계를)가 있음과 동시에 '빼앗음'을 당하는 의미가 있으므로 '빼앗다'는 피동 접미사 '-기-'가 결합한 피동사임을 알 수 있다.

빈출 순위별 예상 문제

2편 통사론 CH.09 사동 / 피동

◎ 적중용 亦功 최빈출

01 다음에 대한 설명으로 옳으면 ○, 옳지 않으면 × 표시하시오.

1) '엄마가 영희에게 아기도 안겼다.'는 피동문이다. ( )

2) '이 글은 두 문단으로 나뉜다.'는 피동문이다. ( )

3) '동생은 집 밖으로 짐만 옮겼다.'는 피동문이다. ( )

4) '이산화탄소가 적외선을 흡수하여 열이 대기에 모인다.'는 피동문이다. ( )

5) '사장이 사장실을 넓히기 위해 직원 회의실을 좁힌다.'는 사동문이다. ( )

6) '온난화가 북극 빙하를 다 녹인다.'는 피동문이다. ( )

02 밑줄 친 문법 표현이 옳은 것은?

① 들판이 온통 눈으로 덮여진 광경이 장관이었다.
② 드디어 역공이의 합격 소식이 혜선 쌤에게 알려졌다.
③ 안개가 걷혀지고 파란 하늘이 나타났다.
④ 벌목꾼에게 베여진 나무가 여기저기에 쌓여 있다.

03 밑줄 친 단어의 쓰임이 옳은 것은?

① 할아버지는 매일 담배를 핀다.
② 밥을 급하게 먹으면 목이 메인다.
③ 술취한 그는 결국 차에 치었다.
④ 실장님은 결국 애인에게 채었다.

04 (가)에 들어갈 문장으로 가장 적절하지 않은 것은?

> 교사: 능동문의 목적어가 피동문의 주어가 되는 것이니까 피동문에는 목적어가 없는 것이 원칙이야. 그건 너도 잘 알고 있지?
> 학생: 예, 선생님. 그런데 '원칙'이라고 하셨으면, 원칙의 예외가 되는 문장도 있다는 말씀이신가요?
> 교사: 응, 그래. 드물지만 피동문에 목적어가 나타날 때가 있어. 어떤 문장이 있을지 한번 말해 볼래?
> 학생: "______(가)______"와 같은 문장이 그 예에 해당하겠네요.

① 그 사람이 누나에게 상해를 입혔다.
② 소매치기는 경찰에게 덜미를 잡혔다.
③ 오빠가 버스 안에서 발을 밟혔다.
④ 나는 형에게 시계를 빼앗겼다.

05

정답풀이 '섞이다'와 '들리다'는 목적어를 갖지 않는 피동 표현이다. '그의 말'이 섞임을 당하고 잘 들림을 당하는 의미를 가지므로 피동 표현이다.

오답풀이 사동 표현은 '-게 만들다, -게 하다, -게 시키다'의 시킴의 뜻이 있으며 사동사는 모두 타동사이므로 '목적어'가 있다. '불리다(붇+이+다)', '찢기다(찢+기+다)', '울리다(울+리+다)'는 모두 목적어를 필수적으로 요구하는 서술어이다. '① 녹두만(녹두를), ③ 헝겊도(헝겊을), ④ 어머니마저(어머니를)'는 각각 보조사가 붙었지만 목적격 조사도 붙을 수 있으므로 목적어이다. '붇게 만들다, 찢게 하다, 울게 만들다'로 넣어서 읽었을 때도 자연스럽다. ('시키다'의 의미가 있다)

06

정답풀이 '굳힌'은 '피동사'가 아니라 '사동사'이다. '젤리를 굳히다'는 말이 되기 때문이다. 따라서 여기에서 '-히-'는 '사동'의 뜻을 더하는 접미사이므로 ㉠의 용례에 해당한다.

오답풀이 ② '쓰이다'는 사동 접미사와 피동 접미사가 모두 '-이-'이기 때문에 사동사로도 쓰이고 피동사로도 쓰인다. 사동사는 목적어가 있고 피동사는 목적어가 없는데 해당 문장에는 '일기를'이라는 목적어가 있으므로 ㉡의 용례라고 볼 수 있다. '쓰게 했다'로 바꿔도 자연스럽다.

③ '붉다'는 형용사이고 그 뒤에 '사동'의 의미를 더하여 동사를 만드는 사동 접미사 '-히-'가 붙었으므로 ㉢의 용례라고 볼 수 있다. '얼굴을'이라는 목적어가 있으므로 사동사임을 알 수 있다.

④ '무사하다'는 형용사인데, 어근 '무사' 뒤에 부사를 만드는 접미사 '-히-'가 쓰였으므로 ㉣의 용례라고 볼 수 있다.

정답

05 ② 06 ①

05 사동 표현이 없는 것은?

① 밥을 먹기 위해 이번에 산 녹두만 물에 불렸다.
② 그의 말이 전화기 소리와 섞여 잘 들리지 않았다.
③ 아기에게 인형을 만들 헝겊도 찢겼다.
④ 그 여자는 항상 사고를 쳐서 어머니마저 울렸다.

06 다음은 접미사에 대한 설명과 용례를 제시한 것이다. ㉠~㉣의 용례를 추가할 때 적절하지 않은 것은?

	접미사 '히'의 의미 및 기능	접미사 '히'의 용례
㉠	(일부 동사 어간 뒤에 붙어) '피동'의 뜻을 더하는 접미사.	뽑힌 사람들은 여기로 오세요.
㉡	(일부 동사 어간 뒤에 붙어) '사동'의 뜻을 더하는 접미사.	머리를 숙여 인사하다.
㉢	(일부 형용사 어간 뒤에 붙어) '사동'의 뜻을 더하고 동사를 만드는 접미사.	어두워서 불을 밝혔다.
㉣	(형용사의 어근이나 '하다'가 붙어 형용사가 되는 어근 뒤에 붙어) 부사를 만드는 접미사.	그녀는 그와 나란히 걸었다.

① ㉠의 용례로 "굳힌 젤리를 냉장고에서 꺼내렴."에서의 '굳힌'을 추가할 수 있다.
② ㉡의 용례로 "선생님은 학생들에게 숙제로 일기를 쓰였다."를 추가할 수 있다.
③ ㉢의 용례로 "그는 그녀를 보고 얼굴을 붉혔다."에서의 '붉혔다'를 추가할 수 있다.
④ ㉣의 용례로 "철수는 무사히 집에 돌아왔다."에서의 '무사히'를 추가할 수 있다.

PART 03

언어와 국어

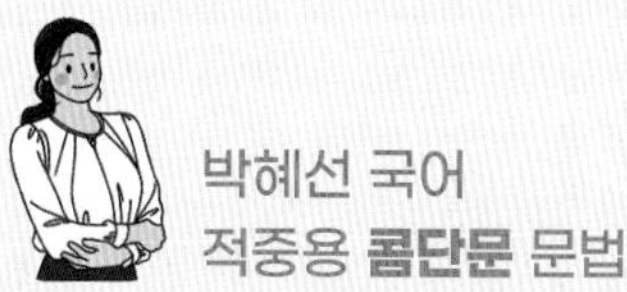

Chapter 01 언어의 본질 / 국어의 특성

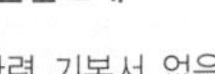

관련교재
관련 기본서 없음

대표 출종포 한눈에 보기

1. 언어의 기능을 파악하기
2. 언어의 본질을 파악하기
3. 국어의 특질 파악하기

출.종.포 ① 언어의 본질

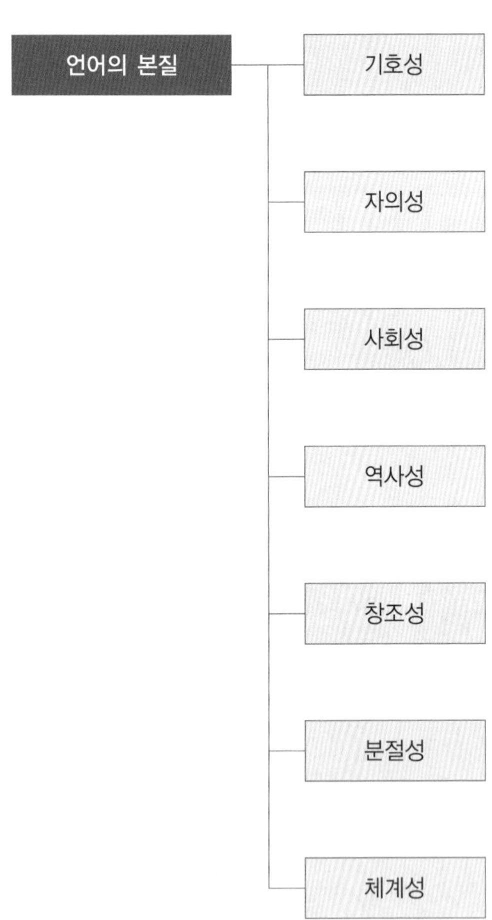

3편 언어와 국어 CH.01 언어의 본질 / 국어의 특성

◎ 적중용 | 赤功 중간 빈출, 제3빈출

01 〈보기〉의 글에 대한 학생들의 반응으로 적절하지 않은 것은?

(보기)

닉이 두 살쯤 되었을 때, 엄마는 플라스틱으로 만든 아기용 녹음기와 동요 테이프를 사다 주었다. 닉은 그 노래를 무척 좋아해서 테이프를 듣고 또 들었다. 닉은 동요 테이프와 녹음기를 들고 엄마 아빠나 형한테 가서, 노래를 틀어 줄 때까지 테이프와 녹음기를 탁탁 부딪치며 "과갈라, 과갈라, 과갈라."하고 말하곤 했다. 3년 동안 닉이 "과갈라, 과갈라."라고 할 때마다 식구들은 닉이 목소리와 악기 소리가 어우러진 아름다운 소리를 듣고 싶어 한다는 것을 알았다. 닉은 유치원에 들어가면서 선생님이나 다른 아이들은 '음악'이라고 말해야 알아듣는다는 것을 알게 되었다.

– 앤드루 클레먼츠, 〈프린들 주세요〉

① '과갈라'라는 말소리가 나타내는 의미를 닉과 닉의 가족만 알아들을 뿐 다른 사람들은 그 의미를 몰라 소통할 수 없으므로 '과갈라'는 언어라고 할 수 없어.
② 닉이 '음악'을 '과갈라'라고 부른 것은 언어의 자의성과 관련이 있지.
③ 닉이 '과갈라'라는 새로운 말을 만든 것은 언어의 창조성과 관련이 있어.
④ 닉이 '과갈라.'라고 말했을 때, 선생님과 다른 친구들이 알아듣지 못한 것은 언어의 역사성과 관련이 있어.

01

정답풀이 닉이 '과갈라.'라고 말했을 때, 선생님과 다른 친구들이 알아듣지 못한 것은 언어의 사회성과 관련된 것이다.

오답풀이 나머지는 적절한 반응이다.

정답

01 ④

PART 03

02

정답풀이 국어의 역사성에 대한 설명이다. ㉠은 '신생', ㉡은 '성장', ㉢은 '소멸'이다. 그런데 중세 국어 '불휘'는 현대 국어의 '뿌리'와 같은 대상을 가리키는 말이지만 말소리가 변한 것으로 '성장'에 해당하는 예이므로 ㉢이 아니라 ㉡이다.

오답풀이 나머지는 적절한 예에 해당한다.

03

정답풀이 이 글의 중심 내용은 "언어와 사고가 서로 깊은 관계를 맺고 있다"는 것이다. 즉, 언어가 사고에 영향을 미치든, 사고가 언어에 영향을 미치든, 두 요인이 서로 영향을 미친다는 것이다. 하지만 ③에서 개념이 머릿속에서 맴돎에도 언어로 떠올리지 못하는 것은 언어와 사고가 관련이 '적다'는 것을 뒷받침해주는 사례이다.

오답풀이 ② '파랗다'라는 언어 안에 '산의 푸름, 물의 푸름, 보행 신호의 푸름'이 모두 포함되어 있다. 이렇게 언어를 사용하다 보니 우리는 이들 모두 한 가지 색깔로 파랗다고 생각하게 된다. 따라서 이 사례는 언어가 사고에 영향을 미치는 예이다.
③ 영어는 쌀과 관련된 개념이 없으므로 언어로도 'rice'만 있다. 우리나라는 쌀 문화가 발달되어 '모', '벼', '쌀', '밥' 등이 있다. 이 사례는 사고가 언어에 영향을 미친 것을 보여주는 사례이다.
④ 우리나라는 수박이라고 하기에 개념도 '박'으로 인식하므로 언어가 사고에 영향을 미치는 예이다. 따라서 이 사례는 언어가 사고에 영향을 미치는 예이다.

04

정답풀이 옳은 선택지이다.

오답풀이 ① 국어는 조사가 발달하여 어순이 비교적 자유로운 편이지만, 어순에 따른 제약이 전혀 없는 것은 아니다. 예를 들면 서술어는 주로 문장의 맨 뒤에 오고, 보어는 서술어 앞에 와야 하며, 수식하는 말은 수식을 받는 말 앞에 와야 한다.
② '울림소리'를 거센소리로 고쳐야 한다. 파열음(폐쇄음)이 '예사소리/된소리/거센소리'의 3항 대립을 보인다.
③ 주체 높임 선어말 어미 '–시–'와, 상대 높임을 나타내는 어미 '–습니다, –하오, –시지요'등이 있다. 하지만 객체 높임 선어말 어미인 '–숩–, –줍–, –읍–은 현대 국어에서 사라졌다. 상대 높임 어미인 '–옵니다'로 남아 있을 뿐이다.

정답

02 ③ 03 ① 04 ④

02 다음 언어 변화의 양상에 해당하는 예로 적절하지 않은 것은?

> 언어 변화의 양상
> ㉠ 새로운 사물이나 개념이 생기면 그것을 나타내는 말이 새로 생겨난다.
> ㉡ 시간의 흐름에 따라 말소리나 의미가 변하기도 한다.
> ㉢ 어떤 사물이나 개념이 없어지면 그것을 표현하던 말도 사라진다.

① ㉠: 핸드폰으로 인터넷을 자유자재로 할 수 있게 된 물건이 개발되었는데, 이를 '스마트폰'라고 한다.
② ㉡: '놈'이 '일반적인 사람'을 의미하는 데서 '남자를 낮잡는 말'로 의미가 축소되었다.
③ ㉢: 현대국어에서 '根'을 의미하는 '뿌리'는 중세 국어에서는 '불휘'라고 했다.
④ ㉢: '온, 즈믄'은 예전에, 각각 '100, 1000'을 이르는 말인데, 지금은 거의 쓰이지 않는다.

03 다음 글의 사례로 적절하지 않은 것은?

> 인간은 언어를 사용하며 언어는 인간의 사고, 사회, 문화를 반영한다. 인간의 지적 능력이 발달하게 된 것은 바로 언어를 사용하기 때문이다.
> 언어와 사고는 기본적으로 상호작용을 한다. 둘 중 어느 것이 먼저 발달하고 어떻게 영향을 주는지는 알 수 없다. 그러나 언어와 사고가 서로 깊은 관계를 맺고 있다는 사실은 여러 가지 근거를 통해서 뒷받침된다.

① 이 소설은 정말 감동적이야. 내가 받은 감동은 말로는 설명이 안 돼. 머릿속에 맴도는 데에도 명칭을 떠올리지 못하겠어.
② 어떤 사람은 산도 파랗다고 하고, 물도 파랗다고 하고, 보행 신호의 녹색등도 파랗다고 한다.
③ 영어의 '쌀(rice)'에 해당하는 우리말에는 '모', '벼', '쌀', '밥' 등이 있다.
④ 우리나라는 수박(watermelon)은 '박'의 일종으로 보지만 어떤 나라는 '멜론(melon)'에 가까운 것으로 파악한다.

04 국어의 특징으로 가장 적절한 것은?

① 조사가 발달하여 어순에 따른 제약이 전혀 없다.
② 자음 중에서 파열음(폐쇄음)이 '예사소리/된소리/울림소리'의 3항 대립을 보인다.
③ 공손성을 표현하는 객체 높임 선어말 어미, 주체 높임 선어말 어미, 상대 높임을 나타내는 어미 등이 발달해 있다.
④ 어휘의 종류가 '고유어/한자어/외래어'로 구분되며, 친족어나 의성어·의태어가 발달해 있다.

박혜선 국어
적중용 **콤단문** 문법

음운론

음운과 음절

관련교재

기 출좋포 문법·어휘 p.106

대표 출좋포 한눈에 보기

1. 음운의 개수 파악하기
2. 음운의 특성 알기

출좋포 ① 음운과 음절

1. 음운

(1) 음운의 개념

의미를 변별하는 가장 작은 소리의 단위

- '강/방/상'의 뜻을 구별해 주는 'ㄱ/ㅂ/ㅅ'은 자음이다.
- '강/공/궁'의 뜻을 구별해 주는 'ㅏ/ㅗ/ㅜ'는 모음이다.
- '눈[눈]과 눈[눈:]'의 뜻을 구별해 주는 [:]은 소리의 길이이다.
- '집에 가. 가? 가!'에서 뜻을 구별해주는 억양이다.

(2) 음절의 개념

한 번에 발음할 수 있는 소리의 단위
(음절은 발음을 기준으로 한다.)

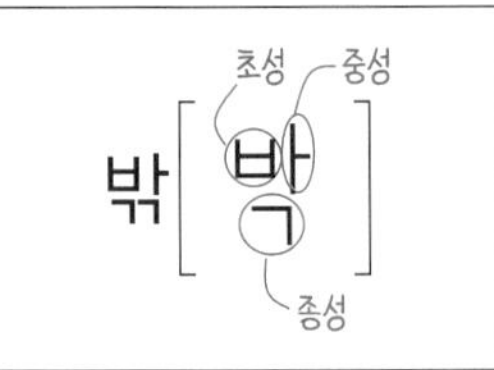

(3) 고려해야 할 것들

① 항상 음운은 '표기'가 기준이 아니라 '표준 발음'이 기준이므로 표준 발음의 음운을 세어야 한다.

② 'ㅇ'은 초성에 왔을 때에는 음가가 없는 형식 문자이기 때문에 음운으로 치지 않는다.

③ 'ㄲ, ㄸ, ㅃ, ㅆ, ㅉ' 등과 같은 종류의 자음이 병서된 음운은 하나의 음운으로 친다.

④ 'ㅄ, ㄼ, ㄺ, ㄻ' 등의 다른 종류의 자음이 병서된 음운은 2개의 음운으로 친다. 이러한 합용 병서자는 현대 국어에서는 중세 국어와 달리 음절의 말에만 표기된다. 단, 음운변동이 일어나서 음운 탈락이 일어나는 경우에는 음운이 하나가 된다.

⑤ 반모음에 단모음이 결합된 이중 모음은 하나의 음운으로 친다.

빈출 순위별 예상 문제

4편 음운론 CH.01 음운과 음절

01

정답풀이 분절되지 않는 소리의 길이나 억양은 비분절음운으로 의미를 변별하므로 음운이다.

오답풀이 ① 국어에서 소리의 장단은 '모음'에만 올라탈 수 있다. '자음'은 혼자서는 소리낼 수 없기 때문에 소리의 장단이 '자음'에 올라탈 수 없는 것이다.

② '깨고 날아갔다'의 발음은 '깨고 나라갇따'이다. 따라서 음운은 'ㄲ, ㅐ, ㄱ, ㅗ, ㄴ, ㅏ, ㄹ, ㅏ, ㄱ, ㅏ, ㄷ, ㄸ, ㅏ'로 13개이다. 'ㄲ, ㄸ'도 하나의 음운으로 친다.

③ 음운은 소리의 단위이므로 '굳히다'의 발음이 어떤지를 봐야 한다. [구치다]이므로 'ㄱ, ㅜ, ㅊ, ㅣ, ㄷ, ㅏ'로 6개이다.

정답

01 ④

적중용 亦功 중간 빈출, 제3빈출

01 음운에 대한 설명으로 옳은 것은?

① 국어에서 장단음은 모음과 자음에서 발현된다.

② '깨고 날아갔다'의 음운의 개수는 12개이다.

③ '굳히다'의 음운 개수는 7개이다.

④ 분절되지 않는 소리의 길이나 억양 등은 음운이다.

PART 04

음운의 체계

관련교재
㉮ 출좋포 문법·어휘 p.106~107

대표 출좋포 한눈에 보기

1. 자음의 체계 파악하기
2. 모음의 체계 파악하기

출좋포 ① 음운의 체계

1. 자음

자음은 공기가 목청을 통과해 목안이나 입안에서 장애를 받으면서 나는 소리이다.

조음 방법 \ 조음 위치			양순음	치조음	경구개음	연구개음	후두음
안울림소리 무성음	파열음	예사소리	ㅂ	ㄷ		ㄱ	
		된소리	ㅃ	ㄸ		ㄲ	
		거센소리	ㅍ	ㅌ		ㅋ	
	파찰음	예사소리			ㅈ		
		된소리			ㅉ		
		거센소리			ㅊ		
	마찰음	예사소리		ㅅ			ㅎ
		된소리		ㅆ			
울림소리 유성음	비음		ㅁ	ㄴ		ㅇ	
	유음			ㄹ			

2. 모음

(1) 단모음(10개): 발음 도중에 혀나 입술이 고정되어 움직이지 않는 소리로, 10개이다.

혀의 높이 \ 혀의 위치 / 입술 모양	전설 모음		후설 모음	
	평순 모음	원순 모음	평순 모음	원순 모음
고모음	ㅣ	ㅟ	ㅡ	ㅜ
중모음	ㅔ	ㅚ	ㅓ	ㅗ
저모음	ㅐ		ㅏ	

(2) 이중 모음(11개): 발음하는 도중에 혀가 일정한 자리에서 시작하여 다른 자리로 옮겨 가면서 발음되는 소리

상향 이중 모음	반모음 'ĭ(j)'+단모음	ㅑ, ㅕ, ㅛ, ㅠ, ㅒ, ㅖ
	반모음 'ㅗ/ㅜ(w)' +단모음	ㅘ, ㅙ, ㅝ, ㅞ
하향 이중 모음	단모음+반모음 'ĭ(j)'	ㅢ

① 상향 이중 모음: 반모음이 앞, 단모음이 뒤
② 하향 이중 모음: 단모음이 앞, 반모음이 뒤

빈출 순위별 예상 문제

4편 음운론 CH.02 음운의 체계

01

정답풀이 'ㅎ'은 후음이므로 [-양순음]이다. 'ㅈ'은 경구개음이므로 [-연구개음]이 옳다.

오답풀이 ① 'ㅂ'은 '양순음'이므로 [+연구개음]이 아니다. 'ㄹ'은 치조음이므로 [-치조음]이 아니라 [+치조음]이다.

② 'ㄱ'은 연구개음이므로, [+경구개음]이 아니다. 하지만, 'ㅁ'은 양순음이므로, [-후두음]은 옳다.

④ 'ㅅ'은 치조음이므로, [-양순음]은 옳다. 하지만, 'ㄷ'은 치조음이므로 [+연구개음]이 아니다.

02

정답풀이 평음은 예사소리, 경음은 된소리, 유기음은 거센소리를 의미한다. 자음에서 평음(예사소리), 경음(된소리), 유기음(거센소리)의 삼중 체계를 보이는 것은 파열음(ㄱ, ㄲ, ㅋ/ㄷ, ㄸ, ㅌ/ㅂ, ㅃ, ㅍ)과 파찰음(ㅈ, ㅉ, ㅊ)뿐이다. 'ㅅ, ㅆ / ㅎ'이 마찰음이다. 하지만, 'ㅅ, ㅆ'에는 평음(예사소리), 경음(된소리)만 있고 거센소리는 존재하지 않으므로 삼중 체계와는 거리가 멀다.

오답풀이 ① 'ㅑ'는 반모음 'ㅣ[j]+ㅏ'이므로 반모음 'ㅣ[j]로 시작하는 이중 모음이 맞다. 'ㅝ'는 반모음 'ㅜ[w]+ㅓ'이므로 'ㅜ[w]'로 시작하는 이중 모음이다. 반모음이 앞에 있는 이중 모음을 상향 이중 모음이라고 한다. (뒤에 있는 것은 하향 이중 모음이다. 'ㅢ'만 유일하다.)

③ 파찰음(ㅈ, ㅉ, ㅊ)은 공기를 막는다는 점에서 파열음의 성질을 갖고, 그 이후에 좁은 공간에서 마찰을 일으킨다는 점에서 마찰음의 성질을 갖는다. 따라서 파열음의 특성도 확인되고 마찰음의 특성도 확인된다.

④ 'ㅏ, ㅐ, ㅓ, ㅔ, ㅗ, ㅚ, ㅜ, ㅟ, ㅡ, ㅣ'의 10개의 단모음이 전부이므로 'ㅟ, ㅚ'가 포함된다고 볼 수 있다.

정답

01 ③ 02 ②

적중용 亦功 중간 빈출, 제3빈출

01 주어진 단어의 자음 두 개를 〈보기〉의 조건에 따라 순서대로 나타낼 때, 모두 옳은 것은?

> (보기)
> 하나의 음운이 가진 조음 위치의 특성을 +라고 하고, 가지고 있지 않은 특성을 −로 규정한다. 예컨대 'ㅌ'은 [+치조음, −양순음, −경구개음, −연구개음, −후음]으로 나타낼 수 있다.

① 벌레: [+연구개음], [−치조음]
② 가마: [+경구개음], [−후두음]
③ 희주: [−양순음], [−연구개음]
④ 소다: [−양순음], [+연구개음]

02 다음 설명 중 가장 옳지 않은 것은?

① 'ㅑ'와 'ㅝ'는 각각 [j](혹은 [y]), [w]이라는 반모음을 가진 상향 이중모음이다.
② 평음, 경음, 격음과 같은 삼중 체계를 보이는 것은 파찰음과 마찰음이다.
③ 'ㅈ, ㅊ, ㅉ' 을 발음할 때에는 마찰음의 특성도 확인된다.
④ 'ㅟ, ㅚ'는 한국어의 단모음에 포함된다.

PART 04

Chapter 03 음운의 변동

관련교재

㉠ 출좋포 문법·어휘 p.110~112

대표 출좋포 한눈에 보기

1. 음운 변동의 결과 맞는지 파악하기
2. 음운 변동의 유형 파악하기
3. 음운 변동 후의 음운 개수의 변화 파악하기

출좋포 ① 음운의 변동

교체 대치	한 음운이 다른 음운으로 바뀌는 것 XAY → XBY(교체)	① 음절의 끝소리 규칙 예 ② 된소리되기 예 ③ 자음 동화 – 비음화 예 – 유음화 예 – 구개음화 예 연구개음화 예 양순음화 예 ④ 모음 동화 –'ㅣ' 모음 순행동화 예
축약	두 음운이 합쳐져서 제3의 음운으로 바뀌는 것 XABY → XCY(축약)	① 자음 축약(거센소리되기) 예 ② 모음 축약(음절 축약) 예
탈락	한 음운이 어떤 환경에서 없어지는 것 XAY → X∅Y(탈락)	① 자음군 단순화 예 ② 자음 탈락(ㅎ 탈락, ㄹ 탈락, ㅅ 탈락) 예 ③ 모음 탈락(동일 모음 탈락, ㅡ 탈락) 예
첨가	어떤 환경에서 새로운 음운이 새로 생기는 것 X∅Y → XAY(첨가)	① ㄴ첨가

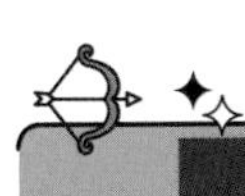

훈련용 대표 문법 + 독해 결합형 4편 음운론 CH.03 음운의 변동

01 다음 글에서 추론한 내용으로 적절하지 않은 것은?

> 음운 변동 현상 중에서 예사소리가 된소리로 소리나는 현상을 '된소리되기'라 한다. 된소리되기가 일어날 수 있는 경우는 매우 다양하다. 첫째는 앞 음절 받침이 'ㄱ, ㄷ, ㅂ, ㅅ, ㅈ'으로 끝나는 경우, 뒤의 음절 초성이 'ㄱ, ㄷ, ㅂ, ㅅ, ㅈ'으로 연결되면 초성은 'ㄲ, ㄸ, ㅃ, ㅆ, ㅉ'과 같은 된소리로 발음되는 경우이다. 예를 들어, '각도'의 경우, 앞 음절의 받침이 'ㄱ'이며 뒤의 음절의 초성이 'ㄷ'이므로 'ㄷ' 소리가 'ㄸ'으로 발음되어 [각또]가 된다.
>
> 둘째, 용언의 어간 끝소리 'ㄴ, ㅁ' 뒤에 첫소리가 'ㄱ, ㄷ, ㅅ, ㅈ'으로 발음되는 어미가 오는 경우, 모두 된소리로 발음된다. 예를 들어, '삶고'의 경우, 어간의 끝소리가 'ㅁ'이고 어미의 첫소리가 'ㄱ'이므로 이는 [삼꼬]로 발음한다.
>
> 셋째로, 관형사형 어미 '-ㄹ(을)' 뒤에 연결되는 음절의 첫소리가 'ㄱ, ㄷ, ㅂ, ㅅ, ㅈ'인 경우도 된소리로 발음된다. 예를 들어, '할 지도 모른다' 같은 경우 관형어 '할' 뒤에 첫소리가 'ㅈ'인 음절이 연결되었으므로 이는 [할 찌도 모른다]로 발음한다.

① '책장'의 경우 [책짱]으로 발음한다
② '강가'를 [강까]로 발음하는 것은 된소리되기의 사례이다.
③ '앉다'를 [안따]로 발음하는 것은 된소리되기의 사례이다.
④ '될 지도'의 경우 [될 찌도]로 발음한다.

01

정답풀이 '강가'의 경우, 앞 음절의 끝소리가 'ㅇ'이기 때문에 이는 제시문에서 나타난 "앞 음절의 받침이 'ㄱ,ㄷ,ㅂ,ㅅ,ㅈ,'로 끝나는 경우"나 "용언의 어간 끝소리 'ㄴ,ㅁ'"인 경우라고 할 수 없다. 따라서 이는 제시문을 통해서 추론했을 때 된소리되기의 경우가 아니라는 것을 알 수 있다. 이는 된소리되기가 아닌 사잇소리 현상이다.

오답풀이 ① '책장'의 경우는 제시문에 나타난 "앞 음절 받침이 'ㄱ, ㄷ, ㅂ, ㅅ, ㅈ'으로 끝나는 경우, 뒤의 음절 초성이 'ㄱ, ㄷ, ㅂ, ㅅ, ㅈ'으로 연결되면 초성은 'ㄲ, ㄸ, ㅃ, ㅆ, ㅉ'과 같은 된소리로 발음되는 경우"에 해당한다. 따라서 [책짱]으로 발음할 수 있다.
③ '앉다'의 경우는 제시문에서 나타난 "어간 끝소리 'ㄴ, ㅁ' 뒤에 첫소리가 'ㄱ, ㄷ, ㅅ, ㅈ'으로 발음되는 어미가 오는 경우, 모두 된소리로 발음"되는 경우에 해당한다. 따라서 [안따]로 발음할 수 있다.
④ '될 지도'는 "관형사형 어미 '-ㄹ(을)' 뒤에 연결되는 음절의 첫소리가 'ㄱ, ㄷ, ㅂ, ㅅ, ㅈ'인 경우도 된소리로 발음"되는 경우이다. 따라서 [될 찌도]라 발음한다.

정답

01 ②

02 다음 글을 읽고 추론한 내용으로 옳지 않은 것은?

> 유음화란 자음 'ㄴ'이 'ㄹ'의 앞이나 뒤에서 영향을 받아 동일한 'ㄹ' 소리로 교체되는 현상을 말한다. '난로'의 경우, 자음 'ㄴ'이 'ㄹ'의 앞에서 영향을 받아 [날로]로 발음되며, '칼날'의 경우 자음 'ㄴ'이 'ㄹ'의 뒤에서 영향을 받아 [칼랄]로 발음된다. 하나의 음운이 다른 음운의 영향을 받아 동일한 소리로 바뀌는 것을 동화현상이라 하는데, 앞에 있는 자음이 뒤에 있는 자음의 영향을 받아 소리가 바뀌는 것을 역행동화, 그 반대를 순행동화라 한다. 따라서 '난로'는 역행동화의 예시이고, '칼날'은 순행동화의 예시이다.

① '신라'를 [실라]로 발음하는 이유는 앞에 있는 'ㄴ'이 뒤에 있는 'ㄹ'의 영향을 받았기 때문이다.
② '줄넘기'를 [줄럼끼]로 발음하는 것은 역행동화의 예시이다.
③ '불놀이'를 [불로리]로 발음하는 것은 순행동화의 예시이다.
④ '찰나'를 [찰라]로 발음하는 것은 뒤에 있는 'ㄴ'이 앞에 있는 'ㄹ'의 영향을 받았기 때문이다.

02

정답풀이 '줄넘기'는 앞에 있는 'ㄹ'의 영향을 받아 뒤에 있는 'ㄴ'이 'ㄹ' 소리로 변화하는 것으로, 제시문에 따르면 "앞에 있는 자음이 뒤에 있는 자음의 영향을 받아 소리가 바뀌는 것을 역행동화, 그 반대를 순행동화라 한다"라 명시하고 있으므로 순행동화의 예시에 속한다.

오답풀이 ① 제시문에서 "유음화란 자음 'ㄴ'이 'ㄹ'의 앞이나 뒤에서 영향을 받아 동일한 'ㄹ' 소리로 교체되는 현상을 말한다"라고 명시하고 있기 때문에, '신라'의 'ㄴ'은 뒤에 있는 'ㄹ'의 영향을 받아 'ㄹ'로 바뀌어 발음된다. 따라서 [실라]로 발음한다.

③ '불놀이'는 앞에 있는 'ㄹ'이 뒤에 있는 'ㄴ'에 영향을 주어 동일하게 'ㄹ'로 변하는 현상이다. 이러한 경우 "앞에 있는 자음이 뒤에 있는 자음의 영향을 받아 소리가 바뀌는 것을 역행동화, 그 반대를 순행동화라 한다"라고 제시문에 명시하고 있기 때문에 이는 순행동화의 예시이다.

④ 제시문에서 "유음화란 자음 'ㄴ'이 'ㄹ'의 앞이나 뒤에서 영향을 받아 동일한 'ㄹ' 소리로 교체되는 현상을 말한다"라고 명시하고 있기 때문에, '찰나'는 'ㄹ'이 'ㄴ'에 영향을 주어 [찰라]로 발음한다.

정답

02 ②

빈출 순위별 예상 문제

4편 음운론 CH.03 음운의 변동

◎ 적중용 亦功 최빈출

01 '음운의 축약'으로 볼 수 없는 것은?

① 쓰+어도 → 써도
② 두+었다 → 뒀다
③ 뜨+이+어 → 띄어
④ 되+어 → 돼

02 다음에 대한 설명으로 적절한 것은?

㉠ 해돋이[해도지]	㉡ 보-+-아 → [봐]
㉢ 닭만[당만]	㉣ 있지[읻찌]

① ㉠: 인접한 음의 영향을 받아 조음 위치가 비슷해지는 동화 현상이 나타난다.
② ㉡: 음운 변동 전의 음운 개수와 음운 변동 후의 음운 개수가 같다
③ ㉢: 음절 끝에 'ㄱ, ㄴ, ㄷ, ㄹ, ㅁ, ㅂ, ㅇ' 이외의 자음이 오면 이 7개의 자음 중 하나로 바뀌는 규칙이 적용된다.
④ ㉣: 두 가지 유형의 음운 변동이 나타난다.

03 음운 변동 현상이 공통되는 예들로 묶인 것은?

① 안방[안빵], 국밥[국빱]
② 바깥일[바깐닐], 식용유[시공뉴]
③ 감기[강기], 신문[심문]
④ 꽃내음[꼰내음], 국민[궁민]

01

정답풀이 '쓰+어도'에서 'ㅡ'가 탈락된 것이다. 탈락이므로 축약이라고 볼 수 없다.

오답풀이 '축약(縮約)'이란 두 음운이 제3의 음운으로 합쳐진 것을 의미한다. 따라서 축약은 음운의 개수가 하나가 준다.
따라서 '② 두었다 → 뒀다, ③ 뜨이어 → 띄어, 뜨여, ④ 되어 → 돼'는 모두 축약에 해당한다.

02

정답풀이 '해돋이'는 구개음화 현상이 일어나 [해도지]로 발음된다. 'ㅣ' 앞에서 'ㄷ, ㅌ'이 경구개음 'ㅈ,ㅊ'으로 변하는 현상을 구개음화 현상이라고 한다. 인접한 음인 'ㅣ'의 조음 위치가 경구개이므로 'ㄷ, ㅌ'이 'ㅣ'와 비슷한 조음 위치인 경구개음인 'ㅈ, ㅊ'으로 동화(교체)되는 것이다. 따라서 조음 위치가 비슷해지는 동화 현상이다.

오답풀이 ② 모음 축약이 일어났으므로 음운 변동 후의 음운 개수는 하나가 줄어드므로 음운 개수가 같다는 것은 옳지 않다.
③ ㉢은 음절의 끝소리 규칙(교체)에 대한 설명이다. 하지만 '닭만'은 겹받침 'ㄺ'에서 자음군 단순화(탈락)가 일어난 후 비음화가 일어나 [당만]이 된 것이므로 음절의 끝소리 규칙(교체)과 관련이 없다.
④ [있지 → (음절의 끝소리 규칙, 된소리되기) → 읻찌]의 과정을 보인다. '음절의 끝소리 규칙, 된소리되기' 모두 음운이 1 : 1로 교체되는 것이므로 '교체'라는 유형만 일어난 것이다. 따라서 두 가지 유형이 아니라 한 가지 유형의 음운 변동이 일어난 것이다.

03

정답풀이 [꽃내음 → (음절의 끝소리 규칙) → 꼳내음 → (비음화) → 꼰내음], [국민 → (비음화) → 궁민] : 두 단어 모두에 비음화가 일어난다.

오답풀이 나머지는 모두 다른 음운 변동 현상을 보인다.
① • 안방[안빵] : 사잇소리 현상
앞 어근의 끝음이 울림소리이며 뒤 어근의 첫소리가 예사소리인 경우에는 사잇소리 현상이 일어난다.
• 국밥[국빱] : 된소리되기 현상
안울림소리와 안울림소리가 만나는 경우 일어나는 된소리되기 현상은 '교체'에 해당된다는 점에서 '첨가'에 속하는 사잇소리 현상과는 완전히 구별된다.
② [바깥일 → (음절의 끝소리 규칙, ㄴ 첨가) → 바깓닐 → (비음화) → 바깐닐]
[식용유 → (연음, ㄴ첨가) → 시공뉴] (참고로 연음은 음운 변동이 아니다.)
③ [감기 → (연구개음화) → 강기] : 연구개음이 아닌 자음 'ㅁ'이 연구개음 'ㄱ'에 동화되어 연구개음 'ㅇ'으로 교체되는 현상
[신문 → (양순음화) → 심문] : 양순음이 아닌 자음 'ㄴ'이 양순음 'ㅁ'에 동화되어 양순음 'ㅁ'으로 교체되는 현상
참고로 연구개음화와 양순음화는 모두 표준 발음이 아니다.

정답

01 ① 02 ① 03 ④

PART 04

04

정답풀이 '않+고 → [알코]'에서처럼 'ㅎ'과 'ㄱ'이 축약되어 'ㅋ'이 된 것이므로 자음이 축약된 음운 변동이 있다고 볼 수 있다. 그러나, 보기 ⓒ은 자음군 단순화가 일어날 뿐 축약을 보이지 않는다.

오답풀이

ⓐ [콧날 → (음절의 끝소리 규칙) → 콛날 → (비음화) → 콘날]
ⓑ [앉고 → (자음군 단순화) → 안고 → (된소리되기) → 안꼬]
ⓒ [훑는 → (자음군 단순화) → 훌는 → (유음화) → 훌른]
ⓓ [부엌일 → (음절의 끝소리 규칙, ㄴ첨가) → 부억닐 → (비음화) → 부엉닐]

① ⓐ, ⓓ: 부엌일[부엉닐], 콧날[콘날], 맞불[맏뿔]: 공통적으로 '음절 끝소리 규칙'이 적용되었다.
② ⓐ, ⓒ, ⓓ: 인접하는 자음과 조음 방법이 같아진 음운 변동에는 비음화와 유음화가 있다. ⓐ, ⓒ은 비음화, ⓓ은 유음화가 나타나므로 옳다. 또 있니[인니]에도 비음화가 나타나므로 옳은 설명이다.
④ ⓑ, ⓒ: 음절 끝에 둘 이상의 자음이 오지 못하기 때문에 일어난 음운 변동은 자음군 단순화이다. ⓑ, ⓒ에 자음군 단순화가 나타나며 몫도[목또]에도 자음군 단순화가 나타난다.

05

정답풀이 '가-+-니'이므로 탈락된 음운이 없다.

오답풀이 ① '가-+-아도'에서 동음 'ㅏ'가 탈락한 것이므로 음운 현상이 일어난 것이다.
② '가-+-아서'에서 동음 'ㅏ'가 탈락한 것이므로 음운 현상이 일어난 것이다.
④ '가-+-아요'에서 동음 'ㅏ'가 탈락한 것이므로 음운 현상이 일어난 것이다. ('가-+-아라'에서도 동음 'ㅏ'가 탈락됨)

06

정답풀이 ⓒ만 각각 음운 변동 전과 후의 음운 개수가 다르다.
ⓑ [직행열차 → (자음 축약, ㄴ첨가) → 지캥녈차]: 'ㄴ첨가'가 나타났다.
ⓒ [입학생 → (자음 축약(거센소리되기=격음화), 된소리되기=경음화) → 이팍쌩]: 음운 축약이나 교체만 일어났다.

오답풀이 ① ⓐ [안팎일 → (음절의 끝소리 규칙) → 안팍일 → ('ㄴ' 첨가) → 안팍닐 → (비음화) → 안팡닐]이다. 따라서 ⓑ의 [지캥녈차]와 ⓐ [안팡닐]은 둘다 'ㄴ 첨가'가 나타난다.
② ⓐ [안팡닐]은 'ㄴ 첨가'가 있기는 했지만 음절의 끝소리 규칙과 비음화가 있으므로 대치(=교체)라고 볼 수 있다. 마찬가지로 ⓓ도 [헛걸음 → (음절의 끝소리 규칙) → 헏걸음 → (된소리되기, 연음) → 헏꺼름]이다. 따라서 ⓓ도 음절의 끝소리 규칙과 된소리되기가 대치(=교체)라고 볼 수 있다.
④ ⓒ [이팍쌩]과 ⓓ [헏꺼름]은 둘 다 된소리되기가 일어났다는 점에서 '대치(=교체)'라는 같은 유형의 음운 변동이 있다.

07

정답풀이 '캔류[캘류]'은 'ㄴ'이 유음 'ㄹ'의 조음 방법에 동화되어 같은 유음 'ㄹ'로 교체된 것이다. 이는 '비음'이 '유음'으로 교체된 것이므로 조음 위치는 그대로 '혀끝소리'이지만 조음 방법만 바뀐 것이므로 해당 선택지는 옳지 않다.

오답풀이 ② '불세출[불쎄출]'은 한자어 'ㄹ' 뒤 'ㄷ, ㅅ, ㅈ'이 된소리로 발음되는 된소리되기가 일어난 것이다. 된소리되기가 일어난 것이므로 조음 위치와 조음 방법은 모두 같다. 된소리로 바뀌었어도 'ㅅ'과 'ㅆ'은 모두 조음 위치가 '혀끝소리'이고, 조음 방법이 '마찰음'이기 때문이다.
③ '백미[뱅미]'의 표준 발음은 'ㄱ → ㅇ'으로 바뀌었다. 조음 위치는 모두 '여린입천장소리(=연구개음)'이다. 하지만 조음 방법은 '파열음'인 'ㄱ'이 '비음'인 'ㅇ'으로 바뀐 것이므로 조음 방법은 바뀌었음을 알 수 있다.
④ '미닫이[미다지]'는 '혀끝소리' 'ㄷ'이 이고 '경구개음' 'ㅈ'으로 교체된 것이다. 따라서 조음 위치가 바뀌었음을 알 수 있다. 조음 방법으로는 'ㄷ'은 '파열음'이고 'ㅈ'은 '파찰음'이므로 조음 방법 또한 바뀌었음을 알 수 있다.

정답

04 ③ 05 ③ 06 ③ 07 ①

04 〈보기〉의 ㉠~㉣에 대한 다음 설명 중 가장 적절하지 않은 것은?

〈보기〉

㉠ 콧+날 → [콘날]
㉡ 앉+고 → [안꼬]
㉢ 훑+ 는 → [훌른]
㉣ 부엌+일 → [부엉닐]

① ㉠, ㉣: '맞+불 → [맏뿔]'에서처럼 음절 끝에 올 수 있는 자음이 제한되어 있기 때문에 일어난 음운 변동이 있다.
② ㉠, ㉢, ㉣: '있+니 → [인니]'에서처럼 인접하는 자음과 조음 방법이 같아진 음운 변동이 있다.
③ ㉡: '앓+고 → [알코]'에서처럼 자음이 축약된 음운 변동이 있다.
④ ㉡, ㉢: '몫+도 → [목또]'에서처럼 음절 끝에 둘 이상의 자음이 오지 못하기 때문에 일어난 음운 변동이 있다.

05 다음의 음운 현상이 일어나지 않은 사례는?

어간 '가-'에 어미 아서'가 결합하면 '가서'가 된다. 이러한 사례처럼 어간과 어미가 결합할 때, 동일한 모음이 연속되면 그중 하나가 탈락한다.

① 우리만 먼저 <u>가도</u> 괜찮을까?
② 집에 <u>가서</u> 밥을 먹자
③ 봄이 <u>가니</u> 여름이 온다.
④ 집에 이제 <u>가요</u>.

06 ㉠~㉣의 음운 변동에 대한 설명으로 옳지 않은 것은?

㉠ 안팎일	㉡ 직행열차
㉢ 입학생	㉣ 헛걸음

① ㉠과 ㉡은 각각 음운의 첨가가 나타난다.
② ㉠과 ㉣은 각각 음운의 대치가 나타난다.
③ ㉡과 ㉢은 각각 음운 변동 전과 후의 음운 개수가 같다.
④ ㉢과 ㉣은 같은 유형의 음운 변동이 있다.

07 표준 발음법에 맞게 발음할 때 일어나는 음운 변동에 대한 설명으로 적절하지 않은 것은?

① '캔류'는 조음 위치는 바뀌고, 조음 방법은 그대로이다.
② '불세출'은 조음 위치와 조음 방법이 모두 그대로이다.
③ '백미'는 조음 위치는 그대로이고, 조음 방법이 바뀌었다.
④ '미닫이'는 조음 위치와 조음 방법이 모두 바뀌었다.

08

정답풀이 '얻고'의 경우 안울림 예사소리 'ㄷ'과 뒤의 안울림 예사소리 'ㄱ'의 환경에서 'ㄱ'이 'ㄲ'으로 교체되는 ㉠의 경우가 맞다.

오답풀이 ② [손끔]이 맞지만 ㉡의 경우가 아니다. 첫째, '손금'은 합성어 과정에서 나오는 사잇소리 현상으로, 된소리되기 현상과는 아예 관련이 없다. 둘째, ㉡에서 말하는 환경은 '어간' 뒤에서 일어나는 된소리되기인데, '손금'은 어간이 아니라 '명사 어근+명사 어근'의 구조이기 때문에 ㉡의 경우라고 말할 수 없다.
㉡의 경우는 '신고[신:꼬], 앉고[안꼬], 더듬지[더듬찌], 감게[감께]' 등이 있다.

③ '갈 것'의 발음은 [갈 껏]이지만 이는 ㉢이 아니라 ㉣에 해당되므로 옳지 않다.

④ '몰상식[몰쌍식], 발전[발쩐], 발달[발딸], 발생[발쌩]' 등이 있다. 이는 ㉣이 아니라 ㉢에 해당하므로 옳지 않다.

09

정답풀이 '같이'는 '이' 모음 앞에서 'ㅌ'이 'ㅊ'으로 '교체'되는 구개음화 현상이므로 '탈락'은 옳지 않다.

오답풀이 ① 바깥[바깓]: 음절의 끝소리 규칙이므로 음운 변동의 유형은 대치(교체)이다.

③ 삯일[상닐]: [삯일 → (자음군 단순화, ㄴ첨가) → 삭닐 → (비음화) → 상닐]의 과정을 거치므로 '삯일'에는 탈락(자음군 단순화), 첨가(ㄴ첨가), 교체(비음화)가 일어남을 알 수 있다. 따라서 '첨가'가 일어난다는 것은 적절하다.

④ 국화[구콰]: 'ㄱ'과 'ㅎ'이 만나 'ㅋ'으로 축약된 것이므로 자음 축약(거센소리되기)이다. 따라서 음운 변동의 유형은 축약이다.

10

정답풀이 따뜻하다[따뜯하다 > 따뜨타다]의 발음 과정에서
(가) 음절의 끝소리 규칙(교체=대치)과 (나) 거센소리되기(축약)가 쓰였다.

11

정답풀이 [없고 → (자음군 단순화, 된소리되기) → 업꼬]: 자음군 단순화는 '음운의 탈락'이다. '된소리되기'는 '음운의 교체'이다. 탈락이 일어났기 때문에 음운의 개수가 하나 줄어든 것이 옳다. 'ㅓ, ㅂ, ㅅ, ㄱ, ㅗ'의 5개에서 'ㅓ, ㅂ, ㄲ, ㅗ'의 4개로 음운이 줄었다.

오답풀이 ② [서울역 → (ㄴ첨가) → 서울녁 → (유음화) → 서울력]: '서울'과 '역'은 합성어인데 앞의 어근이 자음이고 뒤의 말이 '이, 야, 여, 요, 유'로 시작하는 경우에는 ㄴ이 첨가된다. 그 후 'ㄹ'이 'ㄴ'을 유음화 시킨다. 따라서 '첨가'와 '음운의 교체'가 일어남을 알 수 있다. 첨가가 일어나므로 음운의 개수가 한 개가 줄어드는 것이 아니라 늘어난다.

③ [늑막염 → (ㄴ첨가) → 늑막념 → (비음화) → 능망념]: '늑막염'은 '늑막+염'의 합성어인데 앞의 어근이 자음이고 뒤의 말이 '이, 야, 여, 요, 유'로 시작하는 경우에는 ㄴ이 첨가된다. 그 후에 '늑막'에도 비음화가 일어나고 '막념'에도 비음화가 일어나서 [능망념]이 된다. 이때 첨가가 한 번만 일어나므로 음운의 개수는 두 개가 아니라 한 개가 늘어난다.

④ [솥하고 → (음절의 끝소리 규칙) → 솓하고 → (자음 축약) → 소타고]: '음절의 끝소리 규칙'이라는 '교체'와 '자음 축약'이 나타난다. '축약'은 하나의 음운이 하나 줄기 때문에 음운의 개수가 변하지 않는 것은 옳지 않다.

정답

08 ① 09 ② 10 ② 11 ①

08 ㉠~㉣에 대한 예로 가장 적절한 것은?

> 특정 음운 환경에서 'ㄱ, ㄷ, ㅂ, ㅅ, ㅈ' 같은 예사소리가 'ㄲ, ㄸ, ㅃ, ㅆ, ㅉ' 같은 된소리로 바뀌는 현상이 일어나는데, 이를 된소리되기 또는 경음화라고 한다. 된소리되기의 종류로는 ㉠ 'ㄱ, ㄷ, ㅂ' 뒤에서 일어나는 된소리되기, ㉡ 어간 받침 'ㄴ, ㅁ' 뒤에서 일어나는 된소리되기, ㉢ 'ㄹ'로 끝나는 한자와 'ㄷ, ㅅ, ㅈ'으로 시작하는 한자가 결합할 때 일어나는 된소리되기, ㉣ 관형사형 어미 '-(으)ㄹ' 뒤에 있는 체언에서 일어나는 된소리되기 등이 있다.

① ㉠: 얻고 → [얻꼬]
② ㉡: 손금 → [손끔]
③ ㉢: 갈 것 → [갈껃]
④ ㉣: 몰상식 → [몰쌍식]

09 다음에서 설명하고 있는 음운 변동의 예로 적절하지 않은 것은?

> 음운 변동은 그 결과에 따라 한 음운이 다른 음운으로 바뀌는 교체(交替), 원래 있던 음운이 없어지는 탈락(脫落), 없던 음운이 추가되는 첨가(添加), 두 개의 음운이 합쳐져서 하나로 되는 축약(縮約) 등으로 분류할 수 있다.

① 교체 – 바깥[바깓]
② 탈락 – 같이[가치]
③ 첨가 – 삯일[상닐]
④ 축약 – 국화[구콰]

10 국어의 음운 현상에는 아래의 네 가지 유형이 있다. 〈보기〉의 ㈎와 ㈏에 해당하는 음운 현상의 유형을 순서대로 고르면?

> ㉠ XAY → XBY(대치)
> ㉡ XAY → XØY(탈락)
> ㉢ XØY → XAY(첨가)
> ㉣ XABY → XCY(축약)

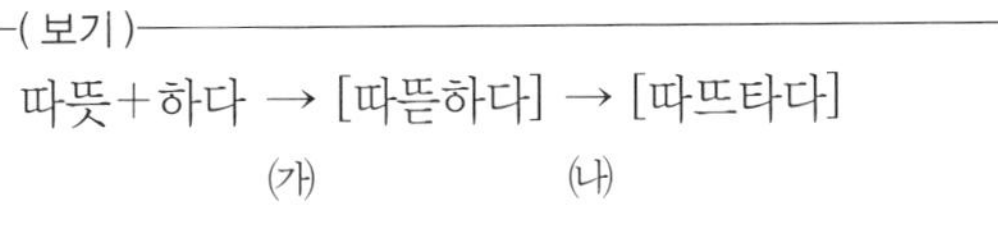

〈보기〉
따뜻+하다 → [따뜯하다] → [따뜨타다]
㈎ ㈏

① ㉠, ㉡　　② ㉠, ㉣
③ ㉡, ㉢　　④ ㉡, ㉣

11 다음 단어를 표준 발음법에 맞게 발음할 때 일어나는 음운 변동에 대한 설명으로 옳은 것은?

① '없고'는 탈락 및 교체가 일어나며 음운의 개수가 한 개 줄어든다.
② '서울역'은 교체가 한 번 일어나며 음운의 개수가 한 개 줄어든다.
③ '늑막염'은 첨가 및 교체가 일어나며 음운의 개수가 두 개 늘어난다.
④ '솥하고'는 교체 및 축약이 일어나며 음운의 개수가 변하지 않는다.

12

정답풀이 나머지는 모두 '탈락'에 해당하지만 '쏴'만 축약이다. 용언 어간 '쏘-'에 어미 '-아'이 결합되어 모음 축약이 되어 '쏴'가 된다.

오답풀이 ① 어간 '서-'에 어미 '-어서'가 결합할 때 동음 'ㅓ'가 탈락된다. 이것이 표기에도 반영된다.
③ 어간 '따르-'에 어미 '-아'가 결합할 때 'ㅡ'가 탈락된다. 이것이 표기에도 반영된다.
④ 어간 '울-'에 어미 '-는'이 결합할 때 'ㄹ'이 탈락된다. 이것이 표기에도 반영된다.

13

정답풀이 헛웃음[허두슴] : 음절의 끝소리 규칙(교체)

오답풀이 ① 놓치다[놑치다] : 음절의 끝소리 규칙(교체)
'ㅎ'이 탈락해서는 안된다. 'ㅎ' 뒤에 예사소리 'ㅂ, ㄷ, ㄱ, ㅈ'가 오지 않아 자음 축약이 일어나는 경우가 아니라면 음절의 끝소리 규칙이 일어나야 한다.
③ 똑같이[똑까치] : 안울림소리 'ㄱ'과 안울림소리 'ㄱ'이 만나 된소리되기(교체), 'ㅌ'이 'ㅣ' 앞에서 'ㅊ'으로 교체되는 구개음화(교체)
④ 닫혔다[다쳗따] : 'ㄷ'과 'ㅎ'이 자음 축약이 되고 반모음 'ㅣ' 앞에서 'ㅌ'이 'ㅊ'으로 교체된다. '져, 쪄, 쳐'는 [저, 쩌, 처]로 발음되므로 [다첟따]로 발음되어야 한다.

14

정답풀이 [내복약 → (ㄴ첨가) → 내복냑 → (비음화) → 내봉냑] : '내복약'은 '내복+약'의 합성어인데 앞의 어근이 자음이고 뒤의 말이 '이, 야, 여, 요, 유'로 시작하는 경우에는 ㄴ이 첨가된다. 그 후에 'ㄴ'이 'ㄱ'을 비음 'ㅇ'으로 비음화 시킨다. 따라서 비음화(자음 동화) 1번, 음의 첨가가 1번 일어났다.

15

정답풀이 [꽃망울 → (음절의 끝소리 규칙) → 꼳망울 → (비음화) → 꼰망울] : ㉠ 음절 끝소리 규칙과 ㉡ 비음화가 동시에 드러난다.

오답풀이 ② [맑니 → (자음군 단순화) → 막니 → (비음화) → 망니]
③ [낳지 → (자음 축약) → 나치] : [낟찌]로 발음되지 않음에 유의하여야 한다. 자음 축약이 음절의 끝소리 규칙보다 먼저 일어나므로 'ㅎ'은 'ㄷ'으로 바뀔 수 없다.
④ [몇 해 → (음절의 끝소리 규칙) → 멷해 → (자음 축약) → 며태]

16

정답풀이 나머지는 모두 교체의 유형이나 '흙이[흘기]'는 연음이 일어난 것일 뿐이므로 음운 변동 자체가 아니므로 음운 변동의 유형이 다르다.

오답풀이 ① [덮밥 → (음절의 끝소리 규칙, 된소리되기) → 덥빱] : 교체
③ [협력 → (상호 비음화) → 혐녁] : 교체
④ [광한루 → (유음화) → 광:할루] : 교체

17

정답풀이 '풀꽃을'은 [풀꼬츨]로 발음되는 것이 옳다. '을'은 목적격 조사로서 형식 형태소이다. 형식 형태소는 힘이 없기 때문에 그대로 이어 발음되어 [풀꼬츨]이 되는 것이다.

오답풀이 ① [늙습니다 → (자음군 단순화, 된소리되기) → 늑씁니다 → (비음화) → 늑씀니다]
② [꽃잎 → (음절의 끝소리 규칙, ㄴ첨가) → 꼳닙 → (비음화) → 꼰닙]
④ 원래 'ㄼ'은 뒤 자음이 탈락되어 '넓다'가 [널따]로 발음이 되는 것이 정상이다. 그러나 '넓둥글다, 넓죽하다'의 경우 예외가 되어 앞 자음이 탈락된다. 따라서 [넙뚱글다], [넙쭈카다]로 발음되기 때문에 ④은 옳다.

정답

12 ② 13 ② 14 ② 15 ① 16 ② 17 ③

12 밑줄 친 부분 중 음운 변동의 성격이 다른 것은?

① 그는 서서 그녀를 기다렸다.
② 어서 그를 쏴 버려.
③ 나를 따라 와 보렴.
④ 우는 아이를 달래려고 노력했다.

13 표준 발음으로 옳은 것은?

① 놓치다[노치다]
② 헛웃음[허두슴]
③ 똑같이[똑가치]
④ 닫혔다[다텯따]

14 '내복약'을 표준 발음법에 맞게 발음할 때, 음운 변동의 종류와 횟수를 바르게 짝지은 것은?

	<음의 동화>	<음의 첨가>
①	1회	0회
②	1회	1회
③	2회	0회
④	2회	1회

15 〈보기〉를 참고했을 때, ㉠과 ㉡이 동시에 드러난 사례를 고르면?

(보기)
㉠ 음절 끝소리 규칙은 받침 위치에 있는 자음이 'ㄱ, ㄴ, ㄷ, ㄹ, ㅁ, ㅂ, ㅇ'의 7개 자음으로만 발음되는 현상이다. 밖[박], 부엌[부억], 낮[낟], 숲[숩]과 같은 경우를 예로 들 수 있다.
㉡ 비음화는 비음이 아닌 자음이 비음의 영향을 받아 비음 'ㄴ, ㅁ, ㅇ'으로 동화되는 현상이다. 닫는다[단는다], 접는다[점는다], 먹는다[멍는다]를 예로 들 수 있다.

① 꽃망울[꼰망울]
② 맑니[망니]
③ 낳지[나치]
④ 몇 해[며태]

16 다음의 음운 변동의 유형이 다른 하나는?

① 덮밥[덥빱]
② 흙이[흘기]
③ 협력[혐녁]
④ 광한루[광할루]

17 표준 발음으로 가장 옳지 않은 것은?

① 늙습니다[늑씀니다]
② 꽃잎[꼰닙]
③ 풀꽃을[풀꼬슬]
④ 넓둥글다[넙뚱글다]

PART 04

18

정답풀이 [그믐달 → (사잇소리 현상) → 그믐딸]
[산비둘기 → (사잇소리 현상) → 산삐둘기]: 사잇소리 현상은 '어근+어근'의 합성어이면서 앞의 어근의 끝소리가 울림소리이고 뒤의 어근의 첫소리 예사소리일 때 일어난다. '그믐'과 '달' / '산'과 '비둘기'는 이 조건에 부합하므로 뒤의 소리가 된소리로 소리나는 사잇소리 현상이 일어난다. 주의해야 할 점은 사잇소리 현상은 '첨가'라는 점에서 '교체'의 된소리되기와는 다르다는 점이다.

오답풀이 ① [끓니 → (ㅎ탈락) → 끌니 → (유음화) → 끌리]
[않고 → (자음 축약) → 안코]: 동일한 음운 변동 현상이 아니다.
③ [맏양반 → (ㄴ첨가) → 맏냥반 → (비음화) → 만냥반]
[쇠붙이 → (구개음화) → 쇠부치]: 동일한 음운 변동 현상이 아니다.
④ [권력 → (유음화) → 궐력]
[공권력 → (된소리되기, 비음화) → 공꿘녁]: '공권력(公權力)'의 경우에는 유음화의 환경이라고 착각할 수 있으나 3글자 한자어이면서 '2+1'의 구성을 보이는 경우에는 유음화가 아니라 비음화가 일어난다. 이외의 예로는 '횡단로[횡단노], 신문로[신문노], 이원론[이원논], 구근류[구근뉴]' 등이 있다.

19

정답풀이 '섞는'은 [섞는 → (음절의 끝소리 규칙) → 석는 → (비음화) → 성는]의 과정을 거쳐 발음된다.
'음절의 끝소리 규칙'과 '비음화'는 '교체'에 해당하므로 ①의 설명은 옳다.

오답풀이 ② '섞어'는 '-어' 어미가 형식 형태소에 해당하므로 그대로 이어서 발음하여 [서꺼]로 발음된다. '연음'은 음운이 그대로 유지되는 것이므로 탈락 현상이 아니다.
③ '섞고'는 [섞고 → (음절의 끝소리 규칙) → 석고 → (된소리되기) → 석꼬]의 과정을 거쳐 발음된다. '음절의 끝소리 규칙'과 '된소리되기'는 '교체'에 해당한다. 따라서 두 음운의 위치가 서로 바뀌는 '도치' 현상은 적절하지 않다.
④ '섞지'는 [섞지 → (음절의 끝소리 규칙) → 석지 → (된소리되기) → 석찌]의 과정을 거쳐 발음된다. '음절의 끝소리 규칙'과 '된소리되기'는 '교체'에 해당한다. 따라서 두 음운이 합쳐져서 다른 음운으로 바뀌는 '축약'과 새로운 음운이 생기는 '첨가'로 설명한 것은 옳지 않다.

정답

18 ② 19 ① 20 ④ 21 ③ 22 ①

20

정답풀이 '맑다'의 경우 'ㄺ'은 뒤 자음이 탈락한다. 그래서 [막따]가 된다. 하지만 용언의 어간 말음 'ㄺ'은 'ㄱ' 앞에서 [ㄹ]로 발음하므로, '맑고'의 표준 발음은 [막꼬]가 아니라 [말꼬]이다.

오답풀이 ① [늙는 → (자음군 단순화) → 늑는 → (비음화) → 능는]
② 밟기[밥ː끼]: '밟-'은 자음 앞에서 [밥]으로 발음한다(표준 발음법 제10항, 다만). 표준 발음법 제25항에 의하면 어간 받침 'ㄼ, ㄾ' 뒤에 결합되는 어미의 첫소리 'ㄱ, ㄷ, ㅅ, ㅈ'은 된소리로 발음한다. 그래서 [밥기]가 아니라 [밥ː끼]가 되는 것이다.
③ 얽게[얼께]: 용언의 어간 말음 'ㄺ'은 'ㄱ' 앞에서 [ㄹ]로 발음한다(표준 발음법 제11항, 다만).

21

정답풀이 음운 변동 전의 음운 개수: 'ㅣ, ㅂ, ㅎ, ㅏ, ㄱ, ㅅ, ㅐ, ㅇ'(8개)
음운 변동(자음 축약=거센소리되기=격(음화) 후에는 [이팍쌩]이므로 음운 개수: 'ㅣ, ㅍ, ㅏ, ㄱ, ㅆ, ㅐ, ㅇ'(7개) 따라서, 음운 변동 전의 음운 개수와 음운 변동 후의 음운 개수가 서로 다르다.

오답풀이 ① [부엌일 → (음절의 끝소리 규칙, 'ㄴ' 첨가)→ [부억닐] (비음화) → [부엉닐]: 따라서 '부엌일'에 일어나는 음운 변동의 유형은 ㉠ 교체(음절의 끝소리 규칙, 비음화) ㉡ 첨가(ㄴ첨가)이다.
② [몇 리 → (음절의 끝소리 규칙) → 면리 → (상호 비음화) → 면니]이다. 인접한 음의 영향을 받아 '조음 방법'이 같아지는 '비음화'가 일어나므로 ㉡의 설명은 적절하지 않다.
④ [흙모양 → (자음군 단순화) → 흑모양 → (비음화) → 흥모양]이므로 음절 끝소리 규칙이 아닌 자음군 단순화가 일어났으므로 ㉣의 설명은 적절하지 않다.

22

정답풀이 [끓네 → (자음군 단순화) → 끌네 → (유음화) → 끌레]의 과정을 거친다. '자음군 단순화'는 탈락이며, '유음화'는 대치(=교체)이므로 ①은 옳다.

오답풀이 ② [밖과 → (음절의 끝소리 규칙) → 박과 → (된소리되기) → 박꽈]의 과정을 거친다. '음절의 끝소리 규칙'은 대치(=교체)이며, '된소리되기'는 대치(=교체)이므로 '밖과'가 대치, 축약 현상이라고 한 ②는 틀리다.
③ [값지다 → (자음군 단순화) → 갑지다 → (된소리되기) → 갑찌다]의 과정을 거친다. '자음군 단순화'는 탈락이며, '된소리되기'는 대치(=교체)이므로 '값진'이 탈락, 첨가 현상이라고 한 ③은 틀리다.
④ [밭도 → (음절의 끝소리 규칙) → 받도 → (된소리되기) → 받또]의 과정을 거친다. '음절의 끝소리 규칙'과 '된소리되기'는 모두 대치(=교체)이므로 '밭도'가 대치, 첨가 현상이라고 한 ④는 틀리다.

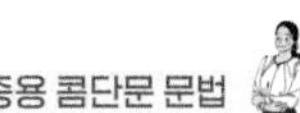

18 동일한 음운 변동 현상을 보여 주는 예들로 묶인 것은?

① 끓니, 않고
② 그믐달, 산비둘기
③ 맏양반, 쇠붙이
④ 권력, 공권력

19 '섞다'의 활용형에 적용된 음운 변동에 대한 설명으로 옳은 것은?

> • 교체: 한 음운이 다른 음운으로 바뀌는 현상
> • 탈락: 한 음운이 없어지는 현상
> • 첨가: 없던 음운이 생기는 현상
> • 축약: 두 음운이 합쳐져서 또 다른 음운 하나로 바뀌는 현상
> • 도치: 두 음운의 위치가 서로 바뀌는 현상

① '섞는'은 교체 현상에 의해 '성는'으로 발음된다.
② '섞어'는 탈락 현상에 의해 '서꺼'로 발음된다.
③ '섞고'는 도치 현상에 의해 '섞꼬'로 발음된다.
④ '섞지'는 축약 현상과 첨가 현상에 의해 '섞찌'로 발음된다.

20 표준 발음이 아닌 것은?

① 늙는[능는]
② 밟기[밥:끼]
③ 얽게[얼께]
④ 맑고[막꼬]

21 다음에 대한 설명으로 적절한 것은?

㉠ 부엌일[부엉닐]	㉡ 몇 리[면니]
㉢ 입학생[이팍쌩]	㉣ 흙 모양[흥 모양]

① ㉠: 한 가지 유형의 음운 변동이 나타난다.
② ㉡: 인접한 음의 영향을 받아 조음 위치가 같아지는 동화 현상이 나타난다.
③ ㉢: 음운 변동 전의 음운 개수와 음운 변동 후의 음운 개수가 서로 다르다.
④ ㉣: 음절 끝에 'ㄱ, ㄴ, ㄷ, ㄹ, ㅁ, ㅂ, ㅇ' 이외의 자음이 오면 이 7개의 자음 중 하나로 바뀌는 규칙이 적용된다.

22 음운 변동에 대한 설명으로 옳은 것은?

① 끓네[끌레]: 탈락, 대치 현상이 있다.
② 밖과[박꽈]: 대치, 축약 현상이 있다.
③ 값지다[갑찌다]: 탈락, 첨가 현상이 있다.
④ 밭도[받또]: 대치, 첨가 현상이 있다.

23

정답풀이 각각 'ㅎ'과 'ㄹ'이 탈락되므로 음운 변동 유형이 같다.

오답풀이 ② [금융 → (ㄴ첨가) → 금늉] : (첨가)

: 앞말이 자음으로 끝나고 뒷말의 첫음절이 '이, 야, 여, 요, 유'로 시작하는 경우에는 뒷말의 초성 자리에 'ㄴ' 소리가 첨가된다.

[구근류 → (비음화) → 구근뉴] : '구근류(球根類)'의 경우에는 유음화의 환경이라고 착각할 수 있으나 3글자 한자어이면서 '2+1'의 구성을 보이는 경우에는 유음화가 아니라 비음화가 일어난다. 이외의 예로는 '횡단로[횡단노], 공권력[공꿘녁], 이원론[이원논], 추진력[추진녁]' 등이 있다.

비음화는 교체이므로 첨가와는 다르다.

③ 이기-+-어 → [이겨] : 모음 축약

파-+-아도 → [파도] : 동음 탈락

음운 변동 유형이 각각 축약, 탈락이므로 동일한 음운 변동 유형이 아니다.

④ 신라[실라] : 유음화

싫어도[시러도] : ㅎ 탈락

음운 변동 유형이 각각 교체, 탈락이므로 동일한 음운 변동 유형이 아니다.

24

정답풀이 ㉠ 축약, 탈락, ㉡ 동화, ㉢ 음절의 끝소리 규칙의 교체이다.

㉠ : ⓒ의 '좋고[조코], 많다[만타]'는 거센소리되기(자음 축약)에 해당하므로 ㉠이다.

㉡ : ⓑ의 '닫는[단는], 찰나[찰라]'는 각각 비음화와 유음화로 '동화' 현상이다. 동화 현상은 ㉡이다.

㉢ : ⓐ에 '바깥, 부엌'은 각각 [바깓], [부억]으로 발음된다. 이는 음절의 끝소리 규칙에 해당하므로 ㉢에 해당한다.

오답풀이 ⓓ에 '배+사공, 전세+집'의 합성어 사이에서 각각 [배싸공/밷싸공], [전세찝/전셷찝]으로 발음된다. 이는 앞 어근의 끝음이 울림소리이고 뒤 어근이 끝음 예사소리가 된소리로 발음되는 사잇소리 현상이다. 사잇소리 현상은 첨가에 해당한다. ㉠~㉢에 모두 해당하지 않는다.

25

정답풀이 • [키읔 → (음절의 끝소리 규칙) → 키윽]

• [낡다 → (음절의 끝소리 규칙, 된소리되기) → 낙따]

• [히읗→ (음절의 끝소리 규칙) → 히읃]

따라서 음절의 끝소리 규칙(=중화)이다. '중화'라는 용어를 몰라서 음절의 끝소리 규칙을 몰라보면 안 된다.

26

정답풀이 어간 '돕-'에 어미 '-아서'가 결합되면 'ㅂ'이 반모음 'ㅗ'로 교체되어 '도와서'로 활용된다. '도와서'에는 음운이 교체된 것이지 음운 탈락이 일어나지는 않았다.

오답풀이 ① 부어서 : '붓-+-어서'에서 'ㅅ' 탈락

② 다달이 : '달+달+이'에서 'ㄹ' 탈락

③ 들렀다 : '들르-+-었-'에서 'ㅡ' 탈락

27

정답풀이 보통은 발음을 편리하게 하기 위해 음운 변동이 일어나므로 '㉠ 경제성의 원리'가 원인인 경우가 대부분이다. '㉡ 표현 효과의 원리'는 강하게 발음하여 오히려 에너지 소모가 큰 '된소리되기'와 '사잇소리 현상'과 관련이 깊다. '집비둘기'의 표준 발음은 [집삐둘기]이다. 예사 소리인 'ㅂ'이 'ㅃ'으로 바뀌는 '된소리되기(경음화)'가 일어났기 때문에 '표현 효과의 원리'에 해당한다. 앞의 말의 끝음 'ㅂ'은 안울림소리이므로 앞의 말의 끝음을 울림소리로 갖는 사잇소리 현상과는 구별된다. ('집비둘기'는 된소리되기(교체), '산비둘기'는 사잇소리 현상) 나머지는 모두 ㉠이 변동의 원인이다.

오답풀이 '경제성의 원리'는 발음할 때 편리하게 하는 것에 초점이 있다. 일반적으로 발음할 때 '축약'되거나 '교체', '탈락' 되는 것들이 이에 해당된다.

① [만누이]로 비음화, ② [가치다]로 자음 축약, 구개음화, ③은 [오탄벌]로 음절의 끝소리 규칙, 자음 축약이다. ①~③ 어디에도 된소리되기, 사잇소리 현상이 없으므로 답은 ④이다.

28

정답풀이 '문법[문뻡]'은 '문(文)'와 '법(法)'의 합성어이므로 사잇소리 현상에 의해 된소리로 발음된다는 견해와 한자음의 사이에서 일어나는 된소리되기라고 보는 견해가 있다. 어쨌든 된소리로 강하게 발음되는 것은 '표현 효과의 원리'이다.

오답풀이 ① 구개음화, ② 자음 동화(비음화), ③ 자음 동화(유음화). ①~③은 경제성의 원리와 관련이 있다.

정답

23 ① 24 ④ 25 ① 26 ④ 27 ④ 28 ④

◎ 적중용 亦功 중간 빈출, 제3빈출

23 동일한 음운 변동 유형을 보여 주는 예들로 묶인 것은?

① 좋-+-은 → [조은], 살-+-니 → [사니]
② 금융[금늉], 구근류[구근뉴]
③ 이기-+-어 → [이겨], 파-+-아도 → [파도]
④ 신라[실라], 싫어도[시러도]

24 〈자료〉의 (가)와 (나)가 옳게 짝지어진 것은?

〈자료〉

(가) 음운의 변동 양상
㉠ 두 음운이 하나의 음운으로 결합하거나 어느 하나가 없어지는 현상
㉡ 한 음운이 인접하는 다른 음운의 성질을 닮아가는 현상
㉢ 어떤 음운이 음절의 끝 위치에서 다른 음운으로 바뀌는 현상
(나) 예시
ⓐ 바깥, 부엌 ⓑ 닫는, 찰나
ⓒ 좋고, 많다 ⓓ 뱃사공, 전셋집

	㉠	㉡	㉢
①	ⓐ	ⓓ	ⓑ
②	ⓑ	ⓒ	ⓐ
③	ⓒ	ⓓ	ⓐ
④	ⓒ	ⓑ	ⓐ

25 〈보기〉의 단어에 공통으로 적용된 음운 변동은?

〈보기〉
• 키읔[키윽] • 낫다[낟따] • 히읗[히읃]

① 중화 ② 첨가
③ 비음화 ④ 유음화

26 밑줄 친 부분 중 음운의 탈락 현상이 나타나지 않은 것은?

① 얼굴이 부어서 못생겨졌다.
② 월세를 다달이 잘 냈다.
③ 그가 집에 들렀다.
④ 당신을 도와서 합격까지 이르게 하겠다.

27 음운 변동의 원인을 ㉠과 ㉡으로 구분할 때, 변동의 원인이 이질적인 하나는?

음운 변동이 일어나는 원인으로는 발음을 좀 더 쉽게 하려는 ㉠ 경제성의 원리에 의한 것과 표현 강화를 위한 ㉡ 표현 효과의 원리에 의한 것이 있다. 전자에는 음절의 끝소리 규칙, 음운의 동화, 음운의 축약과 탈락이 있고, 후자에는 된소리되기와 사잇소리 현상이 있다.

① 맏누이 ② 갇히다
③ 옷 한 벌 ④ 집비둘기

28 다음 단어를 [ ]와 같이 발음했다면 발음의 원인이 다른 하나는 무엇인가?

① 맏이[마지] ② 담력[담녁]
③ 손난로[손날로] ④ 문법[문뻡]

29 동화의 방향이 다른 것은?

① 같이
② 불놀이
③ 찰나
④ 강릉

30 동화의 방향이 다른 것은?

① 밥물
② 읊니
③ 섭렵
④ 신라

29

정답풀이 같이[가치]: 뒤에 있는 'ㅣ'가 'ㅌ'을 자신과 동일한 조음 위치인 경구개음 'ㅊ'으로 동화한 것이다. 따라서 동화의 원인 'ㅣ'가 뒤에서 'ㅌ'을 동화한 것이므로 역행 동화이다.

오답풀이 ② 불놀이[불로리]: 앞에 있는 '불'의 'ㄹ'이 원인이 되어 뒤에 있는 '놀'의 'ㄴ'이 [ㄹ]로 변한 순행 동화이다.
③ 찰나[찰라]: 앞에 있는 '찰'의 'ㄹ'이 원인이 되어 뒤에 있는 '나'의 'ㄴ'이 'ㄹ'로 변한 순행 동화이다.
④ 강릉[강능]: 앞에 있는 '강'의 'ㅇ'이 원인이 되어 뒤에 있는 '릉'의 'ㄹ'이 'ㄴ'으로 변한 순행 동화이다.

30

정답풀이 '섭렵'은 상호 비음화가 일어나서 [섬녑]으로 발음되므로 동화의 방향이 다르다. 'ㅂ'과 'ㄹ'이 서로 동화의 원인이 되어 모두 비음이 된 것이므로 상호 비음화이다.

오답풀이 ① '밥물'은 동화의 원인이 뒤에 있어 앞의 'ㅂ'을 비음으로 만들어 준다. 따라서 역행 비음화이다.
② '읊니'에서 자음군 단순화가 일어나 '읖니'가 되고 음절의 끝소리 규칙이 일어나 '읍니'가 된다. 이후 동화의 원인 'ㄴ'이 앞의 'ㅂ'을 비음으로 만들므로 역행 비음화이다.
④ '신라'는 동화의 원인인 'ㄹ'이 뒤에서 'ㄴ'을 'ㄹ'로 동화하므로 역행 유음화이다.

정답

29 ① 30 ③

MEMO

박혜선 국어
적중용 **콤단문** 문법

PART 05

표준 발음법/ 표준어 규정

Chapter 01 표준 발음법

관련교재

기 출좋포 문법·어휘 p.120~126

01

정답풀이 '낳고'는 어간 '낳'의 받침 'ㅎ'이 'ㄱ'으로 시작하는 어미와 만나 축약 현상으로 인해 [나코]로 발음된다. '쌓는'은 어간 '쌓'의 받침 'ㅎ'이 'ㄴ'으로 시작하는 어미와 만나 음절의 끝소리 규칙과 비음화를 거쳐 [싼는]으로 발음된다. '닳은'의 받침 'ㅎ'은 모음으로 시작하는 어미 '은'과 만나 탈락 현상으로 인해 [다른]으로 발음된다. 받침에 자음군이 올 경우, 뒤에 모음으로 시작하는 형식 형태소가 올 경우 '맑은[말근]'처럼 연음되지만, 자음군의 뒤에 놓은 자음이 'ㅎ'인 경우, 연음되지 않고 탈락하는 것이다.

오답풀이 ② '닳다[달타]'는 ㉠의 예, '쌓인[싸인]'은 ㉢의 예로 적절하지만, '않니[안니]'는 자음군 단순화로 'ㅎ'이 탈락한 것으로, ㉡의 예로 적절하지 않다.

③ '닳지[달치]'는 ㉠의 예, '않아[아나]'는 ㉢의 예로 적절하지만, '옳네[올레]'는 자음군 단순화로 'ㅎ'이 탈락한 것으로, ㉡의 예로 적절하지 않다.

④ '닿네[단네]'는 ㉡의 예, '놓여[노여]'는 ㉢의 예로 적절하지만, '국화[구콰]'는 받침 'ㄱ'과 초성 'ㅎ'이 결합하여 축약이 일어난 것으로, ㉠의 예로 적절하지 않다.

정답

01 ① 02 ②

02

정답풀이 제시문에서 "'례'를 제외한 '계, 몌, 폐, 혜'의 이중모음 [ㅖ]가 단모음 [ㅔ]으로 발음되는 것은 표준 발음으로 인정된다"라고 하였다. 이에 따라 '핑계'를 [핑게]로 발음하는 것은 표준 발음으로 인정되지만, '사례'를 [사레]로 발음하는 것이 표준 발음으로 인정된다는 것은 적절한 추론이 아니다.

오답풀이 ① 제시문에서 '단어의 첫음절 이외의 '의'는 [이]로' 발음할 수 있다는 것을 알 수 있다. 따라서 '협의'는 둘째 음절에 오는 '의'를 [이]로 바꾸어 [혀비]로 발음될 수 있지만, 이는 표기에 반영되지 않으므로 '협의'로 적어야 한다는 것은 적절한 추론이다.

③ 제시문에서 "'례'를 제외한 '계, 몌, 폐, 혜'의 이중모음 [ㅖ]가 단모음 [ㅔ]으로 발음되는 것은 표준 발음으로 인정된다"라고 하였으며, "자음을 첫소리로 가지고 있는 음절의 'ㅢ'는 [ㅣ]로 발음"한다고 하였다. 따라서 '폐품'은 [페품]으로 발음해도 되고, '늴큼'은 [닐큼]으로 발음해야 하므로 이들에 쓰인 모음을 모두 단모음으로 발음해도 표준 발음으로 인정된다는 것은 적절한 추론이다.

④ 제시문에서 "자음을 첫소리로 가지고 있는 음절의 'ㅢ'는 [ㅣ]로 발음"한다고 하였으므로, '띄어쓰기'는 [띠어쓰기]로 모든 모음이 단모음으로만 발음될 수 있지만, '의의'는 단어의 첫음절을 [의]로만 발음해야 한다.

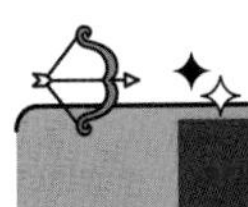

훈련용 대표 문법 + 독해 결합형 5편 표준 발음법 / 표준어 규정 CH.01

01 다음 글의 ㉠~㉢의 예를 순서대로 배열한 것은?

> 받침 'ㅎ'은 원래 음가대로 발음되지 못하고 음운 변동을 겪는다. 가령, 'ㅎ'으로 끝나는 유일한 체언 '히읗'은 [히읃]으로 발음되며, 뒤에 모음으로 시작하는 조사가 올 경우, '히읗이[히으시]'와 같이 [ㅅ]으로 발음된다. ㉠ '좋고[조코]', '좋다[조타]', '좋지[조치]'처럼 'ㅎ' 뒤에 'ㄱ, ㄷ, ㅈ'가 오는 경우, 'ㅎ'과 이들 음운이 합쳐져서 [ㅋ, ㅌ, ㅊ]으로 발음된다. ㉡ 'ㅎ' 뒤에 'ㄴ'이 오는 경우, '좋니[존니]'처럼 'ㅎ'이 [ㄴ]으로 발음된다. ㉢ '좋아[조아]'처럼 'ㅎ' 뒤에 모음으로 시작하는 형식 형태소가 오는 경우, 'ㅎ'은 발음되지 않는다.

① 낳고[나코]-쌓는[싼는]-닳은[다른]
② 닳다[달타]-않니[안니]-쌓인[싸인]
③ 닿지[다치]-옳네[올레]-않아[아나]
④ 국화[구콰]-닿네[단네]-놓여[노여]

02 다음 글을 읽고 추론한 내용으로 알맞지 않은 것은?

> 한글맞춤법 제2장은 자모에 관한 규칙이다. 그중 제4절은 모음의 표기를 다루는 조항 두 가지로 이루어져 있다. 첫째는 '계, 례, 몌, 폐, 혜'의 'ㅖ'는 'ㅔ'로 소리 나는 경우가 있더라도 'ㅖ'로 적는다는 원칙이다. '계, 몌, 폐, 혜'는 종종 [게, 메, 페, 헤]로 발음되며, 이 중 '례'를 제외한 '계, 몌, 폐, 혜'의 이중모음 [ㅖ]가 단모음 [ㅔ]으로 발음되는 것은 표준 발음으로 인정된다. 그렇지만 표기는 여전히 'ㅖ'로 굳어져 있으므로 'ㅖ'로 적는다.
>
> 둘째는 '의'나, 자음을 첫소리로 가지고 있는 음절의 'ㅢ'는 'ㅣ'로 소리 나는 경우가 있더라도 'ㅢ'로 적는다는 원칙이다. 표준발음법 제5항에 의하면 자음을 첫소리로 가지고 있는 음절의 'ㅢ'는 [ㅣ]로 발음하며, 단어의 첫음절 이외의 '의'는 [이]로, 조사 '의'는 [에]로 발음할 수 있다. 이러한 발음을 표기에 반영한다면, 자음 뒤에 이중모음 'ㅢ'를 쓰는 '희망, 무늬'와 같은 단어의 'ㅢ'를 모두 단모음 'ㅣ'로 적도록 해야 할 것이다. 그러나 이미 익숙해진 표기를 버리고 '히망, 무니'로 적는 것은 공감하기 어려우므로 'ㅢ'가 'ㅣ'로 소리 나더라도 'ㅢ'로 적는 것이다.

① '협의'는 둘째 음절에 오는 '의'를 [이]로 발음할 수 있다는 원칙에 따라 [혀비]로 발음될 수 있지만 '협의'로 적어야 하는군.
② '핑계'와 '사례'를 각각 [핑게]와 [사레]로 발음하는 것은 표준 발음으로 인정되겠군.
③ '폐품'과 '늴큼'에 쓰인 모음을 모두 단모음으로 발음해도 표준 발음으로 인정되겠군.
④ '띄어쓰기'를 표준발음법에 따라 발음하면 모든 모음이 단모음으로만 발음될 수 있지만, '의의'는 이중모음으로만 발음해야 하는 음절이 있겠군.

01

정답풀이 [갇혀 → (자음 축약) → 가텨 → (구개음화) → 가쳐 → (제5항 다만1) → 가처]의 과정을 거친다. 용언의 활용형에 나타나는 '져, 쪄, 쳐'는 [저, 쩌, 처]로 발음하므로 [가쳐]가 아니라 [가처]가 옳다.

오답풀이 ① '다만 4. 단어의 첫음절 이외의 '의'는 [ㅣ]로, 조사 '의'는 [ㅔ]로 발음함도 허용한다'에 의해 '민주주의'의 '의'는 [의](원칙), [이](허용)로 발음되며 '민주주의의'의 관형격 조사 '의'는 [의](원칙), [에](허용)로 발음된다. '의의'는 [의의](원칙) [의이](허용)으로 발음되므로 [민주주의에 의이]는 옳다.

② '예, 례' 이외의 'ㅖ'는 [ㅔ]로도 발음하므로 '계, 메, 폐, 혜'는 각각 [계], [몌], [폐], [혜] (원칙), [게], [메], [페], [헤] (허용)으로 발음되므로 [계:시다](원칙) [게:시다](허용)으로 발음된다.

③ "다만 2. '예, 례' 이외의 'ㅖ'는 [ㅔ]로도 발음한다."로 인해 '례'는 무조건 [례]로만 발음되므로 '[홀례]'로 발음되는 것은 옳다. 참고로 'ㄴ'이 'ㄹ'로 인해 유음화된 것이다.

02

정답풀이 'ㅀ' 받침은 [ㄹ]로 자음군 단순화 된다. 그 이후에 뒤의 'ㄴ'이 앞의 'ㄹ'에서 'ㄹ' 소리로 동화되는 유음화가 일어나 [끌레]로 소리 난다.

오답풀이 ① 1. 'ㅎ(ㄶ, ㅀ)' 뒤에 'ㄱ, ㄷ, ㅈ'이 결합되는 경우에는, 뒤 음절 첫소리와 합쳐서 [ㅋ, ㅌ, ㅊ]으로 발음한다.: [놓지 → (자음 축약) → 노치]의 과정을 거치므로 [녿찌]는 옳지 않다. 음절의 끝소리 규칙과 된소리되기가 일어나서는 안 된다.

② 2. 'ㅎ(ㄶ, ㅀ)' 뒤에 'ㅅ'이 결합되는 경우에는, 'ㅅ'을 [ㅆ]으로 발음한다.: [낳습니다 → (제12항 2.) → 나씁니다 → (비음화) → 나씀니다]의 과정을 거치므로 [낟씀니다]는 옳지 않다. 음절의 끝소리 규칙이 일어나서는 안 된다.

③ 3. 'ㅎ' 뒤에 'ㄴ'이 결합되는 경우에는, [ㄴ]으로 발음한다.: [닿는 → (음절의 끝소리 규칙) → 닫는 → (비음화) → 단는]의 과정을 거친다. 따라서 [닫는]은 비음화가 일어나지 않았으므로 [단는]이 옳다.

03

정답풀이 'ㄼ' 받침은 [ㄹ]로 자음군 단순화된다. 그 이후에 뒤의 'ㄴ'이 앞의 'ㄹ'에서 'ㄹ' 소리로 동화되는 유음화가 일어나 [널레요]로 소리 난다. 발음이 어색해 보이는 것이 은근 답이 된다.

오답풀이 ① '예, 례' 이외의 'ㅖ'는 [ㅔ]로도 발음하므로 '예, 례'는 [예], [례]로만 발음해야 한다. 따라서 [차레]가 아니라 [차례]로 발음해야 한다.

② "제5항 다만 3. 자음을 첫소리로 가지고 있는 음절의 'ㅢ'는 [ㅣ]로 발음한다."에 의해 '띔'은 무조건 [띰]으로만 발음되므로 [귀뜸]이 아니라 [귀띰]으로 발음되는 것이 옳다.

③ '않은'의 '-은' 모음으로 시작하는 어미이므로 'ㅎ'이 탈락되어 [안는]이 아니라 [아는]으로 발음된다.

04

정답풀이 ㉠ 겉을[거슬](×) → [거틀](○): 홑받침이나 쌍받침이 모음으로 시작된 형식 형태소와 결합되는 경우에는, 그대로 연음되어 '겉을'은 [거틀]로 발음해야 하므로 ①은 옳지 않다.

오답풀이 ② ㉡ 겉만[겉만 → (음절의 끝소리 규칙) → 걷만 → (비음화) → 건만]

③ ㉢ 겉[겉 → (음절의 끝소리 규칙) → 걷]

④ ㉣ 겉이[겉이 → (연음=음운 변동×) → 거티 → (구개음화) → 거치]

05

정답풀이 'ㅌ'은 한글 자음 이름을 'ㄷ(디귿)'과 헷갈려서는 안된다. 'ㅌ'은 '*티귵'이 아니라 '티읕'이다. 이는 1933년 한글 맞춤법에서 약속한 발음이므로 [티그시], [티그슬]이 아니라 [티으시], [티으슬]로 발음하는 것이 옳다. 주로 음절의 끝소리 규칙에 의해 [ㄷ]으로 발음 나는 자음들은 모두 [ㅅ]으로 소리난다. [시오시], [지으시], [치으시], [히으시] 등이 있다.

오답풀이 ① 'ㅚ'는 [ㅚ](단모음 발음이 원칙) [ㅞ](이중 모음 발음도 허용)으로 발음이 가능하다. 따라서 '되고'는 [되고/뒈고]로 모두 발음될 수 있다.

② 'ㄼ' 받침은 일반적으로 대표음이 [ㄹ]이다. 또한 '제25항ㅣ 어간 받침 'ㄼ, ㄾ' 뒤에 결합되는 어미의 첫소리 'ㄱ, ㄷ, ㅅ, ㅈ'은 된소리로 발음한다.'에 따라 [널찌]로 된소리로 발음하는 것이다. '넓고', '넓지'는 [널꼬], [널찌]라 발음한다.

④ '되'에서 'ㅣ' 모음이 뒤에 있는 모음 어미 '어'를 동화하여 [되여]로 발음한 것은 옳다. '되어'는 [되어]가 원칙 발음이지만, 'ㅣ' 모음 순행 동화가 적용된 [되여]도 옳다.

정답

01 ④ 02 ④ 03 ④ 04 ① 05 ③

빈출 순위별 예상 문제

5편 표준 발음법 / 표준어 규정 CH.01 표준 발음법

01 다음 〈보기〉의 표준 발음법 규정에 비추어 이중 모음의 발음이 바르지 않은 것은?

(보기)
제5항 'ㅑ, ㅒ, ㅕ, ㅖ, ㅘ, ㅙ, ㅛ, ㅝ, ㅞ, ㅠ, ㅢ'는 이중 모음으로 발음한다.
다만 1. 용언의 활용형에 나타나는 '져, 쪄, 쳐'는 [저, 쩌, 처]로 발음한다.
다만 2. '예, 례' 이외의 'ㅖ'는 [ㅔ]로도 발음한다.
다만 3. 자음을 첫소리로 가지고 있는 음절의 'ㅢ'는 [ㅣ]로 발음한다.
다만 4. 단어의 첫음절 이외의 '의'는 [ㅣ]로, 조사 '의'는 [ㅔ]로 발음함도 허용한다.

① 민주주의의 의의[민주주의에 의이]
② 계시다[게:시다]
③ 혼례[홀례]
④ 갇혀[가쳐]

02 표준 발음법 제12항을 고려할 때 표준 발음으로 옳은 것은?

「표준어 규정」제2부 표준 발음법
제12항 받침 ㅎ 의 발음은 다음과 같다.
1. 'ㅎ(ㄶ, ㅀ)' 뒤에 'ㄱ, ㄷ, ㅈ'이 결합되는 경우에는, 뒤 음절 첫소리와 합쳐서 [ㅋ, ㅌ, ㅊ]으로 발음한다.
2. 'ㅎ(ㄶ, ㅀ)' 뒤에 'ㅅ'이 결합되는 경우에는, 'ㅅ'을 [ㅆ]으로 발음한다.
3. 'ㅎ' 뒤에 'ㄴ'이 결합되는 경우에는, [ㄴ]으로 발음한다.
4. 'ㅎ(ㄶ, ㅀ)' 뒤에 모음으로 시작된 어미나 접미사가 결합되는 경우에는, 'ㅎ'을 발음하지 않는다.

① 희망을 절대로 놓지[논찌] 마라.
② 흰둥이가 강아지를 낳습니다.[난씀니다]
③ 나의 마음이 닿는[단는] 데까지 해보겠다.
④ 와, 찌개가 맛있게 끓네[끌레]

03 다음 중 표준 발음법에 맞게 발음한 것은?

① 차례[차레]
② 귀띔[귀뜸]
③ 않은[안는]
④ 넓네요[널레요]

04 〈보기〉에서 밑줄 친 부분의 발음으로 가장 옳지 않은 것은?

(보기)
철수: 영희야 ㉠ 겉을 다 구워주면 되는 거야?
영희: 응. 이 ㉡ 겉만 좀 태워줘
철수: 이 ㉢ 겉 다?
영희: 왜? ㉣ 겉이 너무 타려나?

① ㉠: [거슬]
② ㉡: [건만]
③ ㉢: [걷]
④ ㉣: [거치]

05 다음 중 단어의 표기나 발음이 옳지 않은 것은?

① 역공이는 결국 공무원이 되고[뒈고] 말았다.
② 이사 간 집이 넓지[널찌] 않다.
③ '티귿이'를 발음하면 [티그시]이고 '티귿을'을 발음하면 [티그슬]이다.
④ 역공이가 공무원이 되어[되여] 혜선 쌤은 기뻤다.

PART 05

06

정답풀이 '상견례, 의견란'은 각각 '상견/례' '의견/란'으로 나누어지는 단어로서, 유음화가 적용되지 않는 예외 사례이다. 유음화 대신에 'ㄹ'의 비음화가 적용되어 [상견녜], [의:견난]으로 발음된다. 구근/류'는 'ㄹ'의 비음화가 일어나 [구근뉴]로 발음된다. 따라서 모든 'ㄹ'이 'ㄴ'으로 발음되므로 ②이 정답이다.

오답풀이 ① '동원/령'은 'ㄹ'의 비음화가 일어나 [동:원녕]으로 발음되고, '백리'는 상호 비음화가 이루어져, [뱅니]로 발음된다. 하지만 '난로'는 유음화로 인해 [날로]로 발음되므로 'ㄹ' 발음이 동일하지 않다.

③ '대관령'은 유음화로 인해 [대:괄령]으로 발음된다. '입원/료'는 'ㄹ'의 비음화가 일어나 [이붠뇨]로 발음된다. '협력'은 상호 비음화로 [혐녁]으로 발음되므로 'ㄹ' 발음이 동일하지 않다.

④ '임진/란' '공권/력'은 'ㄹ'의 비음화가 일어나 각각 [임:진난], [공꿘녁]으로 발음되지만 '광한루'는 유음화가 일어나 [광:할루]가 되므로 'ㄹ' 발음이 동일하지 않다.

07

정답풀이 • 반창고[반창꼬](×) : '반창(어근)+고(어근)'의 합성어이면서 앞말의 끝소리가 울림소리(ㅇ)이고 뒤의 소리가 예사소리(ㄱ)인 단어이다. 이 경우 사잇소리 현상으로 인해 [반창꼬]로 발음되는 것이 맞을 것 같지만! 사잇소리 현상은 수의적인 현상이므로 환경이 일치하는데도 일어나지 않을 수 있다. 따라서 [반창고]가 옳다.

• 도매금[도매금](×) : '도매금(都賣金)'은 표기상으로 사이시옷이 없다. 모두 한자어이면 사이시옷이 올 수 없기 때문이다. 하지만 '도매+금'은 사잇소리 현상이 일어나므로 [도매끔]으로 발음해야 한다.

오답풀이 ① • 깃발[기빨](○) : '깃발'은 '기(旗)+발'의 '어근+어근'의 구성을 가진 합성어이다. 뒤의 어근의 예사소리가 된소리로 발음되어, 사이시옷이 표기된 단어는 2가지로 발음된다. 따라서 '깃발'은 [기빨/긷빨]로 발음할 수 있다.

• 다쳐[다쳐](×) : 용언의 활용형에 나타나는 '져, 쪄, 쳐'는 [저, 쩌, 처]로 발음해야 하므로 [다쳐]가 아니라 [다처]로 발음해야 한다.

② • 얽거나[얼거나], 맑고[말꼬](○) : 'ㄺ'을 말음으로 가지는 어간에 'ㄱ' 어미가 오는 경우에는 'ㄹ'로 발음된다.

④ • 밟히다[발피다](○) : 원래 장음으로 발음이 되더라도 용언 어간에 피동, 사동의 접미사가 결합되는 경우는 단음으로 발음되므로 [발피다]는 옳다.

• 샛길[새:낄/샏:낄](○) : '샛길'은 [새낄]과 [샏낄] 모두 표준 발음으로 인정한다.

08

정답풀이 '유리+잔'은 합성어이면서, 앞의 끝소리가 울림소리(모음)이고 뒤가 예사소리이므로 사잇소리 현상이 일어나는 환경이다. 하지만 사잇소리 현상은 환경이 갖추어져 있어도 필수적인 현상이 아니기 때문에 '유리잔'처럼 된소리되기가 되지 않을 수 있다. 따라서 [유리짠]이 아니라 [유리잔]이 표준 발음이다.

오답풀이 ④와 달리 나머지는 발음에는 사잇소리 현상의 된소리되기가 일어나 모두 옳은 발음이라고 볼 수 있다.

정답

06 ② 07 ③ 08 ④

06 표준 발음법상 'ㄹ'의 발음이 동일한 것들을 바르게 묶은 것은?

① 동원령, 백리, 난로
② 상견례, 의견란, 구근류
③ 대관령, 입원료, 협력
④ 임진란, 공권력, 광한루

07 표준 발음이 아닌 것으로만 짝지어진 것은?

① 깃발[기빨], 다쳐[다쳐]
② 얽거나[얼꺼나], 맑고[말꼬]
③ 반창고[반창꼬], 도매금[도매금]
④ 밟히다[발피다], 샛길[새:낄]

08 표준 발음으로 바르지 않은 것은?

① 난치병[난치뼝]
② 면허증[면:허쯩]
③ 사기죄[사기쬐]
④ 유리잔[유리짠]

PART 05

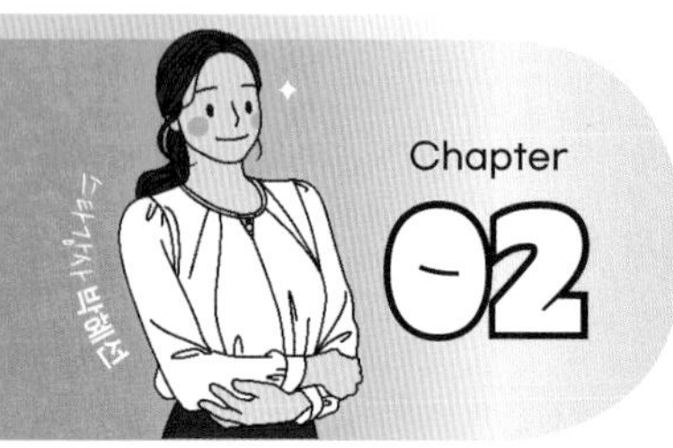

Chapter 02

표준어 규정

관련교재
기 출좋포 문법·어휘 p.134~137

01

정답풀이 '옷매무시'란 '옷을 입을 때, 매고 여미는 등의 뒷단속을 하는 일.'을 의미하므로 옳다. 참고로 이와 구분해야 하는 '매무새'는 '옷, 머리 따위를 수습하여 입거나 손질한 모양새.'로, 완성된 것을 의미한다.

오답풀이 ② 깍두기(×) → 깍두기(○)
③ 창란젓(×) → 창난젓(○): '창난젓'은 고유어로서, '卵(알 란)'이 아님에 유의해야 한다.
④ 넓다란(×) → 널따란(○): '널따랗다'의 활용형

02

정답풀이 '진즉(趁卽)'은 부사로 '진작'과 같은 말이다. 주로 기대나 생각대로 잘되지 않은 지나간 사실에 대하여 뉘우침이나 원망의 뜻을 나타내는 문장에 쓴다.

오답풀이 ① 뉘연히(×) → 버젓이(○): '버젓하다'의 어근 '버젓'+부사 파생 접미사 '이'=버젓이(부사)
「부사」「1」남의 시선을 의식하여 조심하거나 굽히는 데가 없이
② 뒤어내지(×) → 뒤져내지(○): '뒤져내다'의 활용형
뒤져-내다 「동사」【…에서 …을】: 샅샅이 뒤져서 들춰내거나 찾아내다.
③ '허구헌(×) → 허구한(○): '허구하다'의 활용형
허구-하다01(許久--) 「형용사」: ((‘허구한’ 꼴로 쓰여)) 날, 세월 따위가 매우 오래다.

03

정답풀이 '가여운'은 '가엽+-(으)ㄴ'의 결합으로 인해 'ㅂ'이 '우'로 바뀌어 된 형태이다. '가엽다'는 어간만 바뀌는 'ㅂ' 불규칙 용언이다. 참고로 '가엾다'도 복수 표준어이다. '가엾다'는 '가엾은, 가엾어'처럼 규칙적으로 활용한다.

오답풀이 ① 희안한(×) → 희한한(○): '희한(稀罕: 稀 드물 희 罕 드물 한)하다'가 기본형이다.
② 착찹하기(×) → 착잡하기(○): '착잡(錯雜: 錯 어긋날 착 雜 섞일 잡)하다'가 기본형이다.
③ 흉칙스러운(×) → 흉측스러운(○): '흉측(凶測: 凶 흉할 흉 測 헤아릴 측)스럽다'가 기본형이다.

정답
01 ① 02 ④ 03 ④

◎ 적중용 | 亦功 중간 빈출, 제3빈출

01 밑줄 친 어휘의 표기가 옳은 것은?

① 면접 전에 모두 <u>옷매무시</u>를 하고 오세요.
② 나는 <u>깍두기</u>를 매우 좋아한다.
③ <u>창란젓</u>을 담가서 먹었다.
④ <u>넓다란</u> 길로 가다 보면 목적지에 다다르게 된다.

02 밑줄 친 부분이 표준어인 것은?

① <u>뉘연히</u> 나타나면 내가 용서할 줄 알았어?
② 밥 좀 맛없게 <u>뒤어내지</u> 마.
③ 너처럼 <u>허구헌</u> 날 그렇게 공부해 봐라.
④ 이럴거면 <u>진즉</u> 병원에 가지 그랬니?

03 밑줄 친 단어 중 표준어인 것은?

① 와 정말 <u>희안한</u> 일이 다 있구나.
② 마지막 기차를 놓친 그는 <u>착찹하기</u> 이를 데 없었다.
③ 계모는 <u>흉칙스러운</u> 생각으로 홍련이를 해쳤다.
④ <u>가여운</u> 소녀가 성냥을 주었다.

한글 맞춤법

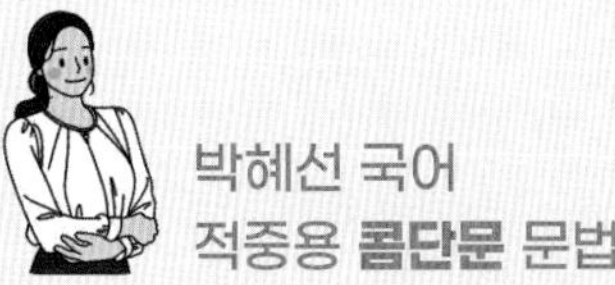

Chapter 01

띄어쓰기 제외한 한글 맞춤법

관련교재

기 출좋포 문법·어휘 p.143~151

대표 출좋포 한눈에 보기

1. 한글 맞춤법 제1항 적용하기: 표음주의 + 표의주의

2. 사전 배열 순서

3. ㄹ → ㄷ

4. 된소리 표기의 맞춤법

5. 두음 법칙

6. '하'가 줄어드는 방식

7. '-이-' vs '-히-'

8. 사이시옷의 표기

9. 표기나 발음이 비슷한 단어의 쓰임

10. 준말의 표기

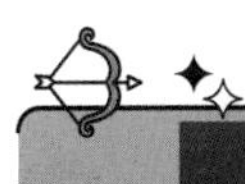

훈련용 대표 문법+독해 결합형 6편 한글 맞춤법 CH.01

01 다음 글의 밑줄 친 ㉠과 ㉡에 해당하는 예로 알맞은 것끼리 짝지은 것은?

> 한글 맞춤법 제40항에서는 ㉠ 어간의 끝음절 '하'의 'ㅏ'가 줄고 'ㅎ'이 다음 음절의 첫소리와 어울려 거센소리로 될 적에는 거센소리로 적는다고 규정하고 있다. 이에 따라 '간편하게, 정결하다, 연구하도록'과 같은 단어들은 '간편케, 정결타, 연구토록'으로 적는다. '하'가 통째로 줄지 않고 'ㅎ'이 남아 뒤에 오는 말의 첫소리와 어울려 거센소리가 되는 것이다. 그런데 이 조항의 [붙임 1] 에서는 'ㅎ'이 어간의 끝소리로 굳어진 것은 받침으로 적는다고 밝히고 있다. 이에 따라 '아니하다, 이러하다, 그러하다'와 같은 단어들은 '않다, 이렇다, 그렇다' 등으로 활용한다. 또, [붙임 2]에서는 ㉡ 어간의 끝음절 '하'가 아주 줄 적에는 준 대로 적는다고 밝히고 있다. 이에 따라 '거북하지, 생각하건대'와 같은 단어들은 '거북지, 생각건대'로 적는다. '하'가 통째로 주는 것은 '하' 앞의 받침의 소리가 [ㄱ, ㄷ, ㅂ]일 때이며, 그 외의 경우에는 'ㅎ'이 남는다. 한편, 어원적으로는 용언의 활용형에서 나온 것이라도 현재 부사로 굳어졌으면 원형을 밝히지 않는다. 이에 따라 '결단코, 기필코'와 같은 부사는 소리대로 적는다.

	㉠	㉡
①	무심치, 흔타	넉넉지, 깨끗잖다
②	다정타, 회상컨대	섭섭지, 같잖다
③	달성코자, 아무튼	갑갑잖다, 깨끗잖다
④	무심코, 감탄케	익숙지, 섭섭지

01

정답풀이 '무심치'는 '무심하지'의 준말이고, '흔타'는 '흔하다'의 준말이다. 이들은 모두 '하' 앞의 받침의 소리가 [ㄱ, ㄷ, ㅂ]이 아니므로 'ㅎ'이 남아 뒤에 오는 말의 첫소리와 어울려 거센소리가 된다. 따라서 ㉠의 예로 적절하다. '넉넉지'는 '넉넉하지'의 준말이고, '깨끗잖다'는 '깨끗하지 않다'의 준말이다. 이들은 모두 '하' 앞의 받침의 소리가 [ㄱ, ㄷ, ㅂ]이므로, '하'가 통째로 줄어든다. 따라서 ㉡의 예로 적절하다.

오답풀이 ② '다정타'는 '다정하지'의 준말이고, '회상컨대'는 '회상하건대'의 준말이다. 이들은 모두 '하' 앞의 받침의 소리가 [ㄱ, ㄷ, ㅂ]이 아니므로 'ㅎ'이 남아 뒤에 오는 말의 첫소리와 어울려 거센소리가 된다. 따라서 ㉠의 예로 적절하다. '섭섭지'는 '섭섭하지'의 준말로, '하' 앞의 받침의 소리가 [ㄱ, ㄷ, ㅂ]이므로, '하'가 통째로 줄어든다. 따라서 ㉡의 예로 적절하다. 그러나 '같잖다'는 어간의 끝음절 '하'가 줄어든 말이 아니므로 ㉡의 예로 적절하지 않다.

③ '달성코자'는 '달성하고자'의 준말이고, '하' 앞의 받침의 소리가 [ㄱ, ㄷ, ㅂ]이 아니므로 'ㅎ'이 남아 뒤에 오는 말의 첫소리와 어울려 거센소리가 된다. 따라서 ㉠의 예로 적절하다. 그러나 '아무튼'은 "용언의 활용형에서 나온 것이라도 현재 부사로 굳어졌으면 원형을 밝히지 않는" 말로, ㉠의 예로 적절하지 않다. '갑갑잖다'는 '갑갑하지 않다'의 준말이고, '깨끗잖다'는 '깨끗하지 않다'의 준말이다. 이들은 모두 '하' 앞의 받침의 소리가 [ㄱ, ㄷ, ㅂ]이므로, '하'가 통째로 줄어든다. 따라서 ㉡의 예로 적절하다.

④ '무심코'는 "용언의 활용형에서 나온 것이라도 현재 부사로 굳어졌으면 원형을 밝히지 않는" 말로, ㉠의 예로 적절하지 않다. '감탄케'는 '감탄하게'의 준말이고, '하' 앞의 받침의 소리가 [ㄱ, ㄷ, ㅂ]이 아니므로 'ㅎ'이 남아 뒤에 오는 말의 첫소리와 어울려 거센소리가 된다. 따라서 ㉠의 예로 적절하다. '익숙지'는 '익숙하지'의 준말이고, '섭섭지'는 '섭섭하지'의 준말이다. 이들은 모두 '하' 앞의 받침의 소리가 [ㄱ, ㄷ, ㅂ]이므로, '하'가 통째로 줄어든다. 따라서 ㉡의 예로 적절하다.

정답

01 ①

02 다음 글의 밑줄 친 ㉠과 ㉡에 해당하는 예로 알맞은 것끼리 짝지은 것은?

> 한글 맞춤법 제19항에 따르면, '길이, 달맞이'처럼 ㉠ 어간에 '-이'나 '음/-ㅁ'이 붙어서 명사로 된 것과 '같이, 좋이'처럼 ㉡ 어간에 '-이'나 '-히'가 붙어서 부사로 된 것은 그 어간의 원형을 밝혀 적어야 한다. 그런데 어간에 '-이'나 '-음'이 붙어서 명사로 바뀐 것이라도 그 어간의 뜻과 멀어진 것은 '코끼리, 거름(비료)'처럼 원형을 밝혀 적지 않는다. 한편, 어간 '넘-'에 접사 '-어'가 결합하여 만들어진 명사 '너머'처럼 '-이'나 '-음' 이외의 모음으로 시작된 접미사가 붙어서 다른 품사로 바뀐 것은 그 어간의 원형을 밝혀 적지 않는다.

	㉠	㉡
①	웃음, 곰배팔이	작히, 굳이
②	묶음, 죽음	많이, 샅샅이
③	졸음, 쇠붙이	짓궂이, 밝히
④	굳이, 믿음	익히, 실없이

02

정답풀이 '졸음'은 어간 '졸-'에 접사 '-음'이 붙어 명사로 된 것이므로 ㉠의 예로 적절하다. '쇠붙이' 또한 어간 '붙-'에 접사 '-음'이 붙어 만들어진 명사이므로 ㉠의 예로 적절하다. '짓궂이'는 어간 '짓궂-에 접사 '-이'가 붙어 만들어진 부사이며, '밝히'는 어간 '밝-'에 접사 '-히'가 붙어 만들어진 부사이므로 둘다 ㉡의 예로 적절하다.

오답풀이 ① '웃음'은 어간 '웃-'에 접사 '-음'이 붙어 명사로 된 것이므로 ㉠의 예로 적절하지만, '곰배팔이'는 명사 '곰배팔'에 접사 '-이'가 붙어 만들어진 명사이므로 ㉠의 예로 적절하지 않다. '작히, 굳이'는 각각 어간 '작-'과 '굳-'에 접사 '-히'와 '-이'가 붙어 만들어진 부사이므로 ㉡의 예로 적절하다.

② '묶음, 죽음'은 각각 어간 '묶-'과 '죽-'에 접사 '-음'이 붙어 명사로 된 것이므로 ㉠의 예로 적절하다. '많이'는 어간 '많-'에 접사 '-이'가 붙어 만들어진 부사이므로 ㉡의 예로 적절하지만, '샅샅이'는 명사 '샅'이 반복된 말에 '-이'가 결합되어 부사가 된 말이므로 ㉡의 예로 적절하지 않다.

④ '믿음'은 어간 '믿-'에 접사 '-음'이 붙어 명사로 된 것이므로 ㉠의 예로 적절하지만 '굳이'는 어간 '굳-'에 접사 '-이'가 붙어 만들어진 부사이므로 ㉠이 아닌 ㉡의 예이다. '익히'는 어간 '익'에 접사 '-히'가 결합되어 부사가 된 말이고, '실없이'는 어간 '실없-'에 접사 '-이'가 결합되어 부사가 된 말이므로 둘다 ㉡의 예로 적절하다.

정답

02 ③

빈출 순위별 예상 문제

6편 한글 맞춤법 CH.01 띄어쓰기 제외한 한글 맞춤법

01 〈보기〉의 밑줄 친 ㉠과 ㉡의 사례로 옳지 않게 짝지은 것은?

(보기)
제1항 한글 맞춤법은 표준어를 ㉠ 소리대로 적되, ㉡ 어법에 맞도록 함을 원칙으로 한다.

	㉠	㉡
①	며칠	무릎이
②	마감	여덟에
③	젊은이	꼬락서니
④	수캉아지	없었고

02 사전 등재 순서에 맞게 배열된 것은?

① 괴리, 쾌거, 쿠키, 꾸기다
② 되묻다, 뒤묻다, 뜨다, 틀니
③ 삽, 삵, 세모, 새가슴
④ 여름, 열매, 엮다, 옮다

01

정답풀이 '젊은이[절므니]'는 어법에 맞도록 원형을 밝혀 적은 것이므로 ㉠의 사례가 아니라 ㉡의 사례임을 알 수 있다.
'꼬락서니'는 '꼴'에 '-악서니'가 결합한 것으로, 원형을 밝혀 적지 아니한 것이므로 ㉡의 사례가 아니라 ㉠의 사례임을 알 수 있다.

오답풀이 나머지 선지는 ㉠과 ㉡의 사례로 적절하다.
① '며칠'은 소리대로 적은 것이므로 ㉠의 사례로 적절하다.
'무릎이[무르피]'는 어법에 맞도록 명사와 조사의 원형을 밝혀 적은 것이므로 ㉡의 사례로 적절하다.
② '마감'은 어근 '막-'에 '-암'이 결합한 것으로, 소리대로 적은 것이므로 ㉠의 사례로 적절하다.
'여덟에[여덜베]'는 수사와 조사의 원형을 밝혀 적은 것이므로 ㉡의 사례로 적절하다.
④ '수캉아지'는 소리대로 적은 것이므로 ㉠의 사례로 적절하다.
'없었고[업썯꼬]'는 어법에 맞도록 용언 어간의 원형을 밝히어 적은 것이므로 ㉡의 사례로 적절하다.

02

정답풀이 초성을 먼저 보면 '되묻다, 뒤묻다'가 앞선다. 이들의 초성은 같으므로 중성을 보면 '되묻다'가 앞선다. '틀니, 뜨다' 중에 된소리가 앞서므로 '뜨다'가 앞선다.

오답풀이 ① 괴리-꾸기다-쾌거-쿠키: 초성의 순서를 보면 '괴리'가 가장 앞선다. 그 다음 된소리가 오므로 '꾸기다'가 온다. '쾌거, 쿠키'는 초성이 같으므로 중성으로 배열해야 한다. 'ㅙ'가 'ㅜ'보다 앞에 있으므로 '쾌거-쿠키'순이다.
③ 삵-삽-새가슴-세모: 초성이 모두 같으므로 중성을 봐야 한다. '삵, 삽'은 중성이 같으므로 받침을 봐야 한다. 받침 배열 순서는 받침의 앞 자음에 따라 배열된다. 'ㄺ'의 앞 자음 'ㄹ'과 'ㅂ'을 보면 'ㄹ'이 앞서므로 받침 'ㄺ'이 더 앞선다. 따라서 '삵-삽' 순이다. '세모, 새가슴'의 중성을 보면 '새가슴-세모' 순임을 알 수 있다.

받침 배열 순서
ㄱ ㄲ ㄳ ㄴ ㄵ ㄶ ㄷ ㄹ ㄺ ㄻ ㄼ ㄽ ㄾ ㄿ ㅀ ㅁ ㅂ ㅄ ㅅ ㅆ ㅇ ㅈ ㅊ ㅋ ㅌ ㅍ ㅎ

④ 여름-엮다-열매-옮다: 초성이 없으므로 중성을 살펴보면 받침이 없는 '여름'이 가장 앞선다. 받침 배열 순서는 받침의 앞 자음에 따라 배열된다.
'엮다'에서 'ㄱ'이 있으므로 '엮다'가 앞선다. '열매'와 '옮다' 중 홑자음인 '열매'가 앞선다.

정답
01 ③ 02 ②

PART 06

03

정답풀이 '걷잡다, 얻다가'는 '거두잡다, 어디에다가'의 준말이므로 〈보기〉의 규정이 적용된 단어가 아니다.

오답풀이 ② '풀+소': 'ㄹ'이 'ㄷ'으로 교체되었다.
'잘+다듬다': 'ㄹ'이 'ㄷ'으로 교체되었다. (참고로 '잘다'는 '작다'를 의미한다.)
③ '잘+주름': 'ㄹ'이 'ㄷ'으로 교체되었다. (참고로 '잘다'는 가늘고 작음을 의미한다.)
'바느질+고리': '바느질'이 축약되어 '반질'이 되고 'ㄹ'이 'ㄷ'으로 교체되었다.
④ '설+부르다': 'ㄹ'이 'ㄷ'으로 교체되었다. (참고로 합성어로 보면 '설다'는 익숙하지 못함을 의미한다. 하지만 파생어로 보게 되면 접두사 '설-'은 '충분하지 못하게'의 뜻을 더한다.)
'잘+다랗다': 'ㄹ'이 'ㄷ'으로 교체되었다. (참고로 '잘다'는 '작다'를 의미한다.)

04

정답풀이 '어머니'는 고유어, '가십(gossip), 칼럼(column)'은 외래어이므로 '난'이 결합되는 것은 옳다. '가정(家庭), 정답(正答)'은 한자어이므로 '란'이 붙으므로 옳다.

오답풀이 ① 상로인(上老人)(×): 접두사처럼 쓰이는 '상'과 '로인'이 결합할 때 두음 법칙이 적용되므로 '상노인'으로 고쳐야 한다.
② 실락원(失樂園)(×): 접두사처럼 쓰이는 한자 '실(失)'이 붙은 것이므로 두음 법칙이 적용되어 '실낙원'으로 고쳐야 한다.
장농(欌籠)(×): 단어의 첫머리 이외에는 'ㄹ'이 오므로 본음대로 적어야 하므로 '장롱'으로 고쳐야 한다.
④ 구름량(×): '구름'은 고유어이므로 '양'으로 고쳐야 한다.
합격율(×): '합격(合格)'은 ㄴ받침 이외의 자음이므로 '률'이 옳다.
발생율(×): '발생(發生)'은 ㄴ받침 이외의 자음이므로 '률'이 옳다.

05

정답풀이 • 삼가치(×) → 삼가지(○): '삼가다'이므로 '삼가-'에 '-지'가 결합하면 '삼가지'가 된다. '삼가하다'라는 말은 이 세상에 없다.
• 섭섭케(×) → 섭섭게(○): '하' 앞의 받침의 소리가 [ㄱ, ㄷ, ㅂ]인 경우에는 '하'가 통째로 탈락되므로 '섭섭+게 = 섭섭게'가 옳다.

오답풀이 나머지는 모두 옳다.

정답

03 ① 04 ③ 05 ④ 06 ① 07 ④

06

정답풀이 ㉠, ㉧ '의젓하다, 깨끗하다'처럼 '하다' 앞에 'ㅅ' 받침이 있는 경우에는 '이'가 결합된다.
㉦ '무단히'는 '사전에 허락이 없이. 또는 아무 사유가 없이.'를 의미하는 부사이다. ('가만히, 간편히, 나른히, 꾸준히'가 옳다.)

오답풀이 ㉡ 나지막히(느지막히)(×) → 나지막이(느지막이)(○): 'ㄱ'받침 뒤에서는 '이'가 붙는 경우가 있다. 따라서 '나지막이, 느지막이'가 옳다.
㉢ 갈갈이(×) → 갈가리(○): '가리가리'의 준말이므로 '갈가리'가 옳다. '여러 가닥으로 갈라지거나 찢어진 모양.'을 나타내는데 어원이 분명하지 않으므로 '갈가리'로 표기한다.
㉣ 딱이(×) → 딱히(○): '딱히'는 '정확하게 꼭 집어서.'를 의미하는 부사이다.
㉤ 번번히(×) → 번번이(○): 겹친 명사 뒤에 '이'가 붙은 것이 옳다. '한 번 두 번, 여러 번'을 의미한다. ('번번히'도 있지만 '번번히'는 '번듯하게.'를 의미하므로 옳지 않다)
㉥ 곰곰히(×) → 곰곰이(○): '곰곰하다'라는 말이 없으므로 '곰곰이'이다.

07

정답풀이 • 마구간(○)이 옳다.: 한자어 '마구(馬廐)'와 한자어 '간(間)'의 결합으로 이루어진 어휘이다. '한자어+한자어' 구성의 합성어에는 사이시옷을 받쳐 적지 않는다. '마구간'은 '말을 기르는 곳'이라는 뜻으로 발음은 [마ː구깐]이다.
• 꼭짓점(○)이 옳다.: [꼭찌쩜]으로 사잇소리 현상이 일어나며, '꼭지'라는 고유어가 있으므로 사이시옷을 표기해야 한다. 참고로 '점(點)'은 한자어이다.
• 백지장(○)이 옳다.: 한자어 '백지(白紙)'와 한자어 '장(張)'의 결합으로 이루어진 어휘이므로 사이시옷을 받쳐 적지 않는다. '한자어+한자어' 구성의 합성어에는 사이시옷을 받쳐 적지 않는다. '하얀 종이의 낱장'이라는 뜻으로 발음은 [백찌짱]이다.

오답풀이 ㉠ 붕어빵(○): 된소리나 거센소리 앞에서는 사이시옷을 쓰지 않으므로 '붕어빵'으로 적는 것이 바르다. '붕어 모양의 틀에 묽은 밀가루 반죽과 팥소를 넣어 만든 풀빵'이라는 뜻으로 발음은 [붕ː어빵]이다.
㉢ 머리털(○): 된소리나 거센소리 앞에서는 사이시옷을 쓰지 않으므로 '머리털'로 적는 것이 바르다. '머리털'의 표준 발음은 [머리털]이다.

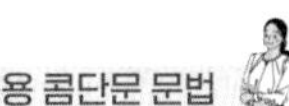

03 〈보기〉의 규정이 적용된 단어가 아닌 것은?

(보기)
제29항 끝소리가 'ㄹ'인 말과 딴 말이 어울릴 적에 'ㄹ' 소리가 'ㄷ'소리로 나는 것은 'ㄷ'으로 적는다.

예 삼짇날[삼질+날]　　숟가락[술+가락]

① 걷잡다, 얻다가
② 푿소, 잗다듬다
③ 잗주름, 반짇고리
④ 섣부르다, 잗다랗다

04 다음 중 한글 표기가 모두 옳은 것은?

① 상로인, 내내월, 동구릉, 비논리적
② 실락원, 중노동, 장농, 쌍룡
③ 어머니난, 가십난, 가정란, 정답란, 칼럼난
④ 구름량, 수출량, 합격율, 발생율, 흡입량

05 다음 올바르게 표기된 경우가 아닌 것으로만 묶인 것은?

- 어간의 끝음절 '하'의 'ㅏ'가 줄고 'ㅎ'이 다음 음절의 첫소리와 어울려 거센소리로 될 적에는 거센소리로 적는다.
- 어간의 끝음절 '하'가 아주 줄 적에는 준 대로 적는다.

① 갑갑지 않다, 생각건대
② 절실치 못했다, 선발토록
③ 공부케 두다, 무정타
④ 삼가치 않다, 섭섭케 하였다

06 밑줄 친 부분이 한글 맞춤법에 맞는 것을 고른 것은?

㉠ 그 아이는 의젓이 행동한다.
㉡ 행복하게 살라고 나지막히(느지막히) 말했다.
㉢ 그녀의 마음이 갈갈이 찢겨나간다
㉣ 딱이 갈 만한 곳도 없다.
㉤ 그는 번번히 지각을 하였다.
㉥ 곰곰히 생각해 봐도 네가 잘못했다.
㉦ 남의 물건에 무단히 손을 대다.
㉧ 그녀는 깨끗이 쌀을 씻었다.

① ㉠, ㉦, ㉧　　② ㉠, ㉢, ㉣
③ ㉡, ㉤, ㉦　　④ ㉥, ㉦, ㉧

PART 06

07 다음 〈보기〉에서 사이시옷에 대한 표기 중 옳고 그름의 표시(○, ×)가 틀린 것만을 고른 것은?

(보기)
㉠ 붕엇빵(×) / 붕어빵(○)
㉡ 마구간(×) / 마굿간(○)
㉢ 머릿털(×) / 머리털(○)
㉣ 꼭짓점(×) / 꼭지점(○)
㉤ 백지장(×) / 백짓장(○)

① ㉠, ㉢　　② ㉡, ㉢
③ ㉢, ㉣　　④ ㉣, ㉤

08

정답풀이 '선짓국'은 '선지(순우리말)+국(순우리말)'로 순우리말로 된 합성어이면서 뒷말의 첫소리가 된소리로 나므로 ⓒ이 아니라 ㉠에 해당한다.
'잇자국'은 '이(순우리말)+자국(순우리말)'로 순우리말로 된 합성어이면서 뒷말의 첫소리가 된소리로 나므로 ⓒ이 아니라 ㉠에 해당한다.

오답풀이 ① '체+바퀴, 모+자리'는 모두 순우리말이다.
'쳇바퀴'는 [체빠퀴/첻빠퀴]에서 보듯 ㉠ 뒷말의 첫소리가 된소리로 발음되는 경우이다.
'못자리'는 '[몯짜리/모짜리]'에서 보듯, ㉠ 뒷말의 첫소리가 된소리로 발음되는 경우이다.
② '뒤+머리, 메+나물'는 모두 순우리말이다.
'뒷머리'는 '[뒨머리]'에서 보듯, ㉡ 뒷말 첫소리 ㄴ, ㅁ 앞에서 ㄴ 소리가 덧나는 경우이다.
'멧나물'은 '[멘나물]'에서 보듯, ㉡ 뒷말 첫소리 ㄴ, ㅁ 앞에서 ㄴ 소리가 덧나는 경우이다.
④ '계(契), 퇴(退)'는 모두 한자어이다.
'곗날'은 [곈날]에서 보듯, ㉣ 뒷말의 첫소리 'ㄴ, ㅁ' 앞에서 'ㄴ' 소리가 덧나는 것이다.
'툇마루'는 [퇸마루]에서 보듯, ㉣ 뒷말의 첫소리 'ㄴ, ㅁ' 앞에서 'ㄴ' 소리가 덧나는 것이다.

09

정답풀이 '편지나 물건 따위를 일정한 수단이나 방법을 써서 상대에게로 보낸다'를 의미하는 것이므로 '부치다'는 옳다.

오답풀이 ② 본문에 주석을 붙이다.(주가 되는 것에 딸리게 하다.)
③ 남의 집 땅뙈기를 부치다.(논밭을 이용하여 농사를 짓다.)
④ 여행 계획을 비밀에 부치다.(문제 삼지 아니하는 상태에 있게 하다.)

부치다

① 모자라거나 미치지 못하다.
예 그 일은 이제 기력이 부쳐 할 수 없다
② 편지나 물건 따위를 상대에게 보내다.
예 아들에게 학비와 용돈을 부치다.
③ 논밭을 이용하여 농사를 짓다.
예 부쳐 먹을 내 땅 한 평 없다.
④ 프라이팬 따위에 기름을 바르고 빈대떡 따위의 음식을 만들다.
예 전을 부치다.
⑤ 어떤 행사나 특별한 날에 즈음하여 어떤 의견을 나타내다.
예 젊은 세대에 부치는 서(書), 식목일에 부치는 글.
⑥ 어떤 문제를 다른 곳이나 다른 기회로 넘기어 맡기다.
예 안건을 회의에 부치다.
⑦ 원고를 인쇄에 넘기다.
예 접수된 원고를 편집하여 인쇄에 부쳤다.
⑧ 먹고 자는 일을 제집이 아닌 다른 곳에서 하다.
예 삼촌 집에 숙식을 부치다.

붙이다

① 맞닿아 떨어지지 아니하게 하다. 예 우표를 붙이다.
② 물체와 물체 따위를 서로 바짝 가깝게 놓다.
예 가구를 벽에 붙이다.
③ 겨루는 일 따위가 서로 어울려 시작되게 하다.
예 싸움을 붙이다.
④ 불을 옮겨 타게 하다. 예 연탄에 불을 붙이다.
⑤ 사람 등을 딸려 붙게 하다. 예 아이에게 가정 교사를 붙여 주다.
⑥ 조건, 이유, 구실 따위를 달다. 예 계약에 조건을 붙이다.
⑦ 어떤 감정이나 감각이 생겨나게 하다.
예 공부에 흥미를 붙이다, 아이와 정을 붙이다.
⑧ 이름 따위를 만들어 주다. 예 별명을 붙이다.

10

정답풀이 '벗어지다'는 '머리카락이나 몸의 털 따위가 빠지다.'를 의미할 때에는 '머리가 벗어지다, 머리가 벗겨지다' 모두 쓰일 수 있다.

오답풀이 ① 한문의 쓰임이 옳지 않다. "실렸다."라는 뜻의 '게재(揭載)되었다'가 옳다.
② '결재'는 상관이 안건을 승인하는 의미이므로 이 문장의 문맥상으로 '결제'가 옳다.
③ 오랜동안(×) → 오랫동안(○): '오래+동안'의 합성어이므로 사이시옷도 표기해 주어야 한다.

정답

08 ③ 09 ① 10 ④

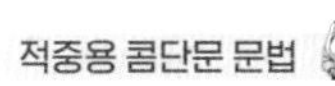

08 **사이시옷의 표기에 대한 이해로 적절하지 않은 것은?**

> 第30항 사이시옷은 다음과 같은 경우에 받치어 적는다.
> 1. 순 우리말로 된 합성어로서 앞말이 모음으로 끝난 경우
>   (1) 뒷말의 첫소리가 된소리로 나는 것 … ㉠
>   (2) 뒷말의 첫소리 'ㄴ, ㅁ' 앞에서 'ㄴ' 소리가 덧나는 것 ……………… ㉡
>   (3) 뒷말의 첫소리 모음 앞에서 'ㄴㄴ' 소리가 덧나는 것
> 2. 순 우리말과 한자어로 된 합성어로서 앞말이 모음으로 끝난 경우
>   (1) 뒷말의 첫소리가 된소리로 나는 것 … ㉢
>   (2) 뒷말의 첫소리 'ㄴ, ㅁ' 앞에서 'ㄴ' 소리가 덧나는 것 ……………… ㉣
>   (3) 뒷말의 첫소리 모음 앞에서 'ㄴㄴ' 소리가 덧나는 것

① '쳇바퀴, 못자리'의 사이시옷은 ㉠에 의한 것이다.
② '뒷머리, 멧나물'의 사이시옷은 ㉡에 의한 것이다.
③ '선짓국, 잇자국'의 사이시옷은 ㉢에 의한 것이다.
④ '곗날, 툇마루'의 사이시옷은 ㉣에 의한 것이다.

한글맞춤법 혼동 어휘

09 **밑줄 친 어휘가 옳게 쓰인 것은?**

① 그는 아들에게 학비와 용돈을 <u>부쳤다.</u>
② 본문에 주석(註釋)을 <u>부쳤다</u>.
③ 남의 집 땅뙈기를 <u>붙여</u> 먹었다.
④ 그들은 여행 계획을 비밀에 <u>붙였다</u>.

10 **다음 밑줄 친 어휘의 쓰임이 가장 적절한 것은?**

① 교수님의 논문이 유명 학회지에 <u>개재(介在)</u>되었다.
② 그 공장은 어음을 <u>결재(決裁)</u>하지 못해 부도 처리가 되었다.
③ 고향을 <u>오랜동안</u> 떠나 있었다.
④ 머리가 <u>벗겨진</u> 친구는 머리털을 소중히 여겼다.

PART 06

11

정답풀이 딸리다(×) → 달리다(○) : '재물이나 기술 · 힘 따위가 모자라다.'를 의미하는 '달리다'가 옳다.

오답풀이 ① '둘 이상의 일정한 대상들을 나란히 놓고 비교하여 살피다.'를 의미하므로 '맞추다'는 잘 쓰였다.
② 성적의 양상이 다르다는 것이므로 '다르다'는 잘 쓰였다. 다만 정답이 아니다를 의미하는 '틀리다'가 들어가서는 안 된다.
④ '부문'이 적절하다. '부문'은 '일정한 기준에 따라 분류하거나 나누어 놓은 낱낱의 범위나 부분', '부분'은 '전체를 이루는 작은 범위 또는 전체를 몇 개로 나눈 것의 하나'이다.

12

정답풀이 혼동(混同) 「명사」: '어떤 현상을 잘못 판단하다'
'A, B의 두 대상을 헷갈려 한다'로 많이 사용된다. (예 자유와 방종을 혼동하다.) 하지만 이 문맥에서는 두 대상이 나온 것이 아니므로 옳지 않다. '혼돈(混沌)'이 이 문맥상에서는 옳다. (「명사」: '마구 뒤섞여 있어 갈피를 잡을 수 없음. 또는 그런 상태')

오답풀이 ① 2011년에 '날개'와 함께 복수 표준어로 '나래'가 인정되었다. '나래'는 '날개'의 문학적 표현이다.
② '소박을 맞히다'의 '맞히다'는 '「2」 어떤 좋지 아니한 일을 당하게 하다.'를 의미하는 '맞다'의 사동사이다.
③ '약속 시간 따위를 넘기지 아니하다.'를 의미하므로 '맞추다'가 옳다.

참고 맞추다('맞히다' 이외의 의미)

1. 【…을 …에】【 …을 (…과)】 ((('…과'가 나타나지 않을 때는 여럿임을 뜻하는 말이 목적어로 온다))
   예 서로 떨어져 있는 부분을 제자리에 맞게 대어 붙이다.
   예 문짝을 문틀에 맞추다.
2. 【(…과) …을】【 …을 (…과)】 ((('…과'가 나타나지 않을 때는 여럿임을 뜻하는 말이 주어나 목적어로 온다))
   「1」 ((주로 '보다'와 함께 쓰여)) 둘 이상의 일정한 대상들을 나란히 놓고 비교하여 살피다.
   예 나는 가장 친한 친구와 답을 맞추어 보았다.
   여자 친구와 다음 주 일정을 맞추어 보았더니 목요일에만 만날 수 있을 것 같다.
   「2」 서로 어긋남이 없이 조화를 이루다.
   예 다른 부서와 보조를 맞추다.
3. 【…을 …에/에게】
   「1」 어떤 기준이나 정도에 어긋나지 아니하게 하다.
   예 원고를 심사 기준에 맞추다. 줄을 맞추다.

13

정답풀이 '받치다'는 '어떤 물건의 밑이나 안에 다른 물건을 대다.'를 의미하므로 옳다.

오답풀이 ① 제물을 받쳐야(×) → 바쳐야(○)
☞ 받치다 : (밭+치(강조의 접미사)+다) 건더기와 액체가 섞인 것을 체나 거르기 장치에 따라서 액체만을 따로 받아 내다.
바치다 : 신이나 웃어른에게 드리다. 마음과 몸을 아낌없이 내놓다. 세금 · 공납금 등을 내다.
② 소에게 바쳐서(×) → 받혀서(○)
☞ 바치다 : 신이나 웃어른에게 드리다. 마음과 몸을 아낌없이 내놓다. 세금 · 공납금 등을 내다.
받히다 : (받다의 피동사) 머리나 뿔 따위에 세차게 부딪히다.
④ 체로 받혀서(×) → 밭쳐(○)
☞ 받히다 : (받다의 피동사) 머리나 뿔 따위에 세차게 부딪히다
밭치다 : (밭+치(강조의 접미사)+다) 건더기와 액체가 섞인 것을 체나 거르기 장치에 따라서 액체만을 따로 받아 내다.

14

정답풀이 '주책없다'만 표준어로 인정했지만, 2016년 말부터는 '주책이다' 또한 표준어로 인정하여 '주책이다/주책없다' 모두 표준어가 되었다.

오답풀이 ① '빌다'는 '밥을 빌어먹다, 용서를 빌다, 성공을 빌다'로 쓰이는 단어이므로 문맥상 옳지 않다. 이 문맥에는 '어떤 일을 하기 위해 기회를 이용하다.'를 의미하는 '빌리다'를 사용하여야 한다.
③ '깃들어'의 기본형은 '깃들다'이다. '깃들다'는 '아늑하게 서려 들다. / 감정, 생각, 노력 따위가 어리거나 스미다.'를 의미하는 것이므로 '사찰이 깃들다'라는 말은 어색하다. 이 문장에는 '사람이나 건물 따위가 어디에 살거나 그곳에 자리 잡다.'를 의미하는 '깃들이다'를 사용하여 '사찰이 깃들여 있다.'라고 해야 한다.
④ '와중'은 '일이나 사건 따위가 시끄럽고 복잡하게 벌어지는 가운데'를 의미하므로 옳지 않다. 집에 가는 것이 시끄럽고 복잡하지는 않으므로 '중에'를 사용해야 한다.

정답

11 ③ 12 ④ 13 ③ 14 ②

11 다음 중 밑줄 친 어구가 표기나 어법상으로 올바르지 못한 것은?

① 관계자와 일정을 맞춰 보아야 확답을 줄 수 있다.
② 형제가 시험 성적이 다를까?
③ 영희는 실력이 딸리니 음모를 꾸몄다.
④ 올해 영화제 시상식은 11개 부문으로 나뉜다.

12 다음 문장에서 밑줄 친 단어의 쓰임이 올바르지 않은 것은?

① 상상의 나래를 펼친 영화가 인상 깊었다.
② 착한 여자에게 소박을 맞히다니 용서할 수 없다.
③ 그는 교회 예배 시간을 제대로 맞추지 않아 혼이 났다.
④ 외래문화의 무분별한 수입은 가치관의 혼동을 초래하였다.

13 다음 중 밑줄 친 단어가 바르게 쓰인 것은?

① 제물을 받쳐야 바다를 안전하게 건널 수 있다.
② 마을 이장님이 소에게 바쳐서 꼼짝을 못한다.
③ 아이가 책받침을 받치고 글씨를 쓴다.
④ 이것을 돌절구에 빻아 가는 체로 받혀서 다시 가져오겠다.

14 다음 중 밑줄 친 부분의 사용이 옳은 것은?

① 이 자리를 빌어서 사과하고 싶습니다.
② 그런 이상한 춤을 추다니 주책이다.
③ 우리 명산에는 곳곳에 사찰이 깃들어 있다.
④ 학교가 끝나서 집에 가는 와중에 친구를 만났다.

PART 06

15

정답풀이 • '돋구다'는 '안경의 도수 따위를 더 높게 하다'를 의미한다. '안경의 도수'를 높이는 것에는 '돋구다'가 쓰임이 옳다.
• 이 의미 외의 것은 모두 '돋우다'에 해당한다.

오답풀이 ① 분을 삭이다(O) / 곡식을 삭히다(O)
• '긴장이나 화가 풀려 마음이 가라앉다.'를 의미하는 것은 '삭이다'이다.
• '김치나 젓갈 따위의 음식물이 발효되어 맛이 들다.'를 의미하는 것은 '삭히다'이다.

② 예산안을 결재하다(O) / 어음을 결제하다(O)
• '상관이 부하가 제출한 안건을 검토하여 승인함.'을 의미하는 것은 '결재'이다.
• '증권이나 대금의 수수(授受)에 의해서 매매 당사자 간의 거래 관계를 끝맺음.'을 의미하는 것은 '결제'이다.

④ 속을 썩이다(O) / 음식을 썩히다(O)
• '걱정・근심 따위로 마음을 상하게 하다'를 의미하는 것은 '썩이다'이다.
• '부패하게 하다'를 의미하는 것은 '썩히다'이다.

16

정답풀이 '유래(由來)'는 '사물이나 일이 생겨남.'을 뜻하는 단어이다. (이 절은 그 유래가 깊다.) 여기서는 '같거나 비슷한 예'라는 뜻으로 '유례(類例)'를 사용해야 한다.

오답풀이 ② 알은척하다(=알은체하다) : 어떤 일에 관심을 가지는 듯한 태도를 보이다./사람을 보고 인사하는 표정을 짓다.
'아는 체하다'는 모르면서 아는 것처럼 행동하는 것을 의미한다. 띄어 쓰는 것이 원칙이지만 '아는체하다'처럼 붙이는 것도 허용한다.

③ '닫혔다'는 '닫다'의 피동형으로, 열린 문짝이나 뚜껑, 서랍 따위가 도로 제자리로 가 막힌다는 뜻이므로 적절하다.

④ 벌이다 : 일을 시작하거나 펼치다.

17

정답풀이 • '웃음기를 띄다'가 틀리다. '웃음기를 띠다'로 고쳐야 한다. '감정이나 기운 따위를 나타내다.'를 의미하는 경우에는 '띠다'를 써야 한다.
• '간격을 띄우다, 띄다('띄우다'의 준말)'는 옳다.
'띄다'는 '간격을 띄다, 눈에 띄다'에만 쓰인다. 이 경우 이외의 나머지는 모두 '띠다'이다.

오답풀이 나머지는 모두 적절하다.

② • 안주 일체(○): '일체(= 모두, 전부)'는 긍정적인 문맥에 '일절'은 부정적인 문맥에 쓰인다. '일체'는 '모든 것, 온갖 사물, 통틀어서, 모두'를 의미한다.
• 일절 금합니다(○): '일절(= 전혀)'은 '사물을 부인하거나 행위를 금지할 때 씀'을 의미하는 것으로 존재 자체가 부정된다.

③ • 반듯이(○): '반듯하게'의 의미로 옳다.
• 반드시(○): '꼭, 틀림없이'의 의미로 옳다.

④ • 지그시(○): 「1」 슬며시 힘을 주는 모양
• 지긋이(○): 나이가 비교적 많아 듬직하게

18

정답풀이 • 누가 형이고 동생인지 구분할 수 없다(×)
→ 구별할 수 없다(○)
• 문학은 시, 소설, 수필 등으로 구별할 수 있다.(×)
→ 구분할 수 있다(○)
: '구별'은 '성질이나 종류에 따라 차이가 남.'을 의미하므로 형과 동생의 차이에 초점을 맞춘 앞의 문장에 쓰여야 한다. '구분'은 '일정한 기준에 따라 전체를 몇 개로 갈라 나눔.'을 의미하므로 뒤의 문장에 쓰여야 한다.

오답풀이 나머지는 쓰임이 적절하다.

① • 방증(傍證) : 증명에 간접적으로 도움이 되는 증거.
• 반증(反證) : 증거를 들어 그 사실을 부정하는 증거.

② • 졸이다 : 속을 태우다시피 조바심하다.
• 조리다 : 양념을 배게 하다.

③ • 가름하다 : 승부나 등수 따위를 정하다.
• 가늠하다 : 목표나 기준에 맞고 안 맞음을 헤아려 보다.
예 이 경기는 승패를 가늠하기 어렵다.

정답

15 ③ 16 ① 17 ① 18 ④

15 다음 중 어법상 옳은 문장은?

① • 그는 분을 삭히느라 깊이 숨을 들이마셨다.
 • 민속주는 곡식을 삭여서 만드는 경우가 많다.
② • 부장님, 지난번에 드린 예산안을 결제해 주세요.
 • 만기가 돌아온 어음을 결재하지 못해 부도를 냈다.
③ • 눈이 침침해서 안경의 도수를 돋궜다.
 • 된장찌개가 입맛을 돋운다.
④ • 너 왜 그렇게 내 속을 썩히느냐?
 • 음식을 썩여 거름을 만들다.

16 다음 중 밑줄 친 단어의 사용이 옳지 않은 것은?

① 이 사건은 인류 역사상 유래가 없는 일이다.
② 쓸데없이 남의 일에 함부로 알은체하지 마라.
③ 대문 앞에 서 있는데 대문이 저절로 닫혔다.
④ 가게 주인이 상품을 벌여 놓기 시작했다.

17 다음 중 밑줄 친 어휘의 쓰임이 적절하지 않은 것은?

① • 그는 웃음기(붉은 빛)를 띈 얼굴로 나를 보았다.
 • 그녀는 책상 사이의 간격을 띄웠다.
② • 술집 간판에 '안주 일체'라고 써 있다.
 • 면회 시간 외에 출입을 일절 금합니다.
③ • 선을 반듯이 그어라.
 • 반드시 선을 똑바로 그어야 한다.
④ • 그는 눈을 지그시 감고 과거를 회상했다.
 • 그녀는 나이가 지긋이 들어 보였다.

18 다음 중 밑줄 친 어휘의 쓰임이 적절하지 않은 것은?

① 그 저서는 저자의 해박함을 방증하는 역작이다.
 그 논리의 오류를 입증할 수 있는 반증을 제시해 보십시오.
② 그의 전화를 마음을 졸이며 기다렸다.
 생선을 조린 반찬을 가장 좋아한다.
③ 선수들의 투지가 이 경기의 승패를 가름했다.
 이 경기는 승패를 가늠하기 어렵다.
④ 누가 형이고 동생인지 구분할 수 없다.
 문학은 시, 소설, 수필 등으로 구별할 수 있다.

19

정답풀이 병세가 겉잡을(×) → 병세가 걷잡을(○)
경기장에는 걷잡아서(×) → 경기장에는 겉잡아서(○)
☞ 겉잡다 : 겉으로만 보고 대강 헤아려 어림잡다.
걷잡다 : 한 방향으로 치우쳐 흘러가는 형세 따위를 바로잡거나 진정시키다.

오답풀이 ① -로써 : 수단, 방법 / -로서 : 자격
② 그슬다 : 불에 쬐어 거죽만 살짝 타게 하다.
그을다 : 햇볕・연기 등을 오래 쐬어 검게 되다.
④ 늘리다 : '늘다'의 사동사로서 '물체의 길이나 넓이, 부피 따위가 본디보다 커지다. / 살림이 넉넉해지다.' 등의 의미를 나타낸다. '재산'의 경우는 살림이 넉넉해지는 경우에 속하므로 '늘리다'를 써야 옳다.
'늘이다'는 '본디보다 더 길게 하다.'를 의미한다. 주로 물리적인 길이를 길게 할 때 쓰인다. '고무줄, 엿가락, 바짓단을 늘이다.'로 쓰인다.

20

정답풀이 모음이나 'ㄴ' 받침 뒤에 이어지는 '렬, 률'은 '열, 율'로 적는다. 따라서 '흡연률'을 '흡연율'로 고쳐야 한다. 이와 같은 예로, 내재율, 실패율(失敗率), 백분율(百分率) 등이 있다.

오답풀이 ① '옥조이다(=옥죄다)'는 '옥여 바싹 죄다'를 의미한다. 어간 '죄-'에 어미 '-어야'가 결합되면 '죄어야(=좨야)'로 표기한다.
② '뵈+어요'로 결합하면 '뵈어요'인데, 이를 축약하면 '봬요'이다.
③ '씌다'는 '쓰다'의 피동사 '쓰이다'의 준말이다. '쓰이-'에 모음 어미 '-어'가 오는 경우(쓰이어)에 '씌어/쓰여'로 활용이 가능하다.

21

정답풀이 '-이' 이외의 모음으로 시작된 접미사에 해당하는 것이지만 '떠벌+이, 얼룩+이'처럼 '이'로 시작하는 접미사가 결합된 것은 (다)와 관련이 없다.

오답풀이 ① (가) : '죽-'과 '묻-'은 동사이지만, '-이'나 '-음' 이외의 모음으로 시작된 접미사인 '엄'과 붙은 것이다.
② (가) : '막-'은 동사이지만, '-이'나 '-음' 이외의 모음으로 시작된 접미사인 '암, 애'와 붙은 것이다.
③ (나) : 명사 '육손(손가락이 여섯 개)'과 '곰배팔(꼬부라져 붙어 펴지 못하는 팔)'에 '-이'가 붙은 것이므로 옳다.

정답

19 ③ 20 ④ 21 ④

19 다음 중 밑줄 친 단어가 바르게 쓰이지 않은 것은?

① 이 사건은 의협과 용기로써 대처해야 한다.
그녀는 엄마로서 할 수 있는 노력을 하였다.
② 바닷가에서 새우를 불에 그슬어서 먹었다.
들판 곳곳에는 까맣게 그을린 농부들이 있다.
③ 병세가 걷잡을 수 없게 악화되었다.
경기장에는 걷잡아서 천 명이 온 듯하다.
④ 재산을 늘리는 그의 모습은 놀라웠다.
그녀는 고무줄을 늘였다.

20 다음 중 밑줄 친 부분의 표기가 옳지 않은 것은?

① 얼마나 목을 옥좨야 하는지 모르겠다.
② 그럼 그 시간에 봬요.
③ 칠판에 낙서가 씌어 있었다.
④ 흡연률이 많이 급증했다.

21 다음 한글 맞춤법 규정의 예로 옳지 않은 것은?

> (가) 제19항 [붙임] 어간에 '-이'나 '-음' 이외의 모음으로 시작된 접미사가 붙어서 다른 품사로 바뀐 것은 그 어간의 원형을 밝히어 적지 아니한다.
> (나) 제20항 명사 뒤에 '-이'가 붙어서 된 말은 그 명사의 원형을 밝히어 적는다.
> (다) 제20항 [붙임] '-이' 이외의 모음으로 시작된 접미사가 붙어서 된 말은 그 명사의 원형을 밝히어 적지 아니한다.

① (가): 주검, 마개
② (가): 마감, 무덤
③ (나): 육손이, 곰배팔이
④ (다): 떠버리, 얼루기

문법과 관련된 표기들

관련교재
기 출좋포 문법·어휘 p.143~

01

정답풀이 '늘리다'는 '수나 분량, 시간 따위를 본디보다 많아지게 하다.'는 뜻을 갖는 동사이다. 그러나 '늘이다'는 주로 '고무줄을 늘이다.'와 같이 '물체의 길이를 더 길게 하다.'는 뜻으로 쓰이므로 확실히 구분해야 한다.

오답풀이 ① 안절부절하는(×) → 안절부절못하는(○): 표준어 규정 제25항의 예시에서 '안절부절못하다'만 표준어로 제시하고 있다. '마음이 초조하고 불안하여 어찌할 바를 모르는 모양'이라는 뜻의 부사 '안절부절'에서 나온 말로서, '안절부절하다'는 표준어가 아니다!

③ 그들에(×) → 그들에게(○): 사람을 뜻하는 대명사 '그들'에는 부사격 조사 '에게'를 써야 한다. 부사격 조사 '에'는 무정 명사에 쓰인다.
예 역공녀는 학생들에 답변을 남겼다. (→ 학생들에게)
학생들은 시험 오류를 정부에게 항의했다. (→ 정부에)

④ 쳐발랐다(×) → 처발랐다(○): '마구', '많이'의 뜻을 더하는 접두사 '처-'를 활용한 형태이다. 이와 같은 예로 '처대다, 처먹다, 처먹다, 처넣다, 처바르다.' 등이 있다.

02

정답풀이 '오다'의 어간 '오-'+았+연결 어미 '(으)매'가 결합된 형태로 옳다. 연결 어미 '-(으)매'는 '어떤 일에 대한 원인이나 근거를 나타내는' 어미이다. '-음에'와 혼동할 수 있으나, '-음에'는 '어떤 일에 대한 원인이나 근거'를 나타내는 의미가 없다. 다만, '이것을 연구함에 큰 문제가 없다.'와 같은 경우에 쓸 수 있다.

오답풀이 ① 엇다가(×) → 얻다가(○): '어디에다가'의 준말인 '얻다가'가 옳다. (얻다 대고=어디에다 대고)

② 처주마(×) → 쳐주마(○): '셈을 맞추어 주다.'를 의미하는 '쳐주다'가 와야 하므로 '쳐주마'가 옳은 표기이다. '처주다'는 사전에 등재되지 않은 비표준어이다.

③ 푼푼이(×) → 푼푼히(○): '푼푼이(첩어 명사)'와 '푼푼히'가 모두 있으므로 주의하여야 한다. 여기에서는 '모자람이 없이 넉넉하다.'를 의미하는 '푼푼히'가 쓰여야 한다. '푼푼이'는 '한 푼씩 한 푼씩.'을 의미한다.

03

정답풀이 • 미처: (부사) 아직 거기까지 미치도록.
• '거저 '는 서술어 '먹는'을 꾸미는 부사로서 '대가나 조건 없이. 무료로.'를 의미한다.
• 생각지 못해: 용언 어간의 끝음절 '하' 앞에 받침 'ㄱ, ㅂ, ㅅ'이 오는 경우에는 '하'가 통째로 준다. 따라서 '생각하다'의 준말은 '생각다'이다.

오답풀이 ② 한소금(×) → 한소끔(○): '한소끔'이 옳다. '한 번 끓어오르는 모양.'을 의미한다.

③ • 어떡해(×) → 어떻게(○): '어떡해'는 '어떻게 해'의 줄임말이므로 옳지 않다. 뒤의 용언 '낮습니까'를 수식해야 하므로 용언의 부사형 '어떻(용언의 어간)+게(부사형 어미)'가 와야 한다.
• 번번히(×) → 번번이(○): 첩어 명사 뒤에는 부사 파생 접사 '-이'가 결합된다.
예 간간이, 누누이, 일일이, 집집이, 겹겹이, 틈틈이
• 합격율(×) → 합격률(○)
☞ '모음'이나 'ㄴ' 뒤에는 '열/율'이 나머지 자음 뒤에는 '렬/률'이 결합된다. 예 내재율, 백분율, 치사율 / 합격률, 외형률

④ • 회계년도(×) → 회계연도(○)
'연도(年度)'는 사무나 회계 결산 따위의 처리를 위하여 편의상 구분한 1년의 기간을 의미한다. '졸업 연도, 제작 연도' 등을 예로 들 수 있다. '제50항 전문 용어는 단어별로 띄어 씀을 원칙으로 하되, 붙여 쓸 수 있다'는 조항에 따라 '회계 연도'와 '회계연도' 모두 가능하다.
• 신년도(○): '신년(新年)+도(度)'이므로 '년'에 두음법칙이 적용되지 않는다. 단어의 첫머리에 '년'이 오지 않기 때문이다.

정답

01 ② 02 ④ 03 ①

빈출 순위별 예상 문제

6편 한글 맞춤법 CH.02 문법과 관련된 표기들

◎ 적중용 | 亦功 중간 빈출, 제3빈출

01 밑줄 친 부분이 어법상 가장 적절한 것은?

① 본인이 저지른 범죄에 <u>안절부절하는</u> 모습을 보였다.
② 수명을 <u>늘리는</u> 것에 대한 연구는 계속되고 있다.
③ 그는 <u>그들에</u> 뒤지지 않는 경쟁력을 갖춰야 한다.
④ 혜선 쌤은 파운데이션을 얼굴에 덕지덕지 <u>쳐발랐다.</u>

02 밑줄 친 단어의 맞춤법이 옳은 것은?

① 집에 <u>엇다가</u> 휴대폰을 뒀는지 기억이 안 난다.
② 하나에 백 원씩 <u>처주마</u>.
③ 부유한 부모님은 그녀에게 용돈을 <u>푼푼이</u> 주었다.
④ 비가 <u>왔으매</u> 강물이 불었을 것이다.

03 현행 「한글 맞춤법」에 따른 표기로 가장 적절한 것은?

① <u>미처</u> 그가 <u>거저</u> 먹는 것이라고 <u>생각지</u> 못했다.
② 국이 <u>한소금</u> 끓어오르면 스프를 넣어라.
③ <u>어떡해</u> <u>번번히</u> <u>합격율</u>이 낮습니까?
④ <u>신년도</u>는 <u>회계년도</u> 기준으로 5월부터입니다.

PART 06

04

정답풀이 '쐬+어서'이므로 '쐐서'로 고쳐야 한다.

오답풀이 ① 한자어 '연월일(年月日)'에서 '년(年)'은 두음 법칙에 따라 '연'으로 표기된다. '-별'은 ((일부 명사 뒤에 붙어)) '그것에 따른'의 뜻을 더하는 접미사이므로 붙여 쓴다.

제10항 | 한자음 '녀, 뇨, 뉴, 니'가 단어 첫머리에 올 적에는 두음 법칙에 따라 '여, 요, 유, 이'로 적는다.

② "끝소리가 'ㄹ'인 말과 딴 말이 어울릴 적에 'ㄹ' 소리가 나지 아니하는 것은 아니 나는 대로 적는다."는 한글 맞춤법 제28항 규정에 따라 '차지다'로 적는 것이 맞다. 참고로, 2015년 개정 시 '찰지다' 역시 '차지다'의 원말로 표준어로 인정되었다.

④ '이쁘다'는 '예쁘다'의 비표준어였으나 2015년 11월 개정으로 인해 '예쁘다'와 복수 표준어로 인정되었다. 활용 형태인 '이쁘디이쁘다'도 표준어로 인정되었다.

05

정답풀이 '바라-(어간)+-아(종결 어미)'이므로 '바래'가 아니라 '바라'가 옳다. '바래다'는 '볕이나 습기를 받아 색이 변하다.'를 의미하는 단어로 '바라다'와는 의미 자체가 아주 다르므로 표기에 유의해야 한다.

오답풀이 ② '오십시오'로 고쳐야 한다. 명령형의 '하십시오'체로 고쳐야 한다.

③ '나았다'로 고쳐야 한다. 기본형 '낫다'로, 모음 어미가 결합할 때, 'ㅅ'이 탈락하는 불규칙 활용이다.

④ '잇따르다'와 '잇달다'는 유의어로, '뒤를 이어 따르다.'의 뜻이므로 둘 다 쓸 수 있다. '잇따르다'는 'ㅡ' 규칙 활용을 하여 '잇따른', '잇달다'는 'ㄹ' 규칙 활용을 하여 '잇단'으로 표기해야 한다.

06

정답풀이 '서럽다'와 복수 표준어인 '섧다'의 '섧-'에 자음 어미가 붙을 때에는 예쁘게 결합되므로 '섧고'는 옳다.

오답풀이 ① 눌지(×) → 눋지(○) ('눋다'는 'ㄷ' 불규칙 용언) : '누른빛이 나도록 조금 타다.'를 의미하는 어간 '눋-'에 자음 어미가 결합하는 경우에는 그대로 '눋지'가 된다. 'ㄷ'이 'ㄹ'로 교체되는 것은 '눋-' 뒤에 모음 어미가 왔을 때만이다. (눌어, 눌으니, 눌었다)

③ 휴계실(×) → 휴게실(休憩室)(○)

④ 내딛었다(×) → 내디뎠다(○) : '내딛다'는 '내디디다'의 준말이다. 준말 중에 '내딛다, 서둘다, 서툴다, 머물다, 갖다' 등은 모음 어미와는 결합하지 못하고 자음 어미와만 결합할 수 있다. 따라서 '내디디+었+다'로 '내디뎠다'로 표기해야 한다.
(단, 모든 준말이 모음 어미와 활용하지 못하는 것은 아니다. '외우다'의 준말인 '외다', '거두다'의 준말인 '걷다'는 각각 '외어', '걷어'와 같이 활용할 수 있다.)

07

정답풀이 〈한글 맞춤법〉에 따라 바르게 표기된 것은 '새까맣다-시뻘겋다-샛노랗다'이다. '매우 짙고 선명하게'의 뜻을 더하는 접두사는 환경에 따라 '새-/샛-/시-/싯-'으로 쓰인다.

구분	어두음 : 된소리나 거센소리 또는 'ㅎ'	어두음 : 유성음(울림소리)
첫음절의 모음 : 양성 모음 'ㅏ, ㅗ'	새 (새파랗다,새까맣다)	샛 (샛노랗다)
첫음절의 모음 : 음성모음 'ㅓ, ㅜ'	시 (시퍼렇다, 시꺼멓다, 시뻘겋다, 시허옇다)	싯 (싯누렇다)

오답풀이 ① 시하얗다(×) → 시허옇다(○), 새하얗다(○)

③ 새퍼렇다(×) → 시퍼렇다(○)

④ 샛누렇다(×) → 샛노랗다(○)

08

정답풀이 '거어요'는 의존 명사 '거('것'의 준말)' 뒤에, 서술격 조사 어간 '이-', 어미 '-어요/-에요'가 붙어 '여요/예요'로 줄어 쓰이므로, '거여요/거예요'로 쓰일 수 있다.

오답풀이 ① 설겆이(×) → 설거지(○) : '표준어 규정 제20항 | 사어(死語)가 되어 쓰이지 않게 된 단어는 고어로 처리하고, 현재 널리 사용되는 단어를 표준어로 삼는다'에 따라 '설겆다'는 사어이므로 '설겆이'가 아니라 '설거지'로 표기해야 한다.

② 얼키고설켜서(×) → 얽히고설켜서(○) : '얽히다'는 사전에 등재된 단어이지만 '섥히다'는 등재되어 있지 않는다. 한글 맞춤법 제21항에 따라 '섥히다'의 경우 어원이 분명하지 않으므로 소리대로 적어서 '얽히고설키다'로 적는다.

③ 낫가리(×) → 낟가리(○) : '낟알이 붙은 곡식의 단을 쌓은 더미.'를 의미하므로 '낟가리'로 쓰는 것이 옳다.

정답

04 ③ 05 ① 06 ② 07 ② 08 ④

04 밑줄 친 부분이 어법에 맞지 않는 것은?

① 출생 연월일별로 파일을 구분해 놓으렴.
② 밥이 찰져서 내 입맛에 맞았다.
③ 답답하니 바람을 좀 쐬서 기분을 풀자.
④ 그녀의 이쁘디이쁜 얼굴이 많이 상했다.

05 밑줄 친 부분의 표기로 적절한 것은?

① 네가 행복하길 바라!
② 온도를 재야 하니 이쪽으로 오십시요.
③ 병이 씻은 듯이 낳았다.
④ 선수들의 잇딴 부상으로 전력에 문제가 생겼다.

06 밑줄 친 맞춤법이 옳은 것은?

① 볶음밥은 밥이 눌지 않으면 맛이 없다.
② 지난 일을 생각하니 섧고 분했다.
③ 코로나가 위험하니 휴계실에서 밥을 먹으면 안 된다.
④ 산이 가팔라서 힘들었지만 우리는 힘차게 발을 내딛었다.

07 한글 맞춤법에 따라 바르게 표기된 것만 나열한 것은?

① 시하얗다－시꺼멓다－싯누렇다
② 새까맣다－시뻘겋다－샛노랗다
③ 새퍼렇다－새빨갛다－샛노랗다
④ 새파랗다－시허옇다－샛누렇다

08 밑줄 친 말 중 맞춤법에 따라 올바르게 쓰인 것은?

① 너가 밥을 했으니 설겆이는 내가 할게.
② 일이 얽키고설켜서 해결할 수 없었다.
③ 낫가리 속에서 불을 댕기자 불이 붙었다.
④ 기출 회독을 끝내면 합격할 수 있을 거여요.

PART 06

띄어쓰기

관련교재
기 출좋포 문법·어휘 p.164~166

출좋포 ⑪ 최빈출 띄어쓰기

만	의존 명사	시간, 거리, 횟수를 나타내는 말 예 떠난 지 사흘 만에 돌아왔다. / 세 번 만에 시험에 합격했다.
	조사	• 다른 것으로부터 제한하여 어느 것을 한정함. 예 하나만 알고, 둘은 모른다. / 이것은 그것만 못하다. • 앞말이 나타내는 정도에 달함. 예 집채만 한 파도가 몰려온다. 청군이 백군만 못하다. 안 가느니만 못하다.
지	의존 명사	지금까지의 동안을 나타냄. (시간의 경과) 예 그를 만난 지도 꽤 오래되었다. / 집을 떠나온 지 어언 3년이 지났다.
	어미	어미의 일부(-ㄴ지, -ㄹ지) 예 집이 큰지 작은지 모르겠다. / 어떻게 해야 할지 모르겠다.
데	의존 명사	'곳'이나 '장소', '일'이나 '것', '경우'의 뜻을 나타냄. 예 지금 가는 데가 어디인데? / 그 책을 다 읽는 데 삼 일이 걸렸다. 사람을 돕는 데 애 어른이 어디 있겠습니까? / 머리 아픈 데 먹는 약 이 그릇은 귀한 거라 손님을 대접하는 데 쓴다.
	어미	연결 또는 종결 어미로 쓰이는 '-ㄴ데' 예 여기가 우리 고향인데 인심 좋고 경치 좋은 곳이지. / 나무가 정말 큰데 대체 몇 살인 걸까?
바	의존 명사	'~니까'를 넣었을 때 말이 안 됨. 예 평소에 느낀 바를 말해라. / 어찌할 바를 모르다. / 어차피 매를 맞을 바에는 먼저 맞겠다.
	어미	'~니까'를 넣었을 때 말이 됨. 예 서류를 검토한바 몇 가지 미비한 사항이 발견되었다. / 그는 나와 동창인바 그를 잘 알고 있다. / 너의 죄가 큰바 응당 벌을 받아야 한다.
망정	의존 명사	괜찮거나 잘된 일이라는 뜻을 나타냄. 예 그 집은 마침 네 눈에 띄었기에 망정이다.
	어미	'-ㄹ망정' 연결 어미 예 머리는 나쁠망정 손은 부지런하다.
같이	부사	뒤의 용언을 수식 예 친구와 같이 사업을 하다. / 모두 같이 갑시다.
	부사격 조사	체언 뒤 예 얼음장같이 차가운 방바닥 / 눈같이 흰 박꽃

밖에	명사+조사	'바깥'을 넣었을 때 말이 됨. 예 교실 밖에 그가 와 있다. 시험 범위 밖에 있는 단원이다.
	보조사	'그것 말고는', '그것 이외에는', '피할 수 없는'의 뜻을 지님. (보통 뒤에 부정어가 옴) 예 공부밖에 모르는 학생. 널 사랑할 수밖에 없다.
	어미	-ㄹ밖에(='-ㄹ 수밖에'의 준말) 예 선생님이 시키는데 할밖에 없다. 어른들이 다 가시니 나도 갈밖에.
씨(氏)	의존 명사	특정인 뒤 예 그 일은 김 씨가 맡기로 했네. 길동 씨, 홍길동 씨
	접미사	'그 성씨 자체', '그 성씨의 가문이나 문중' 예 김씨, 이씨, 박씨 부인
간(間)	의존 명사	'한 대상에서 다른 대상까지의 사이'나 '둘 사이' 또는 '어느 경우든지 관계없이'의 뜻을 나타냄. 예 서울과 광주 간 열차 / 부모 자식 간에 / 음식을 먹든지 말든지 간에
	합성어	부부간, 부자간, 부녀간, 모자간, 모녀간 / 고부간 / 동기간, 인척간 / 피차간, 좌우간, 조만간, 국제간, 천지간
		단, 부모∨간, 자식∨간(혈육∨간) / 친구∨간, 친척∨간 / 국가∨간, 남녀∨간
	접미사	'동안'의 뜻을 나타냄. 예 이틀간 / 한 달간

PART 06

Chapter 04 문장 부호

관련교재

기 출좋포 문법·어휘 p.167~171

적중용 亦功 중간 빈출, 제3빈출

01 현행 「한글 맞춤법」에 따른 문장 부호의 사용으로 가장 적절하지 않은 것은?

① 그는 "낱말(單語)이란 자립할 수 있는 말이다"고 말했다.

② 예로부터 전해 내려오는 이야기, 즉 '전설(傳說)'을 말한다.

③ 철수는 "그 사람은 그만...." 이라며 울먹거렸다.

④ 날짜: 2022. 2. 11. 금요일

02 대괄호의 사용이 적절하지 않은 것은?

① 난 그 이야기[합격 소식]를 듣고 미소 짓기 시작했다.

② 말소리[音聲]의 특징을 알아보자.

③ 이윽고 겨울이 오면 초록은 실색한다. [이상전집 3(1958), 235쪽 참조]

④ 모두가 건물[에, 로, 까지] 달려갔다.

01

정답풀이 고유어에 대응하는 한자어를 함께 보일 때는 소괄호기 아니라 대괄호를 써야 하므로 '낱말[單語=단어]'로 고쳐야 한다. 큰따옴표는 말이나 글을 직접 인용할 때 쓰이므로 간접 인용 부사격 조사 '라고'로 고쳐야 한다.

오답풀이 ② 한 문장 안에서 앞말을 '즉', '곧', '다시 말해' 등과 같은 어구로 다시 설명할 때 앞말 다음에 쉼표를 쓰므로 옳다. 또한 우리말 표기와 원어 표기를 아울러 보일 때는 소괄호를 쓰므로 '전설(傳說)'은 옳다.

③ 글 가운데에서 직접 대화를 표시할 때 큰따옴표(" ")를 쓴다. 쓴다. 또한 할 말을 줄였을 때 줄임표(……)를 쓴다. 줄임표는 여섯 점을 찍는 것이 원칙이나 세 점을 찍는 것도 허용된다. 마침표가 필요한 경우에는 마침표를 찍어야 한다. 마침표를 포함하면 아래에 네 점 또는 일곱 점을 찍게 된다.

④ 표제 다음에 해당 항목을 들거나 설명을 붙일 때 쌍점(:)을 쓴다. 이때 쌍점의 앞은 붙여 쓰고 뒤는 띄어 쓴다. 또한 아라비아 숫자만으로 연월일을 표시할 때에는 마침표(.)를 숫자 뒤에 각각 쓴다.

02

정답풀이 건물[에, 로, 까지](×) → 건물{에, 로, 까지}(○)

: 명사 '건물'에 사용할 조사 중 '에, 로, 까지'를 선택하는 문장이므로 중괄호 '{ }'로 고쳐야 한다. (참고로 중괄호 안에 열거된 항목들은 쉼표로 구분할 수도 있고, 경우에 따라서는 빗금으로 구분할 수도 있다.)

오답풀이 ① 원문에 대한 이해를 돕기 위해 설명이나 논평 등을 덧붙일 때는 대괄호를 쓴다. '그 이야기'가 '합격 소식'임을 알려주기 위해 대괄호를 썼다. (참고로 원문에 대한 이해를 돕기 위해 대괄호 대신 소괄호를 쓰기도 한다.)

② '말소리[音聲]'와 같이 고유어에 대응하는 한자어를 함께 보일 때는 대괄호를 쓴다. 낱말[單語], 나이[年歲], 손발[手足] 등이 있다.

③ 괄호 안에 또 괄호를 쓸 필요가 있을 때 바깥쪽의 괄호로 대 괄호를 쓴다. '(1958)'에 소괄호가 있으므로 바깥쪽 괄호는 대괄호를 쓰는 것은 옳다.

정답

01 ① 02 ④

로마자, 외래어 표기

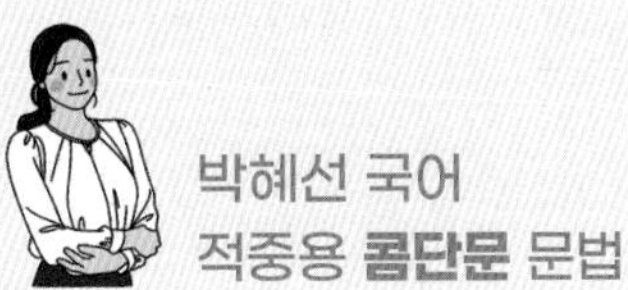

Chapter 01

로마자 표기 원칙 및 용례

관련교재
㉮ 출좋포 문법·어휘 p.172~17

제1장 표기의 기본 원칙

제1항 국어의 로마자 표기는 국어의 표준 발음법에 따라 적는 것을 원칙으로 한다.

제2항 로마자 이외의 부호는 되도록 사용하지 않는다.

제2장 표기 일람

제1항 모음은 다음 각호와 같이 적는다.

1. 단모음

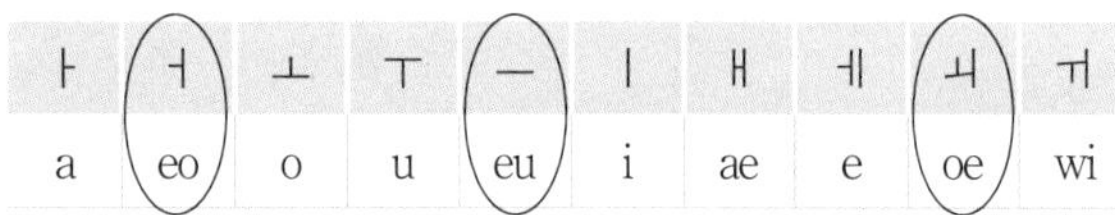

ㅏ	ㅓ	ㅗ	ㅜ	ㅡ	ㅣ	ㅐ	ㅔ	ㅚ	ㅟ
a	eo	o	u	eu	i	ae	e	oe	wi

2. 이중 모음

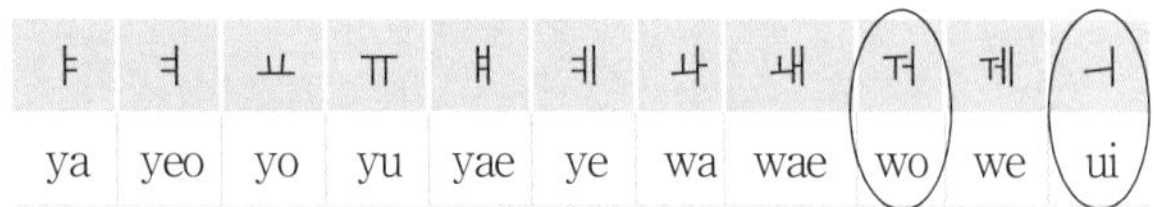

ㅑ	ㅕ	ㅛ	ㅠ	ㅒ	ㅖ	ㅘ	ㅙ	ㅝ	ㅞ	ㅢ
ya	yeo	yo	yu	yae	ye	wa	wae	wo	we	ui

붙임 1 'ㅢ'는 'ㅣ'로 소리 나더라도 'ui'로 적는다.

예 광희문 Gwanghuimun

붙임 2 장모음의 표기는 따로 하지 않는다.

제2항 자음은 다음 각호와 같이 적는다.

1. 파열음

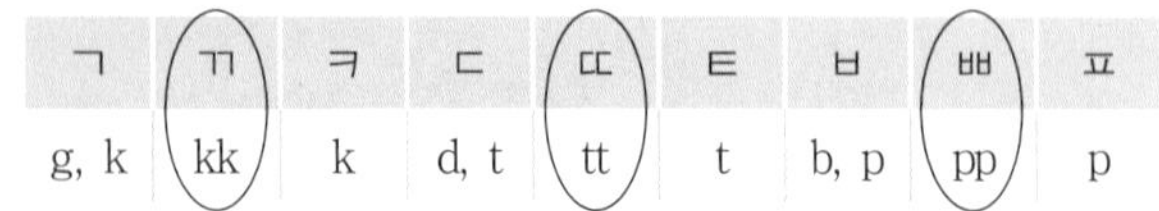

ㄱ	ㄲ	ㅋ	ㄷ	ㄸ	ㅌ	ㅂ	ㅃ	ㅍ
g, k	kk	k	d, t	tt	t	b, p	pp	p

2. 파찰음

ㅈ	ㅉ	ㅊ
j	jj	ch

3. 마찰음

ㅅ	ㅆ	ㅎ
s	ss	h

4. 비음

ㄴ	ㅁ	ㅇ
n	m	ng

5. 유음

ㄹ
r, l

붙임 1 'ㄱ, ㄷ, ㅂ'은 모음 앞에서는 'g, d, b'로, 자음 앞이나 어말에서는 'k, t, p'로 적는다.
([ ] 안의 발음에 따라 표기함.)

구미 Gumi　영동 Yeongdong　백암[배감] Baegam
옥천 Okcheon　합덕 Hapdeok　호법 Hobeop
월곶[월곧] Wolgot　벚꽃[벋꼳] beotkkot　한밭[한받] Hanbat

붙임 2 'ㄹ'은 모음 앞에서는 'r'로, 자음 앞이나 어말에서는 'l'로 적는다. 단, 'ㄹㄹ'은 'll'로 적는다.

구리 Guri　설악 Seorak　칠곡 Chilgok
임실 Imsil　울릉 Ulleung　대관령[대괄령] Daegwallyeong

제3장 표기상의 유의점

제1항 음운 변화가 일어날 때에는 변화의 결과에 따라 다음 각호와 같이 적는다.

1. 자음 사이에서 동화 작용이 일어나는 경우

백마[뱅마] Baengma　신문로[신문노] Sinmunno
종로[종노] Jongno　왕십리[왕심니] Wangsimni
별내[별래] Byeollae　신라[실라] Silla

2. 'ㄴ, ㄹ'이 덧나는 경우

학여울[항녀울] Hangnyeoul　알약[알략] allyak

3. 구개음화가 되는 경우

해돋이[해도지] haedoji　같이[가치] gachi
굳히다[구치다] guchida

4. 'ㄱ, ㄷ, ㅂ, ㅈ'이 'ㅎ'과 합하여 거센소리로 소리 나는 경우

좋고[조코] joko 놓다[노타] nota
잡혀[자펴] japyeo 낳지[나치] nachi

다만, 체언에서 'ㄱ, ㄷ, ㅂ' 뒤에 'ㅎ'이 따를 때에는 'ㅎ'을 밝혀 적는다.

묵호 Mukho 집현전 Jiphyeonjeon

붙임 된소리되기는 표기에 반영하지 않는다.

압구정 Apgujeong 낙동강 Nakdonggang
죽변 Jukbyeon 낙성대 Nakseongdae
팔당 Paldang 합정 Hapjeong
샛별 saetbyeol 울산 Ulsan

제2항 발음상 혼동의 우려가 있을 때에는 음절 사이에 붙임표(-)를 쓸 수 있다.

중앙 Jung-ang ('준강'과 구별) 반구대 Ban-gudae ('방우대'와 구별)
세운 Se-un ('서는'과 구별) 해운대 Hae-undae ('하은대'와 구별)

제3항 고유 명사는 첫 글자를 대문자로 적는다.

부산 Busan 세종 Sejong

제4항 인명은 성과 이름의 순서로 띄어 쓴다. 이름은 붙여 쓰는 것을 원칙으로 하되 음절 사이에 붙임표(-)를 쓰는 것을 허용한다.[( ) 안의 표기를 허용함.]

1. 이름에서 일어나는 음운 변화는 표기에 반영하지 않는다.

한복남 Han Boknam(Han Bok-nam)
홍빛나 Hong Bitna(Hong Bit-na)

2. 성의 표기는 따로 정한다.

민용하 Min Yongha(Min Yong-ha)
송나리 Song Nari(Song Na-ri)

제5항 '도, 시, 군, 구, 읍, 면, 리, 동'의 행정 구역 단위와 '가'는 각각 'do, si, gun, gu, eup, myeon, ri, dong, ga'로 적고, 그 앞에는 붙임표(-)를 넣는다. 붙임표(-) 앞뒤에서 일어나는 음운 변화는 표기에 반영하지 않는다.

제주도 Jeju-do 양주군 Yangju-gun
의정부시 Uijeongbu-si 신창읍 Sinchang-eup
도봉구 Dobong-gu 인왕리 Inwang-ri
삼죽면 Samjuk-myeon 당산동 Dangsan-dong
종로 2가 Jongno 2(i)-ga
충청북도 Chungcheongbuk-do
봉천 1동 Bongcheon 1(il)-dong
퇴계로 3가 Toegyero 3(sam)-ga

붙임 '시, 군, 읍'의 행정 구역 단위는 생략할 수 있다.

청주시 Cheongju 함평군 Hampyeong 순창읍 Sunchang

… 도로명 주소 등 표기에 관한 법률(2008. 2. 29.) 및 시행령(2007. 4. 5.)에 따른 새 주소 체계에서 기존 행정 구역 단위를 대체하는 '대로(大路)', '로(路)', '길'은 각각 'daero', 'ro', 'gil'로 적고, 그 앞에는 붙임표(-)를 넣는다.
예 강남대로 Gangnam-daero 개나리길 Gaenari-gil 세종로 Sejong-ro

PART 07

제6항 자연 지물명, 문화재명, 인공 축조물명은 붙임표(-) 없이 붙여 쓴다.

남산 Namsan 속리산 Songnisan
금강 Geumgang 독도 Dokdo
경복궁 Gyeongbokgung 무량수전 Muryangsujeon
연화교 Yeonhwagyo 극락전 Geungnakjeon
안압지 Anapji 남한산성 Namhansanseong
화랑대 Hwarangdae 불국사 Bulguksa
현충사 Hyeonchungsa 독립문 Dongnimmun
오죽헌 Ojukheon 촉석루 Chokseongnu
종묘 Jongmyo 다보탑 Dabotap

… 로마자 표기 시 붙임표를 쓰는 경우
1. 붙임표를 반드시 써야 하는 경우
행정 구역 단위('do, si, gun, gu, eup, myeon, ri, dong, ga'), 길('daero', 'ro', 'gil')
2. 보통은 붙임표를 안 쓰지만 쓰는 것을 허용하는 경우
① 발음상 혼동의 우려가 있을 때
② 사람의 이름 사이에

01

정답풀이 '도, 시, 군, 구, 읍, 면, 리, 동'의 행정 구역 단위와 '가'는 각각 'do, si, gun, gu, eup, myeon, ri, dong, ga'로 적고, 그 앞에는 붙임표(-)를 넣는다. 따라서 '세종로 Sejong-ro'는 옳다.

오답풀이 ② 인명은 성과 이름의 순서로 띄어 쓴다. 따라서 'Min Yongha(원칙), Min Yong-ha(허용)'로 써야 한다.
③ 붙임표(-) 바로 앞뒤에서 일어나는 음운 변화는 표기에 반영하지 않으므로 [삼중면]으로 표기해서는 안된다. 'Samjuk-myeon'이 옳다.
④ 받침 'ㅊ'은 'ch'로 표기하지 않고 't'로 표기한다. 이름에서 일어나는 음운 변화는 표기에 반영하지 않는다. 따라서 비음화가 적용된 결과를 표기에 반영해서는 안 된다. 단, 이름에서 음절의 끝소리 규칙까지는 적용된 채로 표기된다. 따라서 'Hong Bitna(원칙), Hong Bit-na(허용)'로 써야 한다.

02

정답풀이 표기는 예사소리이지만 된소리로 소리 나는 된소리되기는 표기에 반영하지 않는다.
예 압구정 Apgujeong, 낙성대 Nakseongdae, 울산 Ulsan

오답풀이 ① 체언에서 'ㄱ, ㄷ, ㅂ' 뒤에 'ㅎ'이 따를 때에는 'ㅎ'을 밝혀 적는다.
예 집현전 Jiphyeonjeon, 오죽헌 Ojukheon
② 수목, 가옥, 하천, 산(맥), 다리 같은 자연 지물명, 문화재명, 인공 축조물명은 붙임표(-) 없이 'Dongnimmun'으로 붙여 쓴다.

로마자 표기 시 붙임표를 쓰는 경우
1. **붙임표를 반드시 써야 하는 경우**: 행정 구역 단위('do, si, gun, gu, eup, myeon, ri, dong, ga'), 길('daero', 'ro', 'gil')
2. **보통은 붙임표를 안 쓰지만 쓰는 것을 허용하는 경우**
① 발음상 혼동의 우려가 있을 때
② 사람의 이름 사이에

③ 이름에서 일어나는 음운 변화는 표기에 반영하지 않는다.
예 한복남 Han Boknam (Han Bok-nam)
홍빛나 Hong Bitna (Hong Bit-na)

03

정답풀이 'ㄱ'은 모음 앞에서는 'g'이므로 '곡성'의 첫소리 'ㄱ'은 'g'로 표기한다. 하지만 '곡성'의 받침 'ㄱ'은 'k'로 표기해야 하므로 '곡성'은 'Gokseong'로 표기해야 한다.

오답풀이 ① 자연 지명물, 문화재명, 인공 축조물명에는 붙임표(-)를 붙여 쓸 수 없다.
② 용언에서의 자음 축약만 표기에 반영한다. (좋고[조코] joko, 잡혀[자펴] japyeo) 하지만 체언에서의 자음 축약은 인정하지 않으므로 'h'를 밝혀 적어야 한다. ['오죽헌(Ojukheon)', '집현전(Jiphyeonjeon)']
③ 이름은 붙여 쓰는 것을 원칙으로 하는 것은 옳다. 그러나 음절 사이에 붙임표(-)를 쓰는 것을 허용한다. '홍빛나 Hong Bit-na', '한복남 Han Bok-nam'도 가능하다.

04

정답풀이 보통의 행정 구역 단위('do, si, gun, gu, eup, myeon, ri, dong, ga')에는 붙임표를 반드시 써야 한다. 하지만 '시, 군, 읍'의 경우에는 붙임표와 함께 '시, 군, 읍'의 행정 구역 단위는 생략할 수 있다.

오답풀이 ① '종로'가 비음화되어 [종노]가 된 것을 그대로 반영하는 것은 발음대로 로마자를 표기하는 전사법(=전음법) 체계라고 볼 수 있다.
③ 원래 '도동'은 'Todong'로 발음되는 것이 맞다. 단어의 첫소리의 'ㄷ'은 무성음 't'로 소리나지만, 한국인들은 유성음과 무성음의 대립을 인식하지 않으므로 그냥 유성음 'd'를 써서 'Dodong'로 표기하는 것이다.
④ 자음을 초성으로 가지는 'ㅢ'는 [l]로 발음이 되어도 항상 'ui'로 표기한다.

정답

01 ① 02 ④ 03 ④ 04 ②

빈출 순위별 예상 문제

7편 로마자, 외래어 표기 CH.01 로마자 표기 원칙 및 용례

◎ 적중용 | 亦功 중간 빈출, 제3빈출

01 〈보기〉의 로마자 표기법을 고려할 때, 다음 중 로마자 표기가 올바른 것은?

> 〈보기〉
> 제3항 고유 명사는 첫 글자를 대문자로 적는다.
> 제4항 인명은 성과 이름의 순서로 띄어 쓴다. 이름은 붙여 쓰는 것을 원칙으로 하되 음절 사이에 붙임표(-)를 쓰는 것을 허용한다.
> (1) 이름에서 일어나는 음운 변화는 표기에 반영하지 않는다.
> (2) 성의 표기는 따로 정한다.
> 제5항 '도, 시, 군, 구, 읍, 면, 리, 동'의 행정 구역 단위와 '가'는 각각 'do, si, gun, gu, eup, myeon, ri, dong, ga'로 적고, 그 앞에는 붙임표(-)를 넣는다. 붙임표(-) 앞뒤에서 일어나는 음운 변화는 표기에 반영하지 않는다.

① 세종로 Sejong-ro
② 민용하 MinYongHa
③ 삼죽면 Samjung-myeon
④ 홍빛나 Hong Bichna

02 국어의 로마자 표기와 그에 대한 설명으로 가장 적절한 것은?

① 묵호 - 'Mukho' - 'ㄱ, ㄷ, ㅂ, ㅈ'이 'ㅎ'과 합하여 거센소리로 나는 경우 거센소리로 적는다.
② 독립문 - 'Dongnim-mun' - 자연 지물명, 문화재명 등은 붙임표를 붙여 쓴다.
③ 한복남, 홍빛나 - 'Han Bongnam, Hong Binna' - 인명에서 일어나는 음운 변화는 표기에 반영한다.
④ 샛별 - 'saetbyeol' - 된소리되기는 표기에 반영하지 않는다.

03 국어의 로마자 표기법에 대한 설명으로 가장 적절한 것은?

① '남산 Namsan', '독도 Dokdo'처럼 자연 지명물, 문화재명, 인공 축조물명에는 붙임표(-)를 붙여 쓸 수 있다.
② '오죽헌(Ojukeon)', '집현전(Jipyeonjeon)'처럼 체언에서 'ㄱ, ㄷ, ㅂ' 뒤에 'ㅎ'이 따를 때에는 자음 축약이 일어난 것을 반영하여 적는다.
③ '홍빛나 Hong Bitna', '한복남 Han Boknam'처럼 이름은 붙여 쓰는 것을 원칙으로 하되 음절 사이에 붙임표(-)를 쓰는 것을 허용하지 않는다.
④ 평음 /ㄱ/과 로마자 유성자음 /g/가 대응하므로 '곡성'의 로마자 표기는 'Gogseong'처럼 된다.

04 다음의 〈국어의 로마자 표기법〉에 대한 진술 중에서 틀린 것은?

① '종로'를 'Jongro'로 적지 않고 'Jongno'로 적는 것은 <국어의 로마자 표기법>이 발음과 로마자를 대응시키는 전사법 체계를 따르기 때문이다.
② '청주시 Cheongju', '함평군 Hampyeong', '순창읍 Sunchang'처럼 '시, 군, 읍'의 행정 구역 단위는 생략할 수 없다.
③ '도동'을 'Todong'처럼 표기하지 않고 'Dodong'처럼 표기한 것은 유성음과 무성음의 대립을 인식하지 않는 한국인들의 언어 감각을 고려한 조처로 볼 수 있다.
④ 자음을 초성으로 가지는 'ㅢ'는 [ㅣ]로 발음이 되어도 항상 'ui'로 표기해야 하므로 '광희문'은 'Gwanghuimun'으로 표기해야 한다.

PART 07

05 로마자 표기법이 가장 옳은 것은?

① 압구정 – Apggujeong
② 함평군 – Hampyeong
③ 집현전 – Jipyeonjeon
④ 속리산 – Songni-san

06 로마자 표기법이 가장 옳지 않은 것은?

① 사직로 – Sajik-ro
② 일직면 – Iljik-myeon
③ 신리 – Sil-li
④ 청주시 – Cheongju

07 로마자 표기법이 옳지 않은 것은?

① 왕십리 – Wangsimni
② 답십리 – Dapsimni
③ 청량리 – Cheongnyangni
④ 인왕리 – Inwangni

05

정답풀이 '시, 군, 읍'의 행정 구역 단위는 생략할 수 있으므로 'Hampyeong-gun(원칙), Hampyeong(허용)'이다.

오답풀이 ① 된소리되기는 로마자 표기에 표기되지 않으므로 'Apgujeong'으로 고쳐야 한다.
③ 체언에서의 자음 축약은 인정하지 않으므로 'h'를 밝혀 적어야 한다. ['오죽헌(Ojukheon)', '집현전(Jiphyeonjeon)']
④ 자연 지명물, 문화재명, 인공 축조물명에는 붙임표(-)를 붙여 쓸 수 없으므로 'Songnisan'으로 써야 한다. [송니산]처럼 상호 비음화를 잘 반영해야 한다.

06

정답풀이 행정 구역 단위의 로마자 표기법에 관한 문제이다. 행정 구역이 나오면 붙임표를 써야 하므로 집중해야 한다. '도, 시, 군, 구, 읍, 면, 리, 동'의 행정 구역 단위와 '가'는 각각 'do, si, gun, gu, eup, myeon, ri, dong, ga'로 적고, 그 앞에는 붙임표(-)를 넣는다. '신리'의 '리'는 행정 구역 단위이므로 붙임표를 꼭 적어 'Sin-ri'로 적어야 한다. 참고로 붙임표 앞뒤에서 일어나는 음운 변화는 표기에 반영하지 않으므로 'Sil-li'로 적지 않음에 유의하여야 한다.

오답풀이 ①, ② 붙임표 앞뒤에서 음운 변화가 일어나지 않는 것을 잘 반영하였다.
④ '시, 군, 읍'의 행정 구역 단위는 생략할 수 있다.

07

정답풀이 '인왕리'는 단순 지역명이 아니라 행정 구역이므로 'Inwang-ri'로 고쳐야 한다. 행정 구역 단위인 '리'는 ri로 적고 그 앞에는 붙임표(-)를 넣는다. 붙임표(-) 앞뒤에서 일어나는 음운 변화는 표기에 반영하지 않는다.

오답풀이 나머지는 모두 단순 지역명이므로 행정 구역 단위를 쓸 필요 없이 음운 변화에 따라 표기한다.

정답

05 ② 06 ③ 07 ④

Chapter 02 외래어 표기 원칙 및 용례

관련교재
기 출좋포 문법·어휘 p.176~177

제1장 표기 원칙

제1항 외래어는 국어의 현용 24자모만으로 적는다.

이 조항은 우리말에는 없는, 외국어의 소리를 나타내기 위해 맞춤법에 정한 24자모 이외의 특수한 기호나 문자를 만들어서는 안 된다는 것이다.

자음(14개)	ㄱ, ㄴ, ㄷ, ㄹ, ㅁ, ㅂ, ㅅ, ㅇ, ㅈ, ㅊ, ㅋ, ㅌ, ㅍ, ㅎ
모음(10개)	ㅏ, ㅑ, ㅓ, ㅕ, ㅗ, ㅛ ,ㅜ, ㅠ, ㅡ, ㅣ

제2항 외래어의 1 음운은 원칙적으로 1 기호로 적는다.

[f]의 경우 'ㅎ'과 'ㅍ'으로 쓸 수 있지만, 1 음운은 1 기호로 적는다는 원칙에 의해 일관되게 'ㅍ'으로 적는다.

구 분	바른 표기(○)	틀린 표기(×)
family	패밀리	훼밀리
fighting	파이팅	화이팅

제3항 받침에는 'ㄱ, ㄴ, ㄹ, ㅁ, ㅂ, ㅅ, ㅇ'만을 쓴다.

구 분	바른 표기(○)	틀린 표기(×)
racket	라켓	라켇
diskette	디스켓	디스켇
biscuit	비스킷	비스킫
market	마켓	마켇
chocolate	초콜릿	초콜릳
workshop	워크숍	워크숖
Gallup	갤럽	갤렆

제4항 파열음 표기에는 된소리를 쓰지 않는 것을 원칙으로 한다.

1. [p, t, k]나 [b, d, g] 등의 파열음은 국어에서 된소리나 된소리에 가깝게 발음하는 경향이 있으나 표기에는 된소리를 쓰지 않는다.

구 분	바른 표기(○)	틀린 표기(×)
Paris	파리	빠리
conte	콩트	꽁트

2. 서구 외래어의 경우에는 마찰음 'ㅅ'과 파찰음 'ㅈ'을 된소리 'ㅆ, ㅉ'으로 표기하지 않는다.

구 분	바른 표기(○)	틀린 표기(×)
self service	셀프 서비스	쎌프 써비스
Mozart	모차르트	모짜르트
suntan	선탠	썬탠

제5항 이미 굳어진 외래어는 관용을 존중하되, 그 범위와 용례는 따로 정한다.

1. '카메라(camera), 라디오(radio)' 등 이미 굳어진 외래어는 외래어 표기법 원칙을 준수하지 않고 관용에 따른다(캐머러 ×, 레이디오×).

구 분	관용 존중(○)	원칙이지만 인정 안 함(×)
camera	카메라	캐머러
radio	라디오	레이디오
mania	마니아	매니아
observer	옵서버	옵저버
九州	규슈	큐슈
condenser	콘덴서	컨덴서
accent	악센트	액센트
technology	테크놀로지	테크날로지

2. 뜻에 따라 외래어 표기 원칙을 준수하거나 관용 표기가 모두 사용되는 경우도 있다.

구 분	외래어 표기 원칙	관용 표기
cut	컷(인쇄물의 작은 사진)	커트(머리를 자름)
type	타이프(글자를 찍는 기계)	타입(유형)

PART 07

MEMO

박혜선

주요 약력

고려대학교 국어국문학과 최우수 수석 졸업
고려대학교 국어국문학과 심화 전공
고려대학교 국어국문학과 중등학교 정교사 2 급 자격증
前) 대치, 반포 산에듀 온라인 오프라인 최연소 대표 강사
現) 박문각 공무원 국어 1 타 강사

주요 저서

2025 박혜선 국어 기본서 출좋포 독해 · 문학
2025 박혜선 국어 기본서 출좋포 문법 · 어휘
2025 박혜선 국어 독해 신유형 공부(독해신공)
2025 박혜선 국어 천기누설 혜선팍 세트형 독해+어휘
2025 박혜선 국어 천기누설 혜선팍 논리 추론
2025 박혜선 국어 적중용 콤단문 문법(콤팩트한 단원별 문제풀이)
박혜선 국어 기본서 출좋포 어휘.한자
박혜선 국어 최단기간 어문 규정
박혜선 국어 최단기간 고전 운문
박혜선 국어 개념도 새기는 기출 문법
박혜선 국어 개념도 새기는 기출 문학&독해
박혜선 국어 족집게 적중노트 88
박혜선 국어 콤단문 독해(콤팩트한 단원별 문제풀이)
박혜선 국어 문법 출.좋.포 80
2024 박문각 공무원 실전동형 국가직 모의고사
2024 박문각 공무원 실전동형 지방직 모의고사

박혜선 국어 ✧✦ 적중용 콤단문 문법

초판 인쇄 2024. 9. 20. | **초판 발행** 2024. 9. 25. | **편저자** 박혜선
발행인 박 용 | **발행처** (주)박문각출판 | **등록** 2015년 4월 29일 제2019-000137호
주소 06654 서울시 서초구 효령로 283 서경 B/D 4층 | **팩스** (02)584-2927
전화 교재 문의 (02)6466-7202

저자와의 협의하에 인지생략

정가 18,000원
ISBN 979-11-7262-225-1

9급 공무원 국어 시험대비

박문각 공무원

핸드북

박혜선 국어

박혜선 편저

◆ 박혜선 공무원 국어 APP 제공

동영상 강의 www.pmg.co.kr

단어의 형성

출.종.포 ① 단일어, 파생어, 합성어

01 단어의 종류

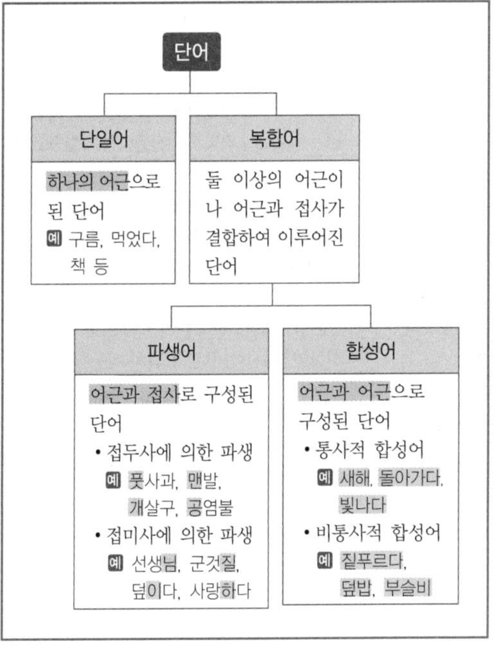

단어
단일어
하나의 어근으로 된 단어
예 구름, 먹었다, 책 등
복합어
둘 이상의 어근이나 어근과 접사가 결합하여 이루어진 단어
파생어
어근과 접사로 구성된 단어
• 접두사에 의한 파생
예 풋사과, 맨발, 개살구, 공염불
• 접미사에 의한 파생
예 선생님, 군것질, 덮이다, 사랑하다
합성어
어근과 어근으로 구성된 단어
• 통사적 합성어
예 새해, 돌아가다, 빛나다
• 비통사적 합성어
예 짙푸르다, 덮밥, 부슬비

02 합성어의 종류

<table>
<tr><td rowspan="5">비통사적 합성어</td><td>개념</td><td colspan="2">우리말의 일반적인 단어 배열법과 일치하지 않는 합성어</td></tr>
<tr><td rowspan="4">예시</td><td>❶ ______
어미 생략</td><td>접칼, 덮밥, 곶감, 늦잠, 감발, 누비옷, 묵밭, 꺾쇠</td></tr>
<tr><td>❷ ______
생략</td><td>높푸르다, 오르내리다, 여닫다, 보살피다 뛰놀다, 굳세다, 날뛰다, 돌보다, 굶주리다</td></tr>
<tr><td>❸ ______ +명사</td><td>살짝곰보, 보슬비, 척척박사, 딱딱새, 산들바람, 헐떡고개, 볼록거울, 흔들바위</td></tr>
<tr><td>어순이 다른 한자어</td><td>독서(讀書), 급수(汲水), 등산(登山), 귀향(歸鄕)
(일몰(日沒), 필승(必勝), 고서(古書)는 통사적 합성어)</td></tr>
<tr><td rowspan="4">통사적 합성어</td><td>개념</td><td colspan="2">우리말의 일반적인 단어 배열법과 일치하는 합성어. 통사적 구성과 일치하는 합성어</td></tr>
<tr><td rowspan="3">예시</td><td>명사+명사</td><td>앞뒤, 돌다리, 할미꽃, 춘추, 논밭, 이슬비</td></tr>
<tr><td>부사+부사</td><td>곧잘, 더욱더, 이리저리, 엎치락뒤치락, 죄다</td></tr>
<tr><td>관형사+체언</td><td>새해, 온갖, 첫사랑, 한바탕, 새마을, 온종일, 뭇매</td></tr>
</table>

통사적 합성어		부사+용언	잘나다, 그만두다, 못나다, 다시없다, 몹쓸(못+'쓰다'의 관형사형)
		조사 생략	빛(이)나다, 힘(이)들다, 본(을)받다, 꿈(과)같다, 앞(에)서다, 값(이)싸다, 맛(이)있다, 재미(가)없다, 선(을)보다, 애(를)쓰다, 손(에)쉽다
		연결 어미	돌아가다, 알아보다, 게을러빠지다, 뛰어가다, 들어가다, 약아빠지다, 찾아보다, 깎아지르다, 스며들다
		관형사형 어미	군밤, 작은언니, 어린이, 지은이, 작은집, 이른바, 쓸데없다(쓰+ㄹ+데+없+다), 보잘것없다(보+자+고+하+ㄹ+것+없+다)

정답

❶ 관형사형 ❷ 연결 어미 ❸ 부사

품사의 구별 - 체언: 명사, 대명사 수사

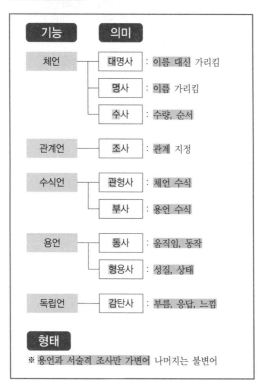

출.좋.포 ❷ 품사와 체언

기능	의미	
체언	대명사	: 이름 대신 가리킴
	명사	: 이름 가리킴
	수사	: 수량, 순서
관계언	조사	: 관계 지정
수식언	관형사	: 체언 수식
	부사	: 용언 수식
용언	동사	: 움직임, 동작
	형용사	: 성질, 상태
독립언	감탄사	: 부름, 응답, 느낌

형태

※ 용언과 서술격 조사만 가변어 나머지는 불변어

품사의 구별 : 용언

출.좋.포 ③ 용언(동사 VS 형용사)

01 어미로 파악하는 동사와 형용사의 구별

기준
현재 시제 선어말 어미 : '❶ ____'(받침 뒤) / '❷ ____'(모음 뒤)
관형사형 어말 어미 : '❸ ____'(받침 뒤) / '❹ ____'(모음 뒤)
명령형 '❺ ________', '-세요' / 청유형 어미 '❻ ______', '-ㅂ시다'
목적, 의도의 어미 '-러, -려'
진행의 '-고 있다'

❶ -는- ❷ -ㄴ- ❸ -는 ❹ -는 ❺ -어라/아라 ❻ -자

02 의미로 파악하는 동사와 형용사의 구별

(1) 무조건 나오는 동사

늙다, 낡다, 맞다, 틀리다, 모자라다, 조심하다, 중시하다, 잘생기다(못생기다), 잘나다(못나다), -어지다, -어하다, 가물다

(2) 무조건 나오는 형용사

없다, 많다, 젊다, 알맞다, 걸맞다, 부족하다, 칠칠하다

(3) '-지 아니하다, -지 못하다'의 경우에는 '아니하다, 못하다'의 품사는 앞의 본용언을 따라간다.
'-기 하다'도 마찬가지.

(4) 동사와 형용사 통용

크다	동사	자라다, 성장하다
	형용사	'자라다, 성장하다' 이외의 의미
길다 (동음이의어)	동사	머리카락, 수염 따위가 자라다.
	형용사	'자라다' 이외의 의미
밝다	동사	밤이 지나고 환해지며 새날이 오다.
	형용사	'새날이 오다' 이외의 의미

있다	동사	① 사람이나 동물이 어느 곳에서 떠나거나 벗어나지 아니하고 머물다. 예 그는 내일 집에 있는다고 했다. ② 사람이 어떤 직장에 계속 다니다. 예 딴 데 한눈팔지 말고 그 직장에 그냥 있어라. ③ 사람이나 동물이 어떤 상태를 계속 유지하다. 예 떠들지 말고 얌전하게 있자. ④ 얼마의 시간이 경과하다. 예 앞으로 사흘만 있으면 추석이다.
	형용사	• 동사의 '있다' 외의 의미 • 주로 '존재하다', '가지다(소유하다)', '재산이 풍족하다', '머무르는 상태이다' '어떠한 역할로 존재하다'의 의미를 갖는다. 예 나는 신이 있다고 믿는다. 기회가 있다. 모임이 있다. 그는 있는 집 자손이다. 그는 서울에 있다. 그는 철도청에 있다. 합격자 명단에는 내 이름도 있었다.

늦다	동사	정해진 때보다 지나다. 예 그는 약속 시간에 항상 늦는다, 그는 버스 시간에 늦어 못 갔다.
	형용사	① 기준이 되는 때보다 뒤져 있다. 예 시계가 오 분 늦게 간다. ② 시간이 알맞을 때를 지나 있다. 또는 시기가 한창인 때를 지나 있다. 예 우리 일행은 예정보다 늦게 도착했다. ③ 곡조, 동작 따위의 속도가 느리다. 예 발걸음이 늦다.
고르다 (동음이의어)	동사	① 쓸 것이나 좋은 것을 가려내다. 예 며느릿감을 골랐다, 품질 좋은 과일로 고르고 골랐다. ② 울퉁불퉁한 것을 평평하게 하거나 들쭉날쭉한 것을 가지런하게 하다. 예 땅을 고르다. ③ 붓이나 악기의 줄, 숨 따위를 다듬거나 손질하다. 예 그는 가쁘게 몰아쉬던 숨을 고르고 있다.
	형용사	① 여럿이 다 높낮이, 크기, 양 따위의 차이가 없이 한결같다. 예 이익을 고르게 분배하다, 치아가 고르다. ② 상태가 정상적으로 순조롭다. 예 음정이 고르다.

너무하다	동사	비위에 거슬리는 말이나 행동을 도에 지나치게 하다. 예 해도 해도 너무한다 싶을 정도로 야박했다. 이렇게 밥을 많이 먹다니 정말 너무하는 노릇이었다. 너무하건 말건 안 되는 것은 안 되는 것이네. ≪송기숙, 녹두 장군≫
	형용사	일정한 정도나 한계를 넘어 지나치다. 예 우리는 정말 폭염이 너무하다 싶었다. 이번 여름 이렇게 날이 덥다니 너무하군. 빙수 한 그릇에 만 원은 너무하지 않으냐고 사정사정했다. 동네에서 다 아는 처지에 정말 너무하신 처삽니다.

굳다	동사	① 무른 물질이 단단하게 되다('녹다'의 반대말). 예 기름이 굳다. 시멘트가 굳다. ② 근육이나 뼈마디가 뻣뻣하게 되다. 예 혀가 굳어 말이 잘 나오지 않는다. ③ 표정이나 태도 따위가 부드럽지 못하고 딱딱하여지다. 예 꾸지람을 듣자 그의 얼굴은 곧 굳었다. ④ 몸에 배어 버릇이 되다. 예 한번 말버릇이 굳어 버리면 여간해서 고치기 어렵다.
	형용사	① 누르는 자국이 나지 아니할 만큼 단단하다. 예 굳은 땅과 진 땅 ② 흔들리거나 바뀌지 아니할 만큼 힘이나 뜻이 강하다. 예 철석같이 굳은 결심 ③ 재물을 아끼고 지키는 성질이 있다. 예 그는 사람됨이 굳고 인색해서 남에게 함부로 돈을 빌려주는 법이 없다.

01 규칙 활용

종류	내용	예
일반적 규칙 활용	용언이 활용할 때 어간이나 어미의 모습이 바뀌지 않음.	• 좋다 : 좋고, 좋아, 좋으니
'ㅡ' 탈락	어간의 끝이 'ㅡ' 모음일 때 모음으로 시작하는 어미와 결합하면서 'ㅡ'가 탈락함.	• 쓰다 : 써(쓰+어), 썼다(쓰+었+다) • 들르다 : 들러(들르+어), 들렀다(들르+었+다) • 치르다 : 치러(치르+어), 치렀다(치르+었+다) • 잠그다 : 잠가(잠그+아), 잠갔다(잠그+았+다) • 담그다 : 담가(담그+아), 담갔다(담그+았+다)
'ㄹ' 탈락	어간의 'ㄹ' 받침이 'ㅂ, ㅅ, ㄴ, ㄹ, 오' 등 특정 자음으로 시작하는 어미와 결합하면서 탈락함.	• 울다 : 웁니다(울+ㅂ니다), 우시니(울+시+니), 우는(울+는), 울수록(울+ㄹ수록), 우오(울+오)

동음 탈락	어간의 끝과 어미의 처음이 동음인 경우 하나가 탈락함.	• 파다 : 파(파+아), 파서(파+아서), 파도(파+아도) • 바라다 : 바라(바라+아), 바라서(바라+아서), 바라도(바라+아도) • 모자라다 : 모자라(모자라+아), 모자라서(모자라+아서)

02 불규칙 활용

종류		내용	불규칙 용언	규칙 용언
어간 바뀜	‘ㅅ’ 불규칙	모음 어미 앞에서 탈락	• 붓 + 어 → 부어 • 짓 + 어 → 지어 • 낫다(勝, 癒), 잇다, 긋다	벗어, 씻어, 빗어, 웃어
	‘ㅂ’ 불규칙	모음 어미 앞에서 ‘오/우’로 변함.	• 굽(炙) + 어 → 구워 • 눕 + 어 → 누워 • 줍 + 어 → 주워 • 돕다, 덥다, 깁다, 춥다	잡아, 뽑아, 좁아, 씹어

어간 바뀜	'ㄷ' 불규칙	모음 어미 앞에서 'ㄹ'로 변함.	• 싣 + 어 → 실어 • 붇 + 어 → 불어 • 걷(步) + 어 → 걸어 • 묻다(問), 듣다, 깨닫다, 눋다	묻어(埋), 얻어, 걷어
	'르' 불규칙	모음 어미 앞에서 'ㄹㄹ'로 변함.	• 빠르 + 아 → 빨라 • 이르 + 어 → 일러(謂, 早) • 부르다, 오르다, 바르다, 곧(올)바르다, 가파르다, 불사르다	따라, 치러
	'우' 불규칙	모음 어미 앞에서 'ㅜ' 탈락함.	• 푸 + 어 → 퍼 ('푸다'만 '우' 불규칙)	주어, 누어
어미 바뀜	'여' 불규칙	모음 어미 '-아'가 '-여'로 변함.	• 공부하 + 아 → 공부하여 • '하다'와 '-하다'가 붙는 모든 용언	파 + 아 → 파
	'러' 불규칙	어미 '-어' 가 '-러'로 변함.	• 푸르 + 어 → 푸르러 • 노르 + 어 → 노르러 • 누르 + 어 → 누르러 • 이르(至) + 어 → 이르러	치르 + 어 → 치러

어간 어미 바뀜	'ㅎ' 불규칙	'ㅎ'으로 끝나는 형용사 어간에 '-아/-어'가 오면 어간의 일부인 'ㅎ'이 없어지고 어미는 'ㅣ'로 변함.	• 하얗 + 아서 → 하얘서 • 파랗 + 아 → 파래 • 누렇 + 어지다 → 누레지다	좋 + 아서 → 좋아서 낳 + 은 → 낳은

출.좋.포 ⑤ 용언의 종류(본용언과 보조 용언)

01 개념

철수가 추운가(본) 보다(보조). 날이 밝아(본) 왔다(보조). 비가 올(본) 듯하다(보조). 편지를 부쳐(본) 주었다(보조).

본용언	머릿속으로 실질적인 뜻을 생각할 수 있는 자립성이 있는 용언
보조 용언	본용언과 연결되어 문법적 의미를 보충하는 역할(∴ 생략되어도 괜찮음.)

02 많이 출제되는 보조 용언의 품사

(1) 보조 형용사

추측	듯하다, 성싶다, 보다 예 비가 올 듯하다, 비가 올 성싶다, 비가 오려나 보다.
소망	(-고) 싶다 예 예쁘고 싶다, 살 빼고 싶다.
가능성	법하다, 뻔하다, 직하다, 만하다 예 그 답도 맞을 법하다, 그 답을 맞힐 뻔하다, 밥 먹었음 직하다, 밥을 먹었을 만하다.

(2) 보조 동사

유지	가지다(갖다), 두다, 놓다 예 돈을 받아 가지고 왔다. 이 기회에 잘 보아 두어라. 논을 갈아 놓았다.
당위	하다 예 반드시 합격해야 한다.
상태	있다, 계시다 예 의자에 앉아 있다. 할머니께서 앉아 계시다.
사동	하다 예 엄마가 아이가 밥을 먹게 하였다.
종결	나다, 내다, 버리다 예 일을 마치고 나니 상쾌하다. 일을 성공해 내다. 빵을 다 먹어 버리다.
꾸밈	척하다, 체하다, 양하다 예 죽은 척하다(= 체하다, 양하다)

관계언 : 격 조사, 접속 조사, 보조사

출.좋.포 ⑥ 격 조사 vs 접속 조사 vs 보조사

격 조사	개념	앞말에 자격을 부여해 주는 조사
	예	주격(이/가, 께서, 에서★, 서) 목적격(을/를), 보격(이/가★), 서술격(이다), 관형격(의), 부사격(에, 에서, 에게, 으로), 호격(아/야)
접속 조사	개념	체언과 체언을 연결하는 조사
	예	와/과, 랑, 하고
보조사	개념	앞말에 특별한 의미를 더해 주는 조사
	예	요★, 은/는, 도, 만, 부터, 까지

출.좋.포 ⑦ 대칭 서술어 : 접속 조사 '와/과' VS 부사격 조사 '와/과'

대칭 서술어란?

반드시 두 대상을 필요로 하는 서술어

예 닮다, 같다, 다르다, 비슷하다, 친구이다, 부부이다, 싸우다, 만나다, 마주치다 등등

01 무조건 부사격 조사인 경우

체언과 체언이 동등하게 연결되지 ×

예 포돌이가 포순이와 닮았다.

02 나머지 선택지에 따라 봐야 하는 경우

체언과 체언이 동등하게 연결 + 대칭 서술어

예 포돌이와 포순이 닮았다.

견해 1) 체언과 체언을 연결하는 관점으로 보면 → 접속 조사

견해 2) '포돌이와'를 생략할 수 없는 관점으로 보면
→ 부사격 조사

수식언 : 관형사, 부사 / 독립언

출.좋.포 ⑧ 관형사

01 관형사

온갖(= 갖은) 나비, 허튼 말, 여남은 사람. 외딴 학교, 고얀 녀석, 긴긴 세월, 한다하는 선비, 어느 책

(1) 무조건 나오는 "-적(的)"

비교적인 관점에서 보자. 비교적 관점에서 보자.
명사 관형사

우리 사무실은 도심에 위치하고 있어 비교적 교통이 편리하다.
부사

(2) 무조건 나오는 "수 관형사 vs 수사"

셋째 학생이 사과 하나를 먹었다.
수 관형사 수사

(3) 무조건 나오는 "관형사 vs 대명사"

이 옷은 이쁘다. 이는 시장에서 샀다.
관형사 대명사

(4) 무조건 나오는 "관형사 vs 용언의 관형사형"

다른 사람과 비교하지 말아라. 너와 나는 다른 사람이다.
관형사 형용사

02 부사

종류		내용	예
성분 부사 (한 성분 수식)	성상 부사	'어떻게'의 의미를 지님.	바로★, 매우, 아주, 잘, 자주
	지시 부사	앞에 나온 말을 지시함.	이리, 그리, 저리, 내일
	부정 부사	용언의 의미를 부정함.	안, 못
	의성 부사	사람이나 사물의 소리를 흉내 냄.	칙칙폭폭, 광광
	의태 부사	사람이나 사물의 모양이나 움직임을 흉내 냄.	펄럭펄럭, 까불까불
문장 부사 (문장 전체 수식)	양태 부사	화자의 다양한 심리적 태도를 나타냄.	설마, 과연, 제발, 결코, 정말, 모름지기, 응당, 만약 의외로, 확실히
	접속 부사	단어와 단어, 문장과 문장을 이어 줌.	및★, 그리고, 그러나, 그런데, 그래서, 하지만

01 부사 vs 부사형

> ✓TIP 부사 : 형태가 변하지 않는 불변어이다.
> 용언 : 품사가 동사, 형용사이므로 형태가 변하는 가변어이다.

예 비행기가 빨리(높이) 날았다. / 비행기가 빠르게(높게) 날았다.
부사 형용사

02 부사 vs 명사

> ✓TIP 부사 : 뒤의 용언을 꾸밈. / 명사 : 뒤에 조사가 옴.

예 내일(오늘) 보자. 내일 시험은 잘 준비하고 있어?
부사 명사

시험이 벌써 내일(오늘)이다.
명사

예 스스로 공부하는 습관을 들여라. / 스스로를 얽매어서는 안 된다.
부사 명사

03 부사 vs 조사

> ✓TIP 부사 : 뒤의 용언을 꾸밈.
> 비교 부사격 조사 '같이'와 '보다'

예 같이 놀자. / 너같이 예쁜 여자는 처음이야!
(같이: 부사 / 너같이: 조사)

예 보다 아름다운 사람이 있어! / 역공녀보다 아름다워!
(보다: 부사 / 역공녀보다: 조사)

04 부사 vs 대명사

> ✓TIP 부사 : 뒤의 용언을 꾸밈. / 대명사 : 뒤에 조사가 옴.

예 언제 놀러올 거야? 언제까지 가면 돼?
(언제: 부사 / 언제까지: 대명사)

05 명사를 수식하는 부사

★'바로, 오직, 겨우, 고작, 다만, 단지, 유독, 무려, 제일, 가장'

예 바로 너 / 오직 너 / 겨우(고작) 하루 / 다만(단지) 꿈 / 유독(제일, 가장) 미인

출.좋.포 ⑩ 감탄사

01 아니

부사	「1」 ((용언 앞에 쓰여)) 부정이나 반대의 뜻을 나타내는 말. 예 혜선 쌤은 밥을 아니 먹었다. 「2」 ((명사와 명사 사이에 쓰이거나, 문장과 문장 사이에 쓰여)) 어떤 사실을 더 강조할 때 쓰는 말. 예 나의 양심은 천만금, 아니 억만금을 준다 해도 버릴 수 없다.
감탄사	「1」 아랫사람이나 대등한 관계에 있는 사람의 묻는 말에 부정하여 대답할 때 쓰는 말. 예 "잠자니?" "아니, 안 자." 「2」 놀라거나 감탄스러울 때, 또는 의아스러울 때 하는 말. 예 아니, 그럴 수가 있니? 아니, 이게 어떻게 된 일이냐.

02 어디

대명사	「1」 ((의문문에 쓰여)) 잘 모르는 어느 곳을 가리키는 지시 대명사. 예 학교가 어디냐? 어디가 이장 댁이오? 「2」 가리키는 곳을 굳이 밝혀서 말하지 아니할 때 쓰는 지시 대명사. 예 어디 가 볼 데가 있다.
감탄사	「1」 남의 주의를 끌 때 쓰는 말. 예 어디, 네가 이번 시험에서 일 등을 한 학생이냐? 「2」 마음대로 되지 아니하여 딱한 사정이 있는 형편을 강조할 때 쓰는 말. 예 받기 싫어서가 아니라 어디 내 마음대로 되나요.

명사형 어미 '(으)ㅁ/기' vs 명사 파생 접미사 '(으)ㅁ/기' 구별

출.좋.포 ⑪ 명사형 어미 vs 명사 파생 접미사, '-(으)ㅁ/기' 구별하기

	용언 어간+명사형 어미	어근+명사 파생 접미사
품사	동사, 형용사	명사
꾸밈	부사어 예 그는 '초상화를 잘 그림'이라고 썼다. 나는 집에 가기 싫다. 지난겨울에는 '온 가족이 함께 걷기' 대회에 참석했다.	관형어 예 그의 바람은 내가 건강해지는 것이었다. 그는 밤새 믿기지 않는 꿈을 꾸었다. 그가 걸어온 걸음은 사람들의 본보기가 되었다.
서술성	있음 [황금을 보다(목적어-서술어)] 예 황금을 보기를 돌같이 하라. 그녀가 꿈을 꿈은 그를 웃게 했다.	없음 [나의 죽다(×)] 예 나의 죽음을 적에게 알리지 마라.
선어말 어미 '었/았'	결합 가능(태산이 높았음 ○) 예 태산이 높음을 사람들은 알지 못한다. 영희와는 달리 혜선이는 정직함을 진심으로 가지고 산다. 그녀가 웃음으로써 막이 끝났다.	결합 불가능(수줍었음 ×) 예 그는 수줍음이 많은 사람이다. 동생은 졸음을 참아 가며 운전했다. 그는 믿음을 가진 기독교 신자이다.

문장 성분의 이해

출.좋.포❶ 문장 성분의 이해

01 문장 성분의 종류

문장에서 일정한 문법적인 기능을 하는 부분, 단위는 어절

주성분	개념	문장을 이루는 주된 골격이 되는 부분 (생략 힘듦.)
	종류	주어, 목적어, 보어, 서술어
부속 성분	개념	주로 주성분을 수식하는 성분(생략 가능. 그러나 일부는 생략 불가)
	종류	관형어, 부사어
독립 성분	개념	다른 문장 성분과 직접적인 관련이 없음. (생략 가능)
	종류	독립어

02 문장 성분의 종류와 특성

(1) 주어

개념	동작 또는 상태나 성질의 주체가 되는 문장 성분
표지	체언 + 주격 조사(이/가, 께서, 에서*)
	체언 + 보조사(서)
	생략 가능

(2) 목적어

개념	동작의 대상 (타동사의 대상)
표지	목적격 조사 '을/를'
	보조사
	생략

(3) 보어

개념	서술어 '되다, 아니다'를 보충해 주는 성분
표지	보격 조사 '이/가' (주격 조사 '이/가'와 헷갈리지 말기)
	보조사
	생략

(4) 관형어 ★ 바로 너이다.

개념	체언을 수식하는 문장 성분을 말한다. 관형어는 반드시 뒤에 체언이 와야 한다.
표지	관형사 단독 예 새/헌/옛/온갖/모든/이/그/저 건물
	체언+관형격 조사(의) 예 역공녀의 그림
	체언 예 역공녀 그림
	용언의 관형사형 어미 예 그녀는 동그란 안경을 썼다.

(5) 부사어

개념	• 주로 용언을 꾸며 주는 성분으로, 부사어나 관형어, 때로는 문장 전체를 수식하기도 한다. • 부사어는 보통 수의적인 성분이지만, 서술어의 성격에 따라 필수적인 성분이 되는 경우도 있다.
표지	부사 단독 예 그는 노래를 굉장히 잘한다.
	체언+부사격 조사 예 승기가 군대에서 돌아왔다.
	부사+보조사 예 빨리만 먹지 마라.
	용언의 부사형 어미 예 혜선이가 예쁘게 생겼다.

① 부사어의 종류 1

성분 부사어	개념	특정한 문장 성분만 꾸미는 부사어 매우, 아주, 잘, 자주 등
	예	남자친구를 안 사귀었다. 기차가 빠르게 달렸다.
문장 부사어	개념	문장 전체를 꾸미는 부사어
	예	과연 그것이 사실이었구나. 그러나 역공녀는 늙었다.

② 부사어의 종류 2

필수적 부사어	개념	문장에서 생략이 불가능한 부사어
	예	그녀는 그와 닮았다. 그녀는 예쁘게 생겼다.
수의적 부사어	개념	문장에서 생략 가능한 부사어
	예	그는 밥을 잘 먹었다.

(6) 서술어

개념	주어의 동작 또는 상태나 성질
표지	동사
	형용사
	체언+서술격 조사 '이다'

(7) 독립어

개념	다른 성분과 직접적인 관계가 없는 말로, 생략해도 문장이 성립한다.
표지	감탄사 단독 예 와, 이게 사실이냐.
	체언+호격 조사 예 혜선아, 쉬는 시간이다!
	문장의 제시어 예 인생, 그것은 무엇일까?

서술어의 자릿수

출.좋.포 ② 서술어의 자릿수 : 서술어가 요구하는 필수 성분의 개수

구분	필요한 성분	서술어의 종류	예시
한 자리 서술어	주어	자동사, 형용사	예 꽃이 피었다. 꽃이 아름답다.
두 자리 서술어	주어, 목적어	타동사	예 그녀는 노래를 불렀다.
	주어, 보어	되다, 아니다	예 상익이는 공무원이 되었다.
	주어, 필수 부사어	대칭 서술어 (마주치다, 부딪치다, 싸우다, 악수하다, 같다, 다르다, 닮다, 적합하다 등)	예 영희는 철수와 닮았다. 이 책은 수험생들에게 적합하다. 영희는 철수와 싸웠다.
세 자리 서술어	주어, 목적어, 필수 부사어	주다, 삼다, 넣다, 드리다, 바치다, 가르치다, 얹다, 간주하다, 여기다 등	예 아버지께서 나에게 편지를 주셨다. 그녀는 나를 사위로 삼았다. 그녀는 그를 범인으로 여겼다.

문장의 짜임새

출.좋.포 ③ 문장의 짜임새

01 문장의 짜임새

(1) 홑문장

주어와 서술어의 관계가 한 번만 이루어지는 문장

(2) 겹문장(문장의 확대)

① 주어와 서술어의 관계가 두 번 이상 이루어지는 문장을 말한다.

② 종류에는 이어진문장과 안은문장이 있다.

02 문장의 확대(겹문장의 종류)

(1) 이어진문장 (연결 어미가 핵심!!! 무조건 외우기)

① 대등하게 이어진 문장

개념	홑문장의 힘이 대등한 관계로 이어진 문장이다.	
특징	앞뒤 문장의 순서를 교체해도 원래의 의미와 동일하다.	
종류	나열 (-고, -(으)며)	산은 산이고 물은 물이다. 그는 성격이 멋지며 외모가 수려했다.
	대조 (-(으)나, -지만)	국어는 재밌지만 게임은 재미없다. (으나)
	선택 (-든지, -거나)	밥을 먹든지 반찬을 먹든지 (거나) (거나) 네 맘대로 해라.

② 종속적으로 이어진 문장

개념	홑문장이 종속적인 관계로 이어진 문장이다. (힘이 대등 ×)	
특징	앞뒤 문장의 순서를 교체할 수 없거나, 교체하면 원래의 뜻과 달라진다.	
종류	이유 (-아서/-어서, -므로, -니까)	산은 산이어서 마음이 편하다. 그는 성격이 멋지므로 내가 존경한다.
	조건 (-면, -거든, -더라면)	내가 너한테 지면 사람이 아니다! 역공녀를 만났더라면 결과가 달라졌을까.
	의도 (-려고, -고자)	밥을 먹으려고 집에 갔다.

(2) 안은문장 (전성 어미가 핵심!!!!)

① 명사절을 안은 문장

개념	전체 문장 속에서 명사형 문장이 하나의 문장으로 주어, 목적어, 보어, 부사어의 기능을 하는 문장이다.	
특징	명사형 전성 어미 '-(으)ㅁ'이나 '기'가 붙어 실현된다.	
예시	주어	[그가 범인임]이 밝혀졌다. ('이'=주격 조사)
	목적어	역공녀는 [공시생이 많이 오기]를 바란다. ('를'=목적격 조사)
	부사어	모두들 [역공녀가 미인임]에 놀랐다. ('에'=부사격 조사)

☞ 명사절의 문장 성분은 명사절 뒤에 붙은 격 조사에 의해 결정된다.

② 관형절을 안은 문장

개념	전체 문장 속에서 관형사형 문장이 관형어의 기능을 하는 문장이다.	
특징	관형사형 전성 어미 '-는, -ㄴ(은), -ㄹ(을), -던'	
종류	관계 관형절	관형절 내에 생략된 성분이 있음.
		그건 [내가 먹은] 피자야. (피자를) 생략 [빨간] 장미가 한 송이 피었다. (장미가) 생략
	동격 관형절	관형절 내에 생략된 성분이 없음.
		[피아노 치는] 소리가 안 들렸음 좋겠다. 피아노 친다=소리 요즘 [역공녀가 데뷔했다는] 소문이 역공녀가 데뷔했다=소문 전국에 돌았다.

③ 부사절을 안은 문장

개념	전체 문장 속에서 부사형 문장이 부사어의 기능을 하는 문장이다.
특징	부사형 어미 '-게, '-아서', '-도록', 부사 파생 접사 '-이'
예시	민수는 [너가 예뻐서] 계속 웃었다. 그는 [밤이 새도록] 공부에 전념했다. 비가 [소리도 없이] 내린다.

④ 서술절을 안은 문장

개념	전체 문장 속에서 서술어의 기능을 하는 문장이다.
특징	★ 절 표지 없음.
예시	토끼가 [귀가 길다.] 집이 [거실이 넓다.]

⑤ 인용절을 안은 문장

개념	다른 사람의 말을 인용하는 기능을 하는 문장이다.
특징	★ 직접 인용 '라고', 간접 인용 '고' (모두 격 조사)
예시	그가 ["당신이 제일 아름답습니다"]라고 했다. (직접 인용) 그가 [내가 제일 아름답다]고 했다. (간접 인용)

출.좋.포 ④ 연결 어미 '-고'의 쓰임

- 저 여자가 엄마고 저 남자가 아빠다.
  → 대등하게 이어진 문장
- 어제는 비가 왔고 내일은 눈이 왔다.
  → 대등하게 이어진 문장
- 민수는 집에 가고 철수는 학교에 갔다.
  → 대등하게 이어진 문장
- 저분들이 너를 이리로 데려 오고 너를 떠나보냈지.
  → 종속적으로 이어진 문장
- 민수는 밥을 먹고 학교에 갔다.
  → 종속적으로 이어진 문장

높임법의 종류 판단하기

출.졸.포 ⑤ 높임 요소 찾기

종류	높임 대상	실현 방법
주체 높임	서술어의 주체 (주어)	★① 선어말 어미 '-시-' ② 주격 조사 '께서' ③ 주체를 높이는 특수 어휘 : 계시다, 잡수시다, 편찮으시다 등
객체 높임	서술어의 객체 (목적어, 부사어)	★① 부사격 조사 '께', ★② 모시다, 드리다, 여쭙다(여쭈다), 뵙다(뵈다)
상대 높임	청자	종결 표현

잘못된 높임 표현 고치기

출.좋.포 ❻ 잘못된 높임 표현 고치기

"높임 요소" 말고도 "올바른 높임 표현"으로 고치기도 출제된다.

01 간접 높임의 경우에는 직접 높임의 어휘를 쓸 수 없다.

• 회장님의 말씀이 계시겠습니다.(×)
→ 있으시겠습니다.(○)

02 간접 높임의 대상이 될 수 없는 경우에는 '-시-'를 쓰면 안 된다.

☞ 상품, 품절, 가격에는 '-시-'를 쓰면 안 된다.

03 높임 대상과 관련된 명사를 높이지 않으면 틀린다.

• 집(×) → 댁(○)
• 밥(×) → 진지(○)
• 이름(나이)(×) → 성함(연세, 춘추)(○)
• 술(×) → 약주(○)
• 말(×) → 말씀(○)
• 저, 자기(×) → 당신(○)

04 겸양 표현을 적절하게 사용하여야 한다.

- '말씀'은 존대어이자 화자를 낮추는 겸양어이다.
- 저희 나라, 저희 겨레(×) → 우리나라, 우리 겨레(○)

05 목적어, 부사어가 높임의 대상이 아니라면 객체 높임 특수 어휘를 쓸 수 없다.

- 어머니께서는 집안의 대소사를 아랫사람들에게 여쭈어 보십니다.(×)
  → 아랫사람들에게 물어보십니다.(○)

06 주체 높임 '-시-'를 올바르게 사용해야 한다.

- 선생님이 이따 오래.(×)
  → 선생님이 이따 오라셔(오라고 하셔).(○)
- 그 사람 해고해! 하시라면(하시라고 하면) 해야죠.(×)
  → 하라시면(하라고 하시면) 해야죠.(○)
- 곧이어 펜트하우스를 시청하겠습니다.(×)
  → 시청하시겠습니다.(○)
- 어머님, 아범(아비)이 방금 들어오셨어요.(×)
  → 들어왔어요.(○)

07 화자가 자기 자신을 높일 수는 없다.

• 저는 고객을 위해 항상 노력 중이세요.(×)
→ 저는 고객을 위해 항상 노력 중이에요.(○)
☞ 화자 자신을 높이는 것은 옳지 않으므로 '저는 고객을 위해 항상 노력 중이에요.'로 바뀌야 한다.

08 화자가 주어일 때만 쓰이는 '-ㄹ게'는 주체 높임의 '-시-'와 함께 쓸 수 없다.

• 손님, 피팅룸으로 들어가실게요.(×)
→ 손님, 피팅룸으로 들어가시길 바랍니다.(○)

09 지위가 높거나 나이 많은 사람에게 쓰면 안 되는 단어들이 있으니 주의해야 한다.

• (정리하는 선생님께) 수고하셨습니다.(×)
→ 노고가 많으십니다, 감사합니다.(○)

• (점원이 할아버지에게) 할아버지, 이러한 부분을 당부 드립니다.(×) → 부탁드립니다.(○)

• 철수는 어머니께 야단을 맞았다.(×)
→ 걱정(=꾸지람, 꾸중)을 들었다.(○)

부정 표현

출.좋.포 ⑦ 부정 표현의 종류

01 길이에 따른 부정 표현

짧은 부정	부사 '아니(안)', '못'을 사용하여 실현되는 부정문 예 시험을 안 보다. 시험을 못 보다.
긴 부정	어간에 '-지 아니하다(=않다)', '-지 못하다' '-지 말다'가 붙어서 실현되는 부정문 예 시험을 보지 않다. 시험을 보지 못하다. 시험을 못 보지 마라.(=말아라)

02 부정 표현의 종류

종류	의미	설명
'못' 부정	능력 부정	부사 '못'이나 어간에 '-지 못하다'가 붙어서 실현되는 부정문 예 역공녀는 남친을 못 사귄다. 역공녀는 남친을 사귀지 못한다. → 어떠한 외부적 이유 혹은 능력이 없어 사귀지 못한다는 의미 ☞ 어떠한 의지를 요구하는 서술어에는 '못' 부정을 쓸 수 없다. 예 너가 무사하기를 바라지 못한다. → 바라지 않는다.
★'안' 부정	의지 부정	부사 '아니(안)'나 어간에 '-지 아니하다'가 붙어서 실현되는 부정문 예 역공녀는 남친을 안 사귄다. 역공녀는 남친을 사귀지 않는다. → 주어의 의지에 의해 안 사귄다는 의미
	단순 부정	부사 '아니(안)'나 어간에 '-지 아니하다'가 붙어서 실현되는 부정문 예 비가 안 내린다. 비가 내리지 않는다. 역공녀는 안 예쁘다. 역공녀는 예쁘지 않다. → 단순한 사실을 부정하는 의미
'말다' 부정	금지	동사 어간에 '-지 말다'가 붙되, 항상 명령형, 청유형으로만 활용되는 부정문 예 놀지 말아라. 놀지 말자.

사동 / 피동

출.종.포 8 사동

01 사동(使動)

주어가 남에게 동작을 시키는 것을 말한다.

02 사동(使動)의 종류

파생적 사동 (단형 사동)	용언의 어간+사동 접미사 '-이-, -히-. -리-, - 기-, -우-, -구-, -추-, -이키-, - 으키-, -애-', '-시키-' 이중 사동 접미사 '-이우-' 예 엄마가 아이에게 밥을 먹였다. 역공녀가 학생을 합격시켰다.
통사적 사동 (장형 사동)	본용언에 보조 용언 '-게 하다'가 붙어 실현 예 엄마가 아이에게 밥을 먹게 한다.

03 틀린 사동 표현

(1) 과도한 사동 접사 '이'의 사용

의미상 필요하지 않다면, 사동 접사 '이'를 남용하면 안 된다.

과도한 사동 접사 '이'의 사용 예시	기본형
그녀는 목메인 목소리를 냈다. [목메+이+ㄴ] → 목멘(○)	목메다
넌 끼여들지마. [끼+이+어+들+지+마] → 끼어들지마(○).	끼다
습관처럼 중요한 말을 되뇌이는 버릇이 있다. [되+뇌+이+는] → 되뇌는(○)	되뇌다
역공녀를 보면 마음이 설레였다. [설레+이+었+다] → 설레었다/설렜다(○)	설레다

(2) 과도한 사동 접사 '시키다'의 사용

'하다'를 쓸 수 있는 말에 무리하게 '시키다'를 결합하지 않는다.

과도한 사동 접사 '시키다'의 사용 예시	기본형
내가 친구 한 명 소개시켜 줄게. → 소개해(○)	소개하다
이 공간을 분리시킬 벽을 설치했다. → 분리할(○)	분리하다
모든 기계를 하루 종일 가동시켜서 기일을 맞추도록 하자. → 가동해서(○)	가동하다
입금시키다, 금지시키다, 강화시키다, 개선시키다, 결집시키다, 지연시키다, 고정시키다. → 입금하다, 금지하다, 강화하다, 개선하다, 결집하다, 지연하다, 고정하다(○)	

01 피동(被動)

주어가 당하는 것을 말한다.

02 피동(被動)의 종류

파생적 피동 (단형 피동)	동사의 어간(주로 타동사)+피동 접미사 '-이-, -히-, -리-, -기-', '-되-' 예 도둑이 경찰에게 잡혔다. 카드 포인트가 등록되었다.
통사적 피동 (장형 피동)	본용언+보조 용언 '-어지다' 예 구두끈이 풀어지다. [풀-+-어지-+-다]
	본용언에+보조 용언 '-게 되다' 예 사실이 드러나게 되다. [드러나-+-게 되다]

03 틀린 피동 표현

피동 접미사 '-이-, -히-, -리-, -기-'와 피동의 보조 용언 '-어지다'는 이중으로 겹쳐서 사용할 수 없다.

- 이 사실이 믿겨지지[믿-+-기-+-어지-+-지] 않았다.
  → 믿기지/믿어지지
- 내일 날씨는 맑을 것으로 보여집니다.
  [보-+-이-+-어지-+ㅂ니다] → 보입니다./보아집니다.
- 간판이 잘 읽혀지지[읽-+-히-+-어지-+-지] 않아요.
  → 읽히지/읽어지지
- 앞으로 이 문제가 잘 풀릴 것이라고 예상되어진다.
  [예상+-되-+-어지-+-ㄴ-+-다] → 예상된다.

04 모양이 같은 사동사와 피동사의 구별

공통되는 접미사 '-이 -, -히 -, -리 -, -기 -' 때문에 사동사와 피동사를 구별하는 문제가 나온다.

	사동사	피동사
목적어의 유무	있음 예 역공녀가 공시생들에게 책을 읽혔다. 역공녀가 공시생들에게 연필을 잡히다. 철수는 나에게 영화를 보였다.	없음 예 그 책은 많은 공시생들에게 읽혔다. 공시생들이 역공녀에게 잡혔다. 이제 영화가 보였다.
의미	-게 만들다.	-을 당하다.

✎ 피동사가 목적어를 갖는 예외의 경우
→ 따라서 꼭 '의미'도 함께 파악하는 것이 좋다.

• 사동
- 엄마는 아이에게 젖을 물렸다.
('엄마'가 젖을 물게 한 의미가 있으므로 사동)
- 철수는 영희에게 피해를 입혔다.
('철수'가 피해를 입게 한 의미가 있으므로 사동)
- 영자는 짐을 그곳으로 옮겼다.
('영자'가 짐을 옮게 한 의미가 있으므로 사동)

• 피동
- 엄마는 아기에게 코를 물렸다.
('엄마'가 묾을 당한 의미가 있으므로 피동)
- 철수는 도둑에게 돈을 빼앗겼다.
('철수'가 빼앗음을 당한 의미가 있으므로 피동)
- 영자는 철수에게 발을 밟혔다.
('영자'가 밟음을 당한 의미가 있으므로 피동)

음운의 체계

출.좋.포 ❶ 음운의 체계

01 자음

자음은 공기가 목청을 통과해 목 안이나 입안에서 장애를 받으면서 나는 소리이다.

조음 방법 \ 조음 위치			양순음	치조음	경구개음	연구개음	후두음
안울림소리 무성음	파열음	예사소리	ㅂ	ㄷ		ㄱ	
		된소리	ㅃ	ㄸ		ㄲ	
		거센소리	ㅍ	ㅌ		ㅋ	
	파찰음	예사소리			ㅈ		
		된소리			ㅉ		
		거센소리			ㅊ		
	마찰음	예사소리		ㅅ			ㅎ
		된소리		ㅆ			
울림소리 유성음	비음		ㅁ	ㄴ		ㅇ	
	유음			ㄹ			

02 모음

(1) 단모음(10개)

발음 도중에 혀나 입술이 고정되어 움직이지 않는 소리로, 10개이다.

혀의 위치 / 입술 모양 / 혀의 높이	전설 모음		후설 모음	
	평순 모음	원순 모음	평순 모음	원순 모음
고모음	ㅣ	ㅟ	ㅡ	ㅜ
중모음	ㅔ	ㅚ	ㅓ	ㅗ
저모음	ㅐ		ㅏ	

음운의 변동

출.좋.포❷ 음운 변동의 유형과 개수 변화

01 교체(대치)

한 음운이 다른 음운으로 바뀌는 현상 (XAY → XBY).
∴ 음운의 개수 변함 없음.

<table>
<tr>
<td rowspan="5">음절의 끝소리 규칙
대표음화, 중화</td>
<td colspan="3">받침이 음절 끝에 올 때에는 표기된 대로 발음되는 것이 아니라 대표음(ㄱ, ㄴ, ㄷ, ㄹ, ㅁ, ㅂ, ㅇ)으로 발음되는 현상</td>
</tr>
<tr><th>음절의 끝소리</th><th>대표음</th><th>예시</th></tr>
<tr><td>ㄲ, ㅋ</td><td>ㄱ</td><td>예 밖[박], 키읔[키윽]</td></tr>
<tr><td>ㅌ, ㅅ, ㅆ, ㅈ, ㅊ, ㅎ</td><td>ㄷ</td><td>예 낱[낟], 낫고[낟꼬], 났다[낟따], 낮[낟], 낯[낟], 히읗[히읃]</td></tr>
<tr><td>ㅍ</td><td>ㅂ</td><td>예 앞[압]</td></tr>
<tr>
<td>된소리되기</td>
<td colspan="3">① 안울림소리 + 안울림소리
예 역도[역또], 닫기[닫끼], 극비[극삐]
② 어간 받침 ‘ㄴ(ㄵ), ㅁ(ㄻ), ㄼ, ㄾ’ + 예사소리
예 넘다[넘ː따], 안고[안ː꼬], 넓게[널께], 핥다[할따]
③ 용언의 관형사형 어미 ‘-ㄹ’ 뒤 + 예사소리
예 만날 사람[만날싸람]
④ 한자어의 ‘ㄹ’ 받침 + ‘ㄷ, ㅅ, ㅈ’
예 발달[발딸], 발생[발쌩], 발전[발쩐], 몰상식[몰쌍식], 갈등[갈뜽], 불세출[불쎄출]
예외) 불법[불법 / 불뻡], 열병[열병]</td>
</tr>
</table>

<table>
<tr><td rowspan="5">자음 동화</td><td rowspan="3">비음화</td><td>순행 동화</td><td>받침 ㅁ, ㅇ + 첫소리 ㄹ[→ ㄴ]
예 담력[담녁], 종로[종노]</td></tr>
<tr><td>역행 동화</td><td>받침 ㅂ, ㄷ, ㄱ [→ ㅁ, ㄴ, ㅇ] + 첫소리 ㅁ, ㄴ
예 입는다[임는다], 닫는[단는], 국민[궁민]</td></tr>
<tr><td>상호 동화</td><td>받침 ㅂ, ㄷ, ㄱ [→ ㅁ, ㄴ, ㅇ] + 첫소리 ㄹ[→ ㄴ]
예 협력[혐녁], 몇 리[면니], 독립[동닙]</td></tr>
<tr><td rowspan="2">유음화</td><td>순행 동화</td><td>받침 ㄹ + 첫소리 ㄴ [→ ㄹ]
예 칼날[칼랄], 찰나[찰라]</td></tr>
<tr><td>역행 동화</td><td>받침 ㄴ[→ ㄹ] + 첫소리 ㄹ
예 신라[실라], 난로[날로]</td></tr>
<tr><td></td><td>구개음화</td><td colspan="2">받침 ㄷ, ㅌ[→ ㅈ, ㅊ] + 첫소리 ㅣ, 반모음 ㅣ
예 굳이[구지], 해돋이[해도지], 닫혀[다처]</td></tr>
</table>

02 축약

두 음운이 합쳐져서 제3의 음운으로 바뀌는 현상
(XABY → XCY)
∴ 음운 변동 전보다 음운의 개수가 하나 줄음.

구분	내용
자음 축약 = 거센소리되기 =격음화	예사소리 ㅂ, ㄷ, ㄱ, ㅈ + ㅎ = ㅋ, ㅌ, ㅍ, ㅊ 예 법학[버팍], 좋던[조턴], 각하[가카], 쌓지[싸치]
모음 축약 =이중 모음 되기 =반모음화	단모음 + 단모음 = 이중 모음(반모음 + 단모음) (표기에 발음이 그대로 반영되기도 한다.) 예 이기어 → 이겨, 보아서 → 봐서, 주어서 → 줘서, 되어 → 돼, 싸이어 → 쌔어/싸여

03 탈락

기존에 있던 하나의 음운이 특정 환경에서 탈락되어 발음되는 현상 (XAY → X∅Y)

∴ 음운 변동 전보다 음운의 개수가 **하나 줄음**.

<table>
<tr><td rowspan="5">자음군 단순화</td><td colspan="4">음절의 끝에 겹받침이 올 때, 한 자음이 탈락되어 발음되는 현상</td></tr>
<tr><td>첫째 자음만 발음된다.</td><td colspan="3">• ㄳ, ㄵ, ㄶ, ㄼ, ㄽ, ㄾ, ㅀ, ㅄ
예 넋[넉], 앉다[안따], 곬[골], 핥다[할따], 값[갑], 넓다[널따]</td></tr>
<tr><td>둘째 자음만 발음된다.</td><td colspan="3">• ㄻ, ㄺ, ㄿ
예 앎[암:], 닭[닥], 굵다[국따], 읊다[읍따]</td></tr>
<tr><td rowspan="2">불규칙하게 탈락된다.</td><td>ㄺ</td><td>예외</td><td>맑고[말꼬], 굵게[굴께]
→'ㄺ'이 용언의 어간 말음일 경우 'ㄱ' 앞에서 [ㄹ]로 발음한다.</td></tr>
<tr><td>ㄼ</td><td>예외</td><td>밟다[밥:따],
넓둥글다[넙뚱글다],
넓죽하다[넙쭈카다],
넓적하다[넙쩌카다]
→'넓다'의 경우 [널]로 발음하여야 하나, 파생어나 합성어의 경우에 '넓'으로 표기된 것은 [넙]으로 발음한다.</td></tr>
</table>

<table>
<tr><td rowspan="3">자음 탈락</td><td rowspan="2">ㄹ 탈락</td><td>용언이 활용하는 과정에서 어간 끝 음 'ㄹ'이 'ㅂ, ㅅ, ㄴ, ㄹ, 오'로 시작하는 어미와 결합할 때 탈락하는 현상
예 울+-(으)ㅂ니다 → 웁니다,
울+-(으)시는 → 우시는,
울+-는 → 우는, 울+ㄹ → 울,
울+오 → 우오</td></tr>
<tr><td>합성, 파생되는 과정에서 어근 끝 음 'ㄹ'이 'ㅈ, ㄴ, ㄷ, ㅅ' 앞에서 탈락하는 현상
예 말+소 → 마소, 불+나비 → 부나비,
솔+나무 → 소나무,
바늘+질 → 바느질, 딸+님 → 따님</td></tr>
<tr><td>ㅅ 탈락</td><td>어간 끝 음 'ㅅ'이 모음 어미와 결합할 때 'ㅅ'이 탈락하는 현상
예 잇+어서 → 이어서 ,
붓+어서 → 부어서,
낫+아서 → 나아서</td></tr>
<tr><td rowspan="2">모음 탈락</td><td>동일 모음 탈락</td><td>동일 모음끼리 만나면 하나가 탈락하는 현상
예 가- + -아서 → 가서,
가- + -았다 → 갔다</td></tr>
<tr><td>ㅡ 탈락</td><td>어간 끝 음 'ㅡ'가 모음 어미와 결합되면 탈락되는 현상
예 들르- + -어 → 들러,
우러르- + -어 → 우러러</td></tr>
</table>

04 첨가

기존에 없던 음운이 새로 첨가되어 발음되는 현상

(X∅Y → XAY)

∴ 음운의 개수가 하나 늚.

<table>
<tr><td colspan="2">'ㄴ' 첨가
(합성어, 파생어)</td><td>앞말이 받침으로 끝나고 뒷말이 '이, 야, 여, 요, 유'로 시작하는 경우에는 뒷말의 초성 자리에 'ㄴ' 소리가 첨가되는 현상
예 꽃 + 잎 → [꼰닙],
식용 + 유 → [시공뉴],
솜 + 이불 → [솜:니불],
한- + 여름 → [한녀름],
홑 + 이불 → [혼니불],
설 + 익다 → [설릭따]</td></tr>
<tr><td>사잇소리 현상
(모두 합성어)</td><td>된소리되기
(교체 X)</td><td>앞 어근의 끝 음이 울림소리(모음, ㄴ, ㄹ, ㅁ, ㅇ)이고, 뒤 어근의 첫 음이 안울림 예사소리인 경우, 뒤의 예사소리가 된소리로 발음되는 현상
예 귀 + 병 → 귓병[귀뼝/귇뼝],
자리+세→자릿세[자리쎄/자릳쎄],
전세+집→전셋집[전세찝/전섿찝],
도매 + 금 → 도매금[도매끔]
문 + 고리 → 문고리[문꼬리],
눈 + 동자 → 눈동자[눈똥자],
길+ 가 → 길가[길까],
술 + 잔 → 술잔[술짠],
속임 + 수 → 속임수[소김쑤]</td></tr>
</table>

사잇 소리 현상 (모두 합성어)	ㄴ 덧남	뒤에 'ㄴ, ㅁ'이 결합되는 경우에는 [ㄴ]이 덧나는 현상 예 코 + 날 → 콧날[콘날], 퇴 + 마루 → 툇마루[퇸 : 마루] 아래 + 니 → 아랫니[아랜니], 배 + 머리 → 뱃머리[밴머리]
	ㄴㄴ 덧남	뒤에 'ㅣ'나 반모음 'ㅣ'가 결합되는 경우에는 [ㄴㄴ]이 덧나는 현상 예 예사 + 일 → 예삿일[예산닐], 나무 + 잎 → 나뭇잎[나문닙], 뒤 + 윷 → 뒷윷[뒨 : 뉻], 깨 + 잎 → 깻잎[깬닙], 도리깨 + 열 → 도리깻열[도리깬녈]
반모음 첨가 = 'ㅣ' 모음 순행 동화		앞의 'ㅣ'모음에 의해 반모음 'ㅣ'가 첨가되는 현상 예 되어 → [되어/되여], 피어 → [피어/피여], 이오 → [이오/이요], 아니오 → [아니오/아니요]

표준 발음법

제2항 | 표준어의 자음은 다음 19개로 한다.

ㄱ ㄲ / ㄴ / ㄷ ㄸ / ㄹ / ㅁ / ㅂ ㅃ / ㅅ ㅆ / ㅇ / ㅈ ㅉ / ㅊ ㅋ ㅌ ㅍ ㅎ

출.좋.포 ① 제2항 초성 배열 순서

1. ❶ ________ 소리가 ❷ ________ 소리보다 일찍 온다.
2. ❸ ________ 의 된소리가 바로 뒤에 온 후 다음 자음으로 이동된다.

정답

❶ 된 ❷ 거센 ❸ 같은 계열

제3항 | 표준어의 모음은 다음 21개로 한다.

ㅏ	ㅑ	ㅓ	ㅕ	ㅗ	ㅛ	ㅜ	ㅠ	ㅡ	ㅣ
ㅐ	ㅒ	ㅔ	ㅖ	ㅘ		ㅝ		ㅢ	
				ㅙ		ㅞ			
				ㅚ		ㅟ			

출.좋.포 ❷ 제3항 중성 배열 순서

1. ❹ ________ 모음이 먼저 온다.
2. ❺ ________ : ❻ ______가 붙는 경우
3. ❼ _____ : ㅏ, ㅐ, ㅣ가 붙는 경우
   ❽ _____ : ㅓ, ㅔ, ㅣ가 붙는 경우

받침의 사전 배열 순서

ㄱ ㄲ ㄳ / ㄴ ㄵ ㄶ / ㄷ / ㄹ ㄺ ㄻ ㄼ ㄽ ㄾ ㄿ ㅀ / ㅁ / ㅂ ㅄ / ㅅ ㅆ / ㅇ / ㅈ ㅊ ㅋ ㅌ ㅍ ㅎ

출.좋.포 ❸ 제3항 중성 배열 순서

제4항 | 겹자음 중에서 ❾ ______자음, ❿ ______자음 순으로 배열된다.

정답

❹ 오리지널 ❺ ㅏ, ㅑ, ㅓ, ㅕ ❻ ㅣ ❼ ㅗ ❽ ㅜ ❾ 앞 ❿ 뒤

제4항 | 'ㅏ ㅐ ㅓ ㅔ ㅗ ㅚ ㅜ ㅟ ㅡ ㅣ'는 단모음(單母音)으로 발음한다.

붙임 1 'ㅚ, ㅟ'는 원칙적으로 단모음이지만, 이중 모음으로 발음함도 허용한다.

출.좋.포 ④ 제4항 'ㅚ'의 발음

ㅚ = [❶ ______(원칙) / ❷ ______(허용)]

제5항 | 'ㅑ ㅒ ㅕ ㅖ ㅘ ㅙ ㅛ ㅝ ㅞ ㅠ ㅢ'는 이중 모음으로 발음한다.

다만 1. 용언의 활용형에 나타나는 '져, 쪄, 쳐'는 [저, 쩌, 처]로 발음한다.

가져[가저]	쪄[쩌]	다쳐[다처]
묻혀[무처]	붙여[부처]	잊혀[이처]

정답

❶ ㅚ ❷ ㅞ

출.좋.포 ⑤ 제5항 다만 1 "져, 쪄, 쳐"의 발음

❸ ______________ 음 'ㅈ, ㅉ, ㅊ' 뒤에 ❹ ______________ 에서 발음되는 반모음 'ㅣ[j]'가 연이어 발음될 수 없기 때문이다.

다만 2. '예, 례' 이외의 'ㅖ'는 [ㅔ]로도 발음한다.

출.좋.포 ⑥ 제5항 다만 2 "ㅖ"의 발음

1. '예, 례'는 [❺ ______]로만 발음된다.
2. '계, 몌, 폐, 혜'는 [❻ ______](원칙), [❼ ______](허용)로도 발음한다.

다만 3. 자음을 첫소리로 가지고 있는 음절의 'ㅢ'는 [ㅣ]로 발음한다.

다만 4. 단어의 첫음절 이외의 '의'는 [ㅣ]로, 조사 '의'는 [ㅔ]로 발음함도 허용한다.

출.좋.포 ⑦ 제5항 다만 3, 다만 4 "의"의 발음

1. 자음을 가진 'ㅢ' = [❽ ______]로만 발음됨.
2. 첫째 음절 '의' = [❾ ______]로만 발음됨.
3. 둘째 음절 이하 '의' = [❿ ______](원칙) [⓫ ______](허용)
4. 관형격 조사 '의' = [⓬ ______](원칙) [⓭ ______](허용)

정답

❸ 경구개 ❹ 경구개 ❺ ㅖ ❻ ㅖ ❼ ㅔ ❽ ㅣ ❾ 의 ❿ ㅢ ⓫ ㅣ ⓬ ㅢ ⓭ ㅔ

제13항 | 받침 'ㅎ'의 발음은 다음과 같다.

1. 'ㅎ(ㄶ, ㅀ)' 뒤에 'ㅅ'이 결합되는 경우에는, 'ㅅ'을 [ㅆ]으로 발음한다.

   닿소[다:쏘]　　많소[만:쏘]　　싫소[실쏘]

2. **붙임** 'ㄶ, ㅀ' 뒤에 'ㄴ'이 결합되는 경우에는, 'ㅎ'을 발음하지 않는다.

   않네[안네]　　않는[안는]
   뚫네[뚤네 → 뚤레]　　뚫는[뚤는 → 뚤른]

3. 'ㅎ(ㄶ, ㅀ)' 뒤에 모음으로 시작된 어미나 접미사가 결합되는 경우에는, 'ㅎ'을 발음하지 않는다.

   낳은[나은]　　놓아[노아]　　쌓이다[싸이다]
   많아[마:나]　　않은[아는]　　닳아[다라]
   싫어도[시러도]

출.좋.포 8 제12항 받침 'ㅎ'의 발음

1. ❶ ________ + ❷ ________ = ❸ ________
2. ❹ ________ 탈락

정답

❶ ㅎ ❷ ㅅ ❸ ㅆ ❹ ㅎ

제13항 + 제14항 | 홑받침이나 쌍받침, 겹받침이 모음으로 시작된 조사나 어미, 접미사와 결합되는 경우에는 제 음가대로 뒤 음절 첫소리로 옮겨 발음한다.

출.좋.포 ⑨ 제13항 + 14항 "모음 형식 형태소"가 오는 경우의 발음

홑받침이나 쌍받침, 겹받침 뒤에 모음 ❺ ______ 형태소가 오는 경우에는 대표음화 없이 ❻ ________된다.

제15항 | 받침 뒤에 모음으로 시작되는 실질 형태소가 연결되는 경우에는, 대표음으로 바꾸어서 뒤 음절 첫소리로 옮겨 발음한다.

출.좋.포 ⑩ 제15항 "모음 실질 형태소"가 오는 경우의 발음

모음 ❶ ______ 형태소가 오는 경우에는 홑받침이든 쌍받침이든 겹받침이든 ❷ ______ 적용 후 ❸ ______된다.

다만, 맛있다[마딛따(원칙) / 마싣따(허용)], 멋있다[머딛따(원칙) / 머싣따(허용)]는 예외적으로 외워야 한다.

정답

❺ 형식 ❻ 연음 ❶ 실질 ❷ 대표음화 ❸ 연음

제16항 | 한글 자모의 이름은 그 받침소리를 연음하되, 'ㄷ, ㅈ, ㅊ, ㅋ, ㅌ, ㅍ, ㅎ'의 경우에는 특별히 다음과 같이 발음한다.

출.좋.포 ⑪ 제16항 한글 자모의 이름 발음

한글 자모의 이름은 ❹ ________ 후에 ❺ ________한다.

다만, 음절의 끝소리 규칙이 적용되어 '❻ ______'으로 발음된 것들은 모두 '❼ ______'으로 바꿔서 연음한다.

디귿이[디그시]	디귿을[디그슬]	디귿에[디그세]
지읒이[지으시]	지읒을[지으슬]	지읒에[지으세]
치읓이[치으시]	치읓을[치으슬]	치읓에[치으세]
키읔이[키으기]	키읔을[키으글]	키읔에[키으게]
티읕이[티으시]	티읕을[티으슬]	티읕에[티으세]
피읖이[피으비]	피읖을[피으블]	피읖에[피으베]
히읗이[히으시]	히읗을[히으슬]	히읗에[히으세]

정답

❹ 음절의 끝소리 규칙 ❺ 연음 ❻ ㄷ ❼ ㅅ

제20항 | 'ㄴ'은 'ㄹ'의 앞이나 뒤에서 [ㄹ]로 발음한다.

1. 난로[날:로] 신라[실라]
   천리[철리] 광한루[광 : 할루]
   대관령[대 : 괄령]

2. 칼날[칼랄] 물난리[물랄리]
   줄넘기[줄럼끼] 할는지[할른지]

붙임 첫소리 'ㄴ'이 'ㅀ', 'ㄾ' 뒤에 연결되는 경우에도 이에 준한다.

닳는[달른] 뚫는[뚤른] 핥네[할레]

다만, 다음과 같은 단어들은 'ㄹ'을 [ㄴ]으로 발음한다.

의견란[의:견난] 임진란[임:진난]
생산량[생산냥] 결단력[결딴녁]
상견례[상견녜] 공권력[공꿘녁]
동원령[동:원녕] 입원료[이붠뇨]
횡단로[횡단노] 이원론[이:원논]
구근류[구근뉴] 음운론[으문논]

출.좋.포 ⑫ 제20항 유음화 & 예외

제20항 | 'ㄴ'과 'ㄹ'이 인접하면 '❶ ______'이 이긴다.

붙임 받침 'ㅀ', 'ㄾ', 'ㄼ' 'ㅀ' 뒤에 'ㄴ'이 오면 ❷ ______ 가 일어난 후 ❸ ______가 일어난다.
'ㄹ'로 시작하는 받침들 : ㄺ ㄻ ㄼ ㄽ ㄾ ㄿ ㅀ

다만, 유음화의 예외 : ❹ ______ 구성의 한자어

제28항 | 표기상으로는 사이시옷이 없더라도, 관형격 기능을 지니는 사이시옷이 있어야 할(휴지가 성립되는) 합성어의 경우에는, 뒤 단어의 첫소리 'ㄱ, ㄷ, ㅂ, ㅅ, ㅈ'을 된소리로 발음한다.

문-고리[문꼬리]	눈-동자[눈똥자]
신-바람[신빠람]	산-새[산쌔]
손-재주[손째주]	길-가[길까]
물-동이[물똥이]	발-바닥[발빠닥]
굴-속[굴:쏙]	술-잔[술짠]
바람-결[바람껼]	그믐-달[그믐딸]
아침-밥[아침빱]	잠-자리[잠짜리]
강-가[강까]	초승-달[초승딸]
등-불[등뿔]	창-살[창쌀]
강-줄기[강쭐기]	

정답

❶ ㄹ ❷ 자음군 단순화 ❸ 유음화 ❹ 2+1

출.졸.포 ⑬ 제28항 사잇소리 현상의 된소리되기

A(명사) + B(명사) = 합성어

A의 끝 음이 ❺ ____________ + B의 첫 음이 예사소리

붙임 사잇소리 현상이 일어나지 않는 단어

반창고[반창고] 고무줄[고무줄]

과반수[과:반수] 유리잔[유리잔]

인두겁[인두겁] 고래기름[고래기름]

간단(簡單)[간단] 등기(登記)[등기]

불장난[불장난]

정답

❺ 울림소리

제29항 | 합성어 및 파생어에서, 앞 단어나 접두사의 끝이 자음이고 뒤 단어나 접미사의 첫음절이 '이, 야, 여, 요, 유'인 경우에는, 'ㄴ' 음을 첨가하여 [니, 냐, 녀, 뇨, 뉴]로 발음한다.

솜-이불[솜:니불]	홑-이불[혼니불]
막-일[망닐]	삯-일[상닐]
맨-입[맨닙]	꽃-잎[꼰닙]
내복-약[내:봉냑]	한-여름[한녀름]
남존-여비[남존녀비]	신-여성[신녀성]
색-연필[생년필]	직행-열차[지캥녈차]
늑막-염[능망념]	콩-엿[콩녇]
담-요[담:뇨]	눈-요기[눈뇨기]
영업-용[영엄뇽]	식용-유[시공뉴]
백분-율[백뿐뉼]	밤-윷[밤:뉻]

다만, 다음과 같은 말들은 'ㄴ' 음을 첨가하여 발음하되, 표기대로 발음할 수 있다.

이죽-이죽[이중니죽/이주기죽]
야금-야금[야금냐금/야그먀금]
욜랑-욜랑[욜랑뇰랑/욜랑욜랑]
이글이글 [이글리글/이그리글]
금융[금늉/그뭉]
검열[검:녈/거:멸]

출.좋.포 ⑭ 제29항 'ㄴ'첨가

받침 + '이, 야, 여, 요, 유, 이' = 'ㄴ' 첨가

다만, 'ㄴ'을 첨가해야 하지만, 연음도 허용하는 경우
→ ❶ ______ 글자 ❷ ______________

붙임 1 'ㄹ' 받침 뒤에 첨가되는 'ㄴ' 음은 [ㄹ]로 발음한다.

들-일[들:릴]
설-익다[설릭따]
불-여우[불려우]
유월 유두[유월류두]
유들-유들[유들류들]
솔-잎[솔립]
물-약[물략]
서울-역[서울력]
휘발-유[휘발류]

붙임 2 두 단어를 이어서 한 마디로 발음하는 경우에는 이에 준한다.

한 일[한닐]
서른여섯[서른녀섣]
먹은 엿[머근녇]
잘 입다[잘립따]
1 연대[일련대]
옷 입다[온닙따]
3 연대[삼년대]
할 일[할릴]
스물여섯[스물려섣]
먹을 엿[머글렫]

정답

❶ 4 ❷ 음성 상징어

다만, 다음과 같은 단어에서는 'ㄴ(ㄹ)' 음을 첨가하여 발음하지 않는다.

6·25[유기오]	3·1절[사밀쩔]
송별-연[송:벼련]★	월요일[워료일]
목요일[모교일]	금요일[그묘일]
등-용문[등용문]★	절약[저략]★

출.좋.포 ⑮ 제29항 붙임 1, 2, 다만

붙임 1 ‘ㄴ’ 첨가 후 유음화

붙임 2 연음이 원칙이지만 두 단어를 이어서 한 마디로 발음하는 경우 ㄴ첨가도 허용함.

	끊어서 발음	이어서 발음
옷 입다	[오딥따]	[온닙따]
서른여섯	[서르녀섣]	[서른녀섣]
스물여섯	[스무려섣]	[스물려섣]
1 연대	[이련대]	[일련대]
3 연대	[사면대]	[삼년대]
먹은 엿	[머그녇]	[머근녇]
먹을 엿	[머그렫]	[머글렫]
잘 입다	[자립따]	[잘립따]
한 일	[하닐]	[한닐]
할 일	[하릴]	[할릴]

다만, ‘ㄴ’ 첨가 환경임에도 그냥 연음되는 경우
등-용문[❶ ____________] / 송별-연[❷ ____________] /
절약[❸ ____________]

정답

❶ 등용문 ❷ 송:벼련 ❸ 저략

제30항 | 사이시옷이 붙은 단어는 다음과 같이 발음한다.

1. 'ㄱ, ㄷ, ㅂ, ㅅ, ㅈ'으로 시작하는 단어 앞에 사이시옷이 올 때에는 이들 자음만을 된소리로 발음하는 것을 원칙으로 하되, 사이시옷을 [ㄷ]으로 발음하는 것도 허용한다.

냇가[내:까/낻:까]
빨랫돌[빨래똘/빨랟똘]
깃발[기빨/긷빨]
햇살[해쌀/핻쌀]
뱃전[배쩐/밷쩐]
샛길[새:낄/샏:낄]
콧등[코뜽/콛뜽]
대팻밥[대:패빱/대:팯빱]
뱃속[배쏙/밷쏙]
고갯짓[고개찓/고갣찓]

2. 사이시옷 뒤에 'ㄴ, ㅁ'이 결합되는 경우에는 [ㄴ]으로 발음한다.

콧날[콛날 → 콘날]
아랫니[아랟니 → 아랜니]
툇마루[퇻:마루 → 퇸:마루]
뱃머리[밷머리 → 밴머리]

3. 사이시옷 뒤에 '이' 음이 결합되는 경우에는 [ㄴㄴ]으로 발음한다.

베갯잇[베갣닏 → 베갠닏]
깻잎[깯닙 → 깬닙]
나뭇잎[나묻닙 → 나문닙]
도리깻열[도리깯녈 → 도리깬녈]
뒷윷[뒫:뉻 → 뒨:뉻]

출.좋.포 ⑯ 제30항 사이시옷이 적힌 단어의 발음

1. 사잇소리 현상(원칙) / 음끝규 'ㄷ' + 된소리되기(허용)
2. 'ㄴ' 덧남 : ❶ ________________ → ❷ ________
3. 'ㄴㄴ' 덧남 : ❸ ____________________ →
   ❹ __________ → ❺ __________

정답

❶ 음절의 끝소리 규칙 ❷ 비음화 ❸ 음절의 끝소리 규칙 ❹ ㄴ첨가 ❺ 비음화

추가로 인정된 표준 발음(2017. 12. 4. 국립국어원 고시)

2017년 12월 표준 발음으로 추가 인정된 것은 다음과 같다.

표제항	표준 발음
감언이설	[가먼니설/가머니설]
순이익	[순니익/수니익]
★인기척	[인끼척/인기척]
★안간힘	[안깐힘/안간힘]
★교과[01]	[교:과/교:꽈]
연이율	[연니율/여니율]
★관건[02]	[관건/관껀]
영영[01]	[영:영/영:녕]
괴담이설	[괴:담니설/궤:다미설]
의기양양	[의:기양양/의:기양냥]
★반값	[반:갑/반:깝]
강약	[강약/강냑]
밤이슬	[밤니슬/바미슬]
★점수[06]	[점쑤/점수]
분수[06]	[분쑤/분수]
★함수[04]	[함:쑤/함:수]
★불법[01]	[불법/불뻡]
★효과[01]	[효:과/효:꽈]

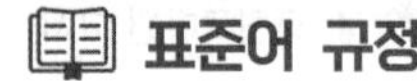

표준어 규정

제6항 | 다음 단어들은 의미를 구별함이 없이, 한 가지 형태만을 표준어로 삼는다.

표준어(○)	비표준어(×)	비 고
*빌리다	빌다	1. 빌려주다, 빌려 오다 2. '용서를 빌다'는 '빌다'임.

스물(열)-두째	순서 예 이 줄 열두째에 앉아 있다. → 수사 그녀는 스물두째 생일을 맞이하였다. → 수 관형사
스물(열)-둘째 (명사)	개수 예 이 채점 답안지는 열둘째이다. → 명사 이 과자는 스물둘째이다. → 명사

제7항 | 수컷을 이르는 접두사는 '수-'로 통일한다.

출.좋.포 ⑰ 제7항 수ㅎ, 숫, 수

제7항 | 수컷을 이르는 접두사는 '수-'로 통일한다.

1. 수ㅎ (암ㅎ) → 총 9개

❶ ______ ❷ ______ ❸ ______ ❹ ______
(강아지) (병아리)

❺ ______ ❻ ______ ❼ ______
찌귀 와

2. 숫 → 총 3개

❽ ______ ❾ ______ ❿ ______
소

3. 수 → 대부분

정답

❶ 개 ❷ 돼지 ❸ 닭 ❹ 당나귀 ❺ 것 ❻ 돌 ❼ 기 ❽ 양 ❾ 염 ❿ 쥐

제9항 | 'ㅣ' 역행 동화 현상에 의한 발음은 원칙적으로 표준 발음으로 인정하지 아니하되, 다만 다음 단어들은 그러한 동화가 적용된 형태를 표준어로 삼는다.

출.좋.포 ⑱ 제9항 'ㅣ'역행 동화 현상이 일어난 표준어

'ㅣ' 역행 동화 현상은 원래는 인정하지 않는다, 다만 이 단어들만은 'ㅣ' 역행 동화 현상이 적용되어야만 표준어이다.

❶ __________가 ❷ __________를 ❸ __________치고 불을 ❹ __________.

붙임 1 다음 단어는 'ㅣ' 역행 동화가 일어나지 아니한 형태를 표준어로 삼는다.

아지랑이(○) – 아지랭이(×)

붙임 2 기술자에게는 '–장이', 그 외에는 '–쟁이'가 붙는 형태를 표준어로 삼는다.

정답

❶ 풋내기 ❷ 냄비 ❸ 동댕이 ❹ 댕기다

출.좋.포 ⑲ 제9항 붙임 1, 2 쟁이 vs 장이

붙임 1 '❺ ____________'만 표준어이다.

붙임 2 손을 사용하는 기술자인 '❻ ________장이, ❼ __________장이'는 '장이'를 사용한다.

정답

❺ 아지랑이 ❻ 미 ❼ 유기

제12항 | '웃-' 및 '윗-'은 명사 '위'에 맞추어 '윗-'으로 통일한다.

다만 1. 된소리나 거센소리 앞에서는 '위-'로 한다.

다만 2. '아래, 위'의 대립이 없는 단어는 '웃-'으로 발음되는 형태를 표준어로 삼는다.

'위'와 '아래'의 대립이 없는 단어는 '웃-'의 형태를 표준어로 삼는다는 조항이다.

출.좋.포 20 제12항 '웃, 위/윗'

1. 웃 : '위, 아래'의 대립이 없음.
   ❽ ________에 ❾ ________가 내리면 ❿ ________들이 ⓫ ______는다.

2. 위/윗 : '위, 아래'의 대립이 있음.
   위 : '⓬ ________소리, ⓭ ________소리' 앞
   윗 : 나머지

정답

❽ 국기 ❾ 돈비 ❿ 어른 ⓫ 웃 ⓬ 거센 ⓭ 된

제13항 | 준말과 본말이 다 같이 널리 쓰이면서 준말의 효용이 뚜렷이 인정되는 것은 두 가지를 다 표준어로 삼는다.

본말(표준어)	준말(표준어)	비 고
*머무르다	머물다	준말에는 자음 어미만 결합 가능함. (준말에는 보통 모음 어미 결합 불가능함.)
*서두르다	서둘다	
*서투르다	서툴다	

제17항 | 비슷한 발음의 몇 형태가 쓰일 경우, 그 의미에 아무런 차이가 없고, 그중 하나가 더 널리 쓰이면, 그 한 형태만을 표준어로 삼는다.

표준어(○)	비표준어(×)	비 고
★-던	-든	'-던'은 회상의 뜻을 나타내는 어미. 선택, 무관의 뜻을 나타내는 어미는 '-든'임. 가-든(지) 말-든(지), 보-든(가) 말-든(가)
★-(으)려고 -(으)려야	-(으)ㄹ려고/ -(으)ㄹ라고 -(으)ㄹ려야/ -(으)ㄹ래야	
★짓-무르다	짓-물다	

제25항 | 의미가 똑같은 형태가 몇 가지 있을 경우, 그중 어느 하나가 압도적으로 널리 쓰이면, 그 단어만을 표준어로 삼는다.

표준어(○)	비표준어(×)	비 고
★뒤져-내다	뒤어-내다	
★버젓-이	뉘연-히	
★안절부절-못하다	안절부절-하다	

제4절 복수 표준어

제26항 | 한 가지 의미를 나타내는 형태 몇 가지가 널리 쓰이며 표준어 규정에 맞으면, 그 모두를 표준어로 삼는다.

복수 표준어(○)	비 고
*가엾다/가엽다	가엾어/가여워, 가엾은/가여운
*서럽다/섧다	'설다'는 비표준어임. 모두 'ㅂ' 불규칙 용언이다.
*여쭈다/여쭙다	여쭈어/여쭈워
*연-달다/잇-달다/잇따르다	'잇달다'가 타동사로 쓰이는 경우에는 복수 표준어가 될 수 없다.

한글 맞춤법

제1장 / 총칙

제1항 | 한글 맞춤법은 표준어를 소리대로 적되, 어법에 맞도록 함을 원칙으로 한다.

출.좋.포 ㉑ 제1항

1. 한글 맞춤법은 표준어를 소리대로 적되,
   (= ❶ ________ 이 표기에 반영됨, ❷ __________ 을 밝혀 적음.)
   예 수캉아지, 익명, 바느질, 씁쓸하다
2. 어법에 맞도록 함을 원칙으로 한다. (= ❸ ______ 을 밝혀 적음.)
   예 [꽃] – 꽃이[꼬치], 꽃을[꼬츨], 꽃에[꼬체]
   [꼰] – 꽃나무[꼰나무], 꽃놀이[꼰노리], 꽃망울[꼰망울]
   [꼳] – 꽃과[꼳꽈], 꽃다발[꼳따발], 꽃밭[꼳빧]

정답

❶ 음운 변동 ❷ 표준 발음 ❸ 원형

제1절 된소리

제5항 | 한 단어 안에서 뚜렷한 까닭 없이 나는 된소리는 다음 음절의 첫소리를 된소리로 적는다.

이 조항에서 '한 단어'는 '한 형태소로 이루어진 단어'를 의미하는 것으로 풀이할 수 있다. 따라서 복합어인 '눈곱[눈꼽], 발바닥[발빠닥], 잠자리[잠짜리]'와 같은 표기는 이 조항의 적용을 받지 않는다.

1. 두 모음 사이에서 나는 된소리

해쓱하다(=핼쓱하다)

다만, 'ㄱ, ㅂ' 받침 뒤에서 나는 된소리는, 같은 음절이나 비슷한 음절이 겹쳐 나는 경우가 아니면 된소리로 적지 아니한다.

국수	깍두기	딱지
색시	싹둑(~싹둑)	법석
갑자기	몹시	

출.줄.포 ㉒ 제5항 '예사소리'로 표기하는 경우

'❶ ______, ❷ ______' 뒤의 예사소리는 뚜렷한 까닭이 있으므로 굳이 된소리를 표기에 반영할 필요가 없다.

제13항 | 한 단어 안에서 같은 음절이나 비슷한 음절이 겹쳐 나는 부분은 같은 글자로 적는다.

똑딱똑딱	쓱싹쓱싹	씁쓸하다
딱따구리	쌉쌀하다	짭짤하다

정답

❶ ㄱ ❷ ㅂ

제3절 두음 법칙

출.좋.포 ㉓ 두음 법칙

1. 한자어 두음에 'ㄴ,ㄹ' 뒤에 'ㅣ, 반모음 ㅣ'가 오는 경우에는 탈락된다.

여자(女子)	연세(年歲)	요소(尿素)
유대(紐帶)	이토(泥土)	익명(匿名)
양심(良心)	역사(歷史)	예의(禮儀)
용궁(龍宮)	유행(流行)	이발(理髮)

2. 한자어 두음에 'ㄹ' 뒤에 단모음('ㅣ' 제외)이 오는 경우에는 'ㄹ'이 'ㄴ'으로 교체된다.

낙원(樂園)	내일(來日)	노인(老人)
뇌성(雷聲)	누각(樓閣)	능묘(陵墓)

3. 접두사처럼 쓰이는 한자가 붙어서 된 단어는 뒷말을 두음 법칙에 따라 적는다.

신-여성(新女性)	공-염불(空念佛)
남존-여비(男尊女卑)	역-이용(逆利用)
연-이율(年利率)	열-역학(熱力學)
내-내월(來來月)	상-노인(上老人)
중-노동(重勞動)	실-낙원(失樂園)
비-논리적(非論理的)	

4. 외자인 이름, 외자가 아닌 이름

예 채윤/채륜, 하윤/하륜

5. '모난 유희열'과 '양(量) / 난(欄) / 능(陵)'

음운론적 환경	모음, 'ㄴ' 받침	열/율	예 나열, 분열, 실패율, 백분율
	'ㄴ'을 제외한 받침	렬/률	예 행렬, 직렬, 합격률, 체지방률
어휘론적 환경	고유어, 외래어	양/난/능	예 구름-양(量), 허파숨-양(量), 먹이-양(量), 벡터(vector) 양(量), 에너지(energy)-양(量), 어머니-난(欄), 가십(gossip) 난(欄), 어린이-난(欄), 아기-능(陵)
	한자어	량/란/릉	예 운행-량(運行量), 수출-량(輸出量), 공-란(空欄), 투고-란(投稿欄), 동구-릉(東九陵), 서오-릉(西五陵)

제5절 접미사가 붙어서 된 말

출.좋.포 24 표음주의 표의주의에 적용되는 원칙

1. 어근의 뜻이 잘 유지되는 경우 → 표의주의
   그렇지 않은 경우 → 표음주의
   예 믿음, 먹이다, 넘어지다 (표음주의: 무덤, 노름, 드러나다)

2. 생산적인 접미사가 결합되는 경우 → 표의주의
   그렇지 않은 경우 → 표음주의
   예 높이, 길이, 곰배팔이 (표음주의: 지붕, 끄트머리, 마중, 마감)

3. 생산적인 접미사가 결합되는 어근이 결합되는 경우
   → 표의주의 / 그렇지 않은 경우 → 표음주의
   예 깔쭉이, 오뚝이, 더펄이 (표음주의: 떠버리, 얼루기)

제28항 | 끝소리가 'ㄹ'인 말과 딴 말이 어울릴 적에 'ㄹ' 소리가 나지 아니하는 것은 아니 나는 대로 적는다.

다달이(달-달-이)	따님(딸-님)
마되(말-되)	마소(말-소)
무자위(물-자위)	바느질(바늘-질)
부삽(불-삽)	부손(불-손)
싸전(쌀-전)	여닫이(열-닫이)
우짖다(울-짖다)	화살(활-살)

출.좋.포 ㉕ 합성어, 파생어에서의 'ㄹ' 탈락

ㄹ 받침 뒤 'ㅈ, ㄴ, ㄷ, ㅅ'

제29항 | 끝소리가 'ㄹ'인 말과 딴 말이 어울릴 적에 'ㄹ' 소리가 'ㄷ' 소리로 나는 것은 'ㄷ'으로 적는다.

반짇고리(바느질~)
삼짇날(삼질~)
숟가락(술~)
잗주름(잘~)
섣부르다(설~)
잗다랗다(잘~)
사흗날(사흘~)
섣달(설~)
이튿날(이틀~)
푿소(풀~)
잗다듬다(잘~)

제30항 | 사이시옷은 다음과 같은 경우에 받치어 적는다.

1. 순우리말로 된 합성어로서 앞말이 모음으로 끝난 경우

(1) 뒷말의 첫소리가 된소리로 나는 것

고랫재	귓밥	나룻배
나뭇가지	머릿기름	댓가지
뒷갈망	바닷가	뱃길
모깃불	못자리	선짓국
쇳조각	아랫집	찻집
잇자국	잿더미	조갯살
쳇바퀴	킷값	핏대
혓바늘		

(2) 뒷말의 첫소리 'ㄴ, ㅁ' 앞에서 'ㄴ' 소리가 덧나는 것

멧나물	아랫니	텃마당
아랫마을	뒷머리	잇몸
깻묵	냇물	

(3) 뒷말의 첫소리 모음 앞에서 'ㄴㄴ' 소리가 덧나는 것

도리깻열+	뒷윷	두렛일
뒷일	뒷입맛	베갯잇
깻잎	나뭇잎	댓잎

2. 순우리말과 한자어로 된 합성어로서 앞말이 모음으로 끝난 경우

(1) 뒷말의 첫소리가 된소리로 나는 것

귓병(-病)	푸줏간(-間)	아랫방(-房)
봇둑(洑-)	사잣밥(使者-)	머릿방(-房)
찻종(-鍾)	자릿세(-貰)	전셋집(傳貰-)
찻잔(-盞)	텃세(-貰)	촛국(醋-)
콧병(-病)	탯줄(胎-)	횟배(蛔-)
핏기(-氣)	햇수(-數)	횟가루(灰-)

(2) 뒷말의 첫소리 'ㄴ, ㅁ' 앞에서 'ㄴ' 소리가 덧나는 것

곗날(契-)	제삿날(祭祀-)	훗날(後-)
툇마루(退-)		

(3) 뒷말의 첫소리 모음 앞에서 'ㄴㄴ' 소리가 덧나는 것

가욋일(加外一)	사삿일(私私一)	예삿일(例事-)
훗일(後-)		

3. 한자 + 한자(사이시옷)

툇간(退間)	곳간(庫間)	셋방(貰房)
찻간(車間)	횟수(回數)	숫자(數字)

출.좋.포 ㉖ 제30항 사이시옷의 조건

1. 적어도 하나의 (❶ ________)
   모두 (❷ ________)라면 사이시옷을 못 붙인다.
   예 유리잔(琉璃盞), 소주잔(燒酒盞), 맥주잔(麥酒盞), 장미과(薔薇科), 화병(火病), 포도과(葡萄科), 초점(焦點), 전세방(傳貰房), 개수(個數), 마구간(馬廐間), 수라간(水剌間), 도매금(都賣金)
   단, 한+한 임에서 사이시옷이 표기되는 예외 6가지가 있음
   예 툇간(退間), 곳간(庫間), 셋방(貰房), 찻간(車間), 횟수(回數), 숫자(數字)

2. (❸ ________)이 일어남.
   (❸ ________)이 일어나지 않으면 사이시옷을 못 붙인다.

   사잇소리 현상은?
   ① ❹ ________
   ② '❺ ________' 덧남
   ③ '❻ ________' 덧남
   예 인사말[인사말], 머리말[머리말], 꼬리말[꼬리말], 유리잔[유리잔], 고무줄[고무줄], 초가집[초가집], 소나기밥[소나기밥]

정답

❶ 고유어 ❷ 한자어 ❸ 사잇소리 현상 ❹ 된소리되기 ❺ ㄴ ❻ ㄴㄴ

출.좋.포 ㉗ 고유어가 하나 있으면 사이시옷 추가 가능성이 높아진다.

알아두면 좋을 고유어들

- 값: 절댓값[절때깝/절땓깝], 덩칫값[덩치깝/덩칟깝], 죗값[죄:깝/줻:깝]
- 길: 등굣길[등교낄/등곧낄], 혼삿길[혼사낄/혼삳낄], 고갯길[고개낄/고갣낄]
- 집: 맥줏집[맥쭈찝/맥쭏찝], 횟집[회:찝/횓:찝], 부잣집[부 : 자찝/부:잗찝]
- 빛: 장밋빛[장미삗/장믿삗], 보랏빛[보라삗/보랃삗], 햇빛[해삗/핻삗]
- 말: 혼잣말[혼잔말], 시쳇말[시첸말], 노랫말[노랜말]
- 국: 만둣국[만두꾹/만둗꾹], 고깃국[고기꾹/고긷꾹], 북엇국[부거꾹/부걷꾹]

제34항 | 모음 'ㅏ, ㅓ'로 끝난 어간에 '-아/-어, -았-/-었-'이 어울릴 적에는 준 대로 적는다.

붙임 1 'ㅐ, ㅔ' 뒤에 '-어, -었-'이 어울려 줄 적에는 준 대로 적는다.

개어 → 개　　내어 → 내　　베어 → 베
세어 → 세　　개었다 → 갰다　　내었다 → 냈다
베었다 → 벴다　　세었다 → 셌다

출.좋.포 ㉘ 제34항 붙임 1

❶ ______, ❷ ______ + ❸ ______ = '❹ ______' 탈락

붙임 2 '하여'가 한 음절로 줄어서 '해'로 될 적에는 준 대로 적는다.

하여 → 해　　더하여 → 더해
흔하여 → 흔해　　하였다 → 했다
더하였다 → 더했다　　흔하였다 → 흔했다

출.좋.포 ㉙ 제34항 붙임 2

하+여 = ❺ ______

정답

❶ ㅔ ❷ ㅐ ❸ ㅓ ❹ ㅓ ❺ 해

제35항 | 모음 'ㅗ, ㅜ'로 끝난 어간에 '-아/-어, -았-/-었-'이 어울려 'ㅘ/ㅝ, ㅘㅆ/ㅝㅆ'으로 될 적에는 준 대로 적는다.

꼬아 → 꽈	보아 → 봐	쏘아 → 쏴
두어 → 둬	쑤어 → 쒀	주어 → 줘
꼬았다 → 꽜다	보았다 → 봤다	쏘았다 → 쐈다
두었다 → 뒀다	쑤었다 → 쒔다	주었다 → 줬다

붙임 1 '놓아'가 '놔'로 줄 적에는 준 대로 적는다.

붙임 2 'ㅚ' 뒤에 '-어, -었-'이 어울려 'ㅙ, ㅙㅆ'으로 될 적에도 준 대로 적는다.

괴어 → 괘	되어 → 돼
뵈어 → 봬	쐬어 → 쐐
괴었다 → 괬다	되었다 → 됐다
쇠었다 → 쇘다	쐬었다 → 쐤다
꾀었다 → 꽸다	쬐었다 → 쫬다
사뢰었다 → 사뢨다	되뇌었다 → 되뇄다
쇠어 → 쇄	뵈었다 → 뵀다

출.좋.포 30 제35항 모음 축약

ㅚ+ㅓ = ❶ ______ (모음 축약)

- 되다 : 이렇게 만나게 돼서(← ❷ ______) 반갑다.
  뵈다 : 오랜만에 부모님을 봬서(← ❸ ______) 기뻤다.

예 2022년에 공무원이 돼요(← 되어요).
그럼 내일 함께 부모님을 ❹ ______(← 뵈어요).
어느덧 가을이 됐다(← 되었다).
어제 부모님을 뵀다(← 뵈었다).

제38항 | 'ㅏ, ㅗ, ㅜ, ㅡ' 뒤에 '-이어'가 어울려 줄어질 적에는 준 대로 적는다.

싸이어 → 쌔어, 싸여	보이어 → 뵈어, 보여
쏘이어 → 쐬어, 쏘여	누이어 → 뉘어, 누여
쓰이어 → 씌어	★쓰이어 → 씌어, 쓰여
트이어 → 틔어, 트여	

출.좋.포 31 제38항 모음 축약

'-이어'가 결합되는 경우에는 ❺ ______도 축약이 가능하고, ❻ ______도 축약이 가능하다.

정답

❶ ㅙ ❷ 되어서 ❸ 뵈어서 ❹ 봬요 ❺ 앞 ❻ 뒤

제40항 | 어간의 끝음절 '하'의 'ㅏ'가 줄고 'ㅎ'이 다음 음절의 첫소리와 어울려 거센소리로 될 적에는 거센소리로 적는다.

거북하지 → 거북지
생각하건대 → 생각건대
생각하다 못하여 → 생각다 못해
깨끗하지 않다 → 깨끗지 않다
넉넉하지 않다 → 넉넉지 않다
못하지 않다 → 못지않다
섭섭하지 않다 → 섭섭지 않다
익숙하지 않다 → 익숙지 않다

출.좋.포 32 제40항 '하'의 준말

1. 어간의 끝 음절 '하'가 ❶ ________(ㄱ, ㄷ, ㅂ, ㅅ 등) 뒤에서 아예 탈락된다.
   예 생각하+지 않다, 답답하+지 않다 = 답답잖다
2. 어간의 끝 음절 '하'가 ❷ ________(모음, ㄴ, ㄹ, ㅁ, ㅇ) 뒤에서 'ㅏ'만 탈락하여 자음 축약이 일어난다.
   예 편하+지 않다=편찮다, 변변하+지 않다=변변찮다
3. 단, '서슴다, 삼가다'는 '❸ ________, ❹ ________'로 활용된다.

정답

❶ 안울림소리 ❷ 울림소리 ❸ 서슴지 ❹ 삼가지

제39항 | 어미 '-지' 뒤에 '않-'이 어울려 '-잖-'이 될 적과 '-하지' 뒤에 '않-'이 어울려 '-찮-'이 될 적에는 준 대로 적는다.

그렇지 않은 → 그렇잖은
적지 않은 → 적잖은
만만하지 않다 → 만만찮다
변변하지 않다 → 변변찮다
달갑지 않다 → 달갑잖다
마뜩잖다 → 마뜩하지 않다
오죽하지 않다 → 오죽잖다
당찮다 → 당하지 않다
★시답잖다 → 시답지 않다
편찮다 → 편하지 않다

출.좋.포 33 제39항 '잖, 찮'

'쟎', '챦'은 반드시 '❶ ______', '❷ ______'으로 표기해야 한다.

정답

❶ 잖 ❷ 찮

제51항 | 부사의 끝음절이 분명히 '이'로만 나는 것은 '-이'로 적고, '히'로만 나거나 '이'나 '히'로 나는 것은 '-히'로 적는다.

출.좋.포 34 제51항 '이'와 '히'의 구별

1. '이'로 적는 것
   ① ❶ ______ 뒤 : 같이, 높이, 많이, 실없이, 헛되이 등
   ② ❷ ______ 뒤(제25항 2 참조) : 곰곰이, 더욱이, 일찍이, 오뚝이 등
   ③ ❸ ______ 명사 뒤 : 일일이, 집집이, 번번이, 푼푼이, 낱낱이, 곳곳이, 샅샅이 등
   ④ ❹ '______' 받침 뒤 : 깨끗이, 버젓이, 번 듯이, 지긋이 등
   ⑤ ❺ '______' 불규칙 용언의 어간 뒤 : 가벼이, 괴로이, 기꺼이, 쉬이, 너그러이 등
   ⑥ ❻ '______' 뒤 : 나지막이, 느지막이

2. '히'로 적는 것
   ① '-하다'가 붙는 어근 뒤(단, 'ㅅ' 받침 제외) : 꼼꼼히(꼼꼼하다), 급급히(급급하다), 푼푼히(푼푼하다), 번번히(번번하다), 간편히, 고요히
   ② 나머지
   익히(← 익숙히), 특히(← 특별히), ❼ ______, ❽ ______

정답

❶ 형용사 ❷ 부사 ❸ 첩어 ❹ ㅅ ❺ ㅂ ❻ ㄱ ❼ 딱히 ❽ 작히

제53항 | 다음과 같은 어미는 예사소리로 적는다.

다만, 의문을 나타내는 다음 어미들은 된소리로 적는다.

-(으)ㄹ까	-(으)ㄹ꼬?	-(스)ㅂ니까?
-(으)리까?	-(으)ㄹ쏘냐?	

제56항 | '-더라, -던'과 '-든지'는 다음과 같이 적는다.

1. **지난 일을 나타내는 어미는 '-더라, -던'으로 적는다.**

   지난겨울은 몹시 춥더라. 깊던 물이 얕아졌다.
   그렇게 좋던가? 그 사람 말 잘하던데!
   얼마나 놀랐던지 몰라.

2. **선택의 뜻을 나타내는 조사와 어미는 '-든지'로 적는다.**

   배든지 사과든지 마음대로 먹어라.
   가든지 오든지 마음대로 해라.

출.좋.포 35 제56항 과거의 '-던' VS 선택의 '-든'

1. ❶ ________의 의미 : -던
   예 오랜만에 만났더니 반갑더라.
   선생님도 이젠 늙으셨더구나.
   그림을 잘 그렸던데 여기에 걸자.
   선생님은 교실에 계시던걸.
2. ❷ ________의 의미 : -든
   예 사과를 먹든지 감을 먹든지 하렴.
   가든(지) 말든(지) 상관없다.

정답

❶ 과거 ❷ 선택

제57항 | 다음 말들은 각각 구별하여 적는다.

가름: 그들의 끈기가 이 경기의 승패를 가름했다.
갈음: 오늘 이것으로 치사를 갈음하고자 합니다.
가늠: 전봇대의 높이를 가늠할 수 있겠니?

가름: 쪼개거나 나누어 따로따로 되게 하는 일
승부나 등수 따위를 정하는 일
갈음: 다른 것으로 바꾸어 대신함.
가늠: 사물을 어림잡아 헤아리다.

걷잡다: 걷잡을 수 없는 상태
겉잡다: 겉잡아서 이틀 걸릴 일

걷잡다: 한 방향으로 치우쳐 흘러가는 형세 따위를 붙들어 잡다. 마음을 진정하거나 억제하다.
겉잡다: 겉으로 보고 대강 짐작하여 헤아리다.

바치다: 나라를 위해 목숨을 바쳤다.
받치다: 우산을 받치고 간다.
책받침을 받친다.
이 영화는 배경 음악이 장면을 잘 받쳐 주어서 더욱 감동적이다.
맨바닥에서 잠을 자려니 등이 받쳐서 잠이 오지 않는다.
받히다: 이장님이 쇠뿔에 받혔다.
고추 백 근을 시장 상인에게 받혔다.
밭치다: 삶은 국수를 찬물에 헹군 후 체에 밭쳐 놓았다.

바치다: 신이나 웃어른께 드리다. 무엇을 위하여 모든 것을 아낌없이 내놓거나 쓰다.
받치다: 물건의 밑이나 옆 따위에 다른 물체를 대다. 어떤 일을 잘할 수 있도록 뒷받침해 주다.
받히다: '받다(머리나 뿔 따위로 세차게 부딪치다.)'의 피동사 / '받다(사다)'의 사동사
밭치다: '밭다(건더기와 액체가 섞인 것을 체 따위에 따라서 액체만을 따로 받아 내다.)'를 강조

늘이다: 옛가락(바짓단, 고무줄)을 늘인다.
늘리다: 옛가락(바짓단, 고무줄)의 나머지

늘이다: 본디보다 더 길어지게 하다.
늘리다: 물체의 부피 따위를 본디보다 커지게 하다.
수나 분량 따위를 본디보다 많아지게 하다.

다치다: 부주의로 손을 다쳤다.
닫치다: 그가 문을 힘껏 닫쳤다.
닫히다: 문이 저절로 닫혔다.

다치다: 신체에 상처가 생기다.
닫치다: 문짝 따위를 세게 닫다. 입을 굳게 다물다.
닫히다: '닫다(문짝 따위를 제자리로 가게 하여 막다.)'의 피동사

부딪치다: 차와 차가 마주 부딪쳤다.
자동차가 가로수에 부딪쳤다.
부딪히다: 마차가 화물차에 부딪혔다.
공공 정책은 강력한 반대에 부딪혀 공공 갈등을 유발한다.

부딪치다: '부딪나'를 강조
부딪히다: '부딪다'의 피동사. 부딪음을 당하다.

반드시: 약속은 반드시 지켜라.
반듯이: 고개를 반듯이 들어라.

반드시: 틀림없이 꼭
반듯이: 비뚤어지거나 기울거나 굽지 않고 바르게

지그시: 놀부는 흥부의 발을 지그시 밟았다.
지긋이: 영희는 나이가 지긋이 들어 보였다

지그시: 슬며시 힘을 주는 모양
지긋이: 나이가 비교적 많아 듬직하게

맞히다: 여러 문제를 더 맞혔다.
화살을 과녁에 정확하게 맞혔다.
꼬마들에게는 주사를 맞히기가 힘들다.
이런 날씨에 비를 맞히니 멀쩡한 사람도 병이 나지.
맞추다: 시험이 끝나고 나와 철호는 서로의 답을 맞춰 보았다.
이제 각자의 답을 정답과 맞춰 보도록 해라.

맞히다: 문제에 대한 답을 틀리지 않게 하다. 자연 현상에 따라 내리는 눈, 비 따위를 닿게 하다.
맞추다: 나머지

부치다: 힘이 부치는 일이다. 편지를 부친다.
논밭을 부친다.
붙이다: 우표를 붙인다. 별명을 붙인다.
책상을 벽에 붙였다. 흥정을 붙인다.
불을 붙인다. 감시원을 붙인다. 조건을 붙인다.

'붙이다'에는 '붙게 하다'의 의미가 있는 반면, '부치다'에는 그런 의미가 없다.

'부치다'에는 다음과 같은 의미가 있다.

① 모자라거나 미치지 못하다.
예 그 일은 이제 기력이 부쳐 할 수 없다.
② 편지나 물건 따위를 상대에게 보내다.
예 아들에게 학비와 용돈을 부치다.
③ 논밭을 이용하여 농사를 짓다.
예 부쳐 먹을 내 땅 한 평 없다.
④ 프라이팬 따위에 기름을 바르고 빈대떡 따위의 음식을 만들다. 예 전을 부치다.
⑤ 어떤 행사나 특별한 날에 즈음하여 어떤 의견을 나타내다.
예 젊은 세대에 부치는 서(書). 식목일에 부치는 글.
⑥ 어떤 문제를 다른 곳이나 다른 기회로 넘기어 맡기다.
예 안건을 회의에 부치다.
⑦ 원고를 인쇄에 넘기다.
예 접수된 원고를 편집하여 인쇄에 부쳤다.
⑧ 먹고 자는 일을 제집이 아닌 다른 곳에서 하다.
예 삼촌 집에 숙식을 부치다.

'붙이다'에는 다음과 같은 의미가 있다.

① 맞닿아 떨어지지 아니하게 하다. 예 우표를 붙이다.
② 물체와 물체 따위를 서로 바싹 가깝게 놓다.
예 가구를 벽에 붙이다.
③ 겨루는 일 따위가 서로 어울려 시작되게 하다.
예 싸움을 붙이다.
④ 불을 옮겨 타게 하다. 예 연탄에 불을 붙이다.
⑤ 사람 등을 딸려 붙게 하다.
예 아이에게 가정 교사를 붙여 주다.
⑥ 조건, 이유, 구실 따위를 달다. 예 계약에 조건을 붙이다.
⑦ 어떤 감정이나 감각이 생겨나게 하다.
예 공부에 흥미를 붙이다. 아이와 정을 붙이다.
⑧ 이름 따위를 만들어 주다. 예 별명을 붙이다.

아름: 세 아름 되는 둘레
알음: 전부터 알음이 있는 사이
앎: 앎이 힘이다.

아름: 두 팔을 둥글게 모아서 만든 둘레 또는 그러한 둘레의 길이를 나타내는 단위
알음: 사람끼리 서로 아는 일, 지식이나 지혜가 있음.
앎: '아는 일'이라는 뜻의 말이다.

안치다 : 밥을 안친다.
앉히다 : 윗자리에 앉힌다.
그는 책을 읽다가 중요한 것을 여백에 앉히는 습관이 있다.
선생님은 아이들에게 인사하는 버릇을 앉혀 주셨다.

안치다 : 음식을 만들기 위하여 그 재료를 솥이나 냄비 따위에 넣고 불 위에 올리다.
앉히다 : '앉다'의 사동사로 쓰이거나, 문서에 줄거리를 따로 적어 놓다, 버릇을 가르치다.

이따가 : 이따가 오너라.
있다가 : 돈은 있다가도 없다.
여기에 며칠 더 있다가 갈게.

이따가 : '조금 지난 뒤에'라는 뜻을 나타내는 부사
있다가 : '있다'의 '있-'에 어떤 동작이나 상태가 끝나고 다른 동작이나 상태로 옮겨지는 뜻을 나타내는 어미 '-다가'가 붙은 형태이다. '이따가'도 어원적인 형태는 '있- +--다가'로 분석되는 것이지만, 그 어간의 본뜻에서 멀어진 것이므로 소리 나는 대로 적는다.

저리다 : 다친 다리가 저리다.
절이다 : 김장 배추를 절이다.

저리다: 뼈마디나 몸의 일부가 쑤시듯이 아프다, 몸의 일부가 오래 눌려서 피가 잘 통하지 못해 감각이 둔하고 아리다.

절이다: 푸성귀나 생선 따위에 소금기나 식초, 설탕 따위를 배어들게 하다.

조리다: 생선을 조린다. / 통조림, 병조림

졸이다: 마음을 졸인다. / 찌개를 졸이다

조리다: 양념을 한 고기나 생선, 채소 따위를 국물에 넣고 바짝 끓여서 양념이 배어들게 하다.

졸이다: 속을 태우다시피 초조해하다.

썩히다: 음식을 썩혀 거름을 만들다.
그는 시골구석에서 재능을 썩히고 있다.

썩이다: 여태껏 부모 속을 썩이거나 말을 거역한 적이 없었다.

썩히다: 부패하게 하다. 물건이나 사람, 사람의 재능 따위가 쓰이지 못하고 내버려진 상태로 있게 하다.

썩이다: 마음이 몹시 괴로운 상태가 되게 만들다.

삭히다: 김치를 삭히다. 멸치젓을 삭히다.

삭이다: 철수는 분을 삭이다.

삭히다: 발효시키다.

삭이다: 분한 마음을 가라앉히다.

하노라고: 하노라고 한 것이 이 모양이다.
하느라고: 공부하느라고 밤을 새웠다.

✎ **-노라고**: 자기 나름대로 꽤 노력했음.
-느라고: 앞의 내용이 뒤에 오는 내용의 목적이나 원인이 됨.

-느니보다[어미]: 나를 찾아오느니보다 집에 있어라.
-는 이보다[의존 명사]: 오는 이가 가는 이보다 많다.

✎ **-느니보다**: '-는 것보다'
-는 이보다: '-는 사람보다'

-(으)리만큼[어미]: 나를 미워하리만큼 그에게 잘못한 일이 없다.
-(으)ㄹ 이만큼[의존 명사]: 찬성할 이도 반대할 이만큼이나 많을 것이다.

✎ **-(으)리만큼**: '-(으)ㄹ 정도로'
-(으)ㄹ 이만큼: '-(으)ㄹ 사람만큼'

-(으)러[목적]: 공부하러 간다.
-(으)려[의도]: 서울 가려 한다.

✎ **-(으)러**: 가거나 오거나 하는 동작의 목적
-(으)려(고): 어떤 행동을 할 의도나 욕망을 가지고 있음.

(으)로서[자격]: 사람으로서 그럴 수는 없다.
(으)로써[수단]: 닭으로써 꿩을 대신했다.

- **(으)로서**: '지위나 신분, 자격'
  (으)로써: '재료, 수단, 도구'
- 한편 '(으)로써'는 '어떤 일의 기준이 되는 시간'의 의미로 쓰이기도 한다.

-(으)므로[어미]: 그가 나를 믿으므로 나도 그를 믿는다.
(-ㅁ, -음)으로(써)[조사]: 그는 믿음으로(써) 산 보람을 느꼈다.

- **-(으)므로**: 까닭을 나타내는 어미
  -(으)ㅁ으로(써): '-(으)ㅁ'에 조사 '으로(써)'가 결합한 형태이다.
  어미 '-(으)므로'에는 '써'가 결합하지 않는다.

돋구다: 눈이 침침한 걸 보니 안경의 도수를 돋굴 때가 되었나 보다.
돋우다: 농무는 신명을 돋우고 있었다.

- **돋구다**: 안경의 도수 따위를 더 높게 하다.
  돋우다: '돋구다'를 제외한 나머지

그슬다: 바닷가에서 새우를 불에 그슬어서 먹었다.
그을다: 들판 곳곳에는 까맣게 그을린 농부들이 있다.

그슬다: 불에 쬐어 거죽만 살짝 타게 하다.
그을다: 햇볕 · 연기 등을 오래 쐬어 검게 되다.

띄다: 서로 책상과의 간격을 띄어야 한다.
원고에 가끔 오자가 눈에 띈다.
띠다: 중대한 임무를 띠다.
대화는 열기를 띠기 시작했다.

띄다: 간격을 띄다, 눈에 띄다.
띠다: '띄다'를 제외한 나머지

결제(決濟): 그 회사는 어음을 결제하지 못해 부도 처리가 됐다.
결재(決裁): 사장님의 결재를 받았다.

결제(決濟): 증권이나 대금의 수수(授受)에 의해서 매매 당사자 간의 거래 관계를 끝맺음.
결재(決裁): 상관이 부하가 제출한 안건을 검토하여 승인함.

구별(區別): 그 형제는 너무 닮아서 누가 동생이고 누가 형인지 구별할 수 없다.
구분(區分): 문학은 서정 갈래, 서사 갈래, 교술 갈래, 극 갈래로 구분할 수 있다.
분류(分類): 서정 갈래, 서사 갈래, 교술 갈래, 극 갈래를 문학으로 분류할 수 있다.

구별(區別): 성질이나 종류에 따라 차이가 남. 또는 성질이나 종류에 따라 갈라놓음.
구분(區分): 일정한 기준에 따라 나눔.
분류(分類): 일정한 기준에 따라 묶음.

경신(更新) : 마라톤 세계 기록 경신. 그의 이론은 논리학과 철학에 경신을 일으켰다.
갱신(更新): 카드를 갱신하였다. 계약을 갱신하였다.

경신(更新): 종전의 기록을 깨뜨림. 이미 있던 것을 고쳐 새롭게 함.
갱신(更新): 법률관계의 존속 기간이 끝났을 때 그 기간을 연장하는 일

계발(啓發) : 교사는 학생이 잠재된 창의성을 계발하도록 해야 한다.

개발(開發) : 경치가 좋은 곳을 관광지로 개발하려고 한다.
교사는 학생이 잠재된 창의성을 개발하도록 해야 한다.
첨단 산업을 개발하고 육성하다.

계발(啓發) : 슬기나 재능, 사상 따위를 일깨워 줌.

개발(開發) :
- 토지나 천연자원 따위를 유용하게 만듦.
- 지식이나 재능 따위를 발달하게 함.
- 산업이나 경제 따위를 발전하게 함.
- 새로운 물건을 만들거나 새로운 생각을 내어 놓음.

개재(介在) : 이번 협상에는 수많은 변수가 개재되어 있다.

게재(揭載) : 학술지에 논문을 게재하였다

계제(階梯) : 공부에는 밟아야 되는 계제가 있다.
지금은 이것저것 가릴 계제가 아니다.
변명할 계제가 없었다.

개재(介在) : 어떤 것들 사이에 끼여 있음. '끼어듦', '끼여 있음'

게재(揭載) : (글이나 사진, 그림 따위를) 신문이나 잡지에 실음.

계제(階梯) :
- 일이 되어 가는 순서나 절차를 비유적으로 이르는 말
- 어떤 일을 할 수 있게 된 형편이나 기회

두껍다: 추워서 옷을 두껍게 입었다.
선수층은 두껍다.
안개가 두껍게 깔렸다.
두텁다: 친분이 두텁다. 두터운 은혜.

두껍다: 두께가 두툼하다. 층의 높이나 집단의 규모가 크다. 어둠이나 안개 따위가 짙다.
두텁다: 신의, 믿음, 관계, 인정 따위가 굳고 깊다.

좇다: 명예를 좇는 젊은이. 아버지의 유언을 좇다.
쫓다: 파리를 쫓았다.
어머니는 아들을 쫓아 방에 들어갔다.

좇다: 긍정적 대상을 추구하다.
쫓다: 떠나도록 내몰다. 부정적인 상황에서 잡기 위해 급히 따르다.

껍데기: 달걀 껍데기
껍질: 나무껍질, 돼지 껍질

껍데기: 단단한 물질
껍질: 딱딱하지 않은 물체의 겉을 싼 질긴 물질

혼동(混同): 자유와 방종을 혼동하였다.
혼돈(混沌): 외래문화의 무분별한 수입은 가치관의 혼돈을 초래하였다.
혼란(混亂): 불이 나자 선생님들은 혼란을 수습하였다.

혼동(混同): 어떤 현상을 잘못 판단하다.
'A, B를 헷갈려 한다'로 많이 사용된다.

혼돈(混沌): 마구 뒤섞여 있어 갈피를 잡을 수 없음. 또는 그런 상태
혼란(混亂): 뒤죽박죽이 되어 어지럽고 질서가 없음.

지향(志向)하다: 평화를 지향하다.
지양(止揚)하다: 흡연을 지양해야 한다.

지향(志向)하다: 어떤 목적으로 뜻이 쏠리어 향함.
지양(止揚)하다: 어떤 것을 하지 않음.

-대: 영희가 그러는데 철수는 아주 똑똑하대.
철수도 오겠대? / 대체 왜 그랬대?
-데: 어제 시험을 봤는데 시험이 아주 어렵데.

-대: '-다고 해'가 줄어든 말. 남이 말한 내용을 간접적으로 전달함. 의문형 종결 어미
-데: '-더라'가 줄어든 말. 화자가 직접 목격한 사실을 말함.

한창: 가을 숲의 잎이 한창 물들고 있었다.
한참: 철수는 영희의 눈을 한참 바라보더니 도망갔다.

한창: 가장 활기 있고 왕성하게
한참: 시간이 상당히 지나는 동안. 오랜 동안

햇빛: 햇빛에 눈이 부셔서 힘들다.
햇볕: 양지바른 곳에 앉아 햇볕을 쬐면서 이야기를 나누었다.

햇빛: 해의 빛. 태양 광선
햇볕: 해에서 내리쬐는 뜨거운 기운

출제 가능한 한자 어휘 64

1	각축 角逐	角 뿔 **각** 逐 쫓을 **축** 서로 이기려고 다투며 덤벼듦. 예 중국 시장을 둘러싼 각국의 <u>각축</u>은 더욱 치열해질 것 같다.
2	간과 看過	看 볼 **간** 過 지날 **과** 큰 관심 없이 대강 보아 넘김. 예 나는 그가 따라 주는 술을 마시면서도 그 사실을 결코 <u>간과</u>하지 않았다. ≪전상국, 외딴길≫
3	견지 見地	見 볼 **견** 地 땅 **지** 어떤 사물을 판단하거나 관찰하는 입장. 예 예술가의 <u>견지</u>로 보면 하찮은 돌멩이도 훌륭한 작품 소재가 된다.
4	고소 苦笑	苦 쓸 **고** 笑 웃음 **소** 어이가 없거나 마지못하여 짓는 웃음. 예 <u>고소</u>를 띠다.
5	관념 觀念	觀 볼 **관** 念 생각 **념(염)** (1) 어떤 일에 대한 견해나 생각. 예 이 식당의 종업원은 위생에 대한 관념이 철저하지 못하다. (2) 현실에 의하지 않는 추상적이고 공상적인 생각. 예 <u>관념</u>에 빠지다.

6	교착 膠着	膠 아교 **교** 着 붙을 **착** (1) 아주 단단히 달라붙음. 예 이 풀은 교착이 잘되지 않는다. (2) 어떤 상태가 굳어 조금도 변동이나 진전이 없이 머묾. 예 회담이 교착 상태에 빠져 진전이 없었다.
7	금자탑 金字塔	金 쇠 **금** 字 글자 **자** 塔 탑 **탑** 길이 후세에 남을 뛰어난 업적을 비유적으로 이르는 말. 예 역사에 길이 남을 금자탑을 이룩하다.
8	가공 可恐	可 옳을 **가** 恐 두려울 **공** 두려워하거나 놀랄 만함. 예 언론의 위력은 가공할 만하다.
9	개안 開眼	開 열 **개** 眼 눈 **안** (1) 눈을 뜸. 예 모자에 대한 관심이 어찌도 깊었던지 혼취하여 자다가도 개안 일 번 첫 발으로 찾는 것은 "내 모자!" 하고 부르짖을 지경이었다. ≪변영로, 명정 40년≫ (2) 깨달아 아는 일. 예 조병수는 그 다져진 터전에 실로 많은 빛을 던져 주었던 것이다. 그중 하나가 예술에 대한 휘의 개안이었다. ≪박경리, 토지≫

10	개전 改悛	改 고칠 **개** 悛 고칠 **전** 행실이나 태도의 잘못을 뉘우치고 마음을 바르게 고쳐먹음. 예 죄인에게 개전의 기회를 주다.
11	구가 謳歌	謳 노래 **구** 歌 노래 **가** (1) 여러 사람이 입을 모아 칭송하여 노래함. (2) 행복한 처지나 기쁜 마음 따위를 거리낌 없이 나타냄. 또는 그런 소리. 예 인생의 신음 소리보다는 인생의 구가가 듣고 싶은 욕망이 더욱 끓어올랐다. ≪이태준, 화관≫
12	귀감 龜鑑	龜 거북 **귀** 鑑 거울 **감** 거울로 삼아 본받을 만한 모범. 예 신사임당은 한국 여성의 귀감이다.
13	논증 論證	論 논할 **론(논)** 證 증거 **증** 옳고 그름을 이유를 들어 밝힘. 또는 그 근거나 이유. 예 논증이 불가능한 일을 근거로 내세울 수는 없다.
14	도외시 度外視	度 법도 **도** 外 바깥 **외** 視 볼 **시** 상관하지 아니하거나 무시함. 예 현실을 도외시하다.

15	맹목적 盲目的	盲 눈멀 **맹** 目 눈 **목** 的 과녁 **적** 주관이나 원칙이 없이 덮어놓고 행동하는. 예 그녀는 부모님께 맹목적으로 순종했다.
16	모순 矛盾	矛 창 **모** 盾 방패 **순** 어떤 사실의 앞뒤, 또는 두 사실이 이치상 어긋나서 서로 맞지 않음을 이르는 말. 예 체제의 모순을 극복하다.
17	반증 反證	反 돌이킬 **반** 證 증거 **증** (1) 어떤 사실이나 주장이 옳지 아니함을 그에 반대되는 근거를 들어 증명함. 또는 그런 증거. 예 그의 주장은 논리가 워낙 치밀해서 반증을 대기가 어렵다. (2) 어떤 사실과 모순되는 것 같지만, 거꾸로 그 사실을 증명하는 것. 예 그들이 이토록 조용한 것은 더 큰 음모들을 꾸미고 있다는 반증이기 때문이다. ≪홍성원, 육이오≫
18	반추 反芻	反 돌이킬 **반** 芻 꼴 **추** (1) 한번 삼킨 먹이를 다시 게워 내어 씹음. 예 소나 염소 따위는 먹이를 반추하는 동물이다. (2) 어떤 일을 되풀이하여 음미하거나 생각함. 또는 그런 일. 예 푸념을 하는 것도 실은 그 시절의 영광의 헛된 반추에 지나지 않을지도 모르겠다. ≪박완서, 엄마의 말뚝≫

19	부유 浮遊	浮 뜰 **부** 遊 놀 **유** (1) 물 위나 물속, 또는 공기 중에 떠다님. 예 새어 들어온 햇빛 속에는 미세한 공기 입자들이 부유하고 있었다. (2) 행선지를 정하지 아니하고 이리저리 떠돌아다님. 예 그는 집도 없이 부유 생활을 하고 있다.
20	비견 比肩	比 견줄 **비** 肩 어깨 **견** 서로 비슷한 위치에서 견줌. 또는 견주어짐. 예 흔히 설악산과 금강산을 비견한다.
21	비방 誹謗	誹 헐뜯을 **비** 謗 헐뜯을 **방** 남을 비웃고 헐뜯어서 말함. 예 불만이 쌓이고 쌓인 나머지 그는 상사에 대한 비방을 서슴지 않고 했다.
22	백안시 白眼視	白 흰 **백** 眼 눈 **안** 視 볼 **시** 남을 업신여기거나 무시하는 태도로 흘겨봄. 중국의 진나라 때 죽림칠현의 한 사람인 완적(阮籍)이 반갑지 않은 손님은 백안(白眼)으로 대하고, 반가운 손님은 청안(靑眼)으로 대한 데서 유래한다. 예 고향에 돌아와 사람들로부터 받은 백안시, 그리고 수모가 그녀의 가슴에 적개심으로 남아 있었다. ≪최일남, 거룩한 응달≫

23	보편성 普遍性	普 넓을 **보** 遍 두루 **편** 性 성품 **성** 모든 것에 두루 미치거나 통하는 성질. 예 그의 이론은 보편성이 부족하여 일반적인 상황에 적용시키기에는 무리가 있다.
24	사주 使嗾	使 하여금 **사** 嗾 부추길 **주** 남을 부추겨 좋지 않은 일을 시킴. 예 사주를 받다.
25	상쇄 相殺	相 서로 **상** 殺 빠를 **쇄** 상반되는 것이 서로 영향을 주어 효과가 없어지는 일. 예 위로가 나의 정신적 고통이 상쇄가 될 수는 없다.
26	상정 上程	上 윗 **상** 程 한도 **정** 토의할 안건을 회의 석상에 내어놓음. 예 그 안건은 본회의에 상정되었다.
27	소거 掃去	掃 쓸 **소** 去 갈 **거** 부정적인 것을 모조리 없앰. 예 학생 보호 구역에서 담배 피우는 사람들을 소거하다.
28	쇄도 殺到	殺 빠를 **쇄** 到 이를 **도** (1) 전화, 주문 따위가 한꺼번에 세차게 몰려듦. 예 방문객의 쇄도로 안내원은 정신이 없었다. (2) 어떤 곳을 향하여 세차게 달려듦. 예 놀이공원 많은 이용자의 쇄도로 연일 성황을 이루었다.

29	승화 昇華	昇 오를 **승** 華 빛날 **화** (1) 어떤 현상이 더 높은 상태로 발전하는 일. (2) 고체에 열을 가하면 액체가 되는 일이 없이 곧바로 기체로 변하는 현상. 예 상온에서 <u>승화</u> 현상을 볼 수 있다.
30	시사 示唆	示 보일 **시** 唆 부추길 **사** 어떤 것을 미리 간접적으로 표현해 줌. 예 낙관적인 <u>시사</u>를 던져 주다.
31	실존 實存	實 열매 **실** 存 있을 **존** 실제로 존재함. 또는 그런 존재. 예 그 영화의 주인공은 <u>실존</u> 인물을 바탕으로 만들어졌다.
32	실증 實證	實 열매 **실** 證 증거 **증** 실제로 증명함. 또는 그런 사실. 예 부끄러움을 느낀다는 것은 인간이 한낱 동물이 아니고 깊고 높은 인격의 차원 속에서 살고 있다는 것을 <u>실증</u>하는 것이다. ≪안병욱, 사색인의 향연≫
33	애환 哀歡	哀 슬플 **애** 歡 기쁠 **환** 슬픔과 기쁨을 아울러 이르는 말. 예 이산가족의 <u>애환</u>과 염원.

34	어용 御用	御 거느릴 **어** 用 쓸 **용** 자신의 이익을 위하여 권력자나 권력 기관에 영합하여 줏대 없이 행동하는 것을 낮잡아 이르는 말. 예 그들은 어용 문인들을 내세워 새로운 정치 세력의 당위성을 대대적으로 선전했다.
35	여한 餘恨	餘 남을 **여** 恨 한 **한** 풀지 못하고 남은 원한. 예 막내가 결혼하는 것까지 보았으니 이제 죽어도 여한이 없다.
36	역린 逆鱗	逆 거스를 **역** 鱗 비늘 **린(인)** 임금의 노여움을 이르는 말. 용의 턱 아래에 거꾸로 난 비늘을 건드리면 용이 크게 노하여 건드린 사람을 죽인다고 한다. 예 그들이 이번의 사건을 왕비께 아뢸 때에 왕비의 역린은 컸다. 당장에 이활민파 및 그의 제자 전부를 잡아서 찢어 죽이라 하였다. ≪김동인, 젊은 그들≫
37	역설 力說	力 힘 **력(역)** 說 말씀 **설** 자기의 뜻을 힘주어 말함. 또는 그런 말. 예 선생님의 역설에 귀를 기울이다.

38	와중 渦中	渦 소용돌이 **와** 中 가운데 **중** 일이나 사건 따위가 시끄럽고 복잡하게 벌어지는 가운데. 예 그 승려의 얼굴엔 치열한 경쟁의 와중을 뚫고 직장을 잡은 자 특유의 자부가 흐르고 있었다. ≪김성동, 만다라≫
39	융합 融合	融 녹을 **융** 合 합할 **합** 다른 종류의 것이 녹아서 서로 구별이 없게 하나로 합하여지거나 그렇게 만듦. 또는 그런 일. 예 모든 종교는 그 나라의 고유 신앙에 조금씩은 융합하기 마련이다.
40	이견 異見	異 다를 **이** 見 볼 **견** 어떠한 의견에 대한 다른 의견. 또는 서로 다른 의견. 예 이견을 가지다.
41	자문 諮問	諮 물을 **자** 問 물을 **문** 어떤 일을 좀 더 효율적이고 바르게 처리하려고 그 방면의 전문가나, 전문가들로 이루어진 기구에 의견을 물음. 예 자문에 응하다.
42	자성 自省	自 스스로 **자** 省 살필 **성** 자기 자신의 태도나 행동을 스스로 반성함. 예 부유층에서 과소비에 대한 자성의 목소리가 높아지고 있다.

43	자조 自嘲	自 스스로 **자** 嘲 비웃을 **조** 자기를 비웃음. 예 자조의 웃음을 짓다.
44	재고 再考	再 두 **재** 考 생각할 **고** 어떤 일이나 문제 따위에 대하여 다시 생각함. 예 그 일의 결과는 너무나 뻔하므로 재고의 여지도 없다.
45	저촉 抵觸	抵 막을 **저** 觸 닿을 **촉** 법률이나 규칙 따위에 위반되거나 거슬림. 예 선거법 저촉 여부를 검토하다.
46	절충 折衝	折 꺾을 **절** 衝 찌를 **충** 적의 전차(戰車)를 후퇴시킨다는 뜻으로, 이해관계가 서로 다른 상대와 교섭하거나 담판함을 이르는 말. 예 막판 절충을 벌이다.
47	조소 嘲笑	嘲 비웃을 **조** 笑 웃음 **소** 흉을 보듯이 빈정거리거나 업신여기는 일. 또는 그렇게 웃는 웃음. = 비웃음. 예 입가에 조소를 머금다.
48	조장 助長	助 도울 조 長 길 장 바람직하지 않은 일을 더 심해지도록 부추김. 예 과소비 조장.

49	족적 足跡	足 발 **족** 跡 발자취 **적** (1) 발로 밟고 지나갈 때 남는 흔적. 또는 그때 나는 소리. = 발자취. 예 족적을 남기다. (2) 지나온 과거의 역정을 비유적으로 이르는 말. 예 그는 현대사에 큰 족적을 남겼다.
50	중첩 重疊	重 무거울 **중** 疊 겹쳐질 **첩** 거듭 겹치거나 포개어짐. 예 앞으로 고난은 중첩이오. 그런 만큼 일하는 보람은 있겠지만요. ≪박경리, 토지≫
51	천부적 天賦的	天 하늘 **천** 賦 부세 **부** 的 과녁 **적** 태어날 때부터 지닌. 예 그 사람은 남을 웃기고 즐겁게 하는 데에 천부적인 재능을 지녔다.
52	추상적 抽象的	抽 뽑을 **추** 象 코끼리 **상** 的 과녁 **적** (1) 어떤 사물이 직접 경험하거나 지각할 수 있는 일정한 형태와 성질을 갖추고 있지 않은. 예 추상적 그림. (2) 구체성이 없이 사실이나 현실에서 멀어져 막연하고 일반적인. 예 추상적 언급.

53	추이 推移	推 밀 **추** 移 옮길 **이** 일이나 형편이 시간의 경과에 따라 변하여 나감. 또는 그런 경향. 예 사건의 추이를 살피다.
54	통찰 洞察	洞 골 **동** 察 살필 **찰** 예리한 관찰력으로 사물을 꿰뚫어 봄. 예 밝은 이성에 의한 깊은 통찰과 굳센 의지에 의한 조용한 인내를 그는 무엇보다도 강조한다. ≪안병욱, 사색인의 향연≫
55	투영 投影	投 던질 **투** 影 그림자 **영** (1) 물체의 그림자를 어떤 물체 위에 비추는 일. 또는 그 비친 그림자. 예 두 명은 불빛들로 밝혀진 하늘에 그림자를 뚜렷하게 투영하고서 점차 블록 담 쪽으로 접근해 오고 있었다. ≪조선작, 영자의 전성시대≫ (2) 어떤 상황이나 자극에 대한 해석, 판단, 표현 따위에 심리 상태나 성격을 반영함. 예 그는 타인의 고통에 불행했던 자신을 투영하면서 위안을 얻는다.
56	폄하 貶下	貶 낮출 **폄** 下 아래 **하** 가치를 깎아내림. 예 신라의 정통성을 강조하기 위한 백제사의 폄하는 올바르지 않다.

57	포괄 包括	包 쌀 **포** 括 묶을 **괄** 일정한 대상이나 현상 따위를 한데 묶어서 어떤 범위나 한계 안에 모두 들게 함. 예 한국어란 우리말과 우리글을 포괄하는 용어이다.
58	포착 捕捉	捕 잡을 **포** 捉 잡을 **착** (1) 꼭 붙잡음. 예 좋은 인물 사진은 구도와 표정의 포착에 성패가 달려 있다. (2) 요점이나 요령을 얻음. 예 기자들은 김 의원 발언의 요점 포착을 위해 애를 썼다. (3) 어떤 기회나 정세를 알아차림. 예 그녀는 자신이 나서야 할 시기의 포착에 뛰어났다. (4) 증거나 단서 등을 조사하여 발견함. 예 경찰은 이미 모든 증거가 포착이 되었다고 말했다.
59	피력 披瀝	披 헤칠 **피** 瀝 거를 **력(역)** 생각하는 것을 털어놓고 말함. 예 수상 소감의 피력.

60	함의 含意	含 머금을 **함** 意 뜻 **의** 말이나 글 속에 어떠한 뜻이 들어 있음. 또는 그 뜻. 예 우리는 파격적인 그의 그림이 무엇을 함의하고 있는가를 어렴풋이 느낄 수 있었다.
61	호도 糊塗	糊 죽 **호** 塗 칠할 **도** 풀을 바른다는 뜻으로, 명확하게 결말을 내지 않고 일시적으로 감추거나 흐지부지 덮어 버림을 비유적으로 이르는 말. 예 흐지부지 넘기는 걸 호도라고 하는 건 알겠지? ≪윤후명, 별보다 멀리≫
62	혼곤 昏困	昏 어두울 **혼** 困 곤할 **곤** 정신이 흐릿하고 고달픔. 예 이 환자는 출혈이 심해 정신이 혼곤하다.
63	해학 諧謔	諧 화할 **해** 謔 희롱할 **학** 익살스럽고도 품위가 있는 말이나 행동. 예 해학이 넘치는 재담.
64	형극 荊棘	荊 가시나무 **형** 棘 가시 **극** (1) 나무의 온갖 가시. (2) '고난'을 비유적으로 이르는 말. 예 점심 한 끼 고의로 굶어 본 적이 없고 첩첩산중으로 밤길을 나서 본 적 없던 서성구로서는 차마 배겨 내기 힘든 형극의 하루하루였던 것이다. ≪김원일, 불의 제전≫